伦理学视野下

电视节目主持人

形象研究

吴倩倩 钟涵 王娇娇 著

电子科技大学出版社
University of Electronic Science and Technology of China Press

伦理学视野下电视节目主持人形象研究 / 吴倩倩,
钟涵, 王娇娇著. -- 成都 : 电子科技大学出版社, 2019.6
ISBN 978-7-5647-7235-2

Ⅰ. ①伦… Ⅱ. ①吴… ②钟… ③王… Ⅲ. ①节目主
持人–工作–研究 Ⅳ. ①G222.2

中国版本图书馆CIP数据核字(2019)第142327号

伦理学视野下电视节目主持人形象研究

吴倩倩　钟　涵　王娇娇　著

策划编辑　　杜　倩　李述娜
责任编辑　　谭炜麟

出版发行　电子科技大学出版社
　　　　　成都市一环路东一段159号电子信息产业大厦九楼　邮编　610051
主　　页　www.uestcp.com.cn
服务电话　028-83203399
邮购电话　028-83201495

印　　刷　定州启航印刷有限公司
成品尺寸　170mm×240mm
印　　张　21
字　　数　437千字
版　　次　2019年6月第一版
印　　次　2019年6月第一次印刷
书　　号　ISBN 978-7-5647-7235-2
定　　价　88.00元

前　言

近年来，随着数字技术尤其以互联网为代表的新媒体技术的快速发展，我国的媒体数量急剧增长，竞争日益激烈。适当的市场竞争对于提高媒体运作效率、节目质量具有重要的帮助意义。然而，在当前激烈竞争的市场经济环境下，一方面因为各个媒体把收视率视为频道生存的首要标准，往往在节目内容、节目样式等方面进行无限制的改进，部分主持人甚至采用色情、暴力、猎奇、揭露隐私、不当评价等方式吸引人们的注意力。另一方面，我国市场经济建设的历程较短，在媒体管理方面，尤其是对媒体内容的监管方面既缺乏法律法规的限制，同时也没有成熟的、有效的监管机构，这一系列的原因造成了游走在法律之外的各种有违社会伦理的媒体行为。

当下媒介的焦点话题之一是媒介伦理失范，由此使失范理论受到人们的关注和研究，如当下常说的有偿新闻、电视节目低俗化、虚假新闻等。关于电视节目的播音主持行为伦理失范的现象较为普遍，包括了职业道德方面的失范，甚至有的主持行为触及法律而违法。新闻界的"失范"在该行业看来是约定俗成的某种新闻现象，而新闻学界没有在理论层面对伦理失范概念进行梳理。而推及整个播音主持行业来看，更是缺少对播音主持伦理失范概念进行梳理。

电视节目主持人的形象并不简单表现为外貌和着装，以及口齿伶俐、反应敏锐等技术因素，它还涉及受众反馈、印象持续、情感中和等诸多元素，甚至与名牌栏目的打造、品牌媒介的竞争不无关联。本书从心理学、传播学、社会学以及美学等多个视角对电视节目主持人的形象问题进行了学理分析，揭示了主持人形象的完整内涵，并根据不同阶段体现出的特征将主持人形象发展的历史划分为形象模糊期、形象确立期、多元化发展期及品牌识别期四个阶段。基于"受众是主持人形象塑造的重要环节"这一理念，本书分析了不同类型电视节目主持人形象的受众评价，进而提出了受众认可的成功主持人形象的四个要素。主持人形象的塑造不仅是主持人的个体问题，还应该将其纳入名牌栏目、品牌媒介构建的战略体系进行考量，本书对此也颇有心得。

在激烈的市场竞争环境下的媒体产业应该形成健康良性的发展空间，让电视媒体播音主持人员行为拥有正能量，发挥积极的社会媒体作用。对于当前所存在的我国播音主持人员在伦理规范的缺失现象，可以通过从"自律"和"他律"的角度进行构建电视媒体播音主持人员的伦理规范体系，具体有以下几点。第一，加强播音主持人员行为的道德自律，包括学习法律法规、加强自身道德修养和自律，不断开展自我反思、自我批评教育，树立正确的播音主持观念，坚持正确的舆论导向，树立和加强社会责任意识，摆正播音主持的立场，减少播音主持中伦理失范现象的发生。第二，通过建立健全相关方面的法律，为预防和惩戒播音与主持活动中的各种伦理规范遵守提供一定的威慑并发挥强制的监督和管理措施。电视节目主管部门、新闻主管部门、社会公众都可以参与监督电视媒体的播音主持活动，从他律方面强制和约束播音主持行为失范现象。第三，通过完善组织自律机制，弥补播音主持人员的道德自律和法律规制的不足，通过电视媒体内部的纪律来约束和规范播音主持行为。

本书从伦理学的角度出发，对电视节目主持艺术进行了概述，分析了伦理学视野下我国电视节目主持人的形象变迁，还对伦理学视野下我国电视节目主持人形象的受众认知进行了研究，并对伦理学视野下我国电视节目主持人形象造型进行了分析，对伦理学视野下电视节目主持人有声语言创作能力、态势语、传播能力进行了分析，最后对伦理学视野下我国电视节目主持人文化的影响力进行了研究，并提出了我国电视节目主持人伦理失范现象和发展对策，以期对电视节目的研究者和从业者提供一定的参考和帮助。

本书是由南阳理工学院吴倩倩，安阳工学院钟涵，河南大学王娇娇共同撰写。共包含十章内容，第一、二章介绍了伦理学概念和电视节目主持的概述，第三章分析了伦理学视野下我国电视节目主持人的形象变迁，第四至九章重点探讨了伦理学视域下电视节目主持人的形象塑造、有声语言、传播能力等方面的提升，第十章对电视节目主持人的失范问题进行了分析和研究。本书第一、三、五、六、九、十章是由吴倩倩老师负责撰写（约21万字）。第二、四章由王娇娇老师负责撰写（共约11万字），第七、八章是由钟涵老师负责撰写（共约11.7万字）。本书在编写过程中参考和借鉴了一些文献资料和专家学者的论著，在此表示诚挚的谢意！囿于编者的自身学识和能力所限，书中难免有些错漏之处，殷切期盼广大读者在使用过程中，提出宝贵意见，以帮助我们对本书进行不断修正和完善。

目　录

第一章　伦理学概念与范畴

第一节　伦理学概念

在哲学社会学中有伦理学的分支，主要研究的是道德方面的问题，被称之为道德哲学或道德学。最早研究伦理学的是西方国家，如古希腊的神话与古希腊史诗，到了近代，伦理学才进入中国。伦理学从以下几个方面对社会现象进行研究。

对社会道德的研究。伦理学构建了社会理论的指导体系，伦理学是有关社会道德的学科，包含道德意识、道德活动与规范等现象。对道德的起源、本质和发展进行研究，还研究了道德水平和物质生活水平之间的关系，并构建了道德规范体系、评价标准、最高原则，根据不同的研究，形成了各种伦理学研究派别。

对社会规范的研究。为了整个社会体系的健康发展，伦理学对人与人之间的协调关系、社会秩序维护和有道德的人进行培养的理论与方法进行研究。在马克思主义伦理学中，其基础研究是考察人类历史进程与社会现状，以此进一步研究社会成员在社会形态、实现的最高价值标准方面的道德要求，形成在道德行为准则方面的规范，进而将共产主义道德原则、标准与方法进行提炼，最后根据这些研究的内在关联，构建严谨的理论与规范体系。马克思主义伦理学还对培养共产主义品德的新人的理论与方法提供指导，对中国特色社会主义的道德理论、人生观进行探讨。此外，还探讨了个人道德修养、标准与评价等。

对人类精神意识的研究。伦理学在"道德"概念的统领下，研究了社会规范是如何产生的问题。唯心主义者、唯物主义者等都对道德规范的建立与发展，物质生活与经济利益之间谁制约谁进行了研究，并以此分为不同的伦理学派。这是伦理学在人类精神意识学科方面进行的研究和探讨。

由此可以看出，伦理学是研究道德现象的学科，通过研究揭示出社会道德关系的性质、发展规律，对社会成员在社会行为与心理上进行一定的规范与约束，其社会功能和法律的功能互相对应。

第二节 伦理学范畴

伦理学的交叉学科有很多，伦理学分别和新闻、传播、媒体与信息交叉，构成了相应的交叉学科，对这些学科领域内全部道德现象的研究，是本书的理论基础。

一、新闻伦理学

新闻伦理学是在新闻传播发展之后发展起来的一门学科，其研究内容和方向主要是新闻从业者职业道德的产生、形成与传播。最早研究这些问题的是新闻自由的美国，代表作是纳尔逊·安特宁·克劳福德的《新闻伦理学》，于 1924 年出版，20世纪，美国相继出版了数十本关于新闻伦理学的著作，促进了该学科的发展。

对于新闻伦理学学科的研究内容，至今未得到统一界定。在《新闻学简明词典》（余家宏，1984）、《新闻学大辞典》（甘惜，1993）、《新闻伦理学研究纲要》（周鸿书，1995）等书籍中，对新闻伦理学的阐释主要围绕新闻从业者职业道德的产生、形成与规律以及媒体组织的社会道德功能方面。例如，余家宏的定义为"新闻伦理学是研究新闻从业人员职业道德产生与形成范式的学科"，甘惜的定义为"研究新闻人员的行为规范和职业道德形成与规律的科学"。从这些定义可以看出，这些对新闻伦理学的定义只是限定在职业道德的产生、形成、规律方面，没有研究新闻媒介中的社会道德功能方面。

二、传播伦理学

对传播行为过程中的道德关系进行研究的学科就是传播伦理学，它对传播者所有和道德相关的内容进行研究，主要包括道德的品质、修养、观念、行为以及传播准则和社会道德评价等内容。国内在传播伦理学方面的焦点问题主要是大众传播伦理中的"两难"问题、伦理道德示范与制约问题、传播和人道主义的关系、大众传播的职业规范问题等。对这些问题主要采取批判式的方法进行社会传播现象中的伦理失范揭示，并对制约措施进行研究。

三、媒体与信息伦理学

当前，我国传播媒介对于传媒伦理道德失范问题非常重视，主要围绕"三俗"电视节目、虚假与有偿新闻、新闻炒作等问题进行研究，一些热点新闻内容成了传播伦理学的一个重点研究内容和课题，使媒体与信息伦理学受到人们的关注。

而信息伦理学的研究方向分为非规范的信息伦理学和规范的信息伦理学，前者是对信息传播中的媒体示范问题进行研究，后者是从计算机、生物信息、网络等角度，对信息伦理学的规范性质进行伦理表现的重点研究。

第三节　伦理失范现象

历史社会变革打破了人们的固有价值观念，使得人们传统的生活方式、伦理道德、信仰、生活常规逐渐受到变革的扰乱，给人们带来困扰和不安，由此引发社会各领域的失范。

当下媒介的焦点话题之一是媒介伦理失范，由此使失范理论受到人们的关注和研究，如当下常说的有偿新闻或有偿不闻、电视节目低俗化、虚假新闻等。电视节目的播音主持行为伦理失范的现象较为普遍，包括职业道德方面的失范，甚至有的主持行为触犯法律而违法。新闻界的"失范"，在该行业是指约定俗成的某种新闻现象，而新闻学界没有在理论层面对伦理失范概念进行梳理。而推及整个播音主持行业来看，更是缺少对播音主持伦理失范概念进行梳理。因此，本书先从失范概念演化轨迹进行梳理，为后文的研究做铺垫。

最早出现"失范理论"一词的是在 16 世纪的神学界，主要指的是不守法甚至亵渎神的行为，后来逐渐成为社会学概念。怀特海德最早将"失范理论"应用到了学术和政治领域，从而得到广泛传播。中世纪末，世界文化中已经找不到失范概念，"失范"一词逐渐消失。19 世纪，以法国哲学家、社会学家马里·居友为代表的学者重新开始研究失范理论，认为在伦理学中研究失范是学科进步的表现，是失范理论的正功能，其本质是自由解放。这和当今社会中所理解的失范概念有极大的不同，马里·居友对伦理失范的阐释在于其是一种进步的推动力。涂尔干则认为失范对道德进步具有负功能，影响了社会秩序、公共道德建设，当规范成为限制个人自由的使用，那么其对立面的失范就是对个人自由的无度使用，是冲击社会规范的。墨顿在美国社会学家帕森斯的结构功能主义理论的基础上，继续研究社会各系统结构之间不匹配所产生的失范现象，认为对失范研究的目的是揭示社会的偏差行为和文化根源，导致失范的根源在于文化目标与制度化手段彼此存在不一致。

从失范理论的历史轨迹可以看出，"失范"概念随着社会变革而发生变化，其解释越来越具体和可测量，为本书的研究提供了理论依据。电视媒体播音主持行为失范研究，属于电视媒体伦理学研究的一个方面，主要研究当下电视媒体传播中所出现的伦理道德问题，主要包括对新闻电视节目、电视综艺娱乐节目等播音主持行为方面的问题研究，涉及电视媒体节目播音主持人员的职业道德或职业伦理，即播音主持行为价值取向、道德表现、行业规范体系的紊乱等，以及这些问题导致的媒体社会功能的弱化，造成了电视媒体节目的无序状态。

　　本书有关电视媒体播音主持行为伦理失范的表现有暴露隐私、不当评论、有偿新闻和有偿不闻、电视媒体炒作、低俗语言等内容的传播。

第二章　电视节目主持艺术概说

第一节　电视节目主持艺术界定

一、主持人节目发展的社会背景

主持人节目的出现和兴起，无论在西方还是东方，无论在 20 世纪 50 年代的美国和欧洲，还是在 80 年代的中国内地，其根本原因都是由于社会的进步和发展。我国主持人节目的兴起和发展，主要有以下三个方面的原因。

（一）党的改革开放政策带来的思想解放和经济腾飞

十一届三中全会以后，我国出现思想解放、精神振奋、经济腾飞、科技发展的生机勃勃的局面。我们的社会出现了前所未有的对个性、对人的精神与人格力量的理解、尊重和欣赏。这样的时代，这样的大环境，既对广播电视宣传改革提出了挑战，更为节目的改革和发展提供了极好机遇，为主持人节目的出现提供了政治、经济、文化及社会的基础和理论的基础。

（二）广播电视改革的深入发展

社会的进步带动了广播电视事业的发展，也引起传播观念的变化，近 20 年来，我国的广播电视宣传发生了可喜的变化，这些变化波及和带动了广播电视宣传的各个层面，从传播观念到传播手段，从指导思想到具体的节目制作。在传播功能方面，过去我们的广播电视传播功能单一，只是突出其宣传功能、教育功能，改革开放后曾被冷落和忽视的信息服务、娱乐欣赏等多种功能引起足够的重视，使广播电视功能得以全面的发挥；在传播观念方面，具有现代传播观念的大众传媒，一方面坚持为特定的政治、经济系统服务，另一方面特别注意满足受众的各种需求，同时更加注重传播中"人"的色彩，更加注重自己作为"人"的传播者的形象。我国应运而生的主持人节目在传播方式、传播过程中，都充分尊重并努力体现人际传播的特点和规律；在节目改革的实践方面，节目内容丰富多样，积极适应社会主义市场经济，适应大众需求，真诚为受众服务，走与人民群众密切联系的新路，提倡"三贴近"：

贴近群众、贴近实际、贴近生活；节目形式、节目样态异彩纷呈，吸引受众参与，充分发挥"人际交往"在现代广播电视传播中双向沟通的作用，大量的直播节目满足了受众在第一时间获得真实、准确、生动信息的心理需求。

（三）科学技术的进步与革命，使现代传播观念有了得以转化为现实的物质基础和技术保证

通信事业的发达以及高新电子技术在广播电视节目制作中的应用，不仅能够让受众直接、同步地参与到节目播出中来，还使传播、受众之间的双向交流甚至多向交流（直播中现场观众与主持人、与嘉宾，电视机前观众与网友、与嘉宾的多向交流）成为完全可能的事，而且神奇地缩小了人们交往的空间距离；现场报道、热线直播和卫星传输、数字技术，使远在天边的人和事跃然眼前，且有"高保真"的效果……可以预料，科技的发展还将为主持人节目提供更多的物质保障和新的思路。此外，国际上广播电视传媒的激烈竞争，卫星技术实现的跨国、跨洲传播，也激发着我们进行节目改革的紧迫感、责任感。

正是在这样的社会背景和科技进步的条件下，肩负着建设和发展有中国特色社会主义广播电视事业的根本任务，放眼世界和未来，借鉴国外主持人节目的发展经验，我国的主持人节目与节目主持人应运而生，来到听众和观众面前，因而也成为广播电视改革的重要成果之一。

二、主持人节目的传播特色

（一）个性化传播

个性化传播是现代社会背景中传播的必然趋势和主流。在当今信息爆炸、信息多元化的传播环境中，在改革开放的新时期，人们获取信息的渠道增多，思维活跃，视野开阔，越来越厌烦人云亦云的重复和板起面孔的说教，只有个性鲜明、独具魅力的传播才能在众多同类事物中脱颖而出，成为被观众注意和选择的对象。

主持人与播音员同为传媒机构的代言人，但是他们传播身份的特色有微妙的区别：在非主持人节目里，播音员一般只承担将文字稿件转化为有声语言的最后一道工序，其所传播的信息理所当然地完全代表电台、电视台编辑部的意志。播音员的个性特色主要体现在有声语言的表达层面，况且非主持人节目不设相对固定的主持人，播音员自身无论与节目还是与观众之间都是一种变动的、松散的关系，因此播音员给人的总体印象是电台、电视台这一传媒机构的"官方"代言人，是更富于政治性的、自上而下的、较为郑重而严肃的传媒角色，或者说，播音员更多地具有传播机构的权威性和规范性。

节目主持人是传播者队伍中的新成员，职业的分工要求主持人以淡化了官方色彩、媒体色彩，以颇具"个性化"特色的形象出现，更给予主持人一定的话语权和较大的创作空间。一些优秀的主持人坚持"用自己的眼睛去观察，用自己的头脑去思考，用自己的心灵去感受，用自己的语言去表达"，成为观众喜爱的富于个性的主持人。作为媒介向大众进行传播的中介人物，主持人是广播电视节目中最具亲和力的传播者，主持人以朋友的身份、与大众平等的关系、以个性化的视角和个性化的叙述方式进行传播，使传播具有人情味和吸引力。

不过，我们必须强调的是，这里所说的主持人的个性化传播是指主持人的创作个性，个性化是相对于一般化而言的个人化的，同时它又是创作风格的前身。实践中，由于一些主持人对个性化的曲解，出现了以"怪异""另类"为个性，"为个性而个性"的偏差，造成对个性化的荼毒。因此，我们在倡导主持人的个性化传播时必须在以下四个方面有清醒的认识。

第一，个性化并非传播目的，而是优化传播的手段。个性化不等于"个人化"，要分清主持人个性化与个人化的本质区别，否则容易误入迷恋和展现"小我"的误区，有悖于广播电视工作的根本属性。在传播学上"个人化"是有特定含义的，往往是指传播中针对受众而言的个人化服务功能，如提供个人化的信息平台、个人化的节目等。

第二，主持人的个性化传播，首先必须符合社会主流的价值取向，一切摒弃规范化，不符合社会主流价值判断，恣意妄为、孤芳自赏的"与众不同"，是不会被观众承认，更是无法接纳的。其次，主持人的个性化是对栏目个性风格及传播对象的认识和遵从，与栏目风格融为一体、为受众认可接受的个性化才能真正发挥主持人节目个性化传播的特色。

第三，主持人的个性化是"从人格出发而表现出来的创作个性"，没有高尚人格做后盾的所谓"个性化"可能恰是道德滑坡、趣味低下和平庸媚俗。那些哗众取宠的"抖小机灵""挠人脚心"的插科打诨，以自我为中心的"话篓子"绝不是我们所期望的个性化。

第四，个性化是主持人自身声音形象等先天条件，尤其是文化素养、生活阅历、人生感悟、性格能力等后天素养，在传播中与栏目个性、与受众审美契合的独特的言语行为的整体形象。在这个前提下，个性化表现为独特的思维方式、独特的视角、独到的见解、独创的构思、独有的感受、独具特色的表达及"这一个"的气质形象。

我们完全不必因为有人的曲解而不敢提个性化，从客观工作环境讲，如果没有积极的工作机制，不给有潜质的主持人机会和压力，总是让他们简单地重复自己，主持人的创作个性也难以形成；从主观角度看，对于年轻的主持人来说，不要把个性化作为首要的目标，急于寻找个性，更忌离开栏目硬去设计和孤立地追求主持的个性和风格，只有当主持人全身心地融入节目中，关注社会生活，用心思索感悟，真诚服务受众，主持人的创作个性才会渐渐凸显和形成。

（二）人格化

主持人在节目中的参与深度和主导作用决定了主持人节目传播的人格化特色。一方面，主持人大多直接参与节目的前期制作，与社会生活、与观众特别是与具体的栏目都有着紧密而稳定的关系，因而使传播更具真实性和主动性。另一方面，主持人节目形态丰富多样，主持人起主导作用的直播节目或互动式交流的节目形态越来越多，实际上赋予了主持人在传播中一定的话语权和较大的创作空间，因此主持人往往成为栏目的品牌形象。在这种情况下，假以时日，主持人的选题、立意，主持人语言中透露出的文化品位和感情格调，主持人对嘉宾和观众的态度、行为举止，都会使观众对主持人的价值取向、道德观念、人文素养、学识功底、思维方式、表达特点、语言习惯、兴趣爱好、审美情趣乃至脾气秉性有较多的、较深入地了解，总之，观众透过主持人节目对主持人的人格内涵（性格、气质、能力、道德品质等特征的总和）能够有较清晰的认识和评价。诺贝尔奖获得者、科学家杨振宁在对大学生演讲时，强调了人格在事业中的重要性，他说："在每一个有创造性活动的领域里，一个人的爱憎，加上他的能力、脾气和机遇，决定了他的风格，而这种风格转过来又决定了他的贡献。"我国资深电视节目主持人沈力，从《为您服务》到《夕阳红》，几十年如一日，将自己的生命融入一心为观众的主持工作中，她的勤奋与真诚感动了几代观众，她的人格魅力使她和她主持的节目深受观众喜爱。这种人格化的主持有着"名片效应"，观众会因为对某位主持人的信赖和喜爱而钟情于其所主持的节目，主持人节目也由于人格化传播而具有很强的感染力和引导作用。

（三）人际性

从一定意义上讲，主持人节目使媒介由工具客体转化为一个可供交流的对象主体。主持人节目把"面对面"的"人际传播"特色引入了大众传播，在主持人节目中，主持人和观众在一定程度上具有直接交流、即时反馈的交互传播模式的特点。美国人际传播学者约翰·斯图尔特在其畅销著作《桥，不是墙》中提出："大众传播是一个过程，在这个过程中，职业传播者利用机械媒介广泛、迅速、连续不断地发出讯息，目的是使人数众多、成分复杂的受众分享传播者要表达的含义，并试图以各种方式影响他们。"而"人际传播是两个或更多的人愿意，并能够作为人相遇，发挥他们那些独一无二的、不可测量的特性、选择、反思和言语能力，同时意识到其他的在场者，并与人发生共鸣时所出现的那种交往样式、交往类型或交往质量"。因此有人认为，"最有效的传播节目往往是大众传播与人际传播的结合"。非主持人节目中，受众除了接收信息外，很难进行人与人之间的交流，而主持人节目除了注重营造人际交流的拟态语境，进入类人际交流传播状态之外，那些开通"热线""网络在线""现场观众参与"等节目形态，为电视传播中实实在在的人际交流创造了条件，提供了环境，传授双方有了真正的交流和即时的反馈，区别只在于人际传播的内容同时进入了以公开性和广泛性为特点的大众传播。然而，这的确是传播模式上的一种突破，哪怕这种突破仍应纳入大众传播的轨道。正是这种"人际性"使大众传播的"单向传播"模式有了"交互传播"的特色及双向沟通的作用，并赋予大众传播以"人情味"的亲切、新颖、多元的色彩。在传播中，主持人不仅要重视传播的目的，同时注意受众的需求、受众的接受能力和接受习惯，使传播更易于被广大观众接受，从而有效地缩短了传授双方的心理距离，增强了传播的亲切感和沟通性，优化了传播效果。

（四）参与性

在主持人节目中，"受众参与"程度正在不断加深。过去的传播理论也重视受众的参与，不过那时主要关注受众接受媒介传播时调动想象和情感的介入程度，强调的是"心理参与"和"现场参与感"，显然都徘徊在一种参与的"感觉"层面上。社会发展到今天，观众收看电视节目时，这种"心理参与"和"现场参与感"虽然还都是需要的，但仅是这些就不够了，观众要求"亲身参与"和"深度参与"，除了节目播出后打电话、写信表达自己对节目的意愿外，更希望直接参与到节目的制作播出中来，以兼有"传者"和"受传者"的双重身份出现在节目中。于是，传播者也积极运用"受众参与"改进和丰富节目传播方式，使受传者在传播中获得平等感并产生更多的能动性。在参与型的主持人节目中，观众能够与主持人或其他节目参与者进行直接的交流，他们是节目的重要"构件"，有时甚至是节目的主体（如谈话节目、游戏娱乐、竞赛类节目）。主持人节目中的这种参与性，使受众在传播中享有一定的主动权和表达权，从而在很大程度上改变了观众只有决定是"中断"还是"继续"接收节目的被动地位。受众在主持人节目中能动的、平等的参与，极大地焕发了他们对媒体的热情，有一种"这是我们自己的节目"的亲近感，激发了他们深层参与的热情，从整体上促进了主持人节目收视率的提高。

三、主持人的职业角色

在传媒领域的伦理学交叉学科中，对电视媒体播音主持人员有专业素养、人文素养方面的要求。其中的专业素养是对播音主持活动中的是否有违社会道德、传统观念等传播行为进行分析，然后站在政治、经济、历史、文化等角度寻找原因，根据社会的道德规范以及人类的精神意识进行传播行为本质的分析，最后提出制约这些行为的措施。我国很多电视娱乐节目中就存在一些低俗的现象，削减了公众传播的威信。在伦理学视野下对这类不良传播现象进行研究，有助于对游走在法律之外的大众传播的不良行为和现象进行研究、分析和约束。伦理学中所分析的播音主持人员的专业素养有很多内容，涉及播音主持人才培育模式、素质、舆论引导、伦理素养等方面。其中，进行观众伦理素养的研究，有助于通过优秀的播音主持人员的节目主持，提高观众对主持节目信息进行选择性接受或免疫，对节目质量和主持人综合素养的提升均有益处，使媒体环境得以进化。

伦理学视野下播音主持人员的人文素养，主要指人文科学水平和研究能力，其所体现出的人的内在品质，是否以人为中心，对个人的思想、道德、理想等起着决定性作用。此外，还涉及了主持人在工作水平的提升、对社会公众的影响等方面的内容，直接关系到播音主持人员是否能制作出有质量的电视节目，以及对观众的价值观念的影响程度。播音主持人员进行伦理学的研究，有助于自身有计划有目的地提升知识结构、规划自我和制作节目，为观众带来优秀的电视节目。

社会心理学认为，人的社会化包括个体"社会角色的获得"。社会角色是指处于某种社会地位或承担某种社会责任的人所享有的权利、履行的义务以及与之相适应的一套行为规范。每个人相对于不同关系的人，需要不同的角色规范，因此也需要有角色调适的能力。在成年人的"角色丛"里，职业角色是相当重要的，它要求个体对职业有深刻的洞悉和把握，自觉地按角色规范定位，知道"自己是谁"，应"怎样动作"，这样才能减少盲目性，增强行为的有效性。

（一）播音员与主持人

从宽泛的意义上来说，节目主持人与记者、编辑、播音员一样，都是隶属于广播电视传媒机构，服务于观众的传播者，而播音员与主持人又是直接面向观众，以有声语言及体态语进行传播的职业传播者。播音员与主持人的职业角色是最为接近的，他们同为媒介的公众人物，既有相当多的共同点和密切的联系，又存在一定的差异，并有各自的特色。从共同点来说，二者的工作性质是一致的，尽管在21世纪电视事业的发展会带来部分节目制播关系的变化（如文艺娱乐类、社教类主持人节目会逐步过渡到由社会上独立的节目制作公司通过竞争向电视台提供），一些主持人可能走向社会化，但是我国电视"是党、政府和人民的喉舌"这一基本属性不变。新闻宣传必须坚持党性原则，坚持实事求是，把握正确的舆论导向。无论是播音员还是主持人，不管做哪一类节目，这些由中国电视事业性质和任务所决定的原则是不能动摇的。从差异点来说，播音员与主持人的传播身份各有特色，传播方式和风格也各有不同，特别是由于主持人节目"个性化""人格化"的传播特色，及"人际性""参与性"节目形态的差异，事实上导致主持人在节目制作过程中的参与加深。然而，正是二者不同的特色满足了观众对节目传播形式多样化和丰富性的要求。从大的传播格局来看，主持人节目与非主持人节目、主持人与播音员，两种节目形式、两种传播角色既有分工又有合作；从人才角度来看，对个体的人来说，综合素质比较好的播音员、主持人，这两个岗位都是能够适应并可以胜任的。

（二）主持人的职业角色——公众形象定位

主持人的职业角色有两层含义：一方面，从根本属性上说，主持人是党的宣传工作者、党的新闻工作者，是广播电视媒体中以有声语言（含体态语）进行传播的人，这是其社会性。另一方面，从特殊性上说，主持人以观众信赖和喜爱的朋友身份，以与观众平等的关系，以"个性化""人格化"及观众喜闻乐见的方式进行传播，是最具亲和力的传播者，这是主持人职业的人际性。

传播学认为，在人际传播中传播者传播信息的同时，也传播出传授之间关系的信息，即传授之间不同的社会角色和相互关系的亲疏度，这种亲疏度即亲和力对传播内容起一定的作用，形成"自己人"效应。节目主持人以个人身份出现，吸纳"人际传播"的优势，采用"个性化""人格化"的传播方式，经常以"如果我是观众"为立足点，更多地考虑观众的需求和接受心理、接受习惯，努力体现真诚的贴近性，从而使他们在观众中有更大的影响，成为受人关注的公众人物。但是，我们必须明确，主持人的"个性化"不是传播的终极目的，而是实现传播目的的手段，主持人绝不同于追星族崇拜的"偶像"，清醒的主持人期望的不是激起观众对他们自身的"狂热"，而是让观众感受到"普通人"的亲和力，"朋友"间的信赖感，从而增强他们对传播内容的兴趣，以利于传播效果的优化。主持人的职业角色定位也正是主持人应有的公众形象，主持人在屏幕上下都应自觉遵循其职业角色的规范。

（三）主持人的栏目形象定位

主持人在具体栏目中的形象定位，一般要遵循这样的思路：第一，准确把握栏目的定位，即了解栏目的宗旨、内容范围、形式风格等特点，尤其要注意到这一栏目与同类其他栏目的区别；第二，清楚栏目的观众对象，了解他们的心理和需求，即了解目标观众的定位及特点；第三，根据栏目和对象的定位，进一步分析该栏目主持人所应具有的特质（主要指知识结构与积累、语言能力及形象气质特点）；最后，在以上分析基础上，完整、冷静地审视自我、分析自我，知道自己相对于这个栏目有什么优势，有什么不足，如果基本"合拍"，再结合前面的认识和设想"扬长避短"，强化和升华自己适合于栏目的优势，淡化并避免自己不合于栏目的一些情况。

任何抛开栏目宗旨与特色、不理睬观众的收视心理，一味追求所谓"个性"，竭力展示自己"高素质"的主持人，十有八九是要失败的。主持人要成为栏目的标志，就必须与栏目的形象风格相统一，栏目个性对主持人个性起规范和制约作用。不符合栏目要求，不被观众承认的所谓主持人个性，只会对栏目及受众起误导、干扰作用。

（四）主持人语言传播的区别性特征

主持人这种"集社会性与人际性于一身最具亲和力的传播者"的职业角色，在语言传播上具有区别性特征。"传媒机构的视野"和"专家的深度"指主持人语言内容方面应有的信息"量"与"质"（如舆论导向和文化品位）；"主持人独特的角度"和"百姓乐于接受的方式"则指主持人语言表述方面的特色和规约。

在主持人语言的具体操作层面上具体地说有以下三点。①在语言内容方面，主持人应借助"传媒机构的视野"和"专家的深度"，为观众提供有深度的大量信息，从而保证电视传媒社会属性的根本要求，把握正确的舆论导向和文化品位。②在语言的传播关系方面，主持人宜采取比一般观众仅"略高一筹"的平和姿态和话语饱和度出现在观众面前，而不是以指令教导的姿态或以高深莫测的言辞出现。③在语言形式方面，同样的内容和意图要"换个说法"，以"个性化的独特角度"和"百姓乐于接受"的话语方式加以表述。

俄国唯物主义哲学家、文学批评家别林斯基说过："每个民族都有两种哲理：一类是学究式的、书本的、郑重其事的、节庆才有的；另一类是日常的、家庭的、习见的。这两种哲理通常在某种程度上彼此接近，只要谁想描写一个社会，他就必须认识这两种哲理，尤其是必须研究后一种。"深受人们喜爱的月发行量达 500 多万册的杂志《读者》，其经营理念之一就是"只比读者领先一步"，与我们倡导的"略高一筹"显然有异曲同工之妙。因此，主持人在节目中，不能图省事说官话、套话、空话，不能说装腔作势、啰里啰唆、淡而无味的话，更不能说假话。主持人要练就这样的语言能力：换个角度、换个说法、换个色彩、换个方式，说出与时代主旋律一致的话，风格是日常的、又是个性化的，所要达到的语言目的却是相同的。

中央电视台《焦点访谈》制作了一个题为《在沙漠边缘》的节目。通过触目惊心的画面，报道了我国西北地区土地荒漠化的严峻现实。采访快结束时，在一所农家小院里，主持人敬一丹和一位妇女拉家常，问她怀里抱的孩子叫什么名字，回答是"沙沙"。敏感的主持人好像觉察到什么，忙问为什么起这个名字，这位母亲说：

"因为出门是沙，进门还是沙。"紧跟着，主持人又问站在旁边的邻家小姐姐的名字，得知叫"翠翠"，她心动了，她把这段看似"唠闲嗑"的细节用到节目里，然后面对观众说："这个小姐姐名叫'翠翠'，沙窝里的孩子取了个这样水灵灵、绿莹莹的名字，不是能看出乡亲们的盼头吗？"

接着，主持人略一侧身，指着大屏幕上随风翻飞的碧绿的杨树叶说："在我们即将完成这个节目时，特意编辑了这样一组画面放在结尾。这绿色，是我们一路采访时追寻的颜色，是西北沙漠大片灰黄基调上的亮色，也应该是伴随着沙沙、翠翠长大的颜色。"一位摄影记者说："到西北沙漠画画，只需带两种颜料，带十管黄色的，一管绿色的就够了。我想，画今天的沙漠是这样，但愿画明天的沙漠时，多带几管绿颜色。"

这番话，落笔在"颜色"上，没有直接阐述土地荒漠化带来的危害，没有引经据典地说话，也没有号召人们该怎样做，但是听起来能让观众心动，有感同身受的深切同情，既有对现状的担忧，又有对未来的美好祝愿和憧憬，还有主持人关注国家、关注老百姓命运的情怀，同时还能体味到敬一丹朴素细腻而又淡雅、有韵味的语言特色。这些话，可以直觉地感悟到的内涵很多，很丰富，很富有感染力。试想，如果主持人煞有介事地分析造成荒漠化的原因，论述荒漠化的后果，提出防治的措施，就像是一篇社论，那么就应由播音员来播报，或者在有关会议上宣读了。主持人语言特征"略高一筹""换个说法"的意义正在于此。

四、电视节目主持艺术界说

（一）概念

节目主持艺术是指节目主持人作为节目与观众的中介，以自身的学识及智慧为根基，通过语言（含体态语）驾驭节目进程，有效地实现传播目的的活动规律和创造性的方式方法。

我们知道，一个概念所反映的事物属性的总和，即此概念的内容。节目主持艺术不单纯只是方法技巧问题，主持艺术首先是主持人对节目构成中种种关系恰如其分的把握。唯物辩证法告诉我们，规律就是关系，规律所表现的是事物之间在一定条件下具有的本质的、必然的联系。主持人在节目中的位置和作用、主持人与节目的关系、主持人与嘉宾的关系、主持人与观众的关系，反映着主持艺术内在的根本规律，是制约主持艺术高下优劣的关键因素；主持人驾驭节目的手段技巧是操作层面的创作规律，有其一定的独立性，然而所有具体的主持方法技巧都直接受到主持人所处置的种种关系的支配和影响。节目主持艺术就是由反映主持人活动规律的"关系"内核、丰富的创作方式方法的操作外壳这样两个层面的总和构成的。

（二）主持艺术的基本规律

1.主持人在节目中的位置和作用

由于各地、各台乃至同一个电视台各个节目组的工作机制不同，有些制片人或编导对主持人节目传播特色认识不足，也由于主持人的水平良莠不齐，实际上我国主持人节目发展是不平衡的。被冠之以"主持人"名衔的人，他们在节目中的位置和作用存在着较大的差异，大约有以下三种类型。

（1）统领型。主持人兼制片人，掌握节目制作权、栏目的财权，有的还有用人权，该类型亦称"主持人中心制"，主持人在栏目制作集体中起着统领作用，而当主持人面对观众进行传播时，则处于节目与观众之间的"中介"位置，起着主导驾驭节目的作用。

（2）主创型。主持人除了主持播出驾驭节目进程之外，还参与节目策划构思或采访编辑等主要创作环节，主持人不仅在节目传播中处于"中介"位置，而且在节目整个生产过程中处于主创地位。

（3）单一型。主持人只担负面对观众主持的最后一道工序，并不介入其他制作环节。有的主持人只是以所谓"亲切的"语调、模拟"谈话"的口吻背出串联词，他们不参与节目的前期制作，甚至对节目的具体内容不甚了解。严格地说，这样的主持人无法体现主持人节目"个性化""人格化"的传播特色，他们只是"赶时髦"的、"形式"上的主持人，而非本质意义上的主持人。有的主持人在多个不同类型的栏目里客串主持，观众看到的仅是一个声音相貌不错的"某个人"，或者是"跑码头"的"艺人"，这个主持人跟"主持"的栏目没有紧密的联系，更有甚者，其心中所在意的仅是他"自己"，而非节目内容和观众。

20世纪90年代中后期，一批在节目播出中把握好自己的中介位置，同时在节目后期或前期生产过程中处于主创地位或领导地位，即主创型和统领型的主持人脱颖而出，这恰恰揭示出电视事业及主持人节目发展的趋势，这样的主持人是电视文化市场的需求，同时也是观众对主持人的期望。可以预见，在21世纪，主创型和统领型的主持人，尤其是在节目生产过程中处于主创位置的复合型人才标准的主持人，将是节目制作机构的"首选"，是观众的"最爱"，同时也必定是主持人队伍中的主流。

2.主持人中介位置的把握

主持人是传播中最为活跃的因素，是观众认可并欢迎的栏目形象的代表，处于从节目传播到受众终端这个传播渠道的中介位置。主持人应当善于通过自己的桥梁作用把节目内容传播给观众，吸引和帮助观众更好地接受节目。不管"统领型""主创型"，还是"单一型"主持人，在节目传播过程中他们都应当是沟通节目与观众的中介，以节目的"主人"、观众的"朋友"的身份进行传播，他们在面对观众的节目传播过程中都处于中介位置。这种中介位置主要表现在以下三个方面。

（1）主持人与节目的关系——深入参与，主创位置，整体把握，主导作用。主持人必须深入参与到节目的制作过程中，参与或了解节目策划意图，或者直接采访报道新闻事件和人物，或者组织观众和嘉宾讨论，或者用自己的学识和感受来串联、介绍、评说、组织节目，他们以热情巧妙的语言调动观众的注意力及兴趣，平等真挚地与观众沟通交流。总之，主持人应能主动地组织、串联、协调节目的各个部分，而主持人必须有深入的参与，才能在节目生产过程中处于主创位置。同时，主持人还要熟悉传播对象的心理与需求，并与栏目风格相融合、相协调，对栏目有整体的把握。因此，只有实实在在地处于主创位置，对栏目及具体的一档节目有整体的考虑和把握，才可能在节目传播过程中发挥真正的主导作用。

要处理好主持人与节目的关系，首先要求主持人有敬业精神。主持人要在"深层次参与"的意义上成为节目的主持人，一个称职的主持人应积极投入每一次节目的制作，能提出深刻准确而有创意的见解，对体现节目主题起到举足轻重的作用。如果只能被动地按编导口授笔写的提纲"采访"，提不出有价值的见解或建议，这样的主持人当然要被讥为"话筒架子"。其次，需要主持人具有协作意识和团队精神，能够与栏目群体各方面人员精诚合作。此外，从主持艺术角度来看，主持人的主导作用并非"主角"之意，尤其有嘉宾、观众参与的节目，主持人最高明的主导作用应当是"暗线"的主导，一方面巧妙而非生硬地驾驭节目内容，推进节目进程，另一方面又让嘉宾和观众在自然和谐的气氛中积极发挥作用，而不是把嘉宾、观众只作为一种陪衬，或充当现场"看客"走形式。

（2）主持人与观众的关系——尊重，理解，真诚，服务。在节目中，主持人的存在是为传播服务，是为观众服务的，尊重观众，以诚相待是根本宗旨，主持人的观众意识一方面体现在节目内容的贴近性上，一方面表现在主持人对观众的言语态度中。主持人的待人处事，来自其做人的信条，来自其文明教养，来自其对主持人职业角色的内心把握。例如，有的主持人不谙语言交际的礼貌规则，介绍某些知识时很不得体地拿观众打比方，说什么"你中风不语，你口眼歪斜，可以服用……"说什么"假如你触犯了法律，假如你做伪证"，言语十分唐突。有的主持人自以为是，喜欢说："我想，你应该同意我的观点。"一个"我想"，似乎有与受众商量的意思，然而紧接着的一个"应该"，便把平等、亲切丢得远远的；有的面带笑容然而用词欠妥："我要警告青年朋友交友应当慎重"，语气生硬，令观众难以接受。

而心里装着观众的主持人则不然，我国第一位电视栏目主持人沈力一次修改解说词，看到这样一句话："您懂得了膳食营养平衡的道理，就应该举一反三。"沈力在旁边批道："什么叫'就应该'，这是命令式，如果把它换成'还可以'，不是更好吗，就三个字，感觉很不一样。"

还有的主持人没有真正把观众视为服务的对象，而是将位置颠倒，把观众当成衬托自己"智者""完人"形象的"工具""摆设"，自己充当全知全觉的"引路人"，把轻松愉快的、融知识性、娱乐性、竞技性一体的节目，弄成严肃的"考场"，自己俨然是唯一正确的考官、裁判。当观众的发言与自己所期望的不一致时，便生硬打断，让观众觉出了轻慢和冷落，于是观众不满地嘀咕，"看来，我说的不是主持人想要的"，进而抱怨："主持人是让我们来当陪衬的。"引起观众这样的反应，自然那种"积极平等、真实自然"的交流就不复存在了。更有甚者，主持人在节目录制现场呵斥观众，言谈话语、举手投足间流露出高人一等、颐指气使的"贵族气"。与此相反，有的主持人在观众面前卖好，不惜降低格调迎合一些低级趣味……凡此种种，将叶圣陶的话用在这里可谓是一针见血："礼貌不是外表，不是脸上笑嘻嘻，话说得天花乱坠，要'诚于中而形于外'。"

（3）主持人与嘉宾的关系——认真准备，找到"结合点"。许多主持人节目为了内容的深入，为了及时提供最新的信息，常常邀请有关领域的专家学者或权威人士做嘉宾主持，如体育比赛中主持人身旁的顾问、新闻评论类节目中做政策分析的政府官员，以及专业性强的各类节目中的嘉宾。主持人不可能做到"万事通"，即便是有某方面专长的复合型主持人嘉宾是主持人请到节目中的贵客，主持人应善于调动嘉宾的积极性，帮他们排除对播出环境的生疏感，突出嘉宾的权威位置，发挥他们的专长，为观众做出通俗易懂、生动形象的解释。为此，主持人一方面要对节目中涉及的专业问题有认真而充分的准备，了解事物的重点和难点，做到比一般观众"略高一筹"；另一方面，还要摸准观众的"脉搏"，了解他们的不知、欲知和应知，从而找到观众"盲区"与嘉宾"专业"之间的结合点，发挥好中介作用。

（三）主持艺术的操作层面

1. 主持节目的手段

从根本上看，主持人的学识与智慧是主持艺术的内隐部分。"学识"指主持人的知识结构与修养，这需要孜孜不倦的学习与积累；"智慧"指运用学识进行创新的能力，它需要对社会生活方方面面的深入认识和思索，需要转化知识服务于电视这个特定媒体的悟性和能力。主持节目的手段相当丰富，具体到主持人最直接把握的便是语言。主持人的语言（包含体态语及服饰化妆等）是实施主持的显性手段，是主持艺术的外显形式。

主持艺术的外显形式与内隐部分的关系：一方面，主持人的学识与智慧是制约语言运用的主导因素，显性的语言手段（言谈话语、举手投足）时时处处反映着主持人的内涵。另一方面，语言手段包括语言内容及语言形式两个层面，其表达形式层面是由主持人内涵外化而来的可视可闻的物质形式。因此，主持手段的外显形式与内隐形式之间还存在着相辅相成、互为因果的关系。

2. 主持人的语言是主持艺术的核心

（1）主持人的语言功力。主持人的语言应用水准直接关系到主持人节目的整体质量。每档节目的开场白、结束语，承上启下衔接转换的串联词，采访中的提问，谈话中的引导、插话及打断，临场的发挥与应变，夹叙夹议的小言论……主持人驾驭节目主要靠各种情态的语言来实施，主持人语言承载着传播信息、组织节目、调动沟通观众、控制现场情绪、驾驭节目进程的重要功能。主持人语言运用水准的优劣高下正体现出主持艺术的水平，语言内容导向是否正确、信息传达是否准确、文化含量是否丰厚、语言形式是否得体、表述是否新颖生动、表达是否动心感人、交流是否真切及时……其中既有基本的规律存在，又有创作发挥的空间，语言运用的创造性恰是主持艺术的魅力所在。

随着主持人节目的深入发展，节目形态日益丰富多样，主持人语言处在一个动态系统和动态过程中，仅仅能准确清晰、声情并茂地说好串联词，已不能满足需要了。实践的发展对主持人的语言功力提出了全方位的要求，尤其在语言功力的形式范畴中，主持人的语言功力应包括有声语言表达能力、写作能力、即兴口语能力。

我们对主持人的有声语言表达能力、写作能力、即兴口语能力三者之间的关系做如下分析。无论在生活中还是在艺术活动中，有声语言都蕴含着巨大的能量，有声语言的艺术感染力是客观存在的。在以有声语言为重要传播手段的电视节目中，尽管主持人在节目中的言语活动多种多样，但是最终都归结为一种方式——说话。无论在哪一类主持人节目中，无论主持人在节目制作群体中处于何种地位，无论主持人在节目中的参与程度，主持人语言所表达的内涵都是直接经由有声语言传达的。主持人语言表达的清晰度、表现力、感染力因主持人节目语体"返璞归真"的风格追求，对"明晰性"和"分寸感"的要求更高。技巧运用的艺术性在于"不见雕琢痕迹"，在于"有意无意之间"。这种"无技巧的技巧"，光靠真情实感还不够，必须有基本功与分寸得当的表达技巧相结合，才会产生让观众无障碍接受、乐于接受并带来审美享受的声音形式。也正因为这样，有声语言传情达意的清晰性、交流性、表现力、感染力，在节目主持人语言功力结构中占据了首要位置。

写作，是指从观察社会、体验生活、积累素材，一直到动手写作和修改成文的过程。从广义上讲，写作能锻炼人的观察力、感受力、思维能力和文字表述能力。从具体写作过程看，写作需要理论联系实际，需要细心观察，深入思考。写作中拟题的考量、立意的审视、选材的衡量、布局的推敲、词语的选择和修改的斟酌，都使人的抽象思维、形象思维活跃起来，能进一步推动对生活的深入观察和思索，使原来的想法更为准确、周密和深刻。也就是说，写作使思维有序化、深入化，能够磨炼出敏锐的洞察力、深邃的思辨力和缜密的逻辑力。同时，写作练笔实际上锤炼了规范地、熟练地、创造性地运用语言的能力，对词汇、语法、句式、修辞的驾驭能力及谋篇布局的把握能力都能得到全面的锻炼和发展。

虽然从节目制作群体的优化组合或实际需要来说，没有必要全部由主持人撰稿，但是从写作能力对一个人的语言运用的重要性来看，尤其是从主持人节目的发展趋势看，从体现主持人节目"个性化""人格化"传播特点看，主持人自己动手写稿、改稿的分量应有所增加。有一定的写作基本功，思维和语言组织能力能得到较好的锻炼，才不会"离了稿子不会说话"；有一定的写作基本功，在即兴口语状态下，一般不会"脑子一片空白"，不会词不达意，不会病句迭出；有一定的写作基本功，在文字语言向有声语言的转化中，往往对稿件理解感受更迅捷、更深刻、更精细、更独特，有助于有声语言的表达。所以，写作能力在主持人语言功力结构中居于基础的、根本的地位，直接影响和作用于主持人的有声语言表达和即兴口语的水平。

即兴口语能力体现人的语言急智，亦称"语智"，它显示一个人的口语表达的能力和智慧。即兴口语是写作能力和有声语言表达能力的综合体现，它比写作要"来得快"，说出来更需要感染力，能立即说服人，打动人，能准确明了、生动形象地"见证历史"，能轻松激活参与者的谈话欲望，能自然巧妙地"力挽狂澜""化险为夷"。因此，即兴口语应该是主持人语言功力结构中不可或缺的重要组成部分。

（2）主持人有声语言表达特点。播音学理论为主持人有声语言表达提供了坚实的理论基础、科学的基本功训练体系和丰富的可操作的创作规律及方法。播音学基础理论是在几十年广播电视实践中形成的，反映了广播电视口语传播的基本规律和特点。仅就主持人的声音形式而言，表现为声音的音高、音量、音色、语速的变化和组合，通过语流的抑扬顿挫、松紧疏密的千变万化来传情达意，同样需要停连、重音、语气、节奏等技巧运用。只不过应当根据主持人节目的总体特色，对"用气发声""停连、重音、语气、节奏"等表达技巧做出适度的调节，使自己的语言表达到位。

关于主持人语言表达的特点，有两点需要特别注意。

第一，以谈话体为主的语言样态。这是主持人节目"人际性"传播特色的要求和体现。电视主持人的口语传播是在广播电视节目这种特殊语境中进行，不是纯粹意义上的人际传播语境。从语言心理和语言样态看，在有交流对象的主持人节目语境（如专访、谈话等有嘉宾、观众参与的节目）中，谈话的语境是现实的，语言样态也是真实的，除非主持人在"背词儿"根本没有进入谈话状态；在没有交流对象的节目语境里，谈话体实际上处于"仿拟"的"类交流"状态。由于"类交流"不是生活中的语言常态，掌握它有一定难度。一方面体现在面对摄像机的侃侃而谈，失去了交流对象的支撑，虚拟的谈话状态极可能成为一种貌似热情流利的"作科"，实则是"不过脑""不走心"的"主持腔调"。另一方面，在没有交流实体的语境中，即便写成谈话体的文稿也可能变为毫无谈话的味道的"背稿"。

要突破这个难点，首先是获得类交流的心理依据。播音学理论关于对象感的确立是实现类交流效果的重要基础，主持人只有对自己所要谈的内容心中了然，才能从根本上牢牢抓住谈话者的心理依据，再加强面对镜头虚拟交流的实践，就能够建立起类交流的心理感觉和自信。其次要掌握类交流的语言样态，其关键是要掌握即兴谈话状态那种"边想边说"的语言状态，从而产生具有鲜活交流感的谈话效果。

"边想边说"是自然谈话的典型状态。一个人在正常的谈话状态中都要经过这样几个环节：理清思路——选词造句——表情达意——收集反馈——调整思路——选词造句——表情达意。这是一个周而复始的循环过程。"边想边说"是由思维到说话的心理活动在声音形式上的外化；"边想边说"又是说话人思想感情即"语言目的"在表达上的内心驱动和强调；"边想边说"还是对受话人的观察，并依据反馈调节语言的心理反应。这是一种说话目的十分明确、十分注重交流的谈话状态。"边想边说"的谈话状态在声音形式上是通过句子的松紧疏密及抑扬顿挫的变化表现出来的。

在人们自然谈话的语流中，有两种停顿能集中反映思维过程及主动交流的意向：一种是句群之间的停顿；一种是句子里重点词语、关键词语前的停顿。所谓句群之间的停顿，指出口前有说话人思索和内部语言的展开过程，出口后，有让对方"消化"或说话人观察对方反应的心理过程。这种由思维到话语的心理过程外化为声音形式时，诉诸听觉的特征表现为句群之间往往有较长、较明显的停顿，而句群内部一般语速较快，语流紧凑，语气连贯，语势顺畅。这是"边想边说"的语言状态在语流松紧疏密形式上的一种规律性表现。这种规律的运用，有助于克服"照本宣科"或开机关枪式的"快速背词"的弊病。

另一种停顿则体现在句群内部语句的某些重音上。人们在谈话中总要为突出语言目的下功夫，于是在表情达意的关键部位就会因选择词语、斟酌分寸、掂量语言色彩的思索，出现一些稍长的停顿，有时还辅以"嗯"之类的语气词，或下意识地伴以停顿前音节的低声延长，对关键的词语或生疏的概念还会放慢语速。语言学家赵元任曾细致地观察和分析各种状态中有声语言表情达意的规律，指出："语调跟速度跟嗓音是典型的情态元素。"语流松紧疏密、高低起伏的变化，源于人们说话时的心理活动，是思维的需要，是感情的流露，也是语言交流的实际。对于自然谈话语流中的客观规律，主持人应有意识地加以留心，分析日常谈话中这类规律在声音形式上的表现，并运用停连和重音的技巧把它灵活地移植到主持语言中来，以使虚拟语境中的"独白"或现实语境中的话语都能符合并反映语言和思维关系的客观规律。

第二，多种语言样态的适应能力。主持人节目形态多样，既有演播室语境，也有外拍的各种特殊语境，主持人的语言样态更是丰富多样。根据节目的需要或语体本身特点，有不脱稿的播报、有半脱稿的播讲、有脱稿的讲说、有即兴的交谈，必要时也有朗诵或其他有声语言形态。从交流状态看，主持人的语言样态实际存在着单向传播和双向传播、虚拟语境和现实语境、单一语境和复合语境的转换与交叉，并不时有交流指向的变化。倘若不了解其中的差异，不掌握应有的心理技巧和语气变换，就可能造成语言对象感的漂移或错位。有的主持人"播""说"分离，"有稿"与"即兴"跳跃大，听来很不和谐；有的语言"书面化"，有的"自说自话"缺乏交流感。因此，主持人必须具有调整语言状态和表达方式的技巧，如没有经过一定的训练和实践中的体会，则很难在不同语境中使受众得到双向传播的收听效果。

（3）主持人节目语体特征。了解和掌握主持人节目的语体特征，是主持艺术中应有之意。语体"是适应不同交际功能，不同题旨情境需要而形成的运用语言特点的体系"。这里有两层含义：语体是因为交际目的、内容、方式、语境不同而产生的；每一种语体在语言材料、语言手段的选择和运用上都有自己的特点。

主持人节目语体当然从属于广播电视语体，具有广播电视语体的一般特征，同时又因主持人节目的传播格局发生了一些变化，具有"个性化""人格化""人际性""参与性"的传播特色。此外，主持人不仅有口语表达层面的创作活动，较多、较深入地参与语言"编码"的创作活动，还有临场发挥和即兴应变的语言活动。总之，主持人的身份特色、传播语境特色、语言活动特色及参与程度的语体特色反映在主持人语言运用上便产生了一些新的特点，形成了体现主持人节目传播规律的语体特征。主持人节目语体是口语体，但不应与生活中"大白话"的初始口语完全画等号，它是经过加工的口语，主持人节目语体在"语言材料、语言手段的选择和运用上都有自己的特点"。为了更具体、更准确地把握主持人节目"口语体"特征，我们从比较的角度，以辩证的眼光对主持人节目的语体特征做如下概括：汲取书面语的精粹口语、强调规范性的大众口语、讲究艺术性的传播口语、突出交流感的鲜活口语、富于个性的正式口语、应对得体的机智口语。

3.各类节目主持艺术的规律

如果说主持人应具备的语言功力是主持艺术的基础和共性的要求，那么不同类型、不同形态的主持人节目的主持方法，则是实际操作层面的主持艺术的特殊规律的反映。

以内容归属和节目功能分类是主持人节目最基本的划分标准。按照传统的划分标准有新闻类、社教类、文艺类、服务类，对应到主持人节目则有新闻评论类主持人节目、社教类主持人节目、文艺（综艺）娱乐类主持人节目、服务类主持人节目。其中社教类主持人节目的情况最为复杂，从公众性角度说，有以社会教育为主的文化类、法制类、科技类等，以专题为主的健康类、旅游类、证券类等；从对象性角度看，有以年龄段划分的学龄前、少儿、青年、老年等；以观众性别、专业或身心特点划分的女性、工人、军人、残疾人等。

还有一些十分有特色的主持人节目在内容上极富综合性和交叉性，如拥有广大观众的体育类主持人节目，其中既有以新闻传播功能为主的，又有以服务功能为主的，还有以娱乐欣赏功能为主的；再如内容上归属经济类的主持人节目，具有新闻性、教育性、服务性、文艺性、娱乐性、竞赛性功能。当然，这类主持人节目与其说是节目类型，不如说是以传播内容的类别来划分更妥当。至于服务类主持人节目，在功能上兼具信息性、教育性和服务性，在内容上则越来越丰富，如气象服务类主持人节目、医药信息服务类主持人节目、衣食住行生活服务类主持人节目、金融证券信息类主持人节目、经济信息类主持人节目、房产信息类主持人节目等，不一而足。

主持人节目的发展过程中，观念的突破以及新技术在电视传播中的开发和应用，使单调的节目形态发生了相当大的变化。随着电视事业整体的发展，按节目功能划分的主持人节目与层出不穷的节目形态有多种多样的渗透、组合、交叉和融合，从而不断产生出新的节目形态来。在不同的节目形态里主持人的具体作用不一样，有的只是按既定文稿串联组合节目，有的始终处在组织嘉宾和现场观众展开讨论的开放的动态过程中。特别是一些有观众参与的互动式的节目形态，像游戏娱乐型、谈话型等节目形态，已被广泛运用到各类不同内容属性、不同对象的主持人节目中。谈话型节目因其制作相对简便、费用较为低廉，且观众参与性强，真实、亲切、形式生动多样，备受节目制作者及观众的青睐，既可以用于新闻评论类主持人节目，也可用于社教类、文艺类主持人节目。此外，新的通信技术在电视节目中的运用也产生了主持人节目的新形态。在大型直播节目里，实现了异地共时对话的"双视窗"技术，中心演播室和分演播室及多点现场报道的"卫星连线"（香港回归、澳门回归、祖国五十年大庆），设在现场的实景演播室作为报道轴心（长江三峡大江截流）。在这类节目中，主持人要播报消息、做演播室专访、与异地的现场报道记者交谈、串联录制好的各个专题片，还要控制时间和节奏，并随时准备处理临时发生的情况。

显然，不同类型的主持人节目、不同的节目形态，在节目内容、节目宗旨、服务对象、节目形式等各方面都存在各自的特点，对主持人所具备的相应的知识结构、气质、能力有许多不同的要求，而且主持艺术包括的层面、主持艺术的侧重点、语言交流的指向、语境的单一性或复合性、语言的复现性或即兴性、感情的分寸尺度等都存在不同程度的差别。总之，众多的相关因素的整合形成了不同类型节目主持艺术的鲜明特点，各类节目主持艺术的特殊规律包含在"主持艺术"这一概念所确指的对象范围之内。

4.主持人对策划、采访、编辑等环节的参与

主持艺术，从狭义角度专指主持阶段而言，也就是观众从屏幕上可以看到的主持人的主持艺术；从广义的角度包括主持人在进入主持阶段之前的准备和参与，即节目策划、选题、节目创意构思、采访、编辑等环节。主持人工作的综合性要求主持人对节目有深入的了解，前期必要环节的深入参与有助于主持人在节目中主导作用的发挥，这早已成为大家的共识。主持艺术的水平与前期的参与有密切而深刻的联系，日益成熟的观众从狭义的主持艺术中是完全能够察觉到主持人对节目的了解程度的。

电视节目本来就是多工种协调合作的产品，况且，节目的前后期制作分属编辑、采访等业务范畴，都有各自成熟的理论。但是，我们必须强调的是，主持人在采访或参与编辑工作时，不能停留在对采访、编辑基本理论的简单照搬上，只有针对主持人节目特点进行吸收和融合，才能把主持艺术提升到一个新的水平。

第二节　电视新闻类节目主持艺术

一、电视新闻类主持人节目的主要形态及主持人的素质

伦理学是哲学社会科学的一个分支学科，是关于道德的科学，也被称为道德哲学、道德学或道德科学等。在西方社会，伦理学具有悠久的历史，其源头可以追溯到古老的神话与史诗中，中国古代没有使用"伦理学"一词，直到19世纪以后才广泛使用。

总体来说，伦理学试图从社会理论角度建构一种指导体系，即"我们如何处理

此类处境""为什么而又依据什么这样来处理",并且根据社会现实情况,对其进行严格的评判。因此,其研究对象不仅包括道德意识现象,而且包括道德活动和道德规范现象,研究道德的起源、本质与发展,道德水平同物质生活水平之间的关系,道德的规范体系、评价标准和最高原则等。最终,对于这些问题的研究形成了不同的派别,如马克思主义伦理学和旧伦理学等。

在我国,新闻评论类主持人节目发展到今天,节目形态主要有三种:消息类主持人节目、新闻杂志型主持人节目、新闻专题型主持人节目。除此之外,还有一类围绕新闻事件展开的言论型谈话节目,也是新闻评论类主持人节目的重要形态之一。不过,从主持人在节目中的位置、作用及主持艺术等实际操作角度看,将言论型谈话节目作为一种独特的节目形态来讨论可能更利于其在实践中的把握。因此,新闻性的谈话节目不在本章做介绍。

(一)消息类主持人节目

传统的消息类节目,指以播报新闻信息为主的节目。其报道形式主要有口播新闻、图像新闻及现场报道,播报人一直由播音员担当,中央电视台的《新闻联播》就是全国影响最大的消息类电视新闻节目。在电视宣传深入改革及现代电子技术发展的大背景中,新闻改革作为突破口,在报道内容、报道广度、报道深度、节目安排等方面都有许多新的举措,如消息文体"短、新、快",播出次数增多,播出容量加大,播出形态有整点新闻、滚动新闻、直播新闻、现场直播等。同时,在报道形式方面不断演变、革新,如演播室专访、记者现场报道、卫星连线"双视窗"等。于是新闻消息类节目在时效性、针对性、现场性、可视性等方面都有了明显的改观。

消息类节目采用主持人形式,其直接原因有两点:① 改进播报语言样态,增加传播的贴近性及亲和力;② 适应新闻报道形式多样化的发展,由主持人串联演播室和新闻现场不同时空、不同报道形式的新闻信息,以保证节目传播的整体性、内容安排的灵活性及报道的真切感和权威感。

节目的这种变化是希望播报者能对节目的编辑工作有一定的参与,从而对新闻信息的价值有更深入的把握,利于受众理解、接收信息带来便利和兴趣,同时在节目中能灵活有序地组织、驾驭口播、图片、图像新闻、演播室访谈、与前方记者对话、异地传播等多种报道形式。从节目的角度看,消息类节目设置主持人,能实现尽可能好的传播效果。

消息类主持人节目当前在我国尚处在探索、实践过程中,需要观念、体制、人才、社会环境等多方面条件的配合。当前,有的人沿用国外的习惯,称消息类节目的主持人为"主播",体现了消息类节目"播报"的语言特色,以及以"播"为主、强调语言传播水平的工作职责。目前，称为主播的大致有 3 种类型：①固定在一个新闻栏目中、承担最大量的日常工作、有上乘的播报水平、成为该栏目形象的播音员，如中央电视台 1999 年春推出的《现在播报》由海霞担任主播。②固定 2 ~ 4 位主播，轮班上岗，除承担最大量日常播报工作外，还适当参与一定的编辑或采访工作，如中央电视台 22：00 播出的《晚间新闻》（后改为《晚间新闻报道》），要求播音员在播报风格上做出调整，并参与导语、串联词的修改。之前中央电视台开播的《新闻30分》实行由主持人串联的直播方式，从物色人选开始，除了对播报能力的考察，还特别注重对其新闻素质的考察。比如，让应聘者改写导语和串联词；在工作中，几位主持人以播报为主，但要求在播报风格上有别于《新闻联播》，语言样态较为松弛、亲切，"播""说"结合，播报中有较多的"讲述感"。此外，还要参与编辑环节，参与导语和串联词的撰写或改写工作，并适当完成一些采访报道任务，如胥伍梅 1997 年在黄河小浪底截流工程中所担任的现场直播报道；改版后的《东方时空》，康辉在《早新闻》中总是用观众最易于接受的方式改写新闻导语、串联词，并以惯用的简洁明晰而平易的口语方式重新组织报道消息的语言。陕西电视台曾推出消息类主持人栏目《新闻末班车》，北京广播学院播音系毕业仅两年的杨芳，经过紧张的"战前磨炼"出任该节目主持人。她参加编前会，自己动手写串联词，成为被当地观众认可的具有亲和力和推动力的消息类节目主持人。③由主编担任主播，如上海东方电视台推出的 60 分钟的《东视新闻》，当时的主编姜澜负责统筹整个栏目并值班播报新闻、主持节目，同时对播音员提出了参与采编环节，提高新闻素质和采编能力的要求。北京电视台推出的《晚间新闻报道》，由主编潘全心兼任主播，她对栏目的特色、节目的编排、消息的导出及播报风格有许多新的考虑和整体的把握，她在播报及与观众的交流方面表现出新闻素质强和贴近百姓心理的明显优势，节目播出以来受到观众及业内人士广泛好评，并曾获得电视新闻编排一等奖。

现在有许多电视台，在实际工作中提供机会、创造条件，锻炼和提高播音员的采编能力，让他们在以播报为主的同时获得更多的主动权，为驾驭主持消息类节目打下基础。进入 21 世纪，以消息为主的大型综合新闻节目对主持人新闻素质及能力的要求愈发明朗化，中央电视台海外中心为其新创办的《中国新闻60分》招聘主持人，业务考察的主要内容有 5 项：播报、消息导语、串联词改编、演播室专访、主持人小言论。

（二）杂志型新闻评论类主持人节目

新闻杂志型节目，是指"借鉴杂志多栏目的编排方式，用不同栏目、板块构成整体节目"。"它既有消息新闻的板块，可以做深度报道，还可以对新闻事实进行评述。"这种"在固定栏目时间内采用杂志综合编排方式，以节目主持人主持的形式播出"的新闻节目就是杂志型新闻评论类主持人节目。中央电视台的《东方时空》、北京电视台的《北京特快》及后来推出的《第七日》等都是典型的新闻杂志型主持人节目。它们有各自明确的定位，有各具特色的节目风格，有相当广泛而稳定的受众群。

新闻杂志型节目由几个子栏目构成，编排有序、容量适中、形态多样，如《东方时空》自出台后在实践中不断微调，1996 年播出第 1000 期之际改版为由名人专访《东方之子》、主持人言论《面对面》、百姓故事纪实《生活空间》及深度报道《时空报道》等 4 个子栏目构成的纯粹的新闻杂志型主持人栏目。主持人在节目中灵活穿插，有述有评，时而亲临新闻现场做报道，时而"指挥"于演播室，既增强了节目形态的丰富性，又增强了节目各环节的整体性。尤其一些知名主持人在新闻事件的采访报道中、与新闻人物的访谈中、串联节目的点评或独立成篇的言论中，他们独特的视角、独到的见解、独有的感受、独具特色的表达，使新闻类主持人所应具有的融亲和力、权威感、个性化于一体的传播特色更加鲜明、丰满，从而增强了节目的传播吸引力。从今后的发展看，新闻杂志型栏目会进一步发挥主持人解释、引导、分析、说理的特殊作用。1999 年，北京电视台元元主持的新闻杂志栏目《第七日》开播。它不同于一般的新闻综述，是对一周新闻的精心选择，加工整理，纵论天下，由醒目的"封面"、举重若轻的"圈点"、谐趣的"插页"、独家的"发现"、抓人的"抢眼"和趣说的"七日之最"等小板块组成，在京城乃至卫星覆盖的外省市都有不俗的收视率。后来《东方时空》改版，加大了新闻资讯的分量，收入"早新闻"，增加"时空资讯"和"传媒链接"，要求主持人注重对事件的分析、研究和评价。由此可见，由新闻素质好、语言表达能力强、成熟可信的主持人来主持新闻杂志型节目，是增强新闻评论类节目整体传播效果的好办法。

（三）专题型新闻评论类主持人节目

专题型新闻评论节目，指"对新闻事实做较详尽而有深度的报道"。"它以较为详细、系统的解释、分析，比较深入完整地反映新闻典型的发生、发展过程"，并由主持人主持播出的专题新闻报道。中央电视台的《焦点访谈》《新闻调查》，北京电视台的《元元说话》（后更名为《记者新发现》），都是典型的新闻专题型主持人节目。新闻专题型主持人节目对当前的新闻热点、群众关心的社会现象，进行深入的、多方面的采访，访问当事人、访问见证人、访问群众、访问专家学者、访问政府官员，为受众提供客观、系统、全面、权威的信息，深受广大观众的欢迎，产生了非常好的社会效益。这类节目因容量不同，有大、中、小之别（如《新闻调查》为大型、

《焦点访谈》为中型、《元元说话》为小型），而其深入的调查采访及到位的分析评议是这类节目的共同特点。

目前，新闻专题型主持人节目往往围绕一个事件或一种社会现象做深入的报道，节目形态多种多样，有深入的采访报道、有演播室专访、有主持人穿插其间的解释、分析和评论。在这类节目中，主持人或亲身深入社会调查采访，直接进行报道；或者在主持播出时，对记者采集的报道提供必要的背景、做出简要分析和画龙点睛的评议。由于选题得当、内容深刻，加上采用主持人形式的专题报道，使传播者的意图更为鲜明，使信息的组织及分析更加灵活，更加有序，使传播突出了"引导"中的沟通性、"交流"中的针对性，因而更富有感染力。观众收看此类节目容易产生共鸣，引起强烈的反响，从而加强了新闻评论节目引导、沟通、监督的功能。

专题型新闻评论类节目的主持人往往以深入细致而又精彩出色的采访，以融传媒意图、观众视角、个性特色于一体的访谈，及既鞭辟入里又通俗易懂的评议，赢得受众格外的青睐。他们在节目中表现出来的"铁肩担道义"的责任感、正义感，以及勇往直前的敬业精神和令人钦佩的新闻业务能力，无疑成为新闻评论类节目主持人独具的魅力，从而提高了节目的收视率。

（四）新闻类节目主持人的素质

新闻伦理学主要是研究新闻从业者职业道德产生、形成与传播的学科，它始于最早实行新闻自由的美国。1924 年，纳尔逊·安特宁·克劳福德出版了第一部新闻伦理学专著《新闻伦理学》。到 20 世纪 90 年代，美国已出版了几十本与新闻伦理学相关的各种著作。

目前，有关新闻伦理学的研究内容还没有一个明确的界定，一种意见认为，新闻伦理学的研究对象是新闻工作者的职业道德。比如，余家宏编写的《新闻学简明词典》中对新闻伦理学的定义：新闻伦理学是研究新闻从业人员职业道德产生与形成范式的学科。甘惜分主编的《新闻学大辞典》中对新闻伦理学的定义：新闻伦理学是研究新闻人员的行为规范和职业道德形成与规律的科学。还有人认为，除了研究职业道德与行为规范之外，新闻伦理学还研究新闻媒体组织的道德功能。周鸿书在《新闻伦理学研究纲要》中指出，两部辞典的表述，把新闻伦理学研究对象界定得过窄，忽略了新闻媒介的社会道德功能研究特征。

其研究方法不仅包括充分占有材料、掌握最新信息、选题力求新颖，而且采用专题研究和系统深入调查的方式，使研究内容深入全面。

从研究意义的角度来说，该学科的研究一方面提高了广大新闻工作者自身的职业道德素质，加强了新闻队伍职业道德建设；另一方面又为大学新闻院系学生走上新闻工作岗位奠定了伦理道德基础，要具有在某种程度上也延伸了伦理学和新闻学的研究内容与研究成果，实现了理论创新。

该类节目主持人在政治思想素质方面要具有政策理论水平、敬业精神、关注社会现实的激情；在业务素质方面要具有准确判断和理解新闻信息的能力、新闻敏感及思辨能力、现场采访能力、编辑能力、新闻写作的笔头能力、清晰干练的有声语言表达能力；在心理素质方面要具有机敏沉着、积极镇定的控制和临场应变能力，乃至能"打硬仗"的精力、体力。如果说得简单直白一些，即播音员素质与记者素质（或编辑素质）的结合。

当然，要求新闻评论类节目的主持人事必躬亲，各个环节"一肩挑"，"十八般武艺样样精通"，也是不现实的。但是，有没有采访或编辑实践作为铺垫，对于成为一个合格、成熟的新闻评论类节目主持人是十分重要的。因为"采访编辑"不仅是一种经历，更重要的是这种经历所练就的新闻敏感和思辨能力、出口成章的报道能力、评议能力，以及在直播或突发事件报道中把握局面、应付自如的能力。一句话，就是让受众认可的驾驭新闻节目的能力。

我们在呼唤"记者型"主持人的时候，特别要注意防止放弃或忽视语言能力及形象要求的倾向。比如，只偏重采访报道能力而导致出现南腔北调、吐字含混；缺乏语言（含体态语）表现力和亲和力的人直接面对受众，结果事与愿违，使传播清晰度和感染力衰减。另一种倾向是在"十全十美"的人才难以寻觅的情况下，单纯偏重主持人语言和形象的外部条件，虽然采用"固定"的主持人，在串联上也能"抵挡"一阵子，但是如果总是处在"文字语言转化为有声语言"这一阶段，胶着于"流水线上的熟练工"的状态，缺乏对节目深透的了解和总体把握的能力，那么，他们将无法适应现场直播主持或其他新的节目形态的素质要求，可能陷入"捉襟见肘"的窘境，无法真正起到主持的作用。

二、电视新闻类节目主持人的播报

（一）播报语言样态的形成原因

播报，指播音员、主持人将消息的文字稿件转化为有声语言进行传播时的语言样态，也称"新闻播音"。

"播报"即"播新闻"，这种语言样态是播音员、主持人在各类节目传播中最独特、最鲜明，而又自成一体的语言形态。不要说与日常生活语言有较大区别，就是与广播电视中的其他语体，如评论、解说、采访、谈话等相比也是别具一格的。不论过去还是现在，在广播电视的各类语体中，消息一直是保留书面语特征最多又最长久的传播语体。客观地说，这种特殊的书面语体的口头对应形式就是"播报"。播报的语言样态为"字正腔圆、呼吸无声、感而不入、语尾不坠、语势稳健、讲究分寸、节奏明快、语流晓畅"。这里"字正腔圆、呼吸无声"强调的是保证消息传播清晰所应具备的用气发音的基本功；"感而不入、讲究分寸"是新闻节目应遵循的客观性、真实性特点对播报提出的要求；"语尾不坠、语势稳健"是适应新闻传播的"新鲜感"和"权威感"所必需的；"节奏明快、语流晓畅"既反映了消息语体所固有的时效性特征，又是观众对新闻播音声音形式听觉上的审美要求。

我国的消息播报风格始自人民广播创办的延安时期，后来经历不同历史时期的延续、发展、继承和创新，在各个时期的社会进程中起到了积极的作用，消息的播报风格在传播者和受众之间已达成默契。

消息的播报历经几十年，虽然有过一些语言样态变革的尝试，但基本属于"微调"，总的格局变化不是很大。首先，播报的语言样态源于消息文字稿的语体特点，消息写作历来结构严密、布局紧凑、语言精练，以书面语风格为主，播报的声音形式当然应与稿件风格相一致，消息语体本身很强的"书面语"特点决定了"播报"语言样态质的规定性。当今国外媒体的消息传播也多采用播报方式，同样具有"吐字清晰、语势稳健、节奏明快、语言规整"的特点。其次，无论从新闻信息传播的角度，还是从观众获取新闻信息的角度，播报的"准确、清晰、迅速"是传播者也是观众的共同要求，而"播报式"的语言样态恰能较好地体现这种要求。其他各类信息，如股票行情、证券指数、商贸信息、文体信息等亦大多采用播报的语言样态。第三，我国新闻节目的社会意义及舆论导向作用也是形成新闻播报风格的重要原因。

（二）新时期消息播报的时代特征

从历史长河的角度看，因各种因素的制约，消息播报语言样态总的格局变化不大，但是它始终与当时的政治气候、社会生活有着最紧密的联系，反映着那个时代的特征。十一届三中全会后，人们理所当然地呼唤反映时代气息的、平易近人的新的播报风格。

在改革开放的大潮中，人们对消息播报做出了尝试和探索。播报语言样态发生变化的依据，一方面是稿件内容和形式的变化，内容上指令性的、空洞的东西少了，形式上日趋生动，贴近生活、注重沟通交流的语言方式多了；另一方面是社会语境的变化，社会大环境宽松了，而受众也期盼着媒体传播的"平等、贴近"。于是，消息播报的语言样态有了顺应时代特征的一些变化。这些变化无论播音员的播报还是主持人的播报，在基本点上都是一致的：① 镜前状态，讲究"精气神"，专注投入，重平等、真诚，沟通交流；② 用声吐字，"清晰"与"轻巧"浑然天成，弹动自如，顺耳入心；③ 语句组织，"突出"与"带过"巧妙结合，重音少而精，多连少停，句群抱团，自然洒脱；④ 语气基调，融"饱满"与"平和"于一体，分寸适度，恰到好处；⑤ 播报速度，适当加快，快而不乱，稳健晓畅，松紧有度。

消息的播报，由稿件的文字转化为诉诸听觉的有声语言，应当是播报者积极认真的再创作的过程。然而，一些播报者将"播报"变为只是语言表层物质形态转换的简单劳动。消息播报最忌讳的就是流水线上"熟练工"的状态，即只有高高低低声音流的空壳，"有形无魂"，没有创作因素的从字形到字音的机械动作。这种语言形态使新闻的信息量大大损耗，是电视新闻播音及消息主持中应坚决摒弃的。

（三）播报的多样化发展趋势及"说新闻"

随着电视新闻节目改革的深入发展，消息类节目从内容、形式到播出时间、传播对象等会有更加细化的分工、更加专业的划分，时政类、国际类、社会类、经济类、军事类、科技类、文教类、体育类、文娱类等会有自己专门的栏目，而不同的播出时段、不同的观众群自然会有不同的信息需求与不同的收视心理、收视习惯，同时消息写作、节目形式和风格也会有各自的特点，加之媒体特色、地域特色、新闻理念的差异，这些对播报产生直接影响的相关因素必然促成播报的多样化发展。

播报风格在遵从消息文体风格特点的原则下，体现时代精神，顺应受众心理，外化栏目特色，主要从播报状态、语言表达的色彩分量、分寸尺度、速度节奏等方面做出调整和改进。事实上，当前消息类节目的播报已呈现出多样化的格局，这是在具有中国特色的播音风格前提下的多样化格局。以中央电视台《新闻联播》为代表的新闻播报，继承和发扬了中国气派的新闻播音风格，以其庄重大气、稳健有力的播报，在重点新闻节目中独占鳌头；对海外播出的《中国新闻》，以新闻主播积极振奋的投入状态，明朗快捷、练达自信的播报，彰显改革开放进程中中国人民的精神风貌及日新月异的变化；《新闻30分》《国际时讯》《晚间新闻》等，则以平和稳健、清新洒脱、亲切自然、交流感强的"播、说"结合的"讲述"语态取胜；《东方时空》中的"传媒链接"则采用夹叙夹议、互相接应的方式"说新闻""讲新闻"。随着新闻改革的深入，随着新闻台、新闻频道的推出，新闻节目会越来越丰富，越来越"细分化"，将来新闻的内容、形式、播出时间、接收对象，以及消息类节目的主持人形式和非主持人形式，必然是各有特色，各有味道。因此，新闻播报的语言样态、语言风格的多样化发展是必然的趋势。

其中，"说新闻"的语言样态及语言生成与"播报"有较明显的区别。客观地说，"说新闻"并非哪个人心血来潮的产物，它的出现在某种程度上是对"高、平、空""冷、僵、远"的逆反，同时是对某些不负责任的照本宣科、有声无魂的"念稿"式新闻播音的厌倦。"说新闻"的出现必须有成熟的社会环境和开放的传播环境，受到观众认可的"说新闻"绝不仅是"口语化"的语言表层的处理。早在20世纪50年代，中央人民广播电台播音部在新闻播音业务的内部学习研讨中，曾请来相声表演艺术家、语言大师侯宝林和擅长给小朋友讲故事的孙敬修试播新闻，结果他们的语言样态都带有自己行当语言特色的表达定势，"真"和"新"这两个关乎新闻生命的要素在语流中不那么鲜明，听起来与传授双方长期默契认可的新闻播音有一定距离，因而仍然沿用消息播报的传统风格。改革开放之初，业内人士及受众又一次呼唤"说新闻"。20世纪80年代中期，曾有电台、电视台做过"说新闻"的尝试。当时出现的"说新闻"的语言样态基本有两种，一是脱开稿件"聊"新闻。播报状态倒是松弛了，然而极度"口语化"。另一种方法，不做文字改动，只是在播音"腔调"上力图"说"起来，结果"播"不是"播"，"说"不是"说"，拿腔甩调，不伦不类。这两种单纯在声音形式上追求"说"的做法，因为与节目宗旨不符，与节目风格不符，与消息语体不符，与受众需求不符，很快就得出了否定的结论。

凤凰卫视《时事早班车》的消息播报再一次引起人们对"说新闻"的关注和思索。主持人直接参与消息的选择和编辑，将经过自己"消化、加工"的新闻信息一一道来。主持人播报消息的语言样态，在消息类主持人节目中应该说是变革比较大的。从语言样态上看，既有口语化处理但又不同于生活口语，新闻事实的叙述保持了简练紧凑的消息语体风格，听来轻松而不失干练，亲切而不失大方，自然而不失稳重，娓娓道来而不失明快和分量，给人以新鲜的感觉和深刻的印象。

"说新闻"之所以行得通并得到认可，最根本的原因在于媒体环境、新闻理念的特色，如凤凰卫视特殊的政治环境、社会环境和媒体特色；"浏览性""介绍性""资讯性"新闻报摘的栏目定位；以事件性、社会性新闻占较大比重的消息选择。这些因素都提供了"说新闻"的客观条件和可能性，而主持人个人较强的新闻素质与视野开阔的积累、可贵的敬业精神，以及很好的语言组织能力、训练有素的记忆力等主观因素则是成功的基础和保障。

（1）目的："说新闻"的目的是为了缩短传授双方的距离，为了便于观众对新闻信息的接受和理解，优化消息的有效传播，应特别注意防止"为说而说"的形式主义和庸俗化倾向。

（2）信息加工："说新闻"也好，"讲新闻"也好，其深层特点是对新闻进行解释、说明、补充和稍加评论的信息加工，从而为观众的理解提供引导和服务。只停留在消息文稿的口语化处理上，则难以实现"说新闻"的初衷。在对新闻信息进行加工的过程中，主持人的个性作为"副产品"在传播中得以显现，如发挥得好，对于优化传播效果则有积极的作用。

"说新闻"的信息加工可以从以下四个方面入手。

第一，从选择新闻消息开始介入，如选择哪些信息、舍弃哪些信息、顺序如何编排，应有编辑意图方面的总体把握和整体控制。

第二，对确定下来的消息逐条"消化"，概括出要点，加深理解和记忆。

第三，从帮助观众理解、减少"读解"障碍、开阔视野、提示重点、显现贴近、引起兴趣的角度出发，为每一条消息寻找"切入点"，补充有关的背景信息，必要时加入自己的评议，设计出新的导语和串联词。

第四，以自己对消息的把握和便于受众接受的方式，重新组织语句，用有书卷体特色的精练而生动的口语"讲述"消息内容。这样做，语言量要比原稿有所增加，要注意控制话语的冗余度，并非处处"掰开揉碎"，而只在必须提供背景、增强贴近性时融入有关的信息，谨防啰唆累赘。

（3）语言心理：经过对新闻信息的消化、加工，"说新闻"的语言心理过程已不再是从"书面文字"到有声语言的转化，更不是简单的"背稿"，而是从"内部言语"（新闻的信息要点及必要的补充和议论）起始，经由语言编码（重新组织语句），以"说新闻"的语言样态向受众传播。

（4）语言样态："说新闻"的表层特点为口语化色彩较浓的"告知"式的传播，而非"报告"式的传播。显然，后者强调"正式"及面向众人的特色，前者的色彩和力度都较宽泛，也相对"软化"，"告知"既可以是大众传播，也可以是"人际传播"。"说新闻"的"告知式"传播表现在语言样态上，即口语化色彩较浓，句式短、口语词汇多；其传播态势松弛，给予感和交流感更强，语流的松紧疏密、起伏强弱较为洒脱，语调自然。但是，"说新闻"的语流仍区别于非消息类语体的舒缓或绘声绘色，不应失却新闻节目"简洁明快"的本色，用词准确严谨，语句简洁规范，态度认真从容，风格稳健干练。

还有一点必须提及，"说新闻"是新闻播报多样化语言样态中的一种，自有其适用的范围，并非最理想的语言样态。一个好的播音员、主持人应能够从实质上把握新闻"播报""播说结合"及"说新闻"的联系与区别，并熟练地掌握"播报""播说结合"及"说新闻"的多种语言传播方式，依据具体的语境选择恰当的语言方式。

三、电视新闻类节目主持人的导语、串联词

导语，是一条新闻信息的要点提示，对引导收视起着重要的作用；串联词是承

上启下的介绍或简短议论，对节目结构和提示收视同样有重要作用。在消息类节目中，串联词大多由导语充当，或与导语融合在一起；在杂志型、专题型栏目中，开场白、串联词、结束语，统称串联词。当代观众接受资讯传播的现实给予我们新的传播理念，观众需要的不是信息数量的简单叠加，而是偏好对信息进行"有效传播"的重组和再加工，导语、串联词的撰写、修改就是信息处理、再加工的重要一环。主持人撰写或修改导语、串联词，必须建立在对编辑思想有整体深入理解的基础之上，进而准确、敏锐地把握每件消息的新闻价值和信息要点，用心寻找便于观众理解、引起收视兴趣的切入点，采用观众愿意接受的方式，使消息更加清晰明了，更能引起关注。这样做有助于主持人对节目整体的把握。当前，许多电视台把要求主持人撰写、修改导语、串联词作为提高其新闻素质的一个重要途径，实践证明此举不失为增强主持人对节目的驾驭能力的好办法。

（一）主持人节目导语、串联词的基本特点

导语、串联词并非为主持人节目所独有，主持人节目的导语、串联词首先要遵循广播电视传播和受众接受的规律，要完成它本身的"使命"。那么，主持人节目导语的特点何在呢？其特色源自主持人传播角色的特点。主持人作为节目与受众的中介，作为沟通媒介与受众的桥梁，第一，理应满足观众对新闻信息的渴求，作为观众的"眼睛"看到更多的东西，更宽广的世界；第二，理应了解观众的需求及接受能力，善于为观众着想，像一位可亲可信的导航员，引领和吸引观众沿着错综复杂的新闻脉络完成新闻节目的收视活动，达到尽可能好的传播效果；第三，作为"人"的丰满形象。主持人在传播新闻信息、报道新闻事件的同时，很有分寸地、适当地向观众流露出自己一定的感受、认识和评价，不是"强加于人"，而是理性指导下的"情之所至"。这是主持人节目对以往新闻传播"纯客观"模式的"突破"，它特别注重与观众的沟通，在方便和吸引收视上下功夫，巧于选择，精于叙述，富于创造性。在具体操作上要求主持人能够通过自己的积累和心智，找到节目内容与受众心理的结合点。主持人的导语、串联词的特点可概括为适应听觉突出重点的明晰性、扩大视野补充信息的服务性、稍加点评引发共鸣的沟通性、有机衔接巧妙转换的新颖性。

（二）导语、串联词的撰写和修改

1.适应听觉突出重点的明晰性

新闻节目中相当多的消息来自国内外通讯社或报纸，原有的导语是供阅读时的书面语，如果原封不动直接转化为有声语言付诸听觉，难免会出现歧义或让人费解；即使来自其他广播电视媒体甚或采集的消息，也常常忽略对观众的体贴。主持人以观众朋友的角色进行传播，理应在方便接受、吸引注意上下功夫。这可以从两方面入手：一是从适应听觉接受理解信息的角度，注意叙述的逻辑顺序，重新组织语句并做口语化的加工；二是把重要的信息及观众关注的信息点在导语中予以突出，吸引观众的注意力，使导语听起来十分明晰。

2. 扩大视野补充信息的服务性

新闻信息内容丰富，报道面广，对于不同阶层、不同地域的观众来说，有的非常贴近，就在关注视野内；有的却显得遥远，显得生疏；有的新闻事实专业性强，观众的知识与之存在距离，在理解上难免出现障碍。面对受众渴望"足不出户便能知晓天下事"的需求，主持人应本着尊重事实的原则，提供必要的背景、相关信息及知识，从而加大单位时间内传播的信息量，扩大受众的视野，帮助受众更轻松、更方便、更有兴趣、更专注地理解新闻。这是主持人受众意识、服务意识在导语、串联词中的具体体现。

3. 稍加点评引发共鸣的沟通性

毫无疑问，新闻要用事实说话，新闻事实的选择、编排中无不渗透着传播者（作为群体的新闻机构及具体的记者、编辑、主持人）的观点和倾向。当今，将思想态度本身作为一种客观存在融入报道已成为一种新的电视报道精神，尤其在主持人节目中，客观报道和适当的主观见解相互补充显得十分自然和灵活。在传播的终端，观众在获知新闻事实时必然会有反应，有自己的认识和分析。主持人是以"朋友"的个人身份和观众"一起"关注新闻的，那么，把自己对新闻事件的感悟，讲究分寸地在导语中与观众交流，应是顺理成章的事。把握得当，不仅能增强观众的注意力和兴趣，还能在颇有"人情味"的平等氛围中，"不露声色"地强化新闻的导向性。

主持人要熟悉观众的需求、关注重点、感情和期望，多从贴近观众生活、观众心理的角度寻找那些"直接可感"的切入点，并在导语、串联词中适当流露自己的情感反应和真切体验。那些与大多数群众感情、利益相一致的感性的沟通，会使新闻传播更加亲切，更加直接，更易引起关注。选择切入点十分重要，需自然而不牵强，可用对比、联想、悬念等方法，由近及远、由此及彼。

视野开阔的串联能够打开受众的思路；稍加点评是主持人就新闻信息在理性层面上与受众的沟通，易于引发受众的共鸣和深入思索，使受众对信息的接受更加主动，更加深入。同时，理性沟通还有以往"编后话"的作用，不过由主持人直接面对观众说，显得更方便、更自然、更亲切，主播人的整体驾驭作用也更明显。

中央电视台《世界报道》中报道了美国少年盛行"站在几十级台阶的栏杆上和钢筋水泥的棱角上飞速滑行"的消息，原稿导语是：

在美国，那些十几岁的孩子们最近爱上了一种叫"溜边儿"的体育项目。在楼道里、马路上，只要是一切有边儿的地方，"溜边儿"少年的身影都无处不在。

主持人康辉看了片子后，敏锐地意识到这是一种不宜提倡的游戏，虽然片中也谈到这种游戏的危险性，但很容易被活泼刺激的"溜边儿"画面冲淡。于是他在导语中加了一句直接评价的话，鲜明地指出其危险性，以引起观众中家长们的警觉：

在美国，那些十几岁的孩子们最近爱上了一种叫"溜边儿"的体育项目。但是这种游戏极其危险，在楼道里、马路上，只要是一切有边儿的地方，"溜边儿"少年的身影都无处不在。

4.有机衔接巧妙转换的新颖性

消息类、杂志型新闻节目是由许多内容构成的，新闻编排本身应注意体现新闻媒介对新闻信息的态度和评价，同时为了帮助和吸引观众收视，常采用新闻集纳的组合排列，或给人印象深刻的对比排列等方法。但是，倘若导语、串联词模式化、简单化，会使人感到沉闷，感到枯燥，容易导致收视的漫不经心。因此，要想避免观众"走神儿"，主持人在导语、串联词的构思上、在驾驭材料和语言的应用上，最好多一些创造性，揭示内容之间的有机联系，新颖、活泼、形象化、大众化的语言，以其鲜活的、个性化的特色带给受众一种愉悦，乃至语言审美层面的触动。与此同时，主持人的修养、智慧、能力与追求，在导语、串联词中可见一斑，构思巧妙、意味深长、新颖别致的串联词，能够增强新闻评论类节目主持人"融亲和力、权威感、个性化于一体"的传播魅力。

第三节　电视社教类节目主持艺术

一、电视社教类主持人节目的界定和分类

（一）电视社教类主持人节目的界定

电视社教类节目是以社会教育为宗旨的电视节目的总称，其中那些栏目化的（将同一内容或同一类型的节目归为一栏，使它有固定的名称、标志、开始曲和时间长度并安排固定的时间予以播放），设立了主持人的，就是电视社教类主持人节目。

社教类节目的内容十分广泛，它的基本社会功能是教育，包括政治理论教育、理想道德教育，它传播科学文化知识、专业技能，提供经济、法律、医药等多方面的服务，它还关心受众个人的身心发展。社教类节目的传播对象覆盖面相当广，不同性别、不同职业、不同年龄段、不同爱好的观众都可以在社教类节目中找到满足

自己需求的栏目。社教类节目在电视节目中占较大比例，达 1/3 或 1/3 强，如今许多电视台实行频道专业化，社教类节目不是生活频道、经济频道等一两个频道所能囊括的。采用主持人节目形式的社教类节目，由于主持人的引领、节目形式的多样灵活，更是增添了传播的贴近性和参与性。

（二）电视社教类节目的分类

社教类节目与新闻类、文艺类节目相比，内容和形式具有丰富性、复杂性和交叉性的特点，为了便于主持人了解社教类节目特点，掌握主持艺术，人们采用两种分类方法：按节目内容和社会功能划分；按节目构成和传播形态划分。在两种分类中，具体节目在内容或形态方面会有一定的交叉。

1. 以节目内容和社会功能分类

教育性主持人节目是向观众普及文化历史、科学技术、经济、法制、环保、道德等方面知识的教育性节目。以中央电视台节目为例，如介绍国外文化艺术、社会经济、科技发现、人文风情的《环球》；传播自然生态、资源状况、环保发展和野生动植物知识的《人与自然》；反映社会经济生活的《经济半小时》；宣传科教兴国、传播科技知识的《走进科学》《科技博览》；弘扬祖国文化、传播美术知识的《美术星空》；倡导多读书、读好书的《读书时间》；普及法律知识增强大众法律意识的《社会经纬》《今日说法》；表现生活、反映时代的《万家灯火》等。

对象性主持人节目是根据观众的年龄、职业等特点为特定的观众群体开办的栏目性节目，如中央电视台分别为学龄前儿童、少年儿童、青年观众、老年观众设置的《七巧板》《大风车》《第二起跑线》《12演播室》《夕阳红》等栏目；面向军人、职工、农民、妇女、少数民族开办的《军事天地》《人民子弟兵》《当代工人》《金土地》《半边天》《中华民族》等栏目。

教学性主持人节目主要指系统性的专业知识讲座栏目。例如，中央电视台为不同职业、不同年龄的外语爱好者设置的《外语教学》；对不同需求的观众进行文化科学的普及或专业培训的《电视讲座》等栏目。这类节目一般请专业人员播讲，与职业主持人关系不大。也有例外，杨澜和王雪纯都主持过涉及英语教学的节目，杨澜主持英语节目《北京欢迎你》、王雪纯与外籍主持人联合主持《轻松音乐学英语》节目，由于她们的英语发音纯正，语言流畅，主持亲切自然，因此受到观众好评。

服务性主持人节目，特别要说明的是，按照传统的节目分类习惯，服务性节目与新闻性、文艺性、社会教育性节目是并列的节目层次，它为群众生活的方方面面提供直接、具体的服务。这类节目的内容原本就与百姓生活息息相关，许多服务性主持人节目在功能上兼有教育性、知识性、信息性、服务性，又有属于不同范畴的各类服务，它对主持人的要求及主持艺术，与社教类节目有许多共通之处。例如，提供衣食住行生活服务方面的有服饰、厨艺、住房、家装、气象、交通、旅游、购物、医药健康、婚姻交友等主持人节目；提供经济服务的有金融证券、商业信息、房地产信息、股市分析等主持人节目；专门联系电视台与观众的导视类主持人节目等。在电视台的实际操作中，服务性节目制作部门大多隶属于社教中心。因此，将服务性主持人节目纳入社教类节目一并介绍。

2. 以节目构成和传播形态分类

杂志型。把若干不同内容、不同体裁、不同形式的节目单元（亦称小栏目、子栏目）加以组合，由节目主持人把它们串联成一个有机整体的节目样式。例如，中央电视台经济服务类栏目《生活》，由《背景》《消费驿站》《百姓》3个板块构成；专为老年人服务的栏目《夕阳红》设有《老人与社会》《生活顾问》《走进大自然》《怡情雅趣》等小栏目。

专题型。与杂志型节目对应的内容相对集中，可以形成统一主题的节目形式。例如，法制栏目《今日说法》，每期集中剖析一个案例，主持人约请法律专家在演播室就记者外拍的某一案件的有关调查资料，做深入浅出的议论和点评。

访谈型。以栏目主持人与节目相关人物在演播室的访谈作为节目形式。改版后的中央电视台青年节目《12演播室》，主持人根据不同的主题约请嘉宾，有时还有现场观众，以访谈形式推动主题的深入和拓展。

此外，根据节目制播方式可分为参与型和非参与型、直播和录播，这里不一一列举。

综上所述，社教类节目的内容与对象的指向性非常强，节目形式丰富多彩。节目分类对于主持人的意义在于两方面：一是主持人必须熟悉并适应节目及对象的特定要求，即主持人知识结构中的"专业性"要求非常突出，如法律、证券、医药、文学、社会学等学科的专业背景。二是要求主持人能掌握相应的主持方式。从主持方式看，主持人在节目中的活动多种多样，以节目串联为例，有的在演播室进行，有的在外景主持；有的节目主持人以实地采访构成节目的主要主持方式，如湖南卫视深受农民观众喜爱的栏目《乡村发现》，主持人一直活跃在农民中间，这也是旅游节目常采用的主持方式；有的采用谈话节目的形式或演播室的访谈形式，这需要主持人具有采访和组织谈话的能力；有的栏目有观众参与，把知识、娱乐、竞赛融于一体，主持人既有演播室的串联调度，又有外拍部分的采访等多种主持方式，如以中学生为对象的大型综合性栏目《第二起跑线》等。

二、社教类节目主持人的素质

社教类节目主持人的思想素质、语言素质、心理素质，与新闻评论类、文艺类节目主持人基本相同，本书主要对主持人应具备的专业素质进行讨论。

（一）复合型的知识结构

进入 21 世纪的大众传媒由于各种媒介日趋激烈的竞争，必然导致受众需求的细分化和传播者的专业化。在变化和发展中，科教、文卫、法律、经济等社教类节目，其专业性特点显而易见。因此，观众青睐权威性强、可信度高的主持人，希望他（她）们对所谈的知识有较大程度的信息占有和较为透彻的理解。人们常谈论对"专家型""学者型"主持人的渴求，实际上并非要求让某一学科领域的专家、学者专职主持节目，而是希望主持人是该栏目学科方向的"知情人"。因为真正具有可亲可信的传播魅力的主持人不能依靠背稿子主持节目，他应掌握该领域的"ABC"及其新动向、新信息，熟悉有关的学者专家，并且有与他们对话的资格，能主动积极而又迅速正确地收集节目所需要的信息，善于把握节目的策划立意，能调动有关的知识储备，以颇具个性的观察及叙述方式向观众进行传播。

目前，在某一方面"学有专长"的专业化的主持人脱颖而出，这是节目深入发展的需要。中央电视台《今日说法》栏目主持人很多是法律专业毕业的，因而主持节目自然大方、剖析问题清晰明确，法律专业方面的底蕴使主持人与嘉宾的谈话丝丝入扣，重点突出，不抢不堵，恰到好处，因而颇有"台缘"，深得观众好评。以青年观众为主要收视对象的栏目《12 演播室》的主持人张泽群，在大学期间学习了新闻学、播音学，工作后又根据主持节目的需要攻读社会学硕士研究生，复合型的知识结构使他对栏目的把握以及与嘉宾的访谈渐入佳境，走向成熟。证券、金融类节目的主持人，不经过有关专业培训或上岗后自学深造是不可能称职的，更与"胜任愉快"无缘。

主持人节目在美国有较长时间的发展，至今他们的主持人水平依然良莠不齐，优秀的主持人总是得到赞许，并且有可借鉴之处。据网上资料显示，美国 CNN 电视台以报道时装、首饰、室内设计为主要内容的栏目《风格》的女主持人埃尔莎·克伦施（译音），被誉为"空中电波里的时装女星""杰出的时装电视报道工作者"。她及时地从世界时装名城发回最新的时装新闻，对时装模特、时装设计师、室内设计师进行深入而有趣的采访，还给观众带来大型艺术展览和经典家居的报道。创办该栏目之前，她曾在美国《时髦》《哈波斯市场》《女装日报》等报纸和杂志担任记者和编辑。现在每周一次为洛杉矶报业辛迪加撰写时装专栏，她的专著《时装》多次获奖，她对时装、模特、首饰业的报道赢得了人们对时装业的尊重和数以百万计的观众。

（二）丰富的生活阅历和人生感悟

社教类节目以知识性、科学性、服务性为主，以实用性、贴近性、针对性为特色，但是无论哪一种社会教育节目都不能搞简单的课堂搬家，知识传播中的科学精神、人文精神，服务中的道德评价、理想导向都蕴涵着人类普遍的生存价值和精神理念，并能引起观众的情感体验和审美感受。随着观众对社教类主持人节目文化含量需求的增强，社教类节目表现出越来越多的人文化倾向，其主持人应具有热爱生活、热爱生命的博大胸怀，有对人生细腻深刻的感悟和思索。一方面，取决于主持人较丰富的人生阅历；另一方面，在于主持人积极向上、善于思索、勤于学习的人生态度，这样才能敏锐地体察生活中的道理和乐趣，才能在与嘉宾、观众的接触中挖掘出生命的意义，弘扬人性的光辉。否则，主持人虚假的热情会给人"变相广告"的不良印象，苍白的语言更会暴露主持人内心的空虚，社教类节目主持人应有的可信性和亲切感无从谈起。

中央电视台《半边天》的主持人张越，好读书、善思考、勤于笔耕，对多彩的人生有深入细致的观察和独到的体验与理解，她思维敏捷、性格爽朗、言辞犀利而风趣，她做的人物访谈常给观众留下深刻的印象。张越曾邀请新华社摄影记者唐师曾到节目里一起讨论"沧桑感"，张越这样介绍唐师曾。

提起"唐老鸭"这个外号，新闻界的同行们都知道他就是新华社战地摄影记者——唐师曾。

长久以来，很多年轻女性都被这么一个问题困扰着，她们觉得现在的男性越来越女性化，越来越没男子气，越来越缺乏沧桑感。

好多女孩子苦于找不到自己心目中的高仓健，所以我们一直想找一个有资格来谈这个问题、来谈沧桑感的男性跟我们来谈这个问题。于是，我们就找到了唐师曾，为什么呢？别看他年龄不大，可经历非常丰富。他毕业于北京大学，曾经在秦岭的深山里拍过野生大熊猫，曾经在神农架寻找过野人的足迹，曾经在藏北高原可可西里无人地带与野狼共舞，曾经经历过无数次的大火、地震、水灾，曾经在中东战火纷飞的地带多年奔波，曾经采访过阿拉法特、加利、拉宾、纳尔逊·曼德拉这些非常具有神秘色彩的政坛风云人物……关于他的传奇故事，我早就听朋友们讲了很多，所以您应该是一个饱经沧桑的男人了吧？

张越以她对唐师曾其人其事的感悟，满怀兴趣和激情地侃侃而谈，简洁生动而又赞誉有加的介绍，把唐师曾"立体"地引到观众朋友面前，从而使观众对唐师曾的关注和敬佩之情油然而生。

（三）自觉地服务意识、创新意识

在突出社教类节目主持人业务素质中"学有专长"的同时，还要特别强调主持人的"服务意识"和"创新意识"。观众喜爱高素质的主持人，但是不希望主持人在他们面前摆出"专家""权威"的架势，"居高临下""谆谆教导"。人们倡导"专家""学者"型的主持人，强调其应有的专业知识结构，"学有专长"是成为一个栏目学科领域"行家里手"的需要，是走近观众、获得观众信任的"基石"。但是，人们不赞成主持人"突出自我"，把"亮点"都集中到自己身上。从传播学的角度看，从我国观众的反应看，以"朋友"的身份出现在观众面前，是社教类主持人定位的最佳选择。主持人在节目中的位置和职责，就是以自己的学识和才能为观众提供认真的、健康的、负责的、便于接受的服务。CNN《司法园地》栏目一位拥有40年法律经验的主持人认为："如果你了解体育的竞赛规则，或是驾驶规章，你就能了解法律的规定。如果法律规则能用简单明了的英语解释得清清楚楚，而不是过分法律专业化，那么就易于被人们理解接受。我们只是设法使法律更简单明了，一如它本来面目，法律应能使每个人都理解明白，所以不应对它产生恐惧。"

（1）服务意识。主持人只有真正树立起为观众服务的意识，才能在节目中摆正自己的位置，才能激发出创新精神，想方设法、苦心孤诣地精办节目。主持人只有把自己的才华与为观众着想结合起来，才能创作出思想精深、艺术精湛、制作精良的精品节目。

中央电视台资深主持人沈力的主持生涯与社教类节目难解难分，从第一个主持人栏目《为您服务》到《夕阳红》，始终心系观众，悉心体察观众的心情，永远平等谦和地以商量的口吻面对观众。她从不抬高自己，更不对观众指手画脚，她处处为观众着想，尊重观众，理解观众心理，真诚地为观众服务。从沈力老师修改润色的播出稿中，不难看出她真诚而强烈的观众意识。

（2）创新意识。创新意识是主持艺术的重要前提，"电视业的竞争焦点是节目的竞争，背后是人才的竞争"。社教类主持人节目在一定程度上与观众有着天然的联系，这是优势，但如果不深入考虑节目定位、观众定位，悉心揣摩观众的需求、接受心理、接受习惯，特别是新的变化，节目就很难吸引人，更不要说形成观众认可并喜爱的风格特色。

比如，做一个少儿节目主持人，首先，要有一颗童心，对孩子充满真诚的爱和理解，善于与孩子们交朋友，摆正自己与孩子们的关系，能平等地面对孩子，言谈话语、举止行为能尊重孩子、信任孩子；其次，要掌握儿童心理学、儿童教育学的科学知识，策划构思的节目应适合孩子们的口味，让知识性、赛事性巧妙地隐身于趣味性、娱乐性中。有些少儿节目急功近利，简单地强调知识性、教育性，少儿节目成了"课堂搬家"，参与到节目中的小朋友只是拖长了声音齐声回答"是——""好——"的"小陪衬"，要么就一本正经地说"大人话"；有的儿童节目简单地照搬成人知识竞赛的节目形态，只见主持人兴高采烈、大呼小叫，做活泼兴奋状，而参加节目的孩子表情木然，不感兴趣。这样的节目连小听众、小观众都觉得假。现在，看到很多少儿节目主持人能够遵循少儿的身心特点，特别注意开发孩子的智力，激发孩子们的想象力，让孩子真正成为节目的主体。上海卫视的《欢乐蹦蹦跳》的主持人经常和孩子们展开平等而有趣的谈话。例如，主持人与孩子们聊安徒生的童话《皇帝的新衣》，边讲故事边提问题，启发孩子们的创造性思维，最后问："皇帝出了丑以后会怎么样呢？"那些三四岁的孩子们开动脑筋，有的认真地说："他以后就让小孩子做宰相了。"有的说："他再也不穿新衣服了。"有的说："他再也不听宰相的话了。"孩子们认识和判断中的童趣与童真，让电视机前的观众忍俊不禁。还有一次，主持人问小朋友："生日是什么意思？"孩子们争先恐后地回答："可以吃生日蛋糕！""吃长寿面！""能收到生日礼物！""爸爸妈妈带我去公园！"后来一个孩子说："是妈妈生下我的日子。"……这种启发式、参与式的儿童节目，孩子是真正的主体。当主持人豆豆唱起结尾的栏目歌曲时，场上的小朋友全都和着节拍忘情地又唱又跳，用各自的方式尽情地抒发心中的快乐……节目观念和形式上的更新使主持人真正与孩子打成一片，循循善诱，让正直和善良、让知识和智慧如涓涓溪流滋润着小朋友的心田。

（四）采、编、播多方面的业务能力

社教类主持人节目不仅内容丰富，社会科学、自然科学、人文科学无所不包，而且节目形式、传播形态多种多样，不拘一格，有的栏目采用杂志型节目形态，有的栏目采用专题型。主持人在节目中所起的作用、所承担的任务、所处的节目制播语境都不尽相同，且不是一成不变的。例如，演播室里没有现场观众时主持人面向摄像机的串场主持，演播室对嘉宾的访谈及与现场观众的讨论，外景的采访与外景的主持等。在各种节目形态中，主持人承担所有的与观众、嘉宾之间的交流、与不在现场的电视前观众的"类交流"，一方面他（她）应有把握不同语言状态的播音基本功，另一方面他（她）需要具有采访提问的能力与技巧，有驾驭节目进程、组织现场观众的能力。在屏幕上展现在观众眼前的主持人的语言活动及主持水平，与主持人屏幕后投入的热情和深度密切相关。过去有些专题型主持人节目，主持人只要说好编辑写好的串场词就可以了，于是有的主持人不主动地对节目做整体的、深层的理解和把握，一旦栏目要改变形态，如加入演播室访谈板块，主持人的作用和分量增加了，那些只满足于镜头前演播的主持人就显得捉襟见肘、无法适应。随着主持人节目形态日益丰富，主持人占据了主导位置，具有采、编、播综合能力的"多面手"主持人将格外受到青睐。

当然，人们并非主张节目主持人"十八般武艺"全拿下，"采编播一肩挑"，这是不现实的，尤其对于电视节目来说更是如此。然而，一个优秀的节目主持人，会以其敬业精神、团队精神热情关注并投入节目的制作，以其深刻的领悟力、洞察力及个性化的创作方式为节目增添光彩。中央电视台《环球》的主持人王雪纯被同事誉为"勤奋而充满灵气"，她曾与一位法国男青年共同主持《法国专辑》，在前期准备中，她不仅深入领会编导的意图，调动自己有关法国文化的积累，而且积极与法国主持人沟通，挖掘法兰西民族感受生活、表达感情的生活细节，把储备的知识与挖掘到的第一手材料融合在一起充实到串联当中，中法两位主持人热情默契的外景主持自然和谐，生机勃勃。该专辑中有一部纪实片，主人公是一位热爱中国的法国女画家，王雪纯集采访、撰稿及解说于一身，她张开富有艺术感受力的眼睛，为观众娓娓动听地讲述了一个感人的故事。显然，王雪纯在创作中全身心的投入、与节目创作群体的通力合作、她的才情与采编播多方面的综合能力，以及在个性化与节目风格之间恰到好处的分寸把握，是《法国专辑》堪称精品之作的重要因素。

三、社教类节目主持艺术特点

主持艺术在具体操作层面与节目形态有非常紧密的联系，由于不同类型的主持人节目经常会采用相同的节目形态，如专访、谈话、杂志型等，因此在主持艺术上自然存在某些共性的规律。但是，不同类型的主持人节目在内容、宗旨、功能、对象等方面各有特色，于是带来主持艺术的一些特殊规律。在这一节里，着眼于社教类节目知识性、教育性、对象性的特点，介绍三个方面的主持艺术。

（一）主持人与学者专家的合作

主持人在演播室与嘉宾访谈，这种节目形态经常被社教类节目采用，尤其知识性、教育性强的栏目，一般请来的嘉宾都是专家学者，在这种情况下，主持人恰当地把握自己在节目中的位置，处理好自己与学者嘉宾的关系，积极而得体地发挥主持人的作用，是主持艺术的关键。

1.恰当地把握主持人的位置

从传播者角度看，突出社教类节目主持人知识结构的"专业性"，强调一个"内行"的主持人才可能真正拥有传播的"可信性""亲切性"；从受传者角度看，观众同样也希望主持人是真正的谈话者，不是只会按编导设计提问背词的"表演者"，更不是一个只能在嘉宾谈话时频频点头做倾听状的"应声虫"。但是，大众传播毕竟不是专业层次的学术论坛，它有"科普"的性质，对学者、专家的访谈大多属于"说明性""意见性"专访，目的是请他们联系实际对其专业领域中的问题为观众做出通俗易懂的解释。主持人作为嘉宾与观众之间的"中介""桥梁"，这种位置及关系的把握集中表现在主持人与嘉宾的谈话中。在实践中，有的主持人不能恰当地安放自己的位置，极力表现自己在栏目学科领域里的"发言权"，在谈话中不断地以"我认为"的方式发表"高见"，常犯的错误是好"抢话"、好发表"结论性"的意见，并让专家为自己的"高见"认可表态，以争得与专家学者"平起平坐"的感觉，形成自己的"权威"形象。殊不知这种自我张扬、喧宾夺主的表现是十分令人反感的。真正的权威是请来的专家学者，主持人应具有与学者专家一同"面向大众"的对话资格，主持人不说贻笑大方的"外行话"，是指主持人在栏目学科领域里比一般观众尽量占有较多、较新的信息，并有较为准确的判断。即使主持人在栏目的学科领域学有专长，当他面对观众时，只有把握好比观众"略高一筹"的分寸，传播才是有效的，才是观众乐于接受的。

主持人的"中介"位置有两个方面需要把握。首先，在认识和态度方面，主持人一是要协调好与学者嘉宾的关系，尊重他们，积极发挥专家学者的"权威"作用，多以"求教"探讨的口吻与嘉宾交谈，做好嘉宾为观众"解惑"的助手；二要顾及观众的求知欲和接受习惯，做好观众"求知"的代言人。其次，在主持艺术方面，主持人一是要对知识重点心知肚明，能巧妙地为嘉宾通俗易懂地讲解知识"找窗口"；二要善于抓准观众的"兴趣点""疑惑点"及"盲点"，为寻求嘉宾的解答"搭梯子"。总之，从节目的传播目的和"教育"的性质看，主持人要找到"应知"与"欲知"的结合点，找到观众需求与嘉宾专长的结合点，适时地提出有针对性的问题。

2. 积极得体地发挥主持人的作用

主持人与嘉宾谈话主要采用的两种形式是提问和插话，它们的作用体现在：①以提出具体问题的方式，引领谈话方向、控制谈话层次；②适时插话，衔接串联演播室访谈及外采等节目的其他部分，从容驾驭节目进程；③重复嘉宾看法，突出传播重点，加深观众印象；④稀释知识难点，提醒观众盲点，应和嘉宾谈话，活跃谈话气氛，巧妙实现传播目的。

中央电视台《今日说法》主持人撒贝宁经过播出实践的磨合，能够恰如其分地处置自己与嘉宾的关系，并以法律专业的学识优势准确地把握法律条文的关键，善于找到法律知识与观众盲点的结合点，能得体地补充有关事例，使难点得以解释，使谈话形象生动、通俗易懂。当接到一个节目时，他都认真听取情况介绍、观看记者的实地采访录像，与编导及嘉宾细致探讨勾连节目的思路。在主持过程中，他的思维敏捷、逻辑清楚，语言简洁明确，语气平和而不失活力，神态谦和而不失自信，无论与嘉宾或观众的交流都真诚自然，不强加于人，更不自我表现。撒贝宁的好处就在于他不把心思用在证明自己如何"专业"上，而是与嘉宾一起力求通过举案说法，条分缕析、深入浅出地把法理给观众讲清楚。

（二）精心把握受传对象的特点

社教类节目有许多是对象性栏目，主持人必须深入了解栏目对象的心理特点，真诚地体贴特定对象的需求，这是社教类节目主持艺术的一个重要方面。

中央电视台的《夕阳红》是最有代表性的老年节目，被观众深深爱戴的主持人沈力已成了栏目的象征。她以同龄人的切身感受，以她"四十年如一日"把观众放在心上的真情出任主持人，她动手改过的稿件，浸透着她对老年朋友的尊重、理解、真诚和关心；她在节目中，无论采访、谈话还是主持老年人的竞赛节目，都处处为观众着想，一句贴心的话，一个关切的眼神，一个临场触发的点子，都闪烁着她诚挚、谦逊、善良、聪慧的人格魅力，使她成为老年人的知心朋友。

少儿节目的对象是十分独特的群体，少年儿童正处在长身体、长知识、培养品德、锻炼性格的特殊阶段，孩子们像花儿盼望雨露阳光一样渴求知识，对周围的一切及浩渺的宇宙充满了好奇。他们好学、好幻想，又好动，有意识的注意力保持时间不长，而且在"少儿"年龄段中，幼儿、学龄前儿童，小学低、中、高年级，初中的孩子虽然只相差几岁，但他们的身心发育处于不同阶段，他们的接受能力、认识水平、兴趣、需求都有各自的特点。对于这一切，主持人不仅要在理论上明了，更要经常深入到孩子中间，仔细观察和研究小服务对象，了解他们的喜悦与苦恼，知道少儿节目应赋予他们的营养，清楚怎样做才有益于孩子们对营养的吸收。不管少儿节目主持人是"同龄型"，还是"长辈型"，抑或是"朋友型""老师型""卡通型"等，主持人对少儿的身心特点都应有深刻的了解，并在主持中加以体现。

（三）能动地发挥主持人的串联作用

串联是杂志型节目形态最基本的主持形式，也是社教类主持人节目最为常用的主持形式。由于节目形态各异，有的由一位主持人串联，有的由两位职业主持人共同主持，有的职业主持人与特约嘉宾共同主持，但是串联作用都是相同的，概括起来有两点。一是以个性化的表述方式对子栏目做出恰如其分而又妙趣横生的推介和阐释；二是以平等的交谈方式与观众有情感或观点的沟通和交流。主持人的具体操作可从三个方面入手。

1.加大信息量，引导收看

首先，主持人要从多种角度、不同层面理解、感知所传播的节目；其次，主持人要尽量占有资料，并调动自己相关的知识积累和储备，补充有关知识和信息，以开阔的视野方便观众的理解接受。

2.激发兴趣，吸引收看

主持人要充分发挥想象力和创造力，努力寻找能够触发观众兴趣和审美的细节，选择贴近观众生活和接受心理的"话头"引出节目。从观众的"已知"引出观众的"未知"，由近及远、由此及彼的"联想"是主持人常用的串联衔接方式。

3.在交流中推介，在沟通中阐释

"交流""沟通"是主持人以"人际方式"进行传播的特点所在。一方面，主持人不能只是机械地罗列相关资料，而应非常细心和灵敏地预测观众具体的收视心理，并把自己的感受、观点说给观众，进入与朋友一起交谈共同感兴趣的话题的情境。在实际操作中，阐释和沟通相结合，是观众易于接受的方式，补充背景知识，可以帮助观众了解节目内容，谈谈感受，在"共鸣"中延伸了主题，而且还体现了一种平等贴近的服务、一种亲切平易的引导，同时增加了节目的知识含量、个性特点及人文色彩。

中央电视台的《环球》是一个介绍外国历史、文化艺术、风土人情、经济科技，兼有知识性、趣味性、欣赏性的杂志型栏目。以《环球》其中一期的串联为例，说明串联思路。这一期由《远方的人们》《电影魔术》《神奇的世界》《科技传真》《金唱盘》5个子栏目组成，子栏目之间以片花间隔，以主持人的对话衔接。王雪纯和杨柳的串联有较高的文化品位，有年轻人活跃新锐的思维，语言生动形象、个性鲜明，交流真挚亲切，与栏目总体风格及具体节目特色和谐一致，相得益彰。栏目伊始，二人兴致盎然地从春节中国人的吃食聊到外国人的年节食品中的调料，于是从时间的"近因"跨越地域的距离，引出第一个子栏目《远方的人们·种蔓越橘的人》，继而两人简洁地介绍了做调料的蔓越橘的用途、产地、产量、市场等背景资料之后引出片子。

第四节　电视综艺娱乐类节目主持艺术

一、电视综艺类主持人节目特点及主持人素质

（一）电视综艺类主持人节目的特点

综艺节目是电视文艺节目中重要的节目类型。它由音乐、舞蹈、戏曲、曲艺等多种艺术门类的节目组合而成，它是众家艺术与电视艺术的有机结合。综艺节目以其丰富多彩的内容、新颖别致的形式集思想性、时效性、艺术性、娱乐性、参与性于一炉，具有生动形象、寓教于乐、愉悦心神、陶冶情操的教育功能、认识功能、审美功能和娱乐功能，受到观众的欢迎和喜爱。春节联欢晚会及节日庆典或行业综艺晚会是电视综艺节目的典型形式。从 1983 年开始的春节联欢晚会已成为世界上观众最多的一台节目，除夕之夜看电视，甚至成为中国人的"新民俗"。

电视综艺类主持人节目，即由主持人串联主持的电视综艺节目，或者说采用主持人节目形式的电视综艺类节目。其主要特点如下。

1. 综合性

综艺节目内容丰富，形式多样，其综合性的特点包括四个方面：一是吸取众家艺术之长，不仅包括通常意义上有较高艺术性和审美价值、以欣赏性为主的艺术形式（如音乐、舞蹈、戏曲、小品、相声等），还融进了有较强娱乐性、参与性和通俗性的亚艺术类品种（如游戏、猜谜、武术、杂技、魔术等）。二是不同类别、不同流派的艺术形式搭配组合，或非文艺性节目与文艺节目"嫁接"而成的"杂交型"节目，让人耳目一新。前者如 1996 年国际频道春节晚会的节目《梁山自有后来人》，把中国的两大国粹京剧武打和武术表演糅合到一起，京剧演员的武打绝技纷呈，美不胜收，武术学校少年的散打气势磅礴，令人振奋。后者如春节联欢晚会上讲述聂卫平姐姐家的小保姆患重病得到亲人般关怀的事，由此引出一曲《爱的奉献》，感人至深。新闻人物或新闻事件以纪实性的风格进入综艺节目，往往成为晚会的动情点，掀起一个个高潮。三是融明星效应和百姓参与于一体，既满足各层次观众的欣赏需要，又能激发观众的参与意识，实现观众的参与愿望。四是充分发挥电视本身的艺术特色，运用电视的高新技术手段和设备，组合出"新、奇、特"的、具有很高审美价值的节目。

2. 参与性

综艺节目十分重视观众的参与，电视观众的参与分为两个层面，即心理参与和

亲身参与、现场观众的参与和电视机前观众的参与。观众的心理参与是第一位的，从传播者的角度看，首先节目创作和表演要富于感染力、可视性强，能够感染观众，引发共鸣，使观众的感情和心灵随之震荡，欣赏、愉悦的心理得到满足。综艺节目的感染力不仅要波及在场的观众，同样要让电视机前的观众产生现场参与感，似乎被带入演播现场，身临其境，情不自禁地介入节目，要做到这一点，除了精彩的节目外，主持人面对摄像机专门为不在现场的电视机前的观众的解说和服务是必不可少的。观众的这些参与感都属于心理参与，现在综艺节目还适当安排观众亲身参与，如邀请现场观众参与竞猜或游戏、与演员同台表演、采访现场观众等，有时还有外景队在观众家里或其他场合同期采访的直播。总之此时此刻，观众已不是被动的受传者，在某种程度上是以传播者身份出现在传播过程中，能主动直接地表达自己的意见和心愿，积极参与的表达欲、表现欲得到释放和满足。虽然观众的亲身参与在综艺节目中并非主要成分，但它确是综艺节目欢乐气氛和诱人魅力的重要因素之一。近年，在直播综艺节目时开通热线电话并现场抽奖，更是激发了观众的参与热情。后来，中央电视台举办的第九届全国青年歌手电视大奖赛专门开通了观众热线，观众可以对参赛歌手、大赛评委品头论足，提出质疑，应该说这种参与是该系列节目较高收视率的重要原因之一。

3. 主持人功能的丰富性

早期的综艺节目主持人多是"报幕型""司仪型"，功能比较单一，主要通过背诵撰稿人的串联词串联节目，体现编导意图。虽然综艺节目主持人以自己的理解感受特别是运用有声语言的再创造烘托节目气氛，但由于那时的综艺节目脱胎于舞台演出，而且传播者的观众意识尚未真正觉醒，人们对千篇一律的"司仪"模式从"习惯性延用"到"颇有微词"，以致曾经有的综艺晚会干脆不用主持人，以字幕串联节目。

随着综艺节目内容和形式的发展变化，节目的综合性、参与性及直播性，使综艺节目处在一个有序而多变的动态过程中，排练的"千锤百炼"和周密安排的"按部就班"中蕴藏着无法预料的、鲜活的"契机"和"风险"。在这样的动态播出状态下，主持人在综艺节目中的功能不断深化，仅靠满腔热情、声情并茂地背诵串联词，已不足以面对场上充满活力的观众，缺乏与他们的沟通交流，难以对直播中的动态变化做出迅捷而得体的语言反应。主持人是综艺节目主旨与风格的体现者和代表者，主持人在综艺节目中的功能被形容为"现场的导演"、串联节目的"有机经纬"、是"穿起晚会这条美丽项链的那根线"……的确，要把容纳多种艺术形式、沟通现场和电视机前的时空氛围的综艺节目组合成一个整体，完成场景转换，同时要在直播现场富于创造性地完满体现编导意图、灵活应变地保障节目安全顺畅播出，主持人是面向观众最好、最方便、最直接、最灵动的元素，是整台节目"形散而神不散"的关键人物，有了主持人现场的组织和串联，才产生了观众与节目、场内与场外的情感互动、情感共鸣。综上所述，综艺节目主持人的功能主要在于：以感情饱满的串联、临场的即兴发挥、情绪的调动和组织，以及灵活机智的应变控场拓展节目的表达空间，连缀节目之间、荧屏内外的情感互动，形成欢快、喜庆、祥和、向上的融洽和谐的气氛，完满顺畅地驾驭节目的进程。

（二）电视综艺节目主持人的素质

1.思想素质

首先，敬业、乐业的精神。综艺节目前期的策划、创作、排练需要各工种之间的协调配合，是非常复杂的工作，创作人员常常夜以继日、呕心沥血。主持人应尽早地参与到前期的准备环节中，以主创人员的主人翁精神主动、专注地投入工作。综艺节目主持人面对的不光是白纸黑字的串联台本，而是台本后面凝聚的思想感情、火热的社会生活及各种深邃而鲜活的事物，因此主持人必须积极与编导、撰稿、演员等主创人员打交道，深入了解晚会的宗旨、主题、艺术风格，熟悉节目的总体安排和起承转合，掌握晚会的高潮、层次、节奏，乃至清楚每一个节目的创作背景、表演特点及幕后的故事，只有这样，主持人才有可能真正成为节目播出过程中"出面的现场导演"。

其次，综艺节目主持人同样要具备清醒的政治头脑和一定的思想理论功底，具备良好的新闻素质。文艺的"二为"方针在广播电视文艺节目中一以贯之，是原则也是传统。现在，几乎每个综艺节目中都有新闻典型的人和事，或据此创作的文艺节目，因为它表达了人民群众歌颂高尚的价值观和崇尚真善美的精神，因为它具有强烈的时代感和真实性，这类节目总会受到观众的喜爱。这就要求综艺节目主持人透彻了解导演意图，还要有新闻采访的能力，并能把新闻性与艺术性巧妙地融合在一起。例如，中央电视台的"七·一"综艺晚会《七月礼赞》上，才旦卓玛一首歌后，把孔繁森的女儿孔玲请上台，主持人通过对孔玲的现场采访，披露了两件关于孔繁森的鲜为人知的故事，主持人的这段采访生动真实地反映了孔繁森"舍小家顾大家"的忘我精神和博大胸怀。

再次，综艺节目主持人要有良好的职业道德、群体意识、团队精神。综艺节目内容之丰富、形式之多样、环节之复杂、工种之广泛，决定了它必是"集团军作战"，台前幕后成百上千的人废寝忘食为之奔忙。由于主持人的特殊作用，于是"露脸的"、光彩照人的主持人给观众留下深刻印象，再加上其他媒体的炒作，综艺节目主持人的"知名度"很高，"明星效应"脍炙人口。在鲜花和掌声中，综艺节目主持人能否正确认识自己在节目创作群体中的位置和作用，能否尊重各工种的合作者，保持平和心态，不以"明星"自居，这就显得格外重要了。实践中有个别综艺节目主持人忘乎所以，贪天之功为己功，要别人为自己服务，动不动耍脾气，这样的主持人迟早是会被淘汰的。

2.专业素质

综艺节目主持人的专业素质主要指文化艺术方面的知识和素养，同时也包括主持人形象、气质方面赏心悦目的外部条件。

首先，综艺节目主持人应有较深厚的中华民族文化修养和一定的文艺知识积累，熟悉各类艺术形式，有较强的艺术理解力、感悟力和鉴赏力。如果主持人在节目演出过程中，能对表演的特色或精湛之处，即兴加以介绍、解释或恰到好处的点评，往往有助于观众的欣赏和心理介入，激励演员的情绪和状态，能有机地烘托节目气氛，更好地沟通表演者和观众的情感，起到画龙点睛的作用。同时，主持人的解说，与综艺节目高度契合，必然会进一步增添自身的魅力，因为丰富的知识和深厚的修养是主持人形成优雅端庄、潇洒倜傥的风度气质的内在原因。

其次，综艺节目主持人应有一定的表演才能和舞台经验，在文艺方面有一技之长，他们适当的表演使观众感到亲切，而且还能运用丰富串联节目的手法增加节目的新鲜感，引起观众的兴趣。上海的综艺节目主持人叶惠贤更是多才多艺，他能临时编词即兴叫板唱京剧，能客串小品，能随俄罗斯女主持人翩翩起舞；云南综艺节目主持人王娟在节目中换上白族服装加入小演唱，声情俱佳的演唱令人叫绝；陕西综艺节目主持人陈爱美唱得一口好秦腔，在节目中她与专业演员及爱好秦腔的老百姓鱼水交融，即兴演唱，打成一片，深得观众的喜爱……这样的例子还可以举出很多，从观众的接受心理看，文艺方面的一技之长和表演才能是观众对综艺节目主持人的一种职业素质期待。有时编导寄希望于"名人效应"，让缺乏艺术素质和表演才能、没有舞台经验但有很高知名度的新闻节目主持人客串主持综艺节目，往往因用其短而陷入于窘迫之中，这也从一方面证明艺术素质对综艺节目主持人的重要性。

再次，电视艺术规律、电视手段、表现手法等知识，也应纳入综艺节目主持人的专业素质要求之中。综艺节目主持人要通过自己在前期的积极投入，对节目宗旨、编导意图心领神会，对节目的总体结构、层次安排、高潮设计、节奏变化了如指掌、烂熟于心，在现场与导演十分默契的配合，与各工种愉快的合作。

鉴于综艺节目本身具有很高的审美特性，以及观众对综艺节目特定的观赏心理，主持人也是观众的审美对象之一，因此对于综艺节目主持人外部形象的要求要高于其他类型的节目主持人。一般认为，综艺节目主持人应有赏心悦目的外部特征，如较为亮丽、英俊的形象、匀称健康的体型、优雅大方的举止、彬彬有礼而又热情洒脱的风度。毋庸讳言，这里既有先天的条件基础，更有后天的熏陶和培养。

3. 语言素质

综艺节目大多有欢乐喜庆的基调、有宏大的场面、有众多的现场观众、有浓淡不同的色彩和起伏变化的节奏，主持人的语言表达能力对现场的气氛起着关键性的作用。其一，主持人的语言要具有很强的感染力，声音富于弹性，高低强弱收纵自如，既能调动观众情绪，又要善于把握分寸，避免"煽情"之嫌；其二，主持人既能依"既定方针"控制场面，又能视现场情况随机应变；其三，主持人还应熟练掌握语言交流指向的变化与和谐。无论面对现场观众"一对众"的交流，还是现场采访"一对一"的交流，抑或是"面对"并不在现场的观众，亦即对摄像镜头的"类交流"，语言状态都要有相应的调节变化，且转换自如……总之，对综艺节目主持人的语言功力有较高的要求。它包括主持人对书面语言的理解力、感受力、记忆力，包括对运用有声语言的表现力、控制力，包括对即兴口语的生成能力和表达力；它涉及语言心理层面的生成与理解、思想感情与文化修养，涉及语言生理层面的用气发声、吐字归音，还涉及语言物理层面对自身音高、音量、音色及音长的驾驭和控制。

观众对主持人语言有较高的期望值，语言内容要言之有物、言之有理、言之有趣，准确、鲜明、生动、风趣、幽默；声音形式富于轻重缓急、抑扬顿挫而又情动于中的变化。内容空洞的华丽辞藻，观众不喜欢；粗陋贫乏的大白话，有损节目品位；声音洪亮而感情虚假，观众不买账；虽有感情但声音表现力单一，高不成低不就，又会给整台节目掣肘。

在综艺节目主持人的体态方面，明朗畅快发自内心的笑容、优雅大方的举止、舒展潇洒的手势语、挺拔自然的站姿、环视与注视交替并准确传达内心感受的目光等，都应与有声语言协调一致，成为主持艺术中关键性的元素。

4. 心理素质

关于综艺节目主持人的心理素质，主要包括性格和应激能力两个方面。综艺节目一般有很广的观众面，主持人要面对农村、城市各个文化层次、不同审美情趣的男女老幼，面临"众口难调"要做到"雅俗共赏"，有相当的难度。不过，"众口难调"中总有一些基本的、共性的要求，如主持人的亲和力、观众意识、"台缘"等，这些因素有的源于主持人的先天素质，有的源于性格，有的源于能力及对观众的态度。心理学研究告诉人们，性格是"不断地受到社会环境的影响，教育的熏陶和自身的实践，长期塑造而成的"，它在各种活动中，在语言上、外貌上，在对现实的态度、意志力、情绪特征、理智特征上都有表现。

一般地讲，人们喜欢性格开朗大方、真诚善良、富于激情和活力又善于自制、比较外向、积极、灵活、自信而有感染力的主持人；综艺节目的主持工作要求主持人有优秀的记忆品质和观察能力，对串联词迅速、准确的记忆，对现场细致、敏锐的观察。在应激状态下需要较强的意志力和理智，遇有意想不到的情况发生，能镇定自若、沉着冷静，不乱方寸，快速做出决断和灵活妥善地处置。相反，生性腼腆、怯懦、内向、被动、缺乏自信或者易于紧张、遇事慌乱、虽有激情但不善自制的人，尽管其他条件合格，若不经过性格和心理方面自觉地调整、刻苦地磨炼及某些关键因素的自我突破，是不适合做综艺节目主持人的。

二、综艺节目主持人的控场艺术

控场能力是综艺节目主持人主持艺术的核心，主要表现在两个方面：一是准确地体现节目基调、风格，和谐流畅地串联起整台节目、整场晚会，此谓之"常规控场"；二是灵活机智、迅速得体地处置现场发生的意外，保证节目的顺利播出，此谓之"应变控场"。

（一）常规控场

1. 主题基调的整体把握

每一台综艺节目都有特定的主题和色彩，主持人对每台节目的主题和特色均要做到深入领会，融会贯通。主持人作为综艺节目的一个组成元素，对一台晚会特定的情感色彩和氛围要有整体的把握，即一台节目的主题、总的基调、风格特色，及所张扬的总格调，主持人要胸有成竹，不仅感情的酝酿、激发要准确到位，而且具有鲜明性、深刻性和稳定性。综艺节目主持人的职责要求其饱满的感情贯穿始终，浸透于主持的整个过程，通过自己的声音、语言、表情、体态鲜明而生动地穿透出来，与整台节目、舞台设计、灯光所渲染、烘托的气氛相和谐、相呼应，形成体现节目主旨的合力。

从观众观赏综艺节目的心理看，观众绝非被动地接受，人们一般对综艺节目如春节联欢晚会有特定的期待，帷幕一拉开，奇丽的舞台设计、欢快的乐曲、演员的笑脸、华美的服装，屏幕上所有的声、光、电立体的、全方位的信息传递，立刻唤起观众的共鸣，调动起观众的热烈情绪，形成深层的心理参与。此时，主持人的话一出口，若不能达成与晚会气氛及观众情绪的和谐一致，势必会影响已营造出的现场氛围，并使观众愉悦的观赏心理转化为审视挑剔的心理，这无疑是主持人的失职。

必须强调的是，做一个综艺节目主持人，表演的训练不可少（如形体、声音的表现力），表演的才能也是需要的（如能歌善舞），但在节目中与观众的交流，不管是面对众人的串联词，还是"一对一"的现场采访，都应实实在在的"真诚面对"，绝不能用某些表情和声音的"套路""表演情绪"。对于虚假、矫情、外在"表演"的主持状态，对于缺乏真诚的所谓"热情"，观众的眼里"不揉沙子"，必然"心知肚明"，到头来只能招致"职业微笑""故作幽默""苍白"等批评指责。

"感人心者莫先乎情"，尤其在艺术活动中，情感的感染作用大大加强了艺术效果，综艺节目的认知功能、娱乐功能、审美功能无不通过感情起作用。对于主持人来说，一台晚会的主题氛围、节目的情感色彩在主持人的语言中贯穿流淌；观众的情绪、舞台上下、屏幕内外的沟通，都需要通过主持人饱含感情和真诚的语言组织调动。

主持人对基调的整体把握并不意味着"一成不变"，在晚会总体基调下，主持人要善于依据既定的章法及现场的情况、调度层次和节奏有张有弛，和谐而富于变化，既要把握住分散于具体节目中的不同感情色彩不与整体气氛产生抵触，又要注意避免因"单一"而产生疲劳和苍白。

2.情感分寸的控制

易于"动情"，是综艺节目对主持人的特殊要求，但是对"动情"的准确性要求很高，"过"与"不及"观众都不买账。因此，既能迅速调动自己的感情并感染观众，又能准确地驾驭自己的情感分寸和表达感情的尺度，是综艺节目主持人主持艺术的特色之一，是主持人控场能力强弱的重要标志。人的情感具有独特的主观体验的形式和外部表现的形式，即情感有内容和形式两个方面。综艺节目的总体氛围、各个节目具体的情感倾向、主持人热诚为观众服务的态度，是主持人情感的内容和依据，而主持人话语声音形式中的音调起伏和音势强弱、语气的色彩和分量、节奏的抑扬和疾徐，就是主持人情感在语言上的表现形式。观众对主持人的语言总有判断和评价，他们需要主持人的激情，同时赞赏主持人"不温不火"很有分寸感的控制，以及对节目有条不紊地调度串联。"倘若只是听任情感肆意动荡，甚至进入激化状态，那么整个意识便会专注于极其狭窄的情感对象，不由自主地离开对于创作来说实际是重要或有用的东西"。富于感染力又非强加于人的情感表达方式才能唤起人们的共鸣，才具有审美价值。综艺节目主持人激情与理性的相互渗透、相互影响，关键是对情感分寸的把握，这是一种把握艺术分寸的控制能力。

"激情"与"控制"，是综艺节目主持人必须处理好的一对矛盾，是主持人的基本功，也是综艺节目主持艺术中的重点和难点。激情，关系到主持人有没有真情实感；控制，关系到情感分寸尺度的把握。主持人缺乏激情，其表达会因"寡情"或"偏情"而与晚会及观众心理不协调，使节目"色调"暗淡或"变色"，不能满足观众的审美需求；如果主持人失去控制，情感铺排过于浓烈，分寸不当，又会导致色彩的差异，观众甚至会对主持人情感的真实性产生怀疑，认为主持人在"煽情"，在"作秀"，从而对主持人情感的表达和交流产生抵触心理。

有些观众曾对个别人主持节目时的眼泪产生误解，批评其是"表演"，是"煽情"。但主持人是个感情细腻而真诚的人，有一颗善良易于感动的心，很多细节在播出现场不可能说出，往往一提到她们的名字，那些背后的东西便一触即发，禁不住泪光闪闪，声音哽咽。然而，这背后的一切，观众无从知晓，因而感到突兀，感到不解。主持人的尴尬是无法解决的吗？非也，"控制"的艺术便是解决此矛盾的法宝。内心充满激情却在外部声音形式上加以控制的表达，最具感人的力量！因为以理智控制的激情是与人分享而不是"自我宣泄"，其目的是把所经历的事情和深切的感受告诉大家，那声音形式透射出内心情感巨大的涌流，却不以激烈的外部形式出现，这就给接受者一个接受理解、感受直至感动的心理参与过程，从而传授双方渐进地达到了感情的共鸣。由控制的激情转化而来的外部表现形式是经过艺术加工的，注意了铺垫过程，注意了对比，避免了直白和强加于人，这种用"减法"的激情表达方式符合接受美学的观点，它的精髓在于传播者通过激发接受者的心理参与，产生强大的艺术感染力并与接受者一起完成创作。对激情的控制是一种艺术观念、一种美学观念，也是一种表达技巧，它需要在实践中反复悉心揣摩，"接受创作效果的反馈，才能进入有效驾驭、有效表现、运用自如而又恰到好处的境界。"

3. 主持人的即兴发挥

即兴发挥是相对于复现既定文稿的创造性语言，是在没有现成文稿的情况下对眼前事物的有感而发。广义的即兴发挥包括常态和非常态两种情况中的语言运用。为了便于深入说明综艺节目主持艺术的规律，将常态的即兴语言称作"即兴发挥"，突出其"既定中的即兴"之特色，将非常态的即兴语言称作"随机应变"，突出其"不测中的应变"。在本章将非常态的即兴应变归入"应变控场"部分做介绍。

综艺节目是众多工种、众多环节、众多专门人才智慧的结晶，串联词通常由富于经验的专人撰稿，几经易稿方能定局。串联词是把整台节目穿成一条熠熠生辉、赏心悦目的美丽项链的那根线，串联词是主持人体现主题、渲染气氛、推进进程、组织观众的基本依据，主持人主持、驾驭节目的任务主要是通过表达好既定的串联词完成的。但是，随着综艺节目内容和形式的日益出新，综艺节目中的活跃因素越来越多，一些环节的设定，需要主持人本着宗旨依据现场动态，做出生动得体的即兴发挥。即兴发挥有预设的成分，是"有备而来"的，但具体的词句需要主持人根据现场情况灵活机动地加以组织，其作用是强化主题、烘托气氛、沟通舞台上下。

主持人能否"有"，并且是否"善于"即兴的语言创作，对于综艺节目的成败优劣显得十分重要。

综上所述，综艺节目主持人的即兴发挥不是插科打诨的"耍贫嘴"，要用得是地方、是火候，不可滥用，不应牵强。主要把握两点：一是烘托主题的关键处；一是需要向观众特别是不在现场的观众交代处。主持人胸中一是要有节目主旨，二是要有观众意识。

（二）应变控场

综艺节目为了获得逼真、热烈的艺术效果，大多采用录播加直播的形式，尽管经过事先多次彩排，直播中迸发出鲜活、高明的即兴创作的同时，也预示着风险的存在，如技术方面的故障、表演的失误、忘词的窘迫、节目时间不够或超长等意想不到的情况随时可能发生，这时最需要的就是主持人的应变控场能力。主持人的应变控场表现为临场随机应变能够"力挽狂澜"，能够机智巧妙的圆场补台，让演员、观众的情绪一如既往，使节目得以顺畅进行。应变控场中的"随机应变"虽然同属于"即兴发挥"，但它专指"不测"情况下的"语言急智"。上文所谈的常规控场中的即兴发挥，有它则"锦上添花"，无它亦"无伤大雅"；而非常态下的、应急控场中的随机应变，无它定会陷入窘境，有它则柳暗花明、绝处逢生。

1. 以晚会主题为中心，随机应变

随机应变需要急智，是主持人立足于对晚会主题的深刻理解并结合具体情境在思维和语言上的快速反应。

2. 善解人意，互相配合，应变圆场

优秀的综艺节目主持人在出现意料之外的"不测"时，总是能从体谅对方、为他人解围出发，巧妙地转移观众的注意力，或索性点明自己的失误，自我解嘲。例如，中央电视台举办业余歌手大赛，年轻的女主持人由于缺乏经验出了个小差错，待女选手准备回答素质题时，男主持人李嘉铭笑着问她："你说今天场上什么人最紧张？"女选手说："当然是参赛选手啦。"李嘉铭说："其实，我们主持人最紧张，刚才我们就报错了，非常对不起！相信你一定能发挥得很好。"他不仅为搭档圆场，向全场做了必要的交代和抱歉，而且使选手放松并表达了良好的祝愿，真是起到"一石三鸟"的作用。

但是，有些主持人不是在低水平的层面上俗不可耐地插科打诨，就是说出很不得体的话，或者故作幽默，不伦不类。例如，在一次综艺晚会上，一个上海小姑娘做冲击"滑轮低身过竿"吉尼斯纪录的现场表演，结果滑了3次都没能成功，场面有些尴尬，谁料主持人走上前问道："你3次都没能钻过去一定很难过吧？"当时小姑娘眼泪下来了，主持人的提问真让人觉得"残忍"。铅球女运动员黄志宏在《实话实说》节目中谈到一件往事：亚运会上黄志宏没有拿到冠军，沮丧地坐在那里，一位记者过来问："你现在心里是不是很难受？"黄志宏说："问得我哭笑不得，心想你这不是废话吗？能不难受吗？"当时崔永元接过来说："希望我们的记者同行少犯点儿这样的低级错误。"其实，那位小姑娘碰掉竿后，主持人如果变换一个角度，强调冲击吉尼斯纪录的难度，询问小姑娘平时刻苦训练的情况，再加以鼓励，一定能帮小姑娘走出失败的窘迫和沮丧，同时张扬了挑战和拼搏的精神，也能使这个小节目的意义得以升华。有无巧妙、得体、令人叹服的语言的急智，可以看出主持人的文化积累、情趣品位以及是否具有善解人意、宽厚利他的胸怀。

3. 产生语言急智的条件

主持人精彩得体的随机应变确实能够不露痕迹地避开险情，扭转局势，这是综艺节目主持人主持艺术中不可或缺的重要内容。说它是技巧也好，是能力也好，这种语言急智离不开3个方面的条件和基础。

第一，文化底蕴，刻苦积累。古人云：宝剑锋自磨砺出，梅花香自苦寒来。又云：功夫在诗外。主持人在瞬间产生的灵活思维、丰富联想以及快速组织语言的能力，全来自平日的勤学苦练。一些资深的综艺节目主持人的勤奋，通过他们的主持艺术可尽收眼底，在他们的专著中得到了印证。虽然他们在节目主持中有不尽如人意的地方，但目前尚无人能。超越他们。优秀的综艺节目主持人在深入生活、看书学习、练笔练口等方面确实是动脑、动心、动笔、动口，下过功夫的，因此他们才有比较深厚的民族文化底蕴和对生活的深刻理解。还有一点不容忽视，即在无数次的主持实践中积累了丰富的主持经验和应变策略。

第二，宏观着眼，微观入手。古人云：凡事预则立，不预则废。一方面，综艺节目主持人必须有备而来，主持人随机应变的思路离不开对晚会认真而充分的准备。主持人对晚会的宗旨、节目的构成"元件"、有关的背景材料都应了如指掌、成竹在胸。优秀的综艺节目主持人应积极主动地参与节目前期的制作并与各路主创人员磨合，与晚会上要出现的新闻人物直接交谈，掌握感性的第一手材料，绝不是简单机械地依赖现成的串联台本，因此他们在意外情况发生时的随机应变才显得机智得体，游刃有余。只有紧扣主题，应变的话语才能有品位、有格调，才能准确、到位而有力；着眼于节目主题，切合时代脉搏的应变，才是上品。另一方面，在保证应变的思想性的同时还要巧妙，才称得上是"智语"。应变的切入点要从现场的时空情境和人物心情入手，具体自然，入情入理，而非牵强附会、生搬硬造。

第三，镇定自若，机敏灵活。古人云：泰山崩于前而色不变。主持人的主持状态成败攸关，好的主持状态应是感情充沛，理智清醒，积极、自信、兴奋、从容。如果说"积极"来自职业热情，"自信"来自充分的准备，那么从心理角度看，"兴奋"意味着保持一定的紧张度，主持人的思维、情感都处在一种积极的工作状态；"从容"意味着松弛，只有适度的松弛，思维和感受才能灵敏，观察才会细致，注意力的分配才能恰当，才能"眼观六路，耳听八方"，一旦出现意想不到的情况，应激机制迅速激活，平时的储备、晚会的主旨、具体的情况旋即"接通"，才能"有话可说，有点子可想"，于是随机应变、出口成章。应补充说明的是，心理素质虽有先天的成分，但后天的培养锻炼更为重要。

三、游戏娱乐类节目的主持艺术

（一）游戏娱乐类节目及其主持人的定位

正确认识游戏娱乐类节目的节目定位和主持人定位是谈论游戏娱乐类节目主持艺术的大前提。

1.节目定位

游戏娱乐类节目，泛指内容上以趣味性、娱乐性、益智性为主，形式上突出参与性、游戏性、而非艺术表演性的综合娱乐节目。观众的参与比其他类型的节目更具普遍性和动作性，即参与人数多、参与面广，一般带有紧张而有趣的竞技性和对抗性。游戏娱乐节目大体分为智力性竞技（如中央电视台的《幸运52》《开心辞典》）、体力性竞技（如中央电视台的《城市之间》）、综艺性竞技（如湖南卫视的《快乐大本营》、北京有线电视台的《欢乐总动员》）或综合性竞技等几种类型。这些分类之间没有不可逾越的鸿沟，反而有不少的交叉，只是有所偏重而已。

改革开放前，游戏娱乐节目在人们的印象中几乎等于零。20世纪80年代后，在全国政治、经济改革大潮中，电视的多样化功能逐渐得到开发，但文艺娱乐只有综艺类节目红红火火，扶摇直上。游戏娱乐节目只是作为综艺节目中的一个组成部分"偶尔露峥嵘"。游戏娱乐节目在20世纪90年代末再度崛起，湖南卫视的《快乐大本营》就是典型。随后，由于游戏形式想象力的奇异、声光电多种手段的大胆运用，以及"博彩"的诱惑，在电视屏幕上游戏娱乐节目在时间、数量、质量各方面都更具冲击力，一时成为新"热点"。

游戏娱乐节目定位的第一层含义是指明确其在各类电视节目中所应占有的份额。娱乐、游戏、消遣、快乐是人们的收视需求，游戏娱乐节目应该成为电视人奉献给观众的精美大餐中的一道菜，但它不是主菜，它不担负补充"卡路里"和提供营养的重任，它更像花样翻新的甜点、口味奇妙的佐餐酒，它可以刺激人们的胃口，满足人们对美味的多种需要，并带来好心情。

显而易见，从观众的收视目的看，"娱乐消遣"只是观众对电视传媒众多需求中的一种，而非全部；从电视传播的多种功能看，"娱乐消遣"也只是其中的一种，电视从业人员必须有清醒的认识，防止一哄而起，不恰当地强调和夸大游戏娱乐类节目的地位及作用，这样只会造成电视节目的单一和贫乏，一时趋之若鹜的观众迟早会倒胃口的。

定位的第二层含义是指游戏娱乐节目的品位。我国的电视游戏娱乐节目是从国外和港台借鉴的，借鉴和学习本无可厚非，各国电视界和观众在游戏娱乐节目的创作观念、娱乐需求方面存在着相通性。但是，由于民族心理、文化传统、价值取向、观赏审美的差异，观众对同一种做法的承受心理会有明显的区别，商业化是西方国家电视的主流，不承认或不重视这一点，"邯郸学步"就会事与愿违。懒人哲学的"克隆"、不加选择地照搬、急功近利地追求火爆效果，就可能使娱乐节目滑向庸俗化和低级趣味的歧途。有的游戏节目为寻刺激或满足某些观众愿看明星出丑的"补偿"心理，让明星嘉宾做丑态、被捉弄的游戏，如有些演员以丑陋的吃相和满脸的西红柿酱博得观众一笑；有的在表演区地面上铺着标有"ABCD"等字母的拼插塑料地垫，一男一女两位明星按照主持人的口令，"把左手放在 A 区，右手放在 E 区，左脚放在 J 区，右脚放在 K 区……"结果摆出的姿势令人不堪入目……此类令人作呕的丑态实在是一种屏幕污染、视觉污染，更是格调情趣的污染，引出的笑声显然于大家的心理健康不利。游戏娱乐节目给予观众的不仅是源自感官刺激的快感，更要重视提供精神享受和审美愉悦，人们要警惕腐朽文化、低俗文化在娱乐中的侵蚀。

强调"移植"节目的本土化，是倡导开放性和坚持民族性相结合的问题。游戏娱乐节目向境外学习的同时，不可忘记应有的调整、改造。例如，《幸运52》中有一人做动作，一人猜词的游戏，也改为请现场观众玩，这个改造更有现实意义，一是体现了制作者的观众意识，视观众为节目真正的主人，观众不再是被动的旁观者、欣赏者、消费者，而是节目的参与音和生产者；二是体现了健康的社会文化心理——不盲目崇拜明星。

综上所述，对于游戏娱乐节目的定位，"寓教于乐"并不过时，健康的快乐、真善美的快乐是游戏娱乐节目之魂，这一点是必须坚持的。一方面，人们在节目中享受新奇刺激的挑战带来的快乐，在突破常规的情境中释放自我，疯一回、玩一把，回复天性，在轻松欢乐的气氛中展开智力和体力的较量，加之意想不到的奖品，在特别的时空获得"实现自我"的满足感。另一方面，人们崇尚"真善美"的情感，在游戏娱乐中拒绝装腔作势、虚情假意，优秀的创意既有节奏起伏的变化，更有美妙的梦幻与真情的交织。《快乐大本营》中的"快乐小精灵",想必每一个看到它的人都会被孩子童稚的真实展现所吸引、打动,它给人带来的心灵美感是某些排练过的儿童表演无法替代的,每个人心头浮起的"爱"细腻、温润,这种快乐让人心醉。年轻人的爱情游戏《玫瑰之约》,虽然时下有些不同看法,但只要引导得好,嘉宾发挥得好,进入有相当思想深度和文化含量的内心层面,同样能感人至深,赢得会心的微笑,给人以情操美的享受。

2.主持人的定位

首先,娱乐节目主持人素质和格调的定位。传播学者的研究发现有两类传播者最易被受众接受,一是"在他谈论的领域中有威望的人";一是"与他们自己相似的人"。由于游戏娱乐节目的重要特征在于观众广泛的参与性,在于节目的大众化、平民化风格,这就决定了其主持人应能最大限度地与观众贴近,于是游戏娱乐节目的主持人常常不是专家、学者型,也不是明星、偶像型,即便有时请明星大腕儿客串主持,不管多么赫赫有名、如日中天,在节目中也必须以其亲切、随和、平易、平常的一面示人,与大家打成一片,真诚热心地为大家服务。游戏娱乐节目主持人的形象、言谈举止、气质应具有"平民化"的特色,是与观众"相似的人"。

其次,娱乐主持人节目在节目位置的定位。主持人应善于在节目意图和实际操作中把握方向,善于在嘉宾与观众之间把握自己的位置,善于在"亦庄亦谐"中把握自己的分寸。第一,聪明的主持人知道自己的主导作用是"暗线","明线"是唱主角的、活动起来的嘉宾与观众,主持人绝不能哗众取宠,绝不能喧宾夺主;第二,主持人要尊重和善待参与节目的每一位"客人"及电视机前的观众。观众认同的主持人可以不漂亮,但不可"端架子",可以有无伤大雅的口误,但不接受似乎"完美无缺"却了无生气的主持,并排斥油滑媚俗的主持,特别强调的是,游戏节目主持人应有热情真诚、宽厚善良的人格魅力,能够把握好善意的"玩笑"与故意的"取笑"之间的区别,他善于激发、组织观众真心投入,是大家都能认可的"开心果"似的朋友。

(二)主持人的主持艺术

1.驾驭节目的主持功能

与综艺节目相比,游戏娱乐节目不是庆典式、仪式化的盛大晚会,主持人的串联词不是由专人撰稿,也没有诗一样的语言风格,更没有反复排练,节目的环节是由主持人组织嘉宾及观众即兴完成的,主持人面对的观众不是安坐席位上的欣赏者,而是一个个跃跃欲试、生龙活虎的参与者……总之,主持人面对太多的不确定因素,从这个角度说主持人在节目中的语言功能要复杂一些,他(她)一身数任:司仪、调度、导演、裁判，主持人是节目创意的现场体现者和组织者，节目主创人员前期付出的心力能否实现，在很大程度上有赖于主持人现场灵活的调度和创造性的发挥。

要圆满完成游戏娱乐节目主持人的多种功能，首先，主持人在前期的积极参与十分重要。主持人从幕后走到幕前，在前期准备阶段就投入到创作中出点子、想主意，才能体会出游戏节目构成的规律，进而对节目的意图、游戏的程序、内容、形式、规则都烂熟于心，这样才有成功地主持游戏娱乐节目的基础。

其次，游戏娱乐节目主持人在现场发挥驾驭功能时，要突出主动性和创新性，表现为以下几点。

（1）投入。主持人满腔热情地与观众打成一片，真心实意地带动观众、感染观众，与大家同欢乐、同游戏。分寸把握全在一个"同"字，过热，给人以"表演"的虚假错觉；不足，就冷落了观众。只有准确掌握现场观众的情绪，主持人引领的火候、时机才能恰到好处。

（2）激发。要让节目出彩，主持人必须善于激发嘉宾和观众进入开心投入的状态，进入活跃思维的状态，尤其是后者，主持人因人制宜的、机智灵活的启发和追问往往会使节目于幽默中见真情，于对抗中见智慧，高潮迭起，好戏连台。

（3）控场。主持人是现场的组织者，控制着现场的基调、秩序、节奏、时间，机敏而巧妙地引导节目向预定的方向发展。在《快乐大本营》中，嘉宾郭达忆起凄苦的少年，那时唯一的亲人就是妈妈，而妈妈受诬陷被关进了监狱，郭达生活无着落，曾与伙伴偷鸡……说到伤心处，郭达流下了眼泪一时语塞，一位女观众给郭达送上一束鲜花，场上一片肃静，人们热泪盈眶，主持人也被感动了，但他想到人们必须从这种情绪中跳出来，否则节目的衔接将出现问题，于是他轻声说："这花送的不是时候，他正在偷鸡哪！"闻听此言，郭达和观众皆破涕为笑。

（4）沟通。主持人不仅要让具体的参与者玩好、表现好，还要让现场的观众，特别是电视机前的观众的注意力和心情也融入其中。因此，主持人要不断地描述关键的、有趣的细节，甚至把内心活动及观众可能会有的种种疑问、猜测穿插在现场解说中并加以机智、风趣的发挥。如果只把人们眼睛都已看到的再重复述说，抑或只是"请3号台讲讲你的看法"的机械串联，创意构思再好的节目也会前功尽弃，功亏一篑。主持人一定要全身心融入其中，抓住游戏中的兴奋点、趣味点、知识点，以及观众可能会有的疑惑点，适时地、机敏地、诙谐地为现场及电视机前的观众做说明和提示，提供愉快、周到而有文化含量的服务，最终让观众休闲、娱乐、增智、怡神的需求得到满足。

（5）配合。由于游戏娱乐节目往往场面火爆，瞬息万变，一般由双人主持或多人主持，因此主持人搭档之间的协调、默契、互补、帮衬显得十分重要。如果只顾自己"抖机灵"、抢话头、占上风，这种做法不仅令人反感，而且会导致场面的无序和搭档的尴尬。

2.主持人的语言表达

主持人的语言格外重要，它是结构一台节目的脉络、渲染气氛的兴奋剂、控制节奏的润滑剂。游戏娱乐类主持人节目的主持词多为即兴口语，既要脱口而出又要机智得体，既应通俗易懂又能够出奇出新，既幽默诙谐又不失品位，确实不易，它是主持人综合素质的表现和经验的结晶。游戏娱乐类节目主持人如若失之于语言的快速反应和组织能力，或词不达意，或简单乏味，或张口结舌，或唐突无礼，都会破坏游戏娱乐节目应具有的欢乐而紧张的气氛。有些娱乐类节目主持人以模仿"港台腔"为出新，显得造作矫情，是不可取的。

除了语言内容和语音面貌外，主持人的声音是语言的物质外壳，应有一定的幅度和较强的感染力。因为它是传情达意、控制场面的物质基础，更何况在游戏节目中众人的投入会使现场热闹非凡，分贝大增，要控制场面、吸引观众的注意力，若没有持久耐用、响亮集中、收纵自如、游刃有余的好嗓子，不能不说是主持人的遗憾。

主持人还要精于表达，要善于驾驭自己的声音。如果游戏节目主持人的语言缺乏内在感情，少有抑扬顿挫、一张一弛、疏密有致的变化，只单凭热情"一路高调"再加上"机关枪"式的快节奏，那么不仅观众嫌"闹得慌"，主持人自己也吃不消。

第五节　电视谈话类节目主持艺术

一、电视谈话节目的界定及类型

（一）关于电视谈话节目的界定

1.概念

以"谈话"形式做深层次交流的节目很多，有时候不免"望文生义"把各类专访节目也一并称为谈话节目，也有一概称为"访谈节目"的。国外的"Talk Show"节目，其字面的意思是"交谈的展示"，译为"谈话节目"。香港音义结合地译为"脱口秀"，不过"脱口秀"这种译法给人的直觉似乎刻意地突出了主持人"脱口而出"的语言机敏和较多的表演色彩。在形形色色、"你中有我，我中有你"的此类节目的叫法中，从主持艺术理论与实践的角度做进一步的细分是必要的，即把"访谈节目"

视作广播电视节目中的"专访和谈话节目的统称"。

是否所有以谈话方式进行的节目都属于谈话节目呢？回答是否定的。比如，专访就是以谈话方式进行的，专访节目在内容和形式上与谈话节目有许多交叉：专访尤其是意见性专访也是讨论问题，专访节目有时也有观众的参与，但谈话节目与专访的区别还是明显的。

其一，意见性专访中所谈问题一般围绕具体问题或具体政策、由主持人向权威性嘉宾做征询式发问，而很少展开不同意见的讨论。谈话节目则不然，一是谈话节目的议论性大大强于征询性，各抒己见、畅所欲言的"平等交谈"是谈话节目的本质特征；二是谈话节目的议论范围和层面都比意见性专访宽广，意见性专访相对集中和单纯。

其二，观众的参与在专访节目中处于次要的、从属的位置，不仅话量少，而且观众以向专访对象的征询、质疑为主，不以发表自己的见解为目的。专访节目的谈话中心、谈话主角是专访对象，现场观众的参与并不成为专访节目必不可少的要素。然而，在谈话节目中，观众的直接参与是构成典型的谈话节目不可或缺的人员要素，在谈话节目主持人的意识和操作中，观众与嘉宾发表见解的机会均等，围绕一个共同的问题，参加者既是说话人又是受话人，"群言式"是典型的谈话节目的形式特征。谈话节目最一般的形式就是一个主持人、一个或几个嘉宾、一些现场观众，围绕一个主题展开讨论。必须说明的是，随着谈话节目形态的广泛运用，有些谈话节目没有现场观众，有的虽有现场观众但并不参与谈话，只做"壁上观"，节目虽然人员构成不同，但是以谈话方式展开平等议论的本质是共同的。

2. 电视谈话节目要素

（1）电视谈话节目的人员构成：主持人、嘉宾、观众。主持人是谈话节目的具体组织者，如没有主持人的现场组织调控，群龙无首、七嘴八舌、混乱无序的状态自然不成为节目。嘉宾特指与讨论话题有关的人士，他们或是有研究、有见解的具有权威性的专业人士，或是有代表性、有典型意义的普通人，**邀请的嘉宾不论职位高低、职业差异，一律平等**。有的谈话节目没有现场观众，只由主持人和相对固定的嘉宾以聊天的方式进行，如凤凰卫视的《锵锵三人行》。

（2）谈话节目的话题。人们常说，谈话节目选题正确就有了一半的成功。可纳入节目的话题虽然十分广泛，但要注意其社会价值，应与国家、老百姓的利益息息相关，而非无聊的闲谈。话题要具有重要性、普遍性、热点性（含永恒性）。谈话节目的话题选择一定要注意导向正确、格调健康，切忌猎奇猎艳，防止只要收视率，不顾社会效果而引起的负面效应。

谈话节目的选题原则是重要性、普遍性、热点性（含永恒性），这规定了选题方向、范围，选题支点的寻找，即选题的具体性、贴近性和可操作性则是更为关键的一步。好的话题在可操作性方面要同时具有两个特点：一是普通人能以自己的经验为基础发表见解；二是足以引起专家学者的参与兴趣，即浅易性与深刻性的巧妙结合。《锵锵三人行》在节目的早期没有确定的话题，刻意做"天马行空""随意侃谈"状，但是，进入大众传播的谈话毕竟不等同于日常的"随意侃谈"，必然有传播的目的性和把关意识，否则就可能走入自我欣赏、自我消遣、漠视观众、放弃责任的形式主义、自然主义的歧途。后来《锵锵三人行》做了调整，看似无主题的随意聊天，实则是从一个新闻切入，围绕一定的话题做散点式推进，重在提供不同的观点和见闻。

（3）谈话节目的氛围。民主平等、真诚和谐的谈话氛围是谈话节目的标志性特色。要让不相识的人们、不同文化背景、不同社会地位的观众，乐于在一个特别的时空里，互相之间敞开心扉，说真话，听实话，谈话者投入的热忱甚至忘了他是面对摄像机要传播出去的谈话。想达到这样的状态，除了参与者热切的谈话愿望之外，最有效的方法莫过于有一个民主平等、真诚和谐的谈话氛围了。谈话节目不是辩论赛，谈话中间虽然会有不同观点的争论，但是主持人要用心地控制争论的情绪，使之不失去理性的分寸尺度。《剑桥语言百科全书》的作者、英国语言学家克里斯特尔说："成功的交谈不是一场比赛，成功的交谈不过是一种相互满足的语言交际。……除了争辩和辩论类型的交谈外，谈话中不会有谁胜谁负的问题。"谈话节目为了让参与者畅所欲言，不论社会地位、何种职业，大家都是平等的，如《实话实说》常常把专家学者或政府职能部门的官员安排在观众席中，就是要淡化专家、学者权威性身份对普通观众可能产生的心理压力。上海卫视的谈话节目《有话大家说》也有很好的谈话氛围，现场观众积极地从不同角度提出问题和发表见解，较好地实现了思想观念的碰撞、交流和探讨。

谈话节目不论何种话题，严肃也好、轻松也好，公众话题也罢、个案也罢，讨论的氛围一定是亲切平易、循循善诱的，谈话节目的话语风格排斥说教、空洞、抽象、枯燥、沉闷，提倡真诚、充实、形象、生动、鲜活，推崇"雅为体，俗为用，雅俗共赏；庄为骨，谐为肉，庄谐并用"。

（4）谈话节目的目的。谈话节目并不强求统一的结论，完全可以"仁者见仁，智者见智"，不同观点的阐述可以提供不同的思维角度、不同的思维层面、不同的思维方法、不同的判断标准、不同的价值取向，谈话节目希望为人们提供新的思考点，有助于人们以平和心态、宽容的心胸、以客观全面的观点、以发展辩证的角度看问题。

从宏观的角度看，在日常生活中，语言交往是协调人们的行为，传递社会信息，使社会和集体保持平衡、增强团结的重要途径。日常在民间存在的围绕公共事务的议论，在舆论学上称为"社会讨论"，舆论学十分看重"社会讨论"对舆论形成的重要作用，一般社会舆论是由群众中自发分散的意见呈"散点式""多层次"相互交叉分布，而后逐渐自然聚合形成的。电视谈话节目是把这种社会现象、社会需要的无序状态，经过有机的筛选，移到电视节目中，不仅提供交流的机会和沟通的环境，而且可以控制议题的范围和方向，巧妙而通畅地引导社会舆论。在现代社会人们进一步认为，有效的舆论引导应是一种"双向交流"的形式，这正是办好谈话节目的深层目的。

（二）谈话节目的类型

谈话节目的类型，可以从多种角度划分。

从节目选题看，谈话节目的选题范围很广，既有政治、经济、文化、社会公共事务方面的"硬性"话题，也有涉及个人生活经历、感情生活的"软性"话题。既有社会"热点""焦点"话题，也有"个案"话题，归纳起来大体两类：公共性话题、个案型话题。公共性话题偏重于理性认识，以开阔的视野、智慧的思辨取胜；个案型话题则侧重"以小见大""以情感人"，以个案的特殊性、情感性及蕴涵其中的人生启迪取胜。这种节目类别的划分并非以栏目为界，如在《实话实说》栏目里两类话题兼而有之，交替出现。

从节目风格看，谈话节目有两类：言论性（纪实性）、娱乐性（表演性）。谈话节目风格的区分是比较复杂的问题，一般从话题范围和节目形式两方面划分，它主要跟栏目的主旨、形式、风格的定位有根本的联系，又与嘉宾的表现、主持人的把握有极大关系。由于后者的原因，同一个栏目由不同的人主持很可能出现与栏目风格定位的偏移。

"言论性""纪实性"的节目风格，一是从谈话内容看，谈话者的关注点在思想观念，在了解关于某个话题各种不同的看法，大家感兴趣的是相互沟通中的议论；二是从谈话者的态度看，谈话态度真诚、真实，不居高临下，不虚与委蛇，不自娱自乐，不自我欣赏；三是从谈话目的看，谈话的目的指向沟通、指向思想。

"娱乐性"风格的谈话节目，关注点往往集中于演艺明星，由主持人与明星嘉宾的对话、明星的现场表演、音像资料或观众向明星的提问穿插进行，谈话的风格轻松活泼，有较多的娱乐色彩。但是，这种节目会有两个不同的发展方向：一种是带有较浓的"追星"味道，谈话更多地关心明星的花边新闻，满足部分观众对明星的崇拜心理和窥秘心理，有些明星不肯敞开心扉，只在既定的设计包装中表演。另一种是主持人引导得好，明星嘉宾也真诚面对，能在谈话中多侧面地展示明星的生活道路、内心世界，从而让观众在亲切赞赏的心境中备受感动并有所启迪，这种谈话兼有娱乐和言论、纪实的风格。例如，央视三套的谈话节目《艺术人生》，从观众与嘉宾的共同点——热爱艺术、珍惜人生切入，谈艺术、谈人生，穿插嘉宾或观众的即兴清唱，真情互动，节目好看，艺术性、情感性突出且意味隽永。

"表演性"谈话风格是相对于"纪实性"谈话风格而言，一般没有现场观众，主持人与几位谈话高手谈笑风生、痛快淋漓，"意识流"般的随意性既是这种节目的谈话方式，也是风格包装，如凤凰卫视的《锵锵三人行》就是一种谈话"秀"。

在我国，谈话节目兴起之时依托政治宽松、思想解放的大背景，人们参与社会公共事务的热情空前高涨，同时日益紧张的生活节奏、飞速变化的社会现实使人们迫切需要彼此的沟通，人们更渴望面对真实的世界，而不是远离生活的虚幻景象。虽然人们需要放松、娱乐和欣赏，但更习惯于让综艺、娱乐类节目分担这种功能，因而在群言式的谈话节目中大家钟情于"实话实说"的真情实感和真知灼见，反感甚至排斥调侃的、人为的、有表演色彩的"娱乐性""表演性"的谈话，无关痛痒的闲言碎语哪怕再轻松、再幽默也不能满足受众对谈话节目的需求。如果把"娱乐性"理解为让节目的形式更加丰富、更加好看，那么现有的谈话节目一直在努力，如《艺术人生》。20世纪90年代末，中央电视台推出的《朋友》，穿插歌手或乐队的演奏，有一定的娱乐成分，有心理测试的游戏性环节，但仍以主持人王刚与演艺界明星谈友情为主，现场的观众只是"看客"，还没有实际参与。今后，谈话节目的风格类型如何发展和变化，主要取决于谈话节目的市场，即观众的需求和评价。

从谈话氛围方面的特色看，风格特色因不同的话题、不同的主持人、不同的主持风格而产生不同的谈话氛围。比如，新闻性、社会性话题以观点的碰撞、以气氛的热烈见长；情感性话题带有温馨宽厚的色彩，也许是语重心长、循循善诱的点拨，也许是不露痕迹地开阔眼界、活跃心情的感染方式。若以单纯追求"还原生活"为谈话节目的目的，则有本末倒置之嫌，因为谈话节目并不简单地等同于日常谈话，进入大众传播的谈话，理当"源于生活，高于生活"。

从制播方式看，电视谈话节目有真正的直播和直播状态下的录播两种方式。后者谈话在主持人、嘉宾和现场观众中进行，采用录播形式有剪辑的回旋余地，既能再现现场讨论的真实情形，又可删繁就简、优化节目质量、提高可看性。直播有直播的优势——鲜活、真切，主持人及参与者思维反应、话语反应、表情神态的细微变化，机敏也好，卡壳也罢一览无余；此外，在直播中还能为实现电视机前实时收视节目的观众通过电话或网络直接参与，留下可能的空间。当然，直播对主持人的压力和考验非常大，若主持人没有主持谈话节目的实力和经验，节目的质量、直播的效果将难以保证。在电视谈话节目出现初期，有些电视台采用直播方式时，为了确保节目质量甚至预先进行充分的磨合和排练，直播时执行导演还在摄像机扫不到的角落不时对主持人举起提示的牌子。随着电视人对谈话节目"真实即兴""原汁原味"本真性审美价值的认识，那些在前期准备阶段就认真投入，能够深入把握话题的主持人，反而不赞成"举牌提示"，并忌讳在现场开机前与嘉宾有过多的话题接触，要的就是真实谈话的情景，哪怕是录播也一律按直播状态进行，只要不是设备技术原因从不"叫停"重拍。因此，对于谈话节目主持人来说，虽然有两种制播方式，实际的要求都是同样的。

二、主持人素质及主持人在节目中的作用

（一）谈话节目主持人的素质

1.思想政治素质

具有清醒的政治头脑、较强的政策观念和马列理论基础。谈话节目有一个突出的特点：谈话就是节目的内容，也是节目的主要形式，外采和事先制作的片段一般较少。电视谈话节目是节目制作群体通力合作的结果，虽然在前期准备阶段对话题的展开、话题可能的走向，都有预先的设想、有引导谈话的方案、有插入大屏幕等其他手段的安排，但是节目是在谈话过程中进行的，什么人发言，发言人将要说什么，都存在不可预知性，现场就完全凭主持人机敏正确的判断和灵活有序的调遣，主持人从始至终都在拍摄区与现场观众在一起，而无法像综艺节目主持人在串联间隙候场时有与导演磋商的机会。因此，主持人的思想政治素质对谈话的导向是否正确、内容是否深入有至关重要的关系。

2.广博的社会知识、深厚的文化积累和丰富的生活阅历

主持人面临的话题方方面面、林林总总，面对的谈话参与者男女老少、各行各业，如果不了解社会，不熟悉民情，缺乏对生活的感悟，没有对现实的深入思考，只凭书本的空头理论或现成答案，是无法让现场观众产生谈话愿望的。

3.敏锐的思维反应、深刻的思辨能力和高超的话语组织与表达能力

谈话节目主持人在思维速度、思维广度和思维深度方面必须具有良好的思维品质，能够灵活、敏捷而深刻地对谈话各方的观点、态度做出正确判断和语言的快速反应，能有宽广的视野，从新的角度看问题；主持人的语言及反应，除了将思维转化为语言的决策能力外，在保证语言内容经得起推敲的前提下，还要善于讲究语言的表述方式，要有幽默感，努力做到平易近人、生动有趣、左右逢源、操纵自如。

4.健康的心理及良好的与人交往的能力

谈话节目由一个个参与者的对话连接构成，主持人的重要任务是做好语言内容及语言外部关系的连接，而不是自己或哪一个人的"独白"。因此，主持人必须有热情，以人为本，尊重和善待每一个节目参与者，要有善于倾听的亲和力，要有一颗善于理解、懂得包容的心，善于迅速地与人达成心灵上的沟通。

5.一定的组织协调能力

无论在节目的准备阶段还是实施阶段，抑或是后期编辑阶段，主持人要能够积极地与节目制作的同仁、与现场参与者打交道，及时沟通，通力协作，建立起多种声音的交互式平台。

《实话实说》主持人崔永元以"平民化"的风格、真诚善良的态度、幽默诙谐的秉性、机智灵活的控场能力赢得人们的喜爱。他曾是中央人民广播电台名牌栏目《午间半小时》的优秀记者，他的作品数次在全国获奖，走南闯北、深入基层的记者生涯，积淀了他丰富的生活阅历、锤炼了他的人文精神和修养，精于观察、敏于思索的生活态度历练了一颗善解人意的心。他自觉地警惕"名人心态"的滋生，真诚地关心现场的每一个人，在录制《上学的外婆》时，发现外婆可能因不适应北方的干燥，嘴角出血了，他拿来矿泉水、递上纸巾，说："外婆，您喝口水。"全场观众静静地看着，温馨的亲情犹如一颗石子投入平静的湖面，荡漾开来传递到每个人的心里。主持人努力淡化自己，让观众看到一个朴实平易、没有距离感的主持人，为使观众不把自己看得"神秘"，他改变了主持人在掌声中上场的惯例，要求编辑把自己的"结巴"和"尴尬"保留在播出中，他还以反躬自问的现身说法构成轻松真诚的谈话语境。在语言风格方面，他认为，老百姓的话有时蕴藏着很深的哲理，如果只说名人名言，嘉宾和观众都不会示弱，哪儿还谈得到"实话实说"呢？在吸引众人参与的谈话节目里，主持人"玩深沉"就会成为"孤家寡人"，讨论成了"一言堂"也就没有人看了。因此，主持人在节目中的一些插话乍听好像只是随声附和，但立刻能咂摸出话语深层的味道。《现代人文景观》的讨论中，一位女士就人造景点的浪费和文物保护经费不足发表了较为激烈的意见，主持人接着说："与其拿那么多钱搞人造景点，还不如给兵马俑修修腿脚呢！"闻者都忍俊不禁，同样的观点一庄一谐的表述，不必特别着力就加深了人们的印象。这些寻常百姓的大实话，主持人似信手拈来，用得对地方、用得合分寸，听着亲切平易，却又意味深长。

（二）谈话节目主持人的核心作用

主持人在谈话中的引导、控制作用，清楚地说明了主持人在谈话节目中的核心地位和灵魂作用，因此有人说，"谈话节目是真正意义上的主持人节目"。

1. "主持"从策划开始

由于节目形态和主持人在节目中的具体作用不同，有些节目的主持人临到"上场"才接过串联词，听编导解释节目意图、交代注意事项，而后经过一番"职业化"的消化、处理，便煞有介事地披挂上阵了。尽管这种做法在某些只需主持人简单串联的节目里尚能对付一时，但是在谈话节目里若主持人也如法炮制，对节目的"伤害"就显而易见。对于谈话节目来说，"主持人的核心作用"必须从前期准备介入。一言以蔽之，谈话节目的"主持"是从策划开始的。

电视谈话节目因制作的需要，往往由制片人牵头，由策划、编导、主持人构成策划班子，有的制片人是由主持人担当的。谈话节目的前期准备包括选题的策划确定、选题的调查研究、嘉宾的选择，直到落实谈话的范围、走向、层次、节奏的设计安排、辅助手段（如大屏幕、乐队等）的运用等，都要有周密的策划与细致的准备。虽然整个准备过程中总策划人、执行策划、编导各有明确的分工，但是作为节目制作播出关键阶段的核心人物的主持人，提前介入是十分必要的。在前期准备阶段主持人重点介入并深入把握的是围绕话题的分析研究，明确话题的针对性、必要性和导向性，了解相关的政策精神，预测可能有的各种不同意见和争论，具体设计谈话"起承转合"的结构安排，设计音乐、大屏幕的使用，以至开场白、结束语的精思妙想。例如，《实话实说》每个话题的准备阶段要开几次策划会，策划会首先解决选题，继而借用"外脑"——请社会上有关人士，一起从整体上理清思路，而后执行策划把遴选嘉宾中带来的具体信息反馈给主持人，最后必不可少的还有节目具体操作方案的落实。总之，主持人对所要讨论的话题，必须从策划开始全力以赴地介入，像做论文一样深入调查研究，详细占有资料，整理思路，梳理脉络，并设计出问题及提问方式、顺序、时机，此外还要提出并运用其他手段。谈话节目主持人没有这样的前期准备，是无法真正成为谈话现场的组织者、驾驭者的。

2. 主持人是谈话现场的中心

谈话节目无论直播还是模拟直播，节目的魅力主要是来自现场的、即兴的、广泛参与的、双向交流的、不可预测的谈话。前期的精心策划和准备，是为了谈话的集中、有序和有趣，现场激活的有信息价值的实话、开诚布公的真话、妙趣横生的智语，才能保证谈话节目鲜活的时代气息和贴近观众的生活气息。一次谈话节目，具体的节目意图、所有人员的准备，最终都系于主持人一身。谈话节目非常看重"现在时"制作方式，节目由主持人、现场观众友以及收看节目的电视机前的观众共同构成一个开放的、专注于"说"与"听"的"言语场"。主持人作为谈话的中心，有两层含义：一是主持人是谈话的组织者；二是"现在时"谈话的不可预知性所带来的"风险"由主持人承担和处置。

（三）主持人的"听"与"说"

1.善于倾听

"倾听"是谈话节目主持人的重要法宝。一位传记作者在《奥帕拉·温弗丽：真实的故事》中写道："一般来说，广播电视的访谈者只是提出问题，却并不认真听回答，他们的心思放在其他事情或下一个新问题上，但奥帕拉仔细地倾听客人们的谈话，并且利用谈话的内容把主题步步引向深入，这使她适应当今时代的风格，由于对观众和嘉宾的生活进程充满关切，由于能与他们进行交流，这种风格大获成功。"无独有偶，美国另一位备受欢迎的谈话高手、现任职于CNN的著名谈话节目主持人拉里·金认为"谈话的头号守则：聆听"，泰德·柯波在美国《时代》周刊撰文说："拉里会听他的来宾说话，他注意来宾说了些什么。而很少主持人能做到像他那样。"

"善于倾听"是谈话节目主持人的重要基本功。"听"的心理活动并非被动地接受信息，主持人的思维要走在参与者和观众前面，在"听"的过程中，一要迅速对信息做出判断观点、情感；二要对其话语内容走向做出预测——能够"听到发论句，预测后续句"，及时发现并抓住新冒出来的、有意味的话头；三要在瞬间决定自己接应的语言对策——继续追问还是就此"打住"？另找不同观点的人说？总之，"听"的同时主持人还要从全局考虑：话题进展到了哪一步，是按准备方案走，还是需要进行调整？是否有预设之外的新问题需要展开？因此，主持人只有认真倾听、善于倾听，才能准确理解对方的观点并迅速做出反应，不露痕迹地"把主题步步引向深入"。

2.组织谈话

（1）主持人的任务。主持人是节目意图的贯彻者、是驾驭节目进程的主导者，在热烈的讨论中，对于话题要注意以下几点：① 清醒地把握话题的方向，即谈话的集中性，不能跑题；② 掌握话题展开的层次，即谈话的逻辑性，不可"天马行空"毫无章法；③ 要很好地控制节奏、掌握时间，不能因营造气氛而拖沓、松散。

（2）"言语场"的组织调控。对于谈话参与者来说，主持人是"言语场"中多向交流的协调调度者，要充分发挥各位嘉宾及观众的作用，不能"厚此薄彼"，要敏锐捕捉参与者相同、相近或相异的观点，通过插话、提问，建立他们之间的接触，活跃气氛，激发兴趣，促进友好谈话。对于谈话氛围的营造方面，主持人是情绪的激发调动者，一方面，要调动所有参与者的积极性，冷场时要"加温"，活跃气氛，保持参与者的谈话兴趣和合作关系；另一方面，如遇因观点冲突、情绪激动引起的对立要由主持人协调和扭转，在"失控"的临界点及时"降温"，确保谈话"言语场"的热烈、有序和融洽。总之，主持人承担建构谈话节目"言语场"，支配和协调参与者的谈话，完成预定目标的责任，主持人无可争议地处在谈话现场的主导地位，享有控制权、决定权、主动权，起着组织引导话题、穿针引线、承上启下、驾驭节目的灵魂作用。

（3）主持人语言表述的原则。主持人要以适当的方法和话语起承转合，主持人无论提问、启发引导、强调观点，语言表述都要具有通俗性、简洁性、条理性。只有这样，才能使不同层面的参与者和观众迅速而有效地实现沟通，使讨论顺畅地进行。因此，过于专业的话、叠床架屋的话、矫饰卖弄的话、"东一榔头，西一棒子"的话、云山雾罩的话是主持人要竭力避免的。为使话题讨论有序，环节清晰，观点突出，主持人在讨论中要以插话、接应等方式把参与者的观点提炼出来。一般地说，对于偏于感性的叙述性发言要给予"提纯"，可采取"概括地说""归纳起来说"的方式，强调其观点；而对于偏于理性的结论式发言，易于理解的可采用重复的方式，比较抽象的则需要加以"稀释"，采用"换一种说法""也就是说"的方式使其变得通俗易懂。

（四）处理好几对关系

1. 主持人与创作群体

谈话节目话题十分广泛，世界之大、世情之复杂，非个人目力之所及，主持人有"盲点"是必然的。如果不依靠社会的智慧，不借助专家、学者的点拨，就没有主持人在现场看似"内行"的谈吐。谈话节目虽然制作手段不复杂、制作费用比较经济，但同样需要各个工种的密切配合、通力合作，主持人不仅要尊重群体的每一位成员，还要善于调动大家的积极性，能够把具体的智慧和努力汇集在一起，方能在众人配合下胸有成竹地主持谈话节目。主持人是节目创作群体意志的具体体现者，谈话节目"以主持人为中心"实际上是以"节目"为中心，如果主持人把"中心"理解为"等、靠、要"别人为自己服务，不能全身心地投入，是无法成为合格的谈话节目主持人的。

2. 主持人与参与者（嘉宾、现场观众）

如果说群言式的谈话节目就像众人在一起写作一篇言论，那么主持人就是撰写这篇文章的组织者，是主编，而不是具体动手写的人，更不可越俎代庖一人独揽；如果把群言式的谈话节目比作一台演出，那么主持人就是导演和舞台监督，主持人将此二任集于一身并直接出面组织调度。此外，主持人不可能样样精通，而请来的嘉宾却是话题领域的专家、权威，或最了解情况的当事人，他们能从各个角度为讨论提供宽广的、纵向横向的参照系，提供理论研究的最新成果或事实的依据。虽然主持人经过认真的准备，对话题的主要观点已了然于心，但嘉宾毕竟是某一方面的行家里手，如果主持人总是充当观点的"轴心"，作为"智者"出现，其结果：一则是对嘉宾、对参与讨论的受众不尊重，显得缺乏诚意；二则"无事不知无事不晓"反而让主持人失去真实，给人留下炫耀卖弄的印象。总而言之，在众人参与的谈话节目中，主持人是起主导作用的组织者，但是"主导"不等于"主角"，不等于"主说"，面对嘉宾和其他参与者，主持人的责任在于能够激活参与者的谈话愿望，有条不紊地调度好发言的逻辑顺序，让持有不同见解的人充分发表意见，把现场琐碎而微妙的议论组合串联起来，显示出事物的内在联系或因果关系。谈话节目的成功不但取决于"谈什么"，还取决于相互接触的方式，因此在谈话节目中主持人切忌喋喋不休、占尽风光，也不可唯唯诺诺、简单接应，像个"接线员"，前者令人扫兴，后者让人缺乏信赖，这都会妨碍谈话的正常进行。

3. 个性风格和传播目的

在谈话节目中，人们期望与有吸引力的主持人打交道，这符合人与人语言交往时心理需求的客观规律，因此谈话节目主持人的个性风格是节目成功的一个重要因素。主持人的个性魅力确实能提高节目的收视率，这是客观存在，但个性风格归根到底还是吸引受众使谈话成功的手段，而不是目的，谈话节目不是为了展示主持人的个人风格。只有当主持人的个性风格与节目风格、与受众审美心理相符合时，当其个性风格能够自然地渗透融合到主持的进程中，才能发挥理想的互动作用。因此，主持人必须清醒地把握分寸尺度，过犹不及。游离于传播目的之外的"个性风格"必然会走向反面变异为"强加于人"或"哗众取宠"。观众们喜欢崔永元的幽默，但是当他发现有些观众过多地热衷于谈话形式的"逗乐、好玩"时，他说："人们关注的是我而不是节目本身，我心里非常不安。节目组每次都对一个话题仔细讨论，以期能吸引更多的观众参与，如果是冲着我本人，那与马戏团的逗角没什么区别。如果是这样的话，我宁愿放弃我的风格……节目不应该用热闹与否判断，而应用内容是否有价值判断。"

三、谈话节目主持人的驾驭方式

（一）进入话题的方式

主持人应力求在瞬间唤起观众的注意和兴趣，使观众明白议论的题旨，跟随主持人的引导进入谈话节目的"言语场"。此外，需要在进入话题时介绍嘉宾。"开场"有很多方法，既可以单独使用也可以搭配使用，核心是根据具体情况精心选择、设计开场的入题方式。

1. 开门见山，揭示题旨

一般用于近在眼前或众所周知的热门话题，可单刀直入切进话题，简洁、明了地拉开大幕。例如，各位朋友，大家好！欢迎大家收看我们的《实话实说》节目。电视广告在中国只有十几年的历史，但是大家现在已经对它品头论足了。

2. 触景生情，借题发挥

援引眼前的景物或环境因素（时间、节令、气候、地域、场合等）发出感慨，诉诸情感，这种方式与现场气氛和谐，入题自然。例如，春天到了，万物复苏，大地一片绿色。南方的鸟儿已经开始长途跋涉，它们要迁徙到北方，开始它们繁衍子孙的工作。我们今天的话题就跟春天有关，来谈谈鸟。

3. 议论导入，激发思考

常用于"永恒主题"，对于人生回避不了的、似有真理永存又总有不同情况发生的、人们总在议论的话题，一般从主持人的议论开始，提问要具体，嘉宾和受众才能迅速进入状态。

4. 新闻由头，以小见大

从新近发生的事件生发开来，或是个案，或是现象，由此引发事件背后意义的深入讨论。新闻的真实、人们对新闻的关注及不同的反应，是激发受众谈话兴趣的重要缘由。

5. 侃谈聊天，兴趣盎然

多用于社会性话题，由日常的"身边事"切入，看似信手拈来十分随意，实际要选择或常见或反常规的（包括杜撰的笑话）、有趣儿的现象或事儿做话头，使入题显得自然、亲切、轻松、幽默。

6. 其他

以话语方式入题的还有很多，如引用名人名言、警句俗语、设置悬念等，不再一一列举。从语言外的方式入题也有多种，如大屏幕、小道具、实物，如《木牛流马》一集，就把新疆高校教师亲手制作的复原古代木牛流马的小车推到了现场；畅谈改革开放的《凤阳乐》，是从唱凤阳花鼓伴奏乐器的实物开始的。

从以上举例中看出，进入话题的方式经常是组合在一起运用的，所有的考虑出于一点：说明题旨、引发兴趣，迅速进入谈话情境。如《走进沙漠》的入题就用了多种手法，引用名句、大屏幕、新闻由头。

7. 介绍嘉宾

在进入话题的同时介绍嘉宾，是谈话节目的必要环节，介绍方式大致分为两种：一是单纯介绍，二是和话题展开结合在一起的介绍。前者比较简单明了，但可能有些呆板；后者采用介绍嘉宾与入题、展开讨论相结合的办法，自然而然地营造了谈话氛围，有"一石三鸟"的复合作用。

（二）话轮的衔接与转换

在谈话节目里，人们总是轮番说话，有问有答、有阐述、有质疑、有声援、有反驳、有接应、有插话、也有打断……这些言语的往返回合就构成了一个个的话轮，话轮是讨论中最基本的结构单位。在准备谈话节目的案头工作中，话题的范围、方向、层次是主持人作为重点反复考虑的内容，也是临场操作时要时刻审视和把握的。一般几个话轮完成话题的一个层次，需要适时向前推进，一个层次内部话轮的衔接转换，以及层次之间话轮的衔接转换，是主持人驾驭话题的基本程序，其方式从总体上说，有话语内部接应——指各种语言手段，有话语外部接应——画面、音乐、实况音响等广播电视再现情境的手段。话语内部接应方式和作用多种多样。

1.适时小结，理清思路

从各种不同表达方式中找出有代表性的观点，像树立"路标"一样，理清思路，避免"原地打转"，引导讨论的深入。

谈话节目的参与者大多是以自己的知识、见闻和经验参与意见，为了对话题有尽量深入、全面、客观的认识，在前期准备时最好收集有关的统计资料，或调查研究典型录音、录像，以便为大家拓宽视野，开阔思路提供服务。一些典型材料的引用，能起到因势利导、自然转折或顺势推进的作用。例如，《鸟与我们》的第一个层次是请嘉宾和现场观众谈"养鸟的乐趣"，在向第二个层次转换时，主持人崔永元先以诙谐的语言归纳小结，接着引用了一个调查材料，并做了现场调查，然后又用大屏幕转向"对笼养鸟的不同看法"的讨论，过渡自然，形式活泼。

2.提示"对立"，加温催化

"灯不拨不亮，话不说不明"，不同观点的争论、辨析，是探讨性话题中必不可少的重要内容和形式，如果各说各的，互不搭界，互不交锋，不仅难以把问题辨明，而且节目也不好看。因此，主持人要善于发现不同观点，并把它们"捉对"对此，凸现矛盾使讨论升温，催化讨论的深入展开。

3.言简意赅，画龙点睛

主持人在提问、回应、插话中，除了承上启下、衔接转换之外，并不是不偏不倚、不置可否的"传话人"，不是虚设的"礼宾司仪"。虽然主持人不应喧宾夺主，大发议论，但是主持人应"实话实说"，必要时要有精当的评议——语言精辟，时机恰当。这样的评议，或是对众人发言的概括，或是对某位发言者观点的补充、引申和纠偏，言简意赅，耐人寻味。例如，在《走进沙漠》的讨论中，主持人问观众中的一位男孩："你觉得我们居住的城市会不会变成这个样子（指大屏幕播放的沙尘暴景象）？"男孩说："不会。"主持人追问："为什么呢？"男孩回答："因为只要有他们那样的志愿者，我们就不会。"主持人的一句回应意味深长，他说："不过，我觉得还得有你这样的志愿者才行。"这时，现场观众都深解其意，欣慰地笑了。还是在这次讨论中，当众人从各个角度谈论志愿者植树的意义后，主持人适时地以理解人们的观点的方式做了概括和升华，他说："就是通过这种植树活动，对整个地球有一种新的概念。"

4.巧用"重复"，突出重点

主持人在话轮的衔接转换中经常通过"重复"的手法突出重点，"放大"正确的观点或论据，从而把握控制话题走向、层次的主动权。"重复"是借用现场捕捉的来自群众的话语，它既表达了主持人的倾向，又不会给人强加于人的感觉。

5.选择时机，巧妙"打断"

在日常交谈中，如果说话中途被人打断，会觉得对方不懂礼貌、不尊重人，心里很不舒服，这是人们一种普遍的心理。因此，有教养的人在友好的交谈中尽量不打断别人的谈话。在谈话节目中，尽量不打断参与者的谈话仍然是一个重要的原则。但是，由于谈话节目有一定的时间限制，有既定的主题，而且参与谈话者的谈话水平不一，有的简洁明了，有的拖泥带水，有的条分缕析，有的语无伦次，更何况个别片面、偏激或不健康、不正确的观点可能会在讨论中冒出来，因此为了把握谈话节目的正确导向，为了使议论集中和深入，为了给更多人发言机会，主持人在必要时还必须"打断"某些发言。为了避免引起发言者的不快、避免参与者对主持人的误解，避免影响大家的积极性和谈话氛围，主持人在"打断"时，一要谨慎从事，注意礼貌，选择时机；二要灵活巧妙，注意方法，让人接受。

（三）结尾的方式

谈话节目结尾方式多种多样，大体可分为两类：一是围绕话题加深印象；二是围绕节目通报情况。

1.首尾圆和，议论收尾

主持人在众人讨论的基础上，对有明确结论的，宜提炼主题，或升华、或引申、或寄语、或祝愿、或警示、或激励，留下浓墨重彩的一笔。主持人最后的议论切忌居高临下、强加于人，而应情理交融、平易近人。

2.补充论据，"加料"收尾

主持人精心选择感人事例或统计材料，用无可辩驳或感人至深的事实论据，再起高潮，让结论更加可信、更加有力。

3. 创造意境，触动心灵

事先有策划、设计和准备，运用不同手段，既出人意料，又切合题旨，使话题的立论和意义，意韵隽永，回味无穷。

4. 安民告示，沟通传授

在结尾时，主持人完全可以重申节目宗旨、通报以后的选题、表示感谢等，在众人热情参与的气氛中进一步拉近传授双方的距离，吸引受众更多地参与进来。

第三章　伦理学视野下我国电视节目主持人的形象变迁

第一节　电视节目主持人形象的模糊期

随着我国媒体大环境的快速发展、电视节目类型的多样化和受众审美标准的提升，电视节目主持人经历了从千篇一律到风格迥异的根本转变。根据电视节目主持人形象饱满的程度，可将这一历程划分为四个阶段。

1958 年 5 月，我国第一座电视台——北京电视台试播。该台最早没有专职播音员，由中央人民广播电台和北京人民广播电台的播音员担任画外音解说，但不出图像。后来，沈力从中央人民广播电台播音部调入北京电视台，中华人民共和国电视事业才有了正式的专职电视播音员。当时，电视台的编辑、导演在撰写完成节目文稿之后，将它们交到播音组，由播音组负责人根据不同播音员的气质和声音特点进行稿件的分配，最后由播音员完成在镜头前和话筒前的播音创作。

作为此时期的播音员代表沈力曾经在 20 世纪 60 年代自己的一篇《业务小结》中写道："过去我们听到观众有过这样的反应：广播员的画像就像大 2 寸照片。我想，这并非仅指图像的形式过于简单，更主要的是反映了播音员本身死板，一般化。这是由于格调统一，尺度统一，甚至语气也统一所造成的。"所谓"格调统一""尺度统一""语气统一"，就是指当时的电视播音员在播音创作中缺乏个性，形象趋同性特征十分突出。在播音业务实践中，尤其是电视新闻播音工作中，电视播音员的创作受到了严格的限制。可见，此时期的播音员还不具备专业的主持人形象，仍然处于主持人形象发展的模糊期。

第二节 电视节目主持人形象的确立期

中华人民共和国电视屏幕上的第一个主持人，出现在 1980 年 7 月 12 日播出的中央电视台《观察与思考》栏目中。这是中国电视荧屏上的第一个评论性新闻栏目，主持人庞啸的出现，也是该栏目众多电视新创举中的一个方面。随后，中央电视台推出了每周一场的《北京中学生智力竞赛》，编导挑选了我国电视男播音员赵忠祥担任主持人，不仅节目获得了成功，赵忠祥也开始由播音员的形象开始向主持人转变。当时的电视台领导也向主持人提出"端庄、大方、亲切、自然"的工作要求。于是，探索通过镜头实现与观众之间的朴素而原始的情感交流，使创作风格拥有一定的"人性化"的"感情"特征，成为当时电视主持人的努力方向。1983 年，中央电视台首次推出《春节文艺晚会》，黄一鹤作为"新套路"推出了相声演员马季、姜昆、喜剧演员王景愚做晚会的节目主持人，这些主持人在传播过程中体现出了较好的主持特色。在发问、应对、串联、衔接、评说等节目流程方面努力调动现场观众，以亲切自然的风格、平实质朴的主持人形象激发电视观众的收视情绪。

在此之后，主持人在工作性质上愈来愈显示出自己的特色，特别是进入 20 世纪 90 年代，一批优秀的主持人脱颖而出。1990 年 3 月和 4 月，《综艺大观》和《正大综艺》先后播出，一批知名主持人得到了电视观众的认同，他们的出现进一步树立并强化了观众心目中的电视节目主持人形象。他们以其真诚质朴的形象受到观众的喜爱。与此同时，一些主持人将自己的所见所闻和亲身经历写入串场词中并进行口头语言的表述，使交流感、对象感、亲切感充分体现。从审美角度而言，男女搭档的主持在很大程度上实现了中国传统文化中"阳刚之美"与"阴柔之美"的互补与平衡。从外形看，男性主持人是饱经沧桑、中年发福的"大叔"形象，拥有浑厚而共鸣强烈的嗓音；女性主持人是清纯苗条的"少女"形象，没有接受过播音的专业训练，声音较细弱、单薄。他们是"松树"与"兰花"，这刚好与蔡仪在 1947 年出版的《新美学》中提出的"雄伟的美感和秀婉的美感"这一对美学范畴相契合。

由此看出，这一时期一批知名的主持人已经或逐渐显露出主持人应有的节目掌控能力，逐渐树立了亲切自然的风格，平实质朴的主持人形象，基本确立了我国电视节目主持人的初期形象，也为主持人形象的多元化时期奠定了良好的基础。

第三节　电视节目主持人形象的多元化发展期

1992 年，我国的改革开放事业掀起热潮，电视行业乘势而上，呈现出飞跃式发展的势头。电视栏目进入成熟阶段的同时，促使节目主持人形象随着栏目的发展呈多元化发展的趋势。在新闻评论栏目中，从以个人新闻评判力引导节目进程的一批主持人起步，再到追求大众传播的"人际化"方向的谈话节目主持人的大量涌现，还有 20 世纪 90 年代后期追求"明星效应"的新一代综艺节目主持人的诞生，电视媒介在提升自身竞争力的同时，逐渐开始对主持业务多元化有了进一步的深化。

1993 年，新闻杂志类节目《东方时空》开播，标志着我国电视节目主持人的发展进入一个崭新的阶段。同年 5 月，我国第一个以主持人命名的电视节目《一丹话题》诞生了，透过这个节目看出，我国电视彰显个性、追求创新的理念已经越来越呈现出其内涵。在这一过程中，一批"记者型主持人"的实践进一步充实了电视主持业务领域，积极而深入地参与到策划、采访、编辑等节目制作的全过程中，并将自己的新闻评判力在节目所赋予的空间中加以展现和表露，共同塑造了诚挚、深速、客观、权威的电视新闻评论节目主持人形象。

与此同时，以《快乐大本营》主持人何炅为代表的综艺游戏类节目中的"娱乐主持人"的形象，在节目内容的全新娱乐化尝试中得到了放大，这一批主持人在节目中的服装与化妆呈现出以"时尚代言人"为诉求点的光彩夺目的外在形式，成了观众心目中结合时尚与娱乐的节目主持人。1998 年以后，相继开播的《元元说话》《开心辞典》《幸运 52》《艺术人生》等，自此，我国的主持人事业开始步入全面发展和多元化时期，新闻、综艺、谈话、专题等节目主持人活跃在各自的舞台上，成为电视台重要的形象标志。这些电视节目主持人形象的树立也在传播过程中展现出了前所未有的影响力，随同栏目的多元化一起呈现出多姿多彩的局面。

第四节　电视节目主持人形象的品牌识别期

截至 2001 年，电视媒体之间的竞争呈现白热化趋势，国内出现了各级电视台数千家，总栏目数量超过十万个，形成了数万人的主持群体。星空卫视、欧亚体育台等境外频道接连在中国内地落地；上海文广新闻传媒集团与 CNBC 亚太宣布结为战略联盟；28 家省级卫视试图形成广告同盟与中央电视台分享全国广告市场。这种激烈变化的电视传媒竞争格局促使各电视台纷纷打造精品栏目，以吸引观众的注意力，同时对主持人的要求也有了进一步的提升。一方面，要求主持人应具有"媒介守望者"的责任意识；另一方面，要求主持人成为栏目形象识别系统中的重要标识，提升媒体竞争力。这一点从 2002 年我国举办的"红河"杯首届全国电视主持人形象设计大赛就可表现出来。"大赛以电视节目主持人的整体形象和包装设计为切入点，通过遴选成功的主持人外在形象构造方案，进一步反映出我国电视节目主持人的内在风采，树立独特的、可识别性的主持人形象。"这进一步表明，市场已在很大程度上决定了电视主持人形象开始转变为栏目重要识别符号的发展方向。

而要创立主持人的品牌效应，就必须在强调主持人对节目宏观把握的基础上，用主持人个体的人格魅力进一步吸引受众。2004 年 8 月，中央电视台旗下名牌栏目和著名主持人的品牌价值首次测评出炉，主持人的品牌效应逐渐开始初见端倪。随后，电视屏幕上出现了的"另类主持"，是指与传统观念中的电视主持形象不相符合的主持人。最为突出的是普通话不太标准的新闻频道主持人阿丘和以光头形象出现的江苏电视台《南京零距离》的主持人，这些具备与众不同形象特征的主持人受欢迎的同时，也成为各自主持栏目的代言人。有人甚至说"喜欢看《南京零距离》就是因为喜欢这个主持人，他独特的主持风格和形象，如果不是他主持，我可能不会看这个节目了。"可见，我国电视节目主持人的形象开始进入了独具特色的品牌识别期。品牌的主持人形象不仅成为栏目的化身，而且成为频道甚至媒体的代言人。

第四章 伦理学视野下我国电视节目主持人 形象的受众认知

第一节 电视节目主持人形象的受众认同

伦理学是以理论研究和理论总结为主，重点分析社会道德、社会规范、人类精神意识等"社会上层建筑"，与播音主持的商业运作相比，这些内容大都是在特定社会背景中自主形成的，没有明确的力量关注、推动社会道德、社会规范、人类精神意识的变革。因此，从某种程度上来说，其缺乏对具体实践活动的指导作用。如果将伦理学与播音主持活动结合起来进行研究，虽然能够实现一定的理论创新，如播音主持人员专业素养、语言行为、节目内容对于特定文化环境中人们道德观念的适应与推动作用等，但如何使这些内容更具实践指导意义，更好地推动播音主持实践活动的发展，成为该学科研究过程中应该思考的一个重点问题。这也是打破了传统的单纯以理论推理、理论分析为主的研究模式，将理论与实践相结合，使学科研究更具应用价值，这样才能获得更多的关注与研究，从而获得更长久的发展。因此，伦理学视野下电视媒体播音主持人员行为研究要结合我国播音主持活动的发展实际。

主持人形象是由主持人、媒介与受众三方共同塑造完成的，受众对主持人形象塑造的效果评判，依赖于主持人与受众之间所共享的评价标准。当双方的评价标准趋于一致时，受众会对主持人形象持肯定态度。因此，对受众的研究与把握便是寻求共同评价标准的过程，也是主持人形象塑造的必要前提。从实践上看，众多主持人把得到受众认同作为自己的努力目标，著名主持人叶惠贤认为："物质上的奖励倒是其次，最大的满足其实莫过于别人对自己努力的肯定，有时做得再辛苦，支撑我们继续干下去的，不就是观众的掌声吗？"可见，在主持人的心目中，受众认同已成为评判主持人形象成功与否的重要标志。

一、主持人形象的受众认同

（一）注重把握受众

把握受众是一个内涵深入的论题，包括对受众认知结构、受众心理、传授关系以及影响受众变化的若干因素等诸多因素的探讨。在阐释上述具体问题之前，把握受众首先需要确立以下观点。

一是受众是变化的。就整体受众而言，时代变迁是其变化的主要因素；就个体受众而言，其变化因人而异，既受社会群体的影响，又有个人生活环境与经历的不同。受众的变化是每时每刻都在发生的，任何时候都不存在终极不变的受众。

二是受众是有差别的。受众是由若干不同的个体所组成的不固定群体，其结构关系是松散的，受众的集体反应代表大多数人的一致意见，受众的个体反应则表现得千差万别，这些个体反应甚至是相互矛盾的。

三是受众是受影响的。对个体受众而言，其心理变化比预想的要复杂、迅速得多，除文化、经历等长效因素外，接受环境、接受情绪等微妙变化都会使受众的接受行为发生改变。因此，把握受众只能以相对稳定的群体受众为对象，分析共有的认知结构、接受心理与影响因素等。对个体的把握有赖于主持人的经验积累、现场观察与临时微调等职业素质的运用，以适应各个不同的传播环境。

（二）提高受众认同

在受众地位日渐提升的现代传播过程中，受众是否认同非常关键，这不仅关系到主持人个体形象的成败，更关系到主持人所在媒体收视率或收听率的高低，乃至该媒体的整体形象与传播效果的好坏。受众认同在局部上，是主持人形象塑造的目的，在整体上，则是各媒体竞争的焦点。在这个意义上，主持人形象塑造是受众与主持人共同完成的，体现着受众与主持人双方的目标与价值。因此，产生了以下观点。

首先，受众认同不等于迎合。这里的迎合既包括受众对传媒的迎合，也包括传媒对受众的迎合。受众对传媒的迎合通常是不自觉地，尤其是在"传者中心论"时代，受众对传媒的膜拜使其无意且无力提出与传媒相左的观念，传媒塑造的主持人形象有毋庸置疑的优越性，甚至成为一种模本。在传媒商业化趋势日益明显的今天，传媒不再是不愁嫁的"皇帝女儿"，为了得到受众的青睐，某些传媒逐渐放弃社会责任，一味地迎合甚至表现出明显的媚俗化倾向，结果却不如人意。

其次，受众认同是价值观念的内化。对受众而言，在认同的过程中，"一切是活生生的变量，是主体在胜利构成上内化了的东西。它既含有经验性的积累，也包括智性的汇聚；既包括对象化的意识，也有自我化的意识；既有表层的显意识，也有隐态的无意识（后者分为两种，一是通过个体心理活动的无数实现沉积起来心理能量；二是在种族结构的基元上，由于社会文化的熏陶而移入个体的不自觉地共同反应倾向）"。对主持人形象而言，认同的过程是对受众的反馈信息加以分析、选择性吸收，而后通过形象塑造表现出新的价值取向。新的形象既有受众的目标、价值的体现，又有主持人对受众反馈的思考与再现；既是传授双方意见的冲突，又是两者观念的融合。如此循环往复，以实现真正意义的受众认同。

最后，受众认同呈现出阶段性特征。在最初的感性阶段，受众对主持人形象的认同无明确目的，或是被动接受主持人节目这种新兴节目样式，或者是仅对节目所提供的信息产生兴趣，而忽视主持人在节目中的作用。在表达阶段，受众开始关注主持人在节目中的地位与作用，甚至把主持人形象视为节目的核心，主持人成为收听、收看节目的兴趣焦点与评论焦点。在主持人形象确立阶段，受众认知能力大幅度提升，开始思考主持人形象与具体节目在风格、类型、语言等方面的协调程度，这一阶段的受众具有相当的专业水准。

这三个阶段呈现出渐进式的关系，受众对主持人形象的认知范围随着受众水平的提高而拓展，受众水平的提高也成为主持人形象塑造的发展动力。在认同阶段性进步过程中，受众与主持人形象相互促进，共同发展，最终趋向目标与价值的一致。

（三）关注受众变化

以受众认同为目的的主持人形象塑造，决定了受众的中心地位，但受众始终是一个不被束缚的变量。一方面是，因为受众个体的数量众多；另一方面，由于接收环境的变化无穷。基于此，主持人形象塑造也不可能一劳永逸，而是永远随着受众需求的变化而变化。因此，受众变化成为主持人形象塑造的现实指导。

首先，就整体而言，受众变化有利于主持人形象塑造整体水平的提高。在通常情况下，受众对主持人形象塑造的整体评判能力，随着时代变迁与社会发展而逐步提高，受众认同的标准也随之提高，主持人形象塑造要获得受众认同，必然需要具备同等甚至高于受众评判能力的形象塑造水准，否则便会造成受众的流失。主持人形象塑造的水平参差不齐，不同层次的受众需求不同的主持人形象，而不同的主持人形象也适应不同层次的受众。

受众会以信息反馈等多种形式把自身的感受传递给传者，让传者感知受众评判能力的提高，从而自觉改进主持人形象塑造，尤其是对处于平均水准以下的主持人形象会产生较大的作用。如此循环往复，受众的评判能力与主持人形象塑造在相互影响、相互引导中共同进步。

其次，就个体而言，受众变化有利于主持人形象塑造的个性化体现。主持人形象塑造有一定的规范与标准，这是传媒长期以来积累的经验与受众接受习惯的综合。对规范与标准的遵从往往是主持人形象塑造的前提，依此塑造而成的主持人形象较容易为受众认可。但是，如果过于苛求规范与标准容易使主持人形象塑造陷入模式化的泥潭。个体受众的变化为主持人形象的个性化显现营造了良机。个体受众变化具有突发性、即时性特征，是对主持人现场反应、即兴发挥能力的考验，这有赖于主持人长期的知识积累与语言风格的形成。

因此，主持人对受众反应的即时把握、即时适应、即时调整是主持人形象塑造的关键之一。对个体受众变化的即时应对，是主持人在既定规范与标准之外的形象塑造，不但可以体现主持人的内在功底，而且可以展示自身与众不同的个性风采。

第二节　电视节目主持人形象的受众评价

随着网络媒体的日益普及，对受众认知形象的影响非同寻常。互联网媒体的存在使受众对社会方方面面的体验和传播广度变得史无前例。这使每一位电视观众从多方面和角度了解主持人形象的同时，还可以通过网络平台对主持人的形象给予评价和反馈。

当然，这种调研方法不强调样本抽样代表整体受众的信息反馈，而强调电视观众在网络上表达出来的对主持人形象的个人见解。这种定性研究更多基于发布内容和发布者个人偏爱进行解读。虽不具备较强的代表性，但可更深入地挖掘出电视观众对主持人形象塑造的隐形影响因素。笔者尝试从各大论坛、博客等提炼出受众对不同节目类型主持人形象的认知，发现受众对主持人形象的独特建议，探索电视观众对主持人形象的态度倾向。

一、新闻评论类节目主持人形象

新闻类主持人包括杂志型新闻节目主持人，对时事做深入报道、评论的主持人和经济专题的主持人等。新闻类主持人要求思想素质较高、思维逻辑性强、见解独到、稳重端庄、能把握好尺度和分寸。受众对于新闻类节目主持人形象的认知多呈现成熟、稳重、可信甚至权威的形象。首先，是主持人对新闻的判断能力、思辨能力，如端庄、知性、睿智、知识分子风格等特点；其次，是表达能力和外在形象。可见，一个优秀新闻类节目主持人，不仅要有适合的声音与形象，那是主持人的外在表象新闻进行正确的判断与把握。有"新闻脸"不如有新闻思辨力。

二、综艺娱乐类节目主持人形象

综艺、娱乐节目占据了电视节目的半壁江山，主持人的作用甚至达到"一人兴邦，一人丧邦"的地步。这类主持人要求思维活跃，反应敏捷，多才多艺，语言表现力丰富，善于与观众、嘉宾配合，善于调动现场气氛，把握节目的节奏。多专业背景是这类主持人不可或缺的经验和基本功。受众对综艺娱乐类节目主持人的形象定位褒贬不一。首先，注重综艺、娱乐主持人的外在形象，认为他们应当以个性化、艺术化的形象出现，或者说更趋同与娱乐明星的外形装扮；其次，对娱乐主持人内在形象的追求。幽默、风趣等都可以成为为自身形象加分的重要因素。但是，一定要注意和受众之间的距离，太过于自我表现，就有可能给人拒人于千里之外的感觉，受众对其的形象认同也会大打折扣。

三、教育服务类节目主持人形象

教育服务类节目对提高民族素质，加强精神文明建设有重要意义，因此节目主持人既要能够把握节目的思想内容和教育意义，又要具备较强的艺术和审美能力。受众对教育服务类节目主持人的要求是博学多闻、稳重大方、平易谦和的形象。要求主持人的语言生动又不失庄重，在语言的选择上要专业又通俗易懂，使知识的传播具有权威性和可信度。表达方式要生活化、口语化。对生活中过于口语化的表达方式不能完全照搬，要对口语中不规范、不精练的部分进行修改，使语言表达既符合栏目特点，又符合大众思维习惯和听觉习惯，做到准确、生动、鲜明、灵活。

四、少儿类节目主持人形象

少儿节目的观众年龄跨度较大，少儿受众的多层次决定了节目内容的多样性。因此，少儿节目主持人形象要具备变通性，要塑造活泼、可爱的形象，具有童心、爱心和耐心，才能够被少儿观众接受。这类主持人最重要的素质不在于知识的深度与广度，而在于具备与儿童沟通和对话的能力。主持人必须要在有声语言和体态语言上充分考虑儿童的天性和特点，永远保持一颗童心。

五、体育竞技类节目主持人形象

这类主持人的工作比较特殊，需要现场解说、采访、报道、评论，因此对主持人的专业知识、采访能力、编辑水平都有较高的要求。随着体育文化的深入人心，体育主持人不仅要能将赛场的动态了然于胸，而且还必须深入浅出地把体育运动所蕴含的精神与文化意义传达给观众。体育节目主持人大多趋向于运动、洒脱的形象，且主持人富有激情和创新意识，能够对不同体育赛事进行专业化的解说和主持。不排除受众对主持人在节目中掺杂太多个人情感因素表示质疑，如果主持人不能清楚地区分媒介形象和个人形象，就会在一定程度上影响受众的好评。同时，要避免对体育赛事解说过于专业化的现象。

第三节　电视节目主持人形象的受众期待

尽管不同类型的节目主持人根据其节目类型在形象上有所不同，但影响其形象塑造的因素具有一定的概括性。笔者对 15 个主持人的 450 条评价进行整理发现，影响节目主持人在观众心目中期望形象的主要因素。

外在形象是最主要的因素，个性的主持风格、丰富的学识、较好的语言表达是影响主持人形象的重要原因，但主持人亲和力也是不容忽视的因素。这些都是影响良好主持人形象的必备要素。在笔者进行的网络电视观众对主持人形象评价调查的基础上，借鉴相关节目主持人职业素质评价指标体系，对深得受众喜欢的主持人在个性上表现的特点和主持人的一般性期待做出概括。在现今主持人迅速发展的进程中，被受众公认的成功主持人形象有以下共同特性。

一、优越的外在形象

观众关注主持人的外在形象，认为优越的外在形象是主持人形象塑造的根本。人际交往心理学研究表明，受众"形成最初印象的因素主要是认知客体的外部线索，如仪表、非语言表现、声调、面部表情和眼神等"，并指出："实际上，在约会情境中，长相是决定彼此吸引力的最主要的占绝对优势的因素。"在我国一直有"爱美之心，人皆有之"的说法，这些都说明了良好的外在条件对人具有不可阻挡的吸引力。对于主持人也是一样。人们打开电视时，总是期望看到令人赏心悦目的主持人形象。从这点上说，要成为一个受人喜欢的主持人首先应该在外部条件上具有吸引力，即在相貌和声音等方面具备一定的条件，能够让人赏心悦目。

在笔者的调查中，有不少人表示，喜欢看某个电视节目就是因为主持人比较漂亮或外貌出众，这些都证明了优越的外部条件为良好的主持人形象奠定了基础。但是，有人以美国黑人女主持人温夫瑞为例，对此表示质疑。不能否认，外在条件固然是重要条件，但并非全部和必然如此，随着受众对一些成功主持人的认识由狭义的主持人形象逐渐过渡到广义的主持人时，或对他们人格特质的逐渐了解，受众更看重的还是主持人的内在修养不再只是其外部条件。

二、较好的口语表达能力

观众在评价中涉及了主持人的口语表达能力。一个优秀的节目主持人，尤其是优秀的电视节目主持人，具有较好的口语表达能力既是基本条件，又是其突显魅力的主要手段。一个长相悦目、声音动听但口齿不清、说话木讷的人无论如何是不会成为一个优秀主持人的。自从屏幕上出现了像一些普通话不太标准但受到观众的喜爱之后，对于主持人是否应该具备良好的口语表达能力更是颇具争议。笔者的调查中有观众表示凤凰卫视《有报天天读》主持人语音虽带福建地方音，但语言流畅，听觉的冲击力很强。而更多的观众认为，较好的口语表达能力对于主持人的形象塑造还是非常重要的。在这个意义上，较好的口语表达能力对于主持人而言就如同一个门槛，如果跨不过这个门槛就很难胜任主持人的工作。著名主持人白岩松对此深有感触，在接受笔者的访问时，一些专业人士表示："一个木讷的、有才华的思想者他不一定能成为一个好的主持人，因为他进不了这个门槛。"较好的口语表达能力对于主持人除了具有工具性的意义之外，还具有展现主持人魅力和促使主持人成为意见领袖的重要作用。

按照人际交往心理学的观点，魅力是指人与人之间由喜欢而引起的感召力和吸引力，是人际交往的重要条件。魅力的展示主要通过构成魅力的因素实现，其中语言则是构成魅力的重要因素。同时，社会心理学的研究表明，"产生领导的个性特征包括语言活动水平、地位和避免与群体的分离"，这就意味着在一个群体中，一个人口语表达的能力越强，他就越有可能成为这个群体的领袖并对该群体产生较大的影响，而这正是一个传播者所期望的效果。事实也是如此，在中外众多成功的名主持人中，越是有名、越是在受众中影响大的主持人，其口语表达能力往往也越强。受众在对主持人评价上，或是在解释他们为何喜欢某个主持人的时候，主持人的语言表达能力或"语智"是一个非常重要的方面，如很多人喜欢某主持人的原因就是因为他语言表达能力强.说话机智、幽默，善于总结和概括。因此，能否很好地驾驭语言从某种意义上确实是衡量节目主持人形象的重要依据。

三、具备一定的才艺特长

观众认为具有一定才艺特长的主持人，才能够得到大家更广泛的关注。随着主持人水平的不断提高，受众对主主持人形象的期望和要求也越来越高，一个好的主持人要赢得更多受众的目光，博得大家的喜欢、除了掌握专业知识外，受众越来越在意他们是否具有自身专业之外的才艺。尤其是综艺娱乐类的主持人，如果能够在自己的节目之外表现出某方面的专长，就会增加受众对他们的喜爱程度。例如，大家熟知的主持人刘纯燕，不仅主持起节目得心应手，而且还擅长给电视电影配音，使观众在看到她主持才能的同时，就会对她的形象有更全面的了解，而且还增加了对她的认识。

值得欣喜的是，现在的许多年轻主持人却具有各自的才华，他们涉及歌唱，演戏等领域，这些才艺也是他们之所以赢得受众喜欢的原因之一。由于意识到一定的才艺对主持人的重要性，有些栏目在选择主持人时非常注意发掘他们的才艺，如《挑战主持人》栏目中也设有让选手们展示才艺的环节。这些都为塑造个性化主持人形象添上了浓重的一笔。

四、性格开朗，具有亲和力

性格开朗、具有亲和力是观众对主持人关注较多的方面。社会心理学在研究人的心理时有一项重要的内容就是对人的合群性进行研究，并根据人的行为和心理特征证明了人的合群性的存在。如果试着对主持人的合群性略作分析，人们就发现，主持人尤其是优秀的主持人身上无不有着强烈的合群倾向，并伴有开朗的性格和高超的交际能力。例如，美国著名的女主持人沃尔特斯和温夫瑞都有"与人交际的极高技巧"。这个道理其实非常简单，只有性格开朗、喜欢交往的人才更容易保持真诚、热情的品质，才更容易接近自己原本不太熟悉的人，很快赢得他们的信任并成为无话不谈的朋友。反之，一个性格内向、不爱交往、一见生人就脸红心跳、不知所措的人肯定不会很快与其不认识或不熟悉的人成为朋友，也很难一下子让人产生喜欢和信任的感觉。在某种意义上，受众就是这些主持人原本不认识或不熟悉的人，很快获得受众的信任并与他们很快成为朋友，既是对主持人的要求，又是主持人从事这项工作时首先遇到的挑战。

性格开朗对主持人有着重要的意义，尤其是对综艺娱乐类节目主持人和少儿类节目而言，主持人要表现出热情活泼的一面，才可以快速地和观众及嘉宾进行沟通。在笔者的调查中可以看到，观众对刘纯燕、月亮姐姐的评论大多是因为其开朗的性格和亲和力。正是凭着"自来熟"的个性，主持人才能在主持节目的时候很快消除与观众和嘉宾之间的陌生感、很快进入正常的主持状态，并显示出巨大的观众缘和亲和力。例如，湖南卫视的娱乐主持人汪涵，不仅非常幽默和机灵，而且能够恰如其分地运用不同地域的方言征服观众。不仅拉近了和观众之间的距离，而且在观众心中烙下深刻的印象。可见，性格开朗的电视节目主持人可以为塑造良好的主持人形象添彩。

第五章　伦理学视野下我国电视节目主持人形象造型

第一节　电视节目主持人形象设计与造型的意义

一、主持人形象设计与造型的意义

电视主持人（简称主持人）形象设计与造型是根据电视的传播特点和信息传播的需要，综合地运用各种造型知识、手段以及多种可用材料，对播音员、主持人的外观原型进行整体的艺术调整与塑造（化妆、发型、着装等设计造型完成一体化）的一门造型艺术。设计与造型是主持人传递电视节目信息的辅助手段，恰当地运用这些手段，可使他们在电视画面中准确、鲜明地表达节目信息，并给人以生动和美的视觉感受。

二、形象设计与造型在电视传播中的重要价值

（一）准确传递节目信息，树立良好的公众形象

主持人是电视节目与观众交流和沟通的"纽带"与"桥梁"，是传媒领域前沿的信息传递者，是"窗口人物"，也是公众人物，肩负着信息传播的使命和责任。在传播的过程中，主持人必须根据电视的传播特点，从"视"与"听"两种传播途径全面地把握信息的准确性和生动性。

形象是视觉信息的组成部分。在电视节目中，它以无声语言的形式传递信息，成为有声语言的辅助手段。形象设计与造型直观地反映着一个国家的文化、经济发展水平，代表着一个国家的国民素质、精神状态和理想追求，这在电视传播中具有不可替代的作用。对传播者而言，在现实生活中，主持人的自然原型因为各种原因并不符合电视传播与节目要求，不能够表现其作为公众人物所应具有的形象。如果不对其形象重新进行设计与造型，会使主持人形象与节目风格相互冲突，给节目整体信息的传播造成混乱，甚至还会对受众造成误导，同时也会破坏主持人在受众心

目中的形象。因此，把握形象的准确性，完整、明确地对播音员、主持人形象进行设计与造型是从业者的责任。

形象造型对于主持人来说，是一种从外而内的整体设计与调整。在外表上，准确的造型可以删除视觉上的不良信息，塑造出符合电视传播要求的职业形象，使观众从外貌特征上能够直观地感受到需要表达的语义和相应氛围，这样就可以配合有声语言，准确完成指定信息的传播。

在形象设计与造型构建的过程中，要启发播音员、主持人调整自身的感觉状态，调动其内在的情绪，帮助其准确地找到清晰的表现定位。这种内外合一、形神兼备的形象调整和调动，能够帮助主持人以最佳的播出状态准确地表达和传递信息，树立传媒人应有的形象，从而实现电视传播所赋予的使命。

因此，主持人在出镜前的形象塑造不可忽视，其形象的准确塑造直接关系着电视信息传播的准确性和整体性。任何错误的视觉信息都会干扰甚至破坏节目原本的整体信息，以致给节目信息的传播带来负面影响。

主持人只有准确运用和把握形象设计与造型手段，才能充分发挥和利用视觉语言，防止信息传播的失误，真正担负起形象在传播中所肩负的责任和使命，这是从业者应该具备的专业素质。

（二）建立自信，发挥最佳水平

形象设计与造型在电视节目中的准确运用，能够为传播者自信心的提升提供极为重要的心理支撑。播音员主持人是公众人物，他们在荧屏上的形象备受观众瞩目，这种无形的压力使他们产生情绪波动。特别是外观形象所提前带来的心理暗示，会对他们出镜时传播信息的状态产生完全不同的影响，如果出现问题，会直接干扰其出镜时的表现。在播音或主持时，形象设计与造型是影响播出状况的重要因素之一。准确而恰到好处的形象设计与造型，可以启发并帮助主持人从内而外地萌发出良好的精神状态，建立和增强自信心，找到节目应该具有的状态而准确发挥，使信息传播的效果达到最佳。

反之，不符合要求的形象设计与造型，潜藏着巨大的破坏力，它会削弱甚至破坏传播者内心的自我认同，进而对自身产生怀疑，在困扰中出现迷茫甚至烦躁的不良情绪。这种不安的心理状况会使他们在镜头前流露出不自信、注意力不集中等视觉信息，影响节目信息的有效传播。

形象设计与造型对电视播音员与主持人出镜时的影响是全方位的，它直接决定和影响着信息传播的质量。因此，学会利用形象设计与造型进行自我调整。从内而外地调动自身潜能，发挥形象的激励作用，是主持人找到准确播出感觉、自我完善、强化自信、进入最佳传播状态的重要手段。

（三）增强可视性，提高收视率

电视是一种大众传播媒介，为了吸引更多观众，提高收视率，首先在传播形式上应该体现视觉艺术的特征，具有审美功能。特别是在视觉感官上应具有可视性，能给观众带来美的享受。

主持人是电视节目信息的传播者，在传播中他们的形象既是信息的组成部分，也是信息传播的载体。从某种意义上说，其魅力的展现程度决定着信息传播的质量。美感是视觉魅力的起点，它在信息传播中具有很强的感染力，能够唤起传播者的良好情绪，激发其达到最佳状态，为传播信息营造有利氛围。

美的形象成为主持人自我激励、进入良好状态以及吸引观众、赢得好感的重要因素。强化形象美，是传播的有力手段和极佳形式。对形象美的挖掘与利用，可以由外而内强化主持人的形象魅力，从而使整体节目更具有吸引力。

形象设计与造型可以增强形象的美感，提升形象魅力，从视觉角度满足观众对美的期望和要求。它所营造的充满魅力的美感，能够给观众带来享受和陶冶。因此，它是电视视觉艺术的具体体现，对人们接收信息产生积极的促进作用。主持人作为电视节目与观众之间的"纽带"与"桥梁"，其形象在电视图像中必须体现出电视艺术的特征，用视觉美感（艺术语言）表现和渲染信息传播的氛围，这是电视传播的特点和需要。

形象设计与造型是主持人形象美感塑造的主要手段，它以美的元素烘托主持人在图像中的魅力，形成强烈的视觉冲击力，从而吸引受众。毋庸置疑，形象设计造型在提高电视节目收视率方面具有重要的作用。

因此，用形象设计与造型的手段提升自身形象，用美的载体传播信息，是电视传播艺术对主持人的专业要求，也是从业者出镜的形象要求。

综上所述，主持人形象设计与造型所具有的功能和意义，在于它能够利用视觉形象这一"无声语言"，帮助主持人准确地表述和传递节目信息。同时，由表及里地提升他们的形象魅力，帮助他们建立自信，树立传媒人良好的公众形象，以完美而精彩的形象吸引受众，从而完成电视传播的使命。形象设计与造型是主持人进行电视传播的辅助手段，在视觉传播中具有不可替代的重要作用。

电视播音主持专业的特点决定了主持人要学会利用电视屏幕形象的塑造艺术，营造美的感觉，全面准确地进行自我形象的调整（外观及心理），使形象塑造能够由表及里充分发挥作用。这是主持人圆满完成信息传播任务所应具备的基本专业素养，是播音员、主持人不可缺少的必修课。

第二节 电视节目主持人形象设计与造型的基本原则与要求

一、基本原则：真实自然为本，靓丽亲和为佳

表现形象的真实自然美是电视传播对播音员主持人形象的基本要求，也是塑造专业形象魅力的重要体现。

电视传播是一门视听艺术，艺术本身就蕴涵着美。形象造型作为一种视觉艺术，将播音员、主持人的形象美加以强化，使观众在直观的美感享受中获取信息。美感的营造在电视传播中是需要强化的。美是人类的共同追求，也是电视传播的需要。美在传播中具有重要的价值，它所营造出的舒适、愉悦氛围，有利于有声语言的有效传播。播音员、主持人的职业形象，决定了造型前必须要对美的形式谨慎地进行选择，选择要准确、正确，切不可随心所欲。

随着科技的不断发展，不同时代的审美在发生着变化，不同个体的审美也存在着差异性，这就使美的观念和表现形式多种多样，不断变化、轮回更新。特别是在当今飞速发展的时代，多变而个性化形象的展现特点尤为突出，人们根据自己的喜好和需要，快速变换着不同的形象美，如可爱的美、时尚的美、中性的美、妖艳的美、强悍的美、优雅的美等形象，令人目不暇接。其中不同寓意的美穿插混杂，代表着大千世界的变化给人们心态与理念带来的各种各样的改变。

播音员、主持人是媒体公众人物，肩负着引导和传播舆论的责任。因此，对形象美的选择有特定的职业要求。人们所追求的美是在视觉上符合现代电视传播者形象特点，与节目内容、形式、风格、任务相匹配的自然美，而不是脱离播音员、主持人身份的其他形式美。

用最佳的载体进行传播，是电视传播对播音员、主持人形象的基本要求。美的最高境界是自然美，万物生灵来源于大自然，人与自然的融合永远是人类心灵的追求和归宿。形象的自然美是大自然美的汇集，它使人感到真实、舒适、亲切。人们从大自然中得到滋养，感到震撼。当形象美与节目恰到好处地有机结合时，将会在信息传播中产生巨大的亲和力。

播音员、主持人是电视节目的串联者以及信息的传播者，是以"中介人"的身份出现在电视节目中的。他们存在的意义在于能够在观众与节目之间建立联系，起

到"纽带""桥梁"的作用。播音员、主持人要增强自身的吸引力，努力消除观众与节目之间的距离感与时空障碍。

自然、亲切、平等、尊重，是人们交流和接受信息的共同基础。传播者对外观形象的自然修饰，正是这种态度和修养的无声表述。"修饰"一词体现着他们严谨认真的工作态度，体现着他们对观众的重视与尊重，自然修饰能表现出对观众亲切、平易、真诚的情感。视觉语言的运用拉近了传播者与受众之间的距离，为有声语言的传播与接收创造了良好氛围；同时，自然修饰符合电视传播对从业者的要求，也同观众的期许相吻合。播音员、主持人负责传递的信息，绝大部分是人们现实中未经夸张演绎的真实信息，他们职责的定位决定了"真实自然为本"是电视信息传播的原则。同时，自然、真实的形象也是观众对播音员、主持人专业素质的要求。

在电视传播中，信息传递者真实的美才可信，而形象的自然美体现和强化内容的真实，达到视听信息的一致与协调。只有这样，才能够做到真实，给受众留下清晰、深刻的印象，使受众获得更多真实的美感享受。相反，脱离节目性质的夸张、做作的虚假面孔，会让观众感到缺乏真实性，觉得播音员、主持人像是在演戏，使信息失去可信性而使受众产生距离感，从而影响节目信息的有效传播。播音员、主持人形象的自然修饰．呈现的是亲和的美，体现着其职业应有的人性美。运用得当，会在电视传播中以清新、亲切、舒适、可信的形象吸引观众，呈现出最佳的传播效果。

塑造形象的自然美，在电视传播中有着不可或缺的审美价值和传播价值，是播音员、主持人强化自身魅力的重要条件。

形象自然美的塑造，需要体现时代特征，这是电视传播的需要，也是体现当代传媒人形象不可缺少的元素。

电视是时代发展的产物，它以极快的速度记录和反映着时代的变迁，无论在时间上还是在信息的内容上，都具有很强的即时性。

不同时代、不同时期，人们的价值趋向、追求和习惯等有所不同，并且随着社会的迅速发展而不断发生变化。人们把对社会变化的各种感受和认识，通过服装、化妆、发型等形式表现出来，使形象具有特定的时代象征意义，成为某一时代或时期的特征和标志。传播者在形象设计与造型中融入这些元素，可使电视传播内容具有鲜明的时代特点，而产生强烈的感染力。

在电视信息传播中，播音员、主持人的形象只有代表当今时代特点、符合现代社会人们的审美取向，才能得到受众的认同和欣赏。在快速变化的社会环境下，具有时代特征的自然美才更具亲和力，它是播音员、主持人形象塑造所必备的重要元素。

复杂、多元、丰富的时尚美，是当今时代美的总特征。在审美流行趋势中，流行并不意味着适合。播音员、主持人要把握传播导向，传递主流信息，塑造积极、阳光、亲善、得体的职业形象。有选择地融入能够代表社会进步的、文明积极的、高品位的、美的时代特征元素，这样才能充分发挥形象在传播中应有的魅力，塑造出真实自然、靓丽亲和的播音员、主持人的职业形象。

二、根据节目类型要求，准确把握形象设计与造型

任何信息的表达与传递都需要借助某种形式，需要通过形式来表现、反应内容。内容决定形式，形式服务于内容。形象设计与造型是利用视觉形象这一"无声语言"的特点，帮助播音员、主持人进行信息传递。设计与造型是对节目内容的表述和体现，它所表达的信息必须和节目内容相统一，只有形成一致的信息传递，才能发挥和体现传播的最终价值。任何不经修饰的纯自然形象或者选择不准确方式的表现，都可能会给节目带来信息的偏离或误导，影响节目质量和信息的正确传播。

丰富多彩的电视节目类型要求播音员、主持人形象必须符合节目特征，得体而适宜。如何使形象适应节目内容，关键在于了解设计与造型的基本原则，掌握设计与造型的不同形式在信息传播中所起的作用和适用范围，并且能够在节目中恰到好处地把握和运用。

"修饰类"造型是播音员、主持人的主要造型形式，它以增加美感、弥补缺陷、增强节目信息含量为目的。按其表现形式的不同，可分为"淡彩修饰"和"重彩修饰"两大类型。

"淡彩修饰"是在自然的基础上，经过修饰而又不过于显露痕迹的一种自然修饰方法。它趋于写实，通过自然修饰，表现传播者真实、稳重、坦诚、平易、和蔼的态度，使交流充满亲切、平和的气氛，体现出平易近人的艺术氛围。"淡彩修饰"的形式适合播音员以及除综艺类、娱乐类、时尚类节目以外的主持人造型。柔和、自然、淡雅的修饰，能够使观众备感亲切与温馨，最适宜用于生活类、服务类节目及相关类型节目主持人造型。

在自然修饰中体现规范要求并适当增加力度，则可以使亲切、平易的形象融入正式或严肃、庄重的感觉，从而引导观众进入理性状态。这种表现形式，适用于新闻类、经济类、军事类等节目的播音员、主持人，也可用于正式场合、严肃话题节目的主持人的造型。

修饰类造型中的另一种表现形式是"重彩修饰"。它与"淡彩修饰"不同，是在自然基础上强调修饰感、具有一定装饰作用的修饰形式。修饰感在外观形象造型

上，可以通过强调色彩本身的丰富、协调、艳丽，或通过线条形态的变化等修饰手段，表现热情、活泼和充满激情的活力以及时代特点，营造出热烈、活泼、使人振奋的现场感。综艺类、娱乐类等节目的内容充满了热烈、活泼的气息，主持人适度的夸张修饰，更能够突出此类节目的特点（有时还要根据需要模拟、变形、夸张），以便起到烘托、强化和渲染气氛的作用。因此，"重彩修饰"比较适合于娱乐类、时尚类、综艺类等节目主持人的造型。

总之，由于"淡彩修饰"和"重彩修饰"的表现形式所营造的氛围不同，播音员、主持人在面对不同节目的播音或主持时，需要注意节目类型。在形象设计与造型时，使形象要符合栏目的整体要求，营造出适合节目类型的氛围，以完成信息准确传播的任务。

按照节目的内容特点和造型需要，人们对特点相近的节目进行归类划分，总体分为四大部分：新闻类、知性类节目、民生类节目、综艺类节目。

其中新闻类、知性类节目，一般包括政论类节目、新闻类节目、教育类节目、访谈类节目等，这些节目内容具有一定的严谨性，蕴含一定的理性，体现一定的知性。因此，这些节目的播音员、主持人的造型应以"淡彩修饰"为宜，即以清新、淡雅，自然、干练、稳重的色彩和结构以及线条表现形式，体现和烘托节目的氛围，使受众感到真实可信。

民生类（生活、休闲等）节目更加强调节目的平易性和亲切感。因此，主持人在造型上应采用"淡彩修饰"的形式，以表现其亲切、自然、坦诚的外貌特征。

综艺类（包括艺术类）、娱乐类、时尚类等节目的主持人应采用"重彩修饰"的表现形式，强调外在适宜的形式美，通过强烈的视觉美感冲击，调动观众欢快、热烈的情绪，营造和展现节目所具有的艺术氛围和时尚气息。

在播音或主持时，应按照具体的节目类型恰当地选择造型形式，这样可以为准确地传播节目信息奠定重要的基础。

第三节　电视节目主持人化妆设计与造型技法

一、电视化妆的基本知识

（一）电视化妆

电视化妆（修饰类）是播音员、主持人形象造型的一部分，它主要采用绘画等手段，按照电视的特点，对播音员主持人的面部结构关系进行调整，并对颜色等进行修饰，从而营造出最佳的视觉效果。这是一门相对独立的造型艺术，与发型、着装等共同构成播音员主持人整体形象造型。

化妆训练对播音员主持人内在气质的打造十分重要，是播音与主持专业不可缺少的重要学习内容。本书中化妆部分的知识，主要是为了配合化妆课教学中的实际操作训练而编写的，对化妆造型艺术的最基本规律和所涉及的内容进行了解析和概括介绍；操作部分以基本程序化妆提示为主，以便学习者在刚开始练习的过程中有一个基本的参照依据，为将来的学习、提高和进一步的发展创新打下良好的专业基础。

（二）化妆类型及运用规律

电视化妆从妆面修饰上可以分为两种表现形式："重彩修饰"与"淡彩修饰"。前者在色彩和结构上的表现比较丰富、夸张，而后者则表现为淡雅、自然。无论哪种形式都能够通过色、形、韵使播音员主持人的气质、状态发生一定的变化。由于"重彩修饰"和"淡彩修饰"的化妆形式所营造的氛围不同，在面对不同节目的播音或主持时，需要按照具体节目类型去准确设定。

一般政论性节目、新闻性节目、教育性节目和访谈类节目等，其内容都具有一定的严肃性，需要体现理性和知性的职场状态。因此，化妆应该以"淡彩修饰"为主，以清新、淡雅的色彩和结构表现形式体现和烘托出自然、真实、亲和可信的理性和知性形象。

生活类节目更加强调平易性和亲切感，因此在化妆上主持人也应该采用"淡彩修饰"的形式表现主持人亲切、自然的特点。

在娱乐类和综艺类、时尚类节目中，主持人应该采用"重彩修饰"的化妆形式来强调外在的形式美。通过强烈的视觉冲击来调动观众的欢快、热烈情绪，展现和渲染不同节目特有的艺术气息和氛围。在播音或主持时，能否准确选择形象造型的表现形式是检验播音员主持人专业水平的重要标准。

电视化妆从场景上可以分为"灯光型化妆"和"日光型化妆"两种类型。由于电视节目拍摄场景的差异，使播音员主持人在拍摄时处于两种不同的光源环境中，即外景和内景。由于外景和内景的光源以及色温等不同，因此主要依靠色彩进行造型的化妆形象也随之发生变化。为保证预期形象的准确还原，在内景拍摄中一般需要采用"灯光型化妆"，即适当强调色彩、结构的对比度等；而在外景录制的形象应该采用"日光型化妆"，即色彩、结构表现相对弱化。趋于自然等。这两种类型化妆的准确运用，对于表现播音员主持人的形象及状态十分重要。

电视形象造型是一门综合艺术，化妆形象的最终效果将受到电视灯光、服装、摄像、场景和环境等因素的影响，对于面部出现的问题可以利用其他造型元素的相应配合，给予解决。比如，当摄制现场的光线不够、照度偏暗时化妆的底色则应该相对亮些。反之，则应该适当使用稍暗的底色，以使皮肤色调呈现自然、健康状态。对于化妆的色彩运用以及形态表现，必须要根据拍摄现场的各种因素去把握和灵活调整，才能使形象在画面中达到最佳的预期效果。

二、化妆造型的美学规律

得体的外观形象是播音员主持人进行有效传播的基本条件。现实中人的面部骨骼、五官等，并不是按照某种模式标准进行组合的，而是千差万别的，这就形成了千人千面的特点。什么样的形象能够被大众认可，这是传播者形象造型的焦点。我们现今正处在个性美多元化的时代，要想把握形象的不同美感准确传递节目信息，首先就必须了解最基本的美学规律。只有打好基础，形象造型在围绕节目变化时，才能丰富多彩，既有个性美，又有共性美，从而被更多的观众所接受。针对人类的审美取向，前人在美学的范畴内进行了归纳和总结，形成了符合大众审美取向的基本规律。由于在各种场合人们会按照这种基本的美学标准来审视和接纳传播者的形象，所以在电视传播中这种公认的"共性美"标准对于播音员主持人是十分重要的，用其作为化妆造型的基本依据是电视传播工作的需要。

下面把容易被人们接受的几种规律和相应的调整方法简单地介绍给大家，以便在操作中明确基本的调整规律并有章可循。

（一）面部基本比例关系

成人面部标准的长度比例是把面部分为三个等分，即三庭：从前发际线到眉毛为整个面部长度的1/3（上庭）；从眉毛到鼻尖底部为面部长度的1/3（中庭）；从鼻尖底部至下颌底部为整个面形长度的1/3（下庭）。面部标准的长度关系是三等分协调组成的。

面部的宽度一般为本人五只眼睛的长度。我们以一只眼睛的长度作为一个衡量单位，那么两只眼睛的间距则为一只眼睛的长度，外眼角到耳朵尖部为一只眼睛的长度，也就是说，左眼睛的长度加右眼睛的长度，再加上两只眼睛之间的长度以及左、右两边的长度共合成五只眼睛的长度。这种面部比例关系一般称为"三庭五眼"，会使面部看起来和谐、美观，因此，成为面部形象调整的基本依据。

在现实生活中，如果我们的五官位置与上述标准比例相差很大，就会在外观视觉上给人留下不协调的印象。比例调整是一个复杂的综合性问题，一般不能单纯依靠某一个局部的修饰来完成（涉及综合调整的整体关系以及个人的具体问题，主要在训练中有针对性地进行解决）。在此，我们只对某一局部对整体形象构成影响的因素以及矫正方法做简单的提示，以利于学习者在调整中能够较好地塑造形象。

（二）局部比例关系

1. 上庭问题

因为前发际线的生长位置距离眉毛的远近不同，因而会产生上庭过长或过短的问题。一般分为两种情况：上庭偏短或者和上庭偏长。

上庭偏短，是由于前发际线长得过于偏下，使其到眉毛之间的距离短于面部长度的 1/3，给人一种沉重而压抑的感觉。要注意纠正这种感觉，使播音员主持人形象变得轻松而富有活力。

对于上庭偏短的矫正，重点放在发型的变化上。一般可以根据具体情况采用吹高前发以增加上庭长度，或者利用前发的下垂方式遮挡前额（上庭）部分，使过短的上庭不被暴露。这种方法简单而行之有效。

上庭偏长，一般是由于前发际线长得位置偏上，造成前发际线到眉毛的间距大于 1/3，形成不理想的面部比例，给人"前额过大"或者"秀"的感觉。特别是在中午时段外景拍摄时，这种上庭过长或者过大的前额劣势则更加明显，造成形象变形，因此要特别注意调整和纠正。

上庭偏长的一般矫正方法是根据前额骨的情况，在紧靠原发际线的边缘施加一些深色进行渲染，或者用前发下垂的方法来遮挡前额。

2. 中庭问题

鼻子位于面部的中庭部位，它的长度决定着中庭的长短。鼻型长会给人留下中庭偏长的印象，而鼻型短则会使人产生中庭偏短的感觉。总之，在总体上会给人带来不协调感。因此，矫正的重点可以放在鼻型的调整上。

（1）鼻型短。鼻型短是指鼻子的长度不够面部长度的 1/3，会显得中庭过短，鼻子不够挺拔、明朗、修长，从而会使面部形象显得扁、平、短，给人一种平淡无力、缺少灵气的感觉。如果是播音主持政论性节目，则需要注意强化鼻型的挺拔感，以增加力度。

鼻型短最常见的有三种情况：塌鼻梁型、短鼻型和缺鼻尖型。① 塌鼻梁型：指鼻梁骨（硬骨）扁平，形成鼻梁平塌的状态，从而使中庭显得偏短。若用颜色调整，一般在鼻梁正面扁平处。用浅色提亮，在鼻梁两侧用深色渲影。如果鼻梁过塌，可在鼻侧影旁用浅色反衬，注意深浅对比要适度、自然。② 短鼻型：指鼻子形态较好，但短于面部长度的 1/3，显得面部不够舒展。若用颜色调整，可适当提亮延长鼻梁上下两端，使原有的鼻根提高，而鼻尖下移，从而使鼻梁显长，中庭部位变得舒展。

③ 缺鼻尖型：此种鼻型是由于鼻尖过平或者过小而造成鼻梁偏短的情况。用颜色调整时，可用亮色在原鼻尖下甚至鼻中隔部位提亮，也可以用深色配合渲影，营造鼻尖位置靠下的感觉，但要注意按结构去自然表现。

（2）鼻型长。指鼻子的长度超过面部长度的1/3，会使上庭和下庭相距过远，从而面部失去整体感。这种鼻型容易使面部产生冷漠、生硬甚至刁钻的感觉。因此，有针对性地进行修正很重要。长鼻型常见的有两种情况：直鼻型（通天鼻）和长鼻尖型。

① 直鼻型：指鼻根过高，鼻梁从眉心开始笔直向下隆起，形成中庭过长的感觉。用颜色改变其形态的基本方法是在鼻尖处施加亮色，以形成鼻子的起伏而看上去变短。

② 长鼻尖型：指由于鼻尖过长、过尖，造成鼻梁偏长的感觉。用颜色改变其形态的基本方法是在鼻尖底部用深色进行渲影，操作时要注意把握着色分寸和形态。

3. 下庭问题

下庭存在的问题主要分为两种情况：下庭偏短和下庭偏长。具体情况较复杂，下面简单提示一下。

（1）下庭偏短。指鼻尖至下颌底部的间距达不到面部长度的1/3。如果下颌偏短而造成下庭偏短，用颜色来修正时，可以用亮色在下颌尖底部进行提亮，使偏短的下颌显得略长，从而增加整个下庭的长度。

（2）下庭偏长。指下庭的长度超出了整个面部长度的1/3，一般是由于下颌过于平直造成的。用颜色修正时，用亮色适当在颌尖处提亮，或者在下颌尖底部用深色渲染，以使过长的下颌产生起伏变化，从而显得相对变短。注意颜色晕染要自然。

4. 眼睛间距问题

两只眼睛之间的距离如果超出一只眼睛的长度或者不足一只眼睛的长度，都会给人一种不好的感觉，严重者会让人觉得"呆木"或者"奸猾"。眼睛是心灵之窗，是交流的重点。因此，它也是妆面表现的核心，其形态是化妆时要特别关注的。

（1）眼距近的调整方法。在画眼线和眼影时，应该尽量往两侧勾画。这样可以使过于集中的双眼显得相对舒展。如果按原形勾勒，会使不理想的形态反而得到强化。

（2）眼距远的调整方法。与眼距近的调整方法正好相反。画眼睛时，要尽量让眼线从内眼角起始，根据具体情况有时可以稍微画出来一些，而眼尾不要画得过长；眼影也要尽量采取内收的表现方法。

5. 两眼外侧间距问题

两只眼睛外侧间距是指外眼角到耳朵的距离。如果此间距不足一只眼睛的长度或者长于标准长度，就会产生不和谐的感觉。

过长的距离可以用深色在侧发际边缘进行渲染，或者用侧发适当遮盖；如果距离过短，可以用侧发向两边拉开或者酌情遮盖，这些都可以起到修正作用。

（三）面部基本形态调整

人的面部形态复杂而多样，人们把各种脸型的特点加以归纳和概括，并采用几何图形进行表示。总体来说，人的脸型可以用七种几何图形来概括：三角形、倒三角形、菱形、梯形、圆形、卵形、长方形。下面针对它们的特点分别加以介绍，并对不理想脸型的修改方法进行简单提示。

1. 三角形

三角形的特点是上窄下宽，明显地显现出重量差异。具有这种脸型的人由于脸型下部过宽于上额部，会使人产生一种沉重、下垂的感觉，容易呈现衰老的年龄状态，或者造成压抑的感觉。因此，这种脸部形态给人留下的印象不佳。

矫正的基本方法：可以在脸型上部偏窄的两侧加宽，在下部较宽的部位收拢。用颜色表现时，可在脸的上部前额的两侧进行匀明、提亮，在下部较宽的部位进行渲影，以呈现上放下收的效果，使脸型变得轻盈起来，增加青春的气息。

2. 倒三角形

此脸型的形态特点是上宽下窄，由于底部支撑面很小，给人一种极不稳定的感觉，也会给人不稳重、不可信的感觉。因此，这种脸型也不是理想的脸型，需要调整。

矫正的基本方法：一般对待这种脸型可以采用尽量缩小上部宽度而加大下部宽度的方法。用颜色表现时，可以在脸部上额两侧的皮肤上进行深色渲影，以减弱两侧的亮度，而在下部两侧较窄的下颌骨部位进行提亮，使脸型看起来不再具有很明显的上大下小的趋向，变得柔和起来，给人一种稳重、可信的感觉。

3. 菱形

菱形由于边角较多，对称感强，但各角偏小而尖锐，所以容易给人留下严谨、刻板、锋利的印象。如果面部有这种形态趋向，就会使人感觉拘谨、严厉而缺乏亲切感和诚意，会影响与受众的交流和沟通。

矫正的基本方法：尽量去掉边角所带来的偏硬感觉，一般可在脸部上、下偏窄部位进行提亮，以增加宽度；而在两侧突出的颧骨处用深色渲影。通过明暗对比减弱对角的印象。

4. 梯形

梯形的边角（上角与下角）过于直硬，而且间距较大。如果是这种脸型，则会显现出过于宽大厚重和生硬的状况。

矫正的基本方法：可着重把内轮廓提亮，外轮廓进行渲影，使脸部立体感加强，以收缩过大的脸盘儿。另外，可以加强发型的配合，用侧发进行掩盖，这样效果较好。

5. 小圆形、小方形

这种脸型在形态上总体偏短，五官显得松散而过于饱满，缺乏立体的联系关系，显得可爱，但容易给人留下不太成熟的印象。

矫正的基本方法：可用浅色在前额上部和下颌处进行提亮，同时可用发型配合拉长。

6. 卵形

卵形的形态比其他形态柔和而曲线流畅。女性具有此种脸型，容易获得众多人士的好感，因此卵形是女性较为理想的一种标准脸型。

7. 长方形

这是具有稳定性和周正的一种较好的形态。男性拥有这样的脸型，会显得端庄、大方而阳刚，因此这种脸型被认为是男性比较理想的脸型。

以上提到的几种脸部形态是比较典型的，但在现实生活中脸部的形态是非常复杂的，不是单靠这些简单几何图形就能概括的，还要因人、因时根据具体情况进行分析和处理。

三、化妆设计与造型步骤及操作

（一）化妆准备及步骤

1. 用具

镜子（1面）、上妆海绵（2至3块）、粉扑（1个）、粉扫（1把）、眼影刷（1至2支）、腮红刷（1把）、唇刷（1支）、眉刷（1支）、睫毛夹（1把）、小剪刀（1把）、小镊子（1把）。

2. 用品

上妆油、底色、定妆粉、眼线笔、眼影颜色、眉笔、腮红颜色、唇线笔、口红、唇膏、睫毛膏、棉签、美目贴、面巾纸。

3. 化妆步骤

①清洁面部；②擦上妆油；③在面部等需要部位施加底色；④修饰鼻型；⑤根据需要定妆；⑥画眼睛；⑦整理眉形；⑧晕染面颊红；⑨修饰唇部；⑩调整睫毛；⑪整体调整。具体化妆时，可根据需要调整、简化程序。

（二）化妆的具体操作

1.认真观察比例关系

首先要对被化妆者的面部进行仔细观察，看看面部的长度和宽度距离标准比例关系是否相差很多，或者面部形态不理想的问题在哪儿。做到心中有数，这样才能有的放矢。如果需要用颜色调整，一般是采用阴影色和提亮色等营造明暗对比来完成。当需要加宽、延长或者鼓突时，用明亮色；当需要收缩、减小时，用阴影色配合即可。

2.化妆时需要注意的几个问题

忌刻板。过于严格遵照比例调整，使形象千篇一律而失去个性特点和特色。

忌牵强。过于修饰调整，容易失真，也会带来"穿帮"问题，导致信息表达的失误。

忌生硬。要防止明暗对比生硬，颜色过渡要自然。

顾全局。要从整体出发，全面综合进行调整，不能只着眼于局部处理。

保干净。保持妆面干净，防止"脏"痕出现。

轮廓清晰。五官的轮廓表现要清晰、自然。

色调统一。整体色调要统一、协调。

3.局部化妆的基本表现方法、作用和要求

（1）清洁面部。我们的皮肤表面因为有皮脂，极易吸附空气中的灰尘。如果不进行清洁就开始化妆，会损害皮肤。灰尘中的细菌包裹在化妆品与皮肤之间，在拍摄强光照射下，播音员主持人进入状态时，皮肤血液循环加快，会出现身体发热、毛孔微开的自然生理现象，此时细菌极易趁机而入，对皮肤造成伤害。另外，不清洁面部也会影响化妆效果。修饰性化妆最基本的要求是妆面干净，而脸上的灰尘和颜色掺混在一起，会使妆面颜色发脏、发暗，影响清透感。面部油分过多的人不洁面就化妆，妆面很容易发生变形。因此，清洁面部是我们在化妆前必须做好、不容忽视的重要准备工作。

用温凉的洁净水清洗面部，既可去除被污染的表层皮脂，又不会刺激皮肤。皮脂分泌过多的人，洁面后可轻拍一些收缩水，以减少皮脂分泌。

（2）涂上妆油。在清洁面部的同时，不仅去掉了皮肤表面的灰尘，也去掉了皮肤表面的皮脂膜。此时皮肤会发干，这样直接化妆，颜色不容易涂匀，而且颜色会直接接触表皮层，这种方式会对皮肤及化妆效果带来不利影响。因此，在清洁后的面部施加适量上妆油是必不可少的一项内容。

涂底油虽然很重要，但也不是越多越好。底油涂得过多，会给化妆效果带来负面影响。首先，会使妆面"脏"而"花"，由于用量多，皮肤表面过滑，颜色附着不上，容易形成妆面有浮感而不易涂匀；其次，过多的底油在光照下会形成反光，使面部形象失去清丽而变得模糊不清；最后，由于底油涂得过多，过量的油在灯的热效应作用下稀化而不稳定，使得颜色随着油的稀化而顺着皮肤纹路外扩，造成线条等变形，从而导致整个化妆形象失真。反之，底油涂得过少或者不均匀，也会使面部干涩，颜色难以涂匀以致影响妆面效果。

底油的用量要适中，可根据化妆者皮肤性质（偏油性、偏中性、偏干性或油性、中性、干性、混合性和敏感性等）、季节特点来掌握用量。总体上油性皮肤用量要少，干性皮肤可以稍微多些；冬季用量偏多，夏季用量偏少。总之，底油应该在面部薄涂一层，以皮肤润泽为适度。

涂抹底油的正确方法：要按照面部肌肉纤维生长的自然规律，以中指和无名指并用的方式，把适量的护肤底油由面部中央向四周轻轻均匀施加。不要用力过大，以免拉伤皮肤。

（3）涂底色。涂底色在化妆中可以起到修正肤色、矫正不理想脸型和遮盖瑕疵等作用。涂底色是真正进入化妆的第一步，对于整个脸型的大致轮廓起着非常重要的作用，一定要给予重视。

我们知道，生活中每个人的肤色都有所不同，有红润、光泽的，有偏黄、暗淡的，有苍白、无活力的等这些皮肤的种种色泽在电视屏幕中会被集中明显地呈现出来。从审美角度看，直接影响形象的美感。因此，可以通过涂底色来改变不完美的皮肤色泽。为准确表现播音员主持人这一特定形象而调整肤色，达到一种应该具有的健康皮肤色泽，也是涂底色的重要意义。

除此之外，在面部的不同部位施用冷、暖、深、浅不同的底色，可以使脸型由大变小、由小变大、由平变鼓、由鼓变平而产生视觉变化。通过涂底色还可以创造所需要的假定面型。

面部的痣、色斑、雀斑以及皮肤下微透出来的毛细血管、红血丝等在电视屏幕上会使皮肤显得有斑块、色泽不均匀，从而产生"脏"而"花"的视觉效果。这些局部现象直接影响整体形象的美感和状态，通过涂底色，可以对上述缺陷加以遮盖和掩饰，使颜色统一，达到理想的要求，进而焕发面部光彩。

使用基础底色时，用色要薄，遮盖住肤色即可，以呈现自然、真实、健康肤色以及所需要面型轮廓为宜。采用"重彩修饰"，可以比"淡彩修饰"所用的基础底色稍厚，适当强调一种装饰美，使皮肤色泽达到一种理想的假定状态，但也不宜过厚。

在选择底色时要选用适宜的颜色。底色有深、浅不同的颜色，浅的底色为提亮色或高光色；与皮肤较为接近的偏暖底色，在化妆中作为基础底色的基本色；而颜色中较深的底色作为阴影色。在修饰性化妆中选基础底色时，一般选用比正常肤色偏亮、稍高一至两度的颜色，以增加面部的亮丽感，大脸庞的人可用稍深颜色处理。播音员主持人的基础底色不可失真（过白、过深），应该追求自然、健康、亮丽的肤色感。

另外，底色的透明度要高。底色应该选用专业性的化妆底色，以基底细腻、质感好、颜色正而不混杂、润透性较高的为好。除此之外，就是底色的覆盖力要强。用覆盖力较强的底色，可以用很少的颜色就将面部等覆盖并修正，并保证肌肤薄而透的自然效果。这样就可以避免为遮盖肤色而施加过厚的底色，造成皮肤色泽失真。

对初学者和修饰性化妆造型者来说，用化妆海绵涂底色是一种简单快捷、方便容易的方法。

先将化妆海绵蘸少量粉底液或粉底霜，由上而下、由内而外地在面部斜向涂开。利用海绵的弹力均匀涂抹，勿用力过大，防止造成皮肤拉伤或出现颜色不均匀的现象。底色是"第二层皮肤"，修饰时要适量、均匀，特别是嘴角、眼角和鼻唇沟处不要遗漏。

涂底色不能只涂面部，还应该包括与面部相接的脖颈等裸露在衣服外边的身体其他部分。这样，身体其他部分皮肤与面部颜色统一、协调，构成真实可信的整体假定肤色。脖颈涂底色时可顺其肌肉走向，从上到下轻轻涂抹，注意与面部颜色衔接。

（4）鼻侧影。无论先天自然的鼻型如何，在面部施用底色后，整个五官轮廓都会在视觉上变得模糊不清。由于鼻子处于面部中庭的重要位置，它的起伏对于整个面部的立体形态影响较大，如不调整修正，会使面部缺乏立体感，或者产生失衡的不佳状态，因此鼻型的修饰是化妆中非常重要的一个环节。很多东方人的鼻骨较平、较宽，受光后缺点更为明显，会使面部五官缺乏清晰、立体的生动感。除此而外，先天和后天因素使自然鼻型或多或少存在不尽如人意之处，如长、短、大、小、高、低、歪、塌等。鼻侧影可以从外观调整以上不佳形态，通过巧妙处理，对鼻型在视觉上加以修正。

要了解和掌握鼻子的主要组成结构和在面部的位置，这是进行改型与调整必不可少的基础。

在化妆中，以被化妆者正前上方主光的投照为标准进行表现。此时，面部上鼻子应该是最高的，鼻子受光时正面最亮，而两侧偏暗。为表现这种自然形态，一般把鼻梁正面提亮，鼻侧画暗，使鼻子挺起，展现一个较理想的体积结构。

在正常情况下，画鼻侧影时，用化妆笔蘸少量阴影色，从眉头下、眼眶上缘、鼻骨侧画一条弧线。一般应该在鼻梁与内眼角的中间，两头虚开，一直可延伸到下面，一般不拉到鼻尖，以避免鼻型过长和不自然。需要注意的是，要自然地表现鼻子的立体感。

（5）定妆。定妆是化妆中看似简单但必不可少的一项内容，能够有效防止因带妆时间过长而产生的脱妆和妆色移位造成的变形现象。另外，也可以防止面部过多的油光所形成的妆面不清洁感。适当使用定妆粉可以使妆面色彩保持柔和的效果。生活中有各种颜色的定妆粉可以选用，在出镜化妆过程中，一般选用透明度较高的、粉质细腻的肉色，最好不要用带有其他彩色颜色（过深的颜色）的定妆粉来定妆。

定妆的基本方法是：首先，以粉扑蘸少许定妆粉，揉匀。其次，在妆面上轻轻印按。最后，用粉刷清除妆面上多余浮粉。扑粉的顺序可以从上到下、从内到外、先浅后深，也可以用粉刷从额头至鼻梁、面颊、面部两侧、下颌、脖颈，轻轻扫粉。

扑粉不可过多、过厚，以薄为宜。面部"T"字带以及上、下眼睑等活动较多的地方要认真细致定妆，以防止脱妆。

（6）眼线。东方人的眼睫毛一般都比较短，相对稀少。因此，眼睛的神韵较弱，拍摄时在光照下更显得眼睛无神。特别是不少人的眼睛形态也很不理想，这些都会影响用眼睛来传神的效果。我们可以通过画眼线的方式增强眼睛的神采，调整不佳的眼睛形态，使眼睛变得形态适宜并炯炯有神。

画眼线运笔时，用化妆笔的一端侧锋紧贴眼睫毛，从内眼角拉到外眼角至眼尾时，逐渐提拉收笔。应把握以下基本原则：①线条——上眼线略粗于下眼线，上长下短，眼尾一般不封闭；②颜色——上深下浅；③运笔——内实外虚。

（7）眼影。眼影可以表现眼部结构，体现眼睛和骨骼高低的体积感，表现骨骼、眼睛的一种内在关系。利用眼影的深浅、虚实、颜色等变化，可以在视觉上改变眼睛原有的形态。比如，自然鼓凸的眼睛经过眼影修饰，可以变得平缓而柔和；眼睑肥厚、小而无光的眼睛，经恰到好处的眼影修饰，会使其增大而具有神采；相距远而呆滞的双眼经眼影处理，会变得明亮而活泼。

眼影具有装饰性。它在表现眼部结构的同时，随着色感变化以及眼部立体感的增强，颜色对比也随之加大，或强或弱地装点、渲染着眼部，形成一种修饰后的色彩氛围和形态。

眼影的基本表现方法如下：用眼影粉来表现眼影时，可用一支眼影刷，适量蘸深色或冷色眼影粉，在上眼睑紧靠眼睫线的上方轻轻晕染，以增大和强化眼睛晶体部分的印象。另外，也可以用眼影刷在眼睛的上眼睑后半部分的地方适当进行渲影，以表现出眼睛的立体结构，从而使眼睛显得大而有神。

两种方法可以根据具体需要，结合被化妆者本人的具体条件进行。男性如果需要画眼影时，要注意自然，不要留有修饰痕迹。

（8）眉形。眉毛是眼睛的框架，它的形态和眼睛所表达出的神情紧密相关。眉毛有多种形态，不同的眉形可以表现出不同人的性别、年龄、内心状况以及个性等，所以在眉形的选择上，要根据个人条件和具体节目需要去考虑。另外，眉毛形状可以调整脸型，使不理想的脸型通过眉毛线条的走向、宽窄弧度等变化形成较理想的形态。

对于初学者来说，眉毛的自然调整难度较大，首先需要了解眉毛生长的规律和基本表现形态。我们把眉毛的自然形态分为眉头、眉峰、眉梢三个部分。标准的基本眉形是眉头至眉峰长度为整个眉长的1/2，眉峰至眉梢为整个眉长的1/3。我们在化妆时要根据眉毛这一基本特点和具体情况来综合处理。

眉毛的表现方法如下：用眉刷蘸眉粉从眉头处轻柔地提拉扫向眉峰，然后从眉峰逐渐扫向眉尾。画眉时要"两头淡，中间深，上边虚，下边实"。控制好用笔着色的立度，使眉毛呈现出自然状态。

女性眉形可以呈现修饰状，男性眉形要表现自然感。另外，也可以用眉笔画眉形，但在初学阶段最好不要使用纯黑色眉笔来勾画眉毛。

（9）颊红。适度的颊红可以带给人一种健康、青春和活力感，能营造出一种振奋精神的氛围。不仅如此，颊红对整体面型轮廓的修正也具有很大作用。比如，脸型较宽的人在涂颊红时略微纵向施加，会使其脸型看起来变窄；而脸型偏窄的人在涂颊红时可以稍微横向施加，会使脸型看起来比较理想。当然，还需要其他相关部位形态配合。有些人的面颊、眉骨、前额等处过于扁平，可以在较扁的局部通过适度准确运用颊红，产生丰满、通透感。另外，涂颊红的基本位置除考虑脸型的因素外，一般应该重点涂在颧骨处，这样才能展现出一种青春朝气。

颊红颜色的选择对整体妆面所表现出的氛围具有很强的影响力。从播音员主持人的造型要求出发，应在"粉红、玫瑰红、橙红或棕红"等不同色系的颜色中，根据节目特点、风格以及整体造型的需要去选择，以表现面部自然红润的状态，展现形象应有的活力和亮丽。

根据所用颊红的品质、类型不同，施用颊红的方法会有很大差异。修饰性化妆用粉质颊红比较简单、方便、快捷。使用的方法是用一支颊红刷，蘸适量颊红色，在面部颧骨部位进行轻柔刷扫晕染。

具体要求：边缘与底色自然衔接，有重点；要左右颊红对称，位置准确，富有立体感。

注意事项：① 颊红的用色、用量要根据本人具体条件和需要适度掌握，不可过红。② 颊红晕染位置要根据本人情况灵活掌握。③ 晦暗以及高纯度的颊红颜色不适宜使用。④ 粉质颊红一般不要直接用在偏油的粉底上。

（10）嘴唇。嘴唇是面部器官运动幅度较大的部位，因此其形态以及颜色对人的整体状态表现影响很大。红润饱满的嘴唇能够给人以青春活力的外观印象，而和谐适宜的唇型对平衡面部整体轮廓具有重要作用。

在自然生理上，人的唇色和形态所构成的不理想状况有多种表现，如有的人嘴唇过于鼓突、有的过于凹陷，有的过于下挂，有的斜向牵拉等。这些现象在外观上会使面部出现比例不协调感，会影响相应的表情状态。

对此，播音员主持人需要及时调整，准确纠正唇部状态。唇部以自然为佳，端正为宜。我们大致归纳出几种比较典型的形态，其中有小唇型、大唇型、厚唇型、薄唇型、上翘型、下挂型。大家可以根据这些唇型的特点，以标准的基本唇型为参照，选择相应的修正提示改变不理想的嘴唇形态。

嘴唇形态的表现方法：首先，在嘴唇上薄涂一些润唇膏；其次，用唇线笔从上唇中间沿唇边分别向左至左唇角、向右至右唇角勾勒出上唇适宜的轮廓；再次，在下唇的唇边根据整体脸型的需要勾画出理想的下唇轮廓；最后在其轮廓内涂上口红颜色，使唇线与口红颜色融为一体。

几种"问题唇型"的修正提示：① 小唇型、薄唇型——对于偏小或偏薄的唇型，勾画唇线时要适当地加宽嘴唇轮廓，在加宽的唇线与原来自然唇边之间涂上比原唇口红色偏深些的口红，以保证加宽的部分与原来嘴唇色调统一一致，使调整后的唇型自然、完整。② 大唇型、厚唇型——在画嘴唇前先用底色将唇周遮盖，然后在原唇内画小或画薄唇型。厚唇改薄时，唇型的弧度不要太大。③ 上翘型——在矫正时，上唇的唇峰到唇角连线要画得稍平缓些，不要太陡。④ 下挂型——在画唇角时，上唇线可以稍微画短些，下唇角线可比上唇角线略长，另外可以配合提亮色遮盖下唇角处阴影。

（11）睫毛。浓密而上翘的睫毛能够使眼睛明亮而动人。大多数东方人的眼睫毛长得较短而且直硬，缺乏浓密度，眼睛的神采略显不足。因此，要使眼睛增加神韵，对睫毛的修饰十分重要。

修饰睫毛的方法：首先，用睫毛夹轻轻地夹翘上睫毛；然后，用加长睫毛膏（防水）的刷子，轻轻顺着睫毛翘起的方向顺刷，尽量不要闭眼，等待睫毛膏干后，再在睫毛根部用睫毛夹夹翘睫毛。下睫毛可直接用睫毛刷竖着从睫毛根部向外刷。如睫毛膏不慎粘在眼皮上，最好稍等片刻，再用棉签去掉，以保证妆面的干净。

关于假睫毛的佩戴：假睫毛是人们弥补自然睫毛不足的一种手段，以此来改变眼型，增加眼睛的神采。佩戴时一般可先把自身的睫毛用睫毛夹夹翘，在选择好的睫毛底线处用乳胶轻涂，稍等片刻待胶稍干有黏性时，可用镊子夹住睫毛中部贴在上眼睫毛的上端，分别向两边轻压粘住，使睫毛真假合并，也可以用睫毛膏再做些处理。

以上是面部化妆最基本的表现方法。操作者必须结合自己的骨骼、肌肉等特点来灵活运用表现技法，不要机械地照本宣科，生搬硬套。在实际操作中，要手、眼、大脑充分地调动和配合。化妆要求达到妆面干净，健康亮丽；五官清晰，线条流畅；结构表现准确、生动；色调要求和谐、自然。化妆造型是实践性极强的一门艺术，化妆的方法只有在实践中操作、体验和落实，才能最终掌握并运用自如。

第四节　电视节目主持人发型设计及造型技法

一、发型与人体外观条件的关系及调整方法

发型塑造是播音员主持人形象造型的一个组成部分，也是造型通常使用的表现手法之一，在形象整体造型中具有调整、配合以及烘托效果的作用。自然、准确、巧妙、合理地利用发型调整，可以在外观上弥补形象的不足，进行相应的气质转换，对于播音员主持人形象的改变具有举足轻重的作用。因此，学习和掌握发型的相关知识和调整的规律，是塑造播音员主持人形象不可缺少的重要内容。发型是利用遮盖和协调来配合化妆和服装共同完成整体形象的塑造与表现。

（一）发型与头颅形

东方人的头颅形一般呈现较为方宽的形状。这种形态使面型正面横幅较宽，特别是上镜后，更容易给人留下扁平的印象，使形象与背景画面之间显得平叠，缺少透视空间，从而影响视觉直观效果的生动性。适当利用发型增加立体感来发挥造型的优势，是弥补不足的最佳选择。比如，对于后枕骨扁平的头颅形，应该选择有丰盈发量的发型。

（二）发型与脸型

发型与脸型的关系是发型造型的重要依据。东方人的脸型从整体形态上大致可

划分为六至七种。不同脸型以其不同形态的特点，会给人留下不同的感受和印象。发型的变化和调整可以使头部造型在整体上达到所需的相对协调和变换，从而使脸型变得趋于完美。下面简单介绍几种常见的脸型与发型搭配的方法。

1.三角形脸型

三角形脸型主要是指脸部左右下颌骨比较宽大，而上半部略窄所形成的形态。修饰这种脸型所采用的基本发型，应以扩大额部宽度，适当收拢下部头发的基本形态为佳。比如，一般头发的分路宜采用由中向外的斜线分法，不宜向后梳分。无论中分或侧分发，都需要把额头两边头发向左右两侧适当展开，减弱下颌骨宽大的视觉印象。

2.菱形脸型

菱形脸型是指脸部额头较窄而颧骨较高，脸部额角偏小的一种形态。适宜采用上下横扩、中部遮掩的基本发型进行调整。一般头发的分路宜采用侧分，前额头发不宜后梳，可适当斜向侧面，增加蓬松感，使脸型整体效果变得柔和。

3.倒三角形脸型

倒三角形脸型一般是指脸部左右两额角之间的距离较宽，而两颧骨、两下颌骨之间的距离依次明显递减，呈上宽下窄的形态。这类脸型适宜采用的基本发型应以增加下半部分发量，使其蓬松、丰满的形态为佳。比如，可以采用全部下垂的前发遮挡过宽的额头，同时适当蓬松侧发，以增加侧面头发的量感，这样处理会使脸型看起来显得柔和一些。

4.大脸型

大脸型一般是指脸型较平而过大的一类脸型，其中以梯形居多。这类脸型适宜采用遮掩式或包盖式，增加纵向长度的发型。比如，一般长发的分路，以中分为宜，可以把头发沿脸部周围自然垂下，盖住双耳至两侧下颌骨，发尾略微向内遮扣，使脸型看起来略窄而显得偏长。短发则稍偏分缝，不会增加面宽感，黑发具有收缩减小的作用。也可以采用削层式短发，用错落有致的发梢包盖脸周，使脸部感觉缩小。如果采用卷烫发式，注意前额处头发宜做平直处理，两侧及周围可做波纹状，但不可过于蓬松。

5.长形脸型

长形脸型是指面部纵向比例偏长的一类脸型，一般长方形偏多。这类脸型以掩盖前额或者整体较为圆润、蓬松的发型为宜，特别是以丰隆的侧发发型为佳。比如，脸部左右侧发可以蓬松一些，呈现波浪状，以增加横向宽度，使脸部变得丰满而柔和。头发的分路应偏向一侧并向外斜分，头发不宜高梳。脸部左右侧发可蓬松呈波浪状，以增加横向宽度，使脸部变得丰满而柔和。额前发可采取掩盖额头的下垂式处理。也可以根据具体情况，不盖额头而使前发斜向一侧，"无帘型"与侧发构成脸部横拓的圆润效果，从而使过长的脸型得以修正。

6.短形脸型

短形脸型主要是指面型偏短的一类脸型，其中小方形和小圆形脸型较多。这类脸型应该以增高顶部头发而两侧头发较为收拢的发型为宜。比如，头发的分路可以采用中分或无分路向高梳；也可以吹耸前发，或者垫高顶部头发，前帘呈扇形略盖前额，达到增加脸部长度的视觉效果。同时，可以利用侧发在脸旁遮盖或呈自然垂落状，使面型显得较长而秀美。圆形脸的人应侧重考虑发梢和顶发上下线条的延伸；方形脸的人要侧重考虑利用发梢形态的变化掩盖或削弱上额角与下颌角方大、过硬的形态。

以上仅以较为常见的几种脸型为例，简要说明发型选择的要点。在现实生活中，人们的脸部形态比较复杂，因此在电视造型中选择具体发型时，要参照上述基本规律，根据个人实际情况，结合节目特点以及在节目中的"角色设置"灵活对待，才能发挥发型的最佳作用。

（三）发型与脖颈

人的颈部长度一般较理想的标准是占头颅长度的三分之一左右，而颈部宽一般为头颅长度的二分之一。偏短或较长、过细或粗壮的颈部，都会使人在视觉上产生不协调的感觉。利用发型来调整和掩饰脖颈的不理想状态，是整体比例调节的一种手段。

1.女性

（1）长脖颈。一般脖颈长的人不适宜剪、梳成过短的发型或者留垂直长发。以中长短发、发梢呈现内扣或者外翻形态为佳，这样可以减弱颈部过长的印象。

（2）短脖颈。脖颈偏短的人适宜剪短发，或者将头发高梳，露出脖颈。也可以留短长发，在颈项两侧发梢处做分层修剪处理，用头发动态的线条营造颈部修长的感觉。

（3）粗脖颈。颈部较粗的人适宜选择起到遮掩作用的发型。比如，脖颈处内侧分层修剪的中长发、长短发等发型。利用头发内扣，或者弯曲的发梢线条，掩饰较为粗壮的颈部。要注意脖颈周围的侧发，不宜过于蓬松。

（4）细脖颈。脖颈细长在生活中被视为有得天独厚的优势，可以与任何发型相搭配，但在电视图像中脖颈细容易显得孤立、单薄。因此，此类人较适宜采用颈部发量比较丰满而且蓬松的发型。比如，向外翻翘的长短发、波纹式长发等。

2.男性

男性发型基本形态一般是在短发基础上进行变化。耳朵上面的侧发与脖颈关系较为密切。脖颈较细者，可以考虑侧发适当贴靠头部而不宜蓬松。脖颈较粗者，可适当酌情横拉侧发、略微蓬松，以在视觉上减小对比感，使比较粗壮的脖颈感觉适中，从而使形象显得舒适、协调。

以上是利用发型与脖颈关系的调整来达到人体比例相对平衡的基本方法。在实际操作中，一定要根据具体情况综合考虑，灵活处理。

（四）发型与身材比例

由于头发的生长位置，使它与头颅和面部构成了一个关系紧密的视觉整体。发型的轮廓在人体比例的整体观察中，被视为头部的象征。因此，它的形态变化对身体的比例平衡有很大影响。在发型的选择上要注意按照人体比例的基本关系，结合自身条件去综合把握。

1.身材高大型

凡属于个子偏高、体型较魁梧者，一般不适宜留过长、过于膨胀的发型，宜采取整洁、略微蓬松的短发、长短发、中长发，发梢略微后扬的发型。这样可以增加轻盈、干练的感觉，以减弱厚重、粗犷的印象。

2.身材矮小型

个子偏矮的人应该尽量挑选向后高梳或者较短清爽的发型，以增加轻巧、挺拔的感觉。不适宜留长发或者过厚的发型，特别是不要选择过于蓬松的发型。

3.胖型

体型较胖者，其发型的轮廓线应尽量避免呈现圆形状态，不适宜采用长发发型，可以选择直线条的包盖式短发，以简洁的线条给人留下可爱、干练的印象。此外，也可以采用微翘的卷烫式中发型，适当扩大头部比例，使身体上下比差相对减小，从而形成较和谐的视觉感受。

4.瘦型

体形较瘦的人，其发型不宜过大、过于蓬松。否则，容易给人留下"大头小身"的印象。一般选择以微烫式的短发、中发发型为佳，可以使脸部秀丽而丰盈，从而与较瘦的形体构成互补的协调关系。

以上简要指出形体与发型配合的基本要点。在形象的整体造型中，因为各种综合因素的影响，它并不是绝对不变的。在实际造型中我们一定要根据具体情况，全面、灵活地把握和运用。

二、发型、生理条件及状态调整的关系

任何发型都是受头发的性质制约的。关于头发的具体结构和性质在前面解剖知识中已做介绍，不同的头发结构、性质等会使头发产生不同的表面特征，其所形成的发质、发量和发流向等是发型造型的基础条件。在发型造型时，必须要根据头发的性质、发量以及表面特征选择、设计适合的发型。这样造型后的发型才容易保持持久、稳定，否则将极易发生变形。

（一）发型与发质及发量特点的关系

下面简单介绍几种不同发质、发量的基本发型。

1. 直硬发

这类头发的特征是直、黑而且偏硬，是东方人所具有的头发特征。这种类型的头发缺乏柔和感，但修剪起来很方便，容易出效果。一般具有这种发质的人，在选择发型时，应该尽量避免过于复杂的发型设计，适宜简洁、大方、流畅的长发或者短发，以表现青春和自然的活力。如果需要展现柔美、华贵的状态，最好将头发进行短时冷烫处理，使之变得柔软、蓬松一些，然后做大波纹整形处理，使发型整洁而柔和，突出华丽、典雅的气质。另外，也可以选择简洁修剪设计成型的发型，打造时尚韵味。

2. 绵发

绵发是指较柔软的头发。这类头发的特征是：毛干偏细，毛发较软而弹性不足，发色依人种不同有黑、黄之分。这种发质具有柔顺、伏贴、便于梳理整形的特点，适宜多种发型的表现。东方人由于面部较扁平，在选择发型时，应该根据具体情况和需要，适当选择有一定层次变化的发型，以增加面部俏丽、明朗的感觉，使沉闷、平庸的面容变得生动亮丽。

3. 钢发

钢发一般是指过于粗、硬的头发。这类头发的特征是：毛干直挺而较粗，富有弹性。这类头发如果事先不做一定柔软处理而直接造型，很容易出现不顺服、难以成型的状况。因此，拥有此类发质者，适宜预先将头发稍微做冷烫处理，经过柔化后，再根据情况选择发型。一般情况下，女性不适合选用过短、过碎、层面过多的复杂发型，可以选择内卷或者外翻式中发等。其中以设计简单、修剪成型的发型为佳。男性选择短寸头为佳。

4. 油发

油发是指本身含油分较多的一类头发。其特征为抗腐蚀，稳定性差。这种头发

由于自身含油分偏多而形成一定黏性，极易使头发伏贴和下垂，导致发型变形。因此，具有此类发质的人在选择发型时，最好不要选择蓬松和复杂的发型，选取富有垂感和动感的修剪成型的发型设计为佳。例如，短、中发型可以利用修剪层次，表现线条的变化，使发型丰满而增加活力。长发可以自然垂落，或者根据情况适当将头发提前稍做冷烫处理（避开发根），利用波状线条改变发型呆板的状态。全盘式发型也适宜此种发质。

5. 沙发

沙发一般是指自身缺少油分、干燥蓬松的一类头发。其特征为柔韧度差，易断，无光泽。此种发质需要特别保养。在选择发型时，不适宜选取卷烫发型，以防头发因更加干燥而蓬起。一般情况，可以利用此类头发蓬松的发质特点，剪成超短式发型或者梳理成盘式发型，可改变"毛""炸"的感觉。在电视节目内容、风格允许的前提下，直接利用此发的特点，做出辫式的时尚发型。

6. 卷发

卷发是指先天自然卷曲的头发。其特征为毛干曲卷，有小卷、大卷之分。一般具有这类发质的人，头发蓬松、弯翘，不容易整体伏贴。在选择发型时，小卷发质的人，以头发编、盘、后梳为佳；而大卷发质的人，适宜利用自身的卷发条件，根据具体情况和需要，选择波浪式发型或者波纹式发型。

7. 过少的头发

这是指头发较细并且发量偏少的一类头发。其特征为毛干较细，缺乏弹性和柔韧性，极易伏贴。拥有这种发质的人最适宜选择伏贴梳理的发型，总体上应该以小巧、简洁、秀美的发型设计为主。为了增加丰盈的量感，也可以选择略带小卷的发型。如果发量过少，还可以适当添加假发。另外，此类头发不适合选择大波纹等突出卷烫效果的发型。

8. 关于假发的佩戴

使用假发是发型造型的一种手段和方法。假发的应用是弥补发量不足或提供给非专业人士发型变化的快速方法。运用得当，可以假乱真，方便实用，适合现代社会快节奏改变形象的需要。播音员主持人在出镜形象中可以根据需要酌情使用假发（包括发片、头套等）。使用原则是自然、真实、得体。注意发色和真、假头发的衔接。

9. 过多的头发

这是头发过密而且过厚的类型。由于发量过多，容易加大头型，与脸部形成不和谐的比例关系。因此，在发型的选择上，应该避免蓬松式发型，尽量采用简洁的直发修剪整理的发型。必要时可以从头发内侧，将头发适当打薄。另外，采用盘扎式的伏贴处理来进行调整，也比较适合这类头发的造型。

（二）发型与年龄的关系

处于不同年龄阶段的播音员主持人，其所具备的生理造型条件以及阅历积累都会有所不同。在播音与主持时，应该按照各自的特点和节目需要，准确采用相应的发型式样来进行造型，以表现与自身年龄状态相吻合的魅力，体现出得体的品位。

年轻人性格开朗、活泼，思维敏捷开放，易于接受新鲜事物，体态、五官、皮肤和头发等正处于人生的最佳时期。因此，处于这一阶段的播音员主持人可以在适合自身特点和电视节目信息传播要求的范围内，挑选和采用具有时代气息的多种发型来进行造型，但是过于前卫的发型宜谨慎选用。

人到中年，体态、肌肤、头发等功能开始出现微衰的不利状况，但阅历的丰富会使人形成稳重与成熟的魅力。因此，处于中年阶段的播音员主持人，在发型的选择上应该根据自身条件，把握适度的亮丽和青春，以追求成熟、潇洒、大方、秀丽、高雅、具有品位的美。适合女士的发型有波状发、短发、中长发、盘发、发髻等，男士的发型可结合自身情况和节目风格，留分头、背头、寸头等。总之，应该避免沉闷和过于活泼的发型。

步入老年，人的身体机能开始明显衰退，呈现出皮肤松弛、下垂，面部轮廓改变以及头发明显变白、脱落等特征。生理条件的变化，无疑对形象美的展现带来更多局限。此时，发型的塑造应该扬长避短，利用老年人丰富的人生阅历、经验、知识，烘托出独特的气质，展现他们所具有的成熟、平和、从容、欢乐的特点。总体上，老年电视节目主持人的发型应该选择简洁、大方、自然的短发发型。女性还可以选择中发型、波状短发等。干练的短发不仅能够传递出适宜的个性，还能使老年人下垂、萎缩的体态及面容显得丰润、向上，洋溢出生命的活力。

总之，年龄与状态的差异及变化是人生的自然规律。在播音或主持节目中，播音员主持人的发型造型要合理表现不可牵强。

（三）发型与气质的关系

头发造型是一门艺术，是发型师根据人对颜色、线条等形态的感受和联想，利用头发的物理、化学变化等手段对其塑造来表情达意的结果。造型使头发具有了人的情感色彩，因此在造型领域里利用它特有的信息传递，能够起到烘托和改变气质的作用。发型所具有的基本意向能否与所需气质相协调，是发型选择成功与否的关键，也是播音员主持人准确把握形象信息的具体体现。

1．女性

发型千姿百态地变化着，但女性发型的长短、基本形态大致可以分为以下几种：长发型、中发型、短发型、直发型、波状发型、盘发型和辫发型。不同发型具有各自特有的基本个性。

（1）长发型。青春活力的象征。特点是飘逸、活泼、动感、流畅，适宜年轻女性及相貌年轻的中年女性。

（2）中发型。成熟魅力的象征。特点是端庄、大方、稳重、潇洒、优雅，适宜中年女性及年轻女性。

（3）短发型。清爽、干练的象征。短发型一般可以分为超短型和短型两种。超短型的特点是时髦、干练、活泼、有个性；短型的特点是简洁、精干、秀雅、成熟。

通常情况，超短型短发适宜年轻女性以及相貌略显年轻的中年女性，普通短型适宜老、中、青三个不同年龄阶段的女性。

（4）直发型。简练、清纯、舒展、自然，具有纯洁、大方、静雅的格调。

（5）波状型。浪漫、活泼、柔和、丰满，具有成熟、洒脱、富于情趣变化的格调。

（6）盘发型。含蓄、典雅、清秀、高贵，具有高雅、成熟、端庄、静雅的格调。

（7）辫发型。两极化特点。单纯、传统、乡土气息，具有淳朴、怀旧、保守的乡俗感或者活泼、时尚、异域风情。

2．男性

男性发型随着时代变迁，也不断融入新意，打破成规而变得丰富多彩。在正式场合容易被人们接受的发型，还是具有传统特征的男性短发基础上变化的发型。其主流基本发式有分头、背头、寸头、短头等，非主流发式有光头、短卷发、马尾辫等。

（1）分头式。分头有侧分和中分等不同式样。侧分式——文雅、大方、灵气、精干。中分式——圆滑、不羁、修饰感强。

（2）背头式。背头式有长背和短背两种式样。长背式——成熟、老练。短背式——轻盈、活力、霸气。

（3）寸头式。寸头式有板寸、普通寸头、草寸等式样。板寸式——年轻、刚硬、个性。普通式——自然、朴实、憨厚。草寸式——青春、活泼、时髦。

（4）短头式。朝气、干练、清丽、青春、时尚。

（5）光头式。干练、率真、个性。

（6）短卷发。飘逸、浪漫、清新、成熟。

（7）马尾辫。自然、率性、中性风格。

以上是基本发型的个性趋向及特点。播音员主持人在实际运用中，应该根据自身的气质特征以及节目需要，准确、灵活地选择、运用发型，使发型在整体形象造型中能够充分发挥特有的协调、强化和烘托气质的作用，完成发型在播音员主持人形象造型中的任务。

第五节　电视节目主持人着装设计与造型技法

一、着装的基本知识及礼仪习俗

着装是播音员主持人形象造型的重要组成部分，是构成电视视觉传播不可忽视的信息传递载体。

在电视传播媒介中，服装以"无声语言"的形式通过视觉感受传递多种信息，具有自身特有的价值。着装也是一门艺术，不仅能够直接遮挡人体外观的某些缺陷，弥补脸型、身材、结构比例的不佳状态，还可以营造、传递和烘托美感，来增加传播者的感染力，提高画面的可视性和观赏性。同时，它又似一面镜子，从外而内地透射出人的修养、文化、品位、追求等内涵，从一个侧面反映出一个国家现实的政治、经济状况，时代发展潮流，人们的精神面貌以及心态、观念、习俗等广泛的社会信息。因此，播音员主持人的着装，应该符合整体节目信息传播的需要，体现出一种文化价值。只有这样，才能在电视传播中全面、完整、准确地完成信息传递任务，表现出国家和民族应有的整体素养。

把握、调动、发挥服装"无声语言"的作用，是播音员主持人应该具备的专业素质。恰到好处的着装，来源于对服装艺术及穿着礼仪的了解。

（一）着装的基本原则

播音员主持人的着装是电视视觉信息传播的一部分，在着装上应既反映我国民俗的基本礼仪，又展现国际化水准的品位。特别是应以国际上公认的社交着装"TPO"原则作为遵循和借鉴的依据，从而展现中华民族的素质修养和时代发展的精神风貌。

"TPO"原则是当今世界上公认的着装礼仪应该遵守的基本原则。T、P、O三个字母，分别是英文时间、地点、场合这三个单词的缩写，即"Time""Place""Occasion"。"TPO"是要求人们在选择服装、考虑其具体款式时，应当兼顾时间、地点、场合，力求使着装与时间、地点、场合协调一致，和谐般配。其中的具体内容虽然会随着时代发展有所调整，但着装的基本礼仪规范要求，始终被世人公认为准则。它是人类文明追求的象征，在电视传播中具有代表性和极强的影响力，是播音员主持人专业修养必不可少的重要内容。

（二）着装的基本礼仪习俗

着装要与自身的年龄特征相符合。人类在长期的历史发展和演变中始终没有停止对美的追求，并把美的愿望和不同年龄特点、需求相结合，设计出童装、青年装、中老年装等几大类系列服装。它代表和体现着人们对不同年龄阶段的着装所形成的习惯和要求。尽管经历了不同时代，并随着各种因素而有所变化，但着装的基本特点一直被流传并约定俗成，成为人们体现社会文明素养和不同层次精神追求及需要的写照。比如，孩童幼稚可爱、天真好动，以穿着鲜艳、活泼的童装为宜；青年人具有青春活力，浪漫而富于幻想，适宜多姿多彩的青年装；中年人成熟、理性而不失朝气，适宜雅致、大方，富于韵味的着装；老年人沉稳、从容、豁达，适宜合体、舒适、大方的老年装。在电视节目中，播音员主持人应该根据节目需要，结合自己的年龄特征和外形特点，穿着适宜的服装，避免因为着装不得体造成信息传递失误。

1.穿着要与性别特征相符合

自古以来，男女着装在民俗上始终就有性别区分。按照男女自然生理特征的差异，男装的选择与穿着上要求具有阳刚之气，而女装则应体现阴柔之美。现代社会观念发生变化，流行时尚不断翻新，男女服装具有的各类元素相互交织或融合，服装出现了中性化特点。比如，女装男性化，男装借用一些女装柔性的特点等，还出现了男女都可以穿的中性化服装——休闲服、运动服等。但是，男女性别在着装上具有和体现的内涵寓意，应有差异，不能混淆，特别是在正式场合对此要求更为严格。播音员主持人在画面中的着装，展示着民族的主流文化及精神追求。因此，即使是在多变的时尚潮流中，着装也要符合人类自然的基本性别准则。

2.着装要适合时间、地点、场合

播音员主持人的着装要与时间、场合相匹配。人们的着装会随着时代、季节、温差等有所不同，这种人类生存的自然定式成为人们的习惯和需要。自然、亲切的真实感来源于与人们着装习惯的贴切性。因此，播音员主持人出镜着装，必须要符合人们生活中的自然习俗，才能给人真实、舒适的感受。穿着与所处地点的特性吻合，也是对播音员主持人着装的基本要求。这种协调不仅能够带来相应的工作便利，还会由于符合大众的着装习惯而得到人们的认同和好感。

在电视拍摄中，播音员主持人的出镜地点以及画面环境类型不同、差异很大，在着装上必须要注意与场景协调。特别是主持人去工厂、农村、部队等基层做采访或者现场报道时，更应该选择相应的衣着来增强自然感和亲和力。不同场合的得体着装是人们情感的需要，也是传播者形象必备的条件。

人类与周围生存的各种因素紧密相连，环境、气氛、时间等差异都会不同程度引起人们的心理波动，并且容易使人在情感上产生共鸣，形成相应的情感倾向。着装作为心理意向的表达更直接。因此，人们在不同场合具有与之协调的情感需要，对于不同场合的穿着有不同要求并形成了相应的、具有礼仪特征的着装基本规范，播音员主持人在电视传播中应该遵守并准确体现这些规范。

二、着装的设计与造型

（一）正式场合的着装

正式场合，一般是指庄重场合和正规的职场活动等。例如，中外高层领导会晤、国内外正式会议、谈判、庆典仪式、正式宴会等。这些场合对参加者的着装有较为严格的要求。作为参与这类电视节目播报的播音员主持人在着装上必须符合相应的规范要求，以体现和突出报道内容的重要性和现场的庄重氛围。

（1）男性播音员主持人的着装要求：正规西装、衬衫、领带、皮鞋（如果画面为全景则要求西装套装）。在我国传统节日，如元旦、春节时，可以穿着我国的传统礼服——中山装等。

（2）女性播音员主持人的着装要求：西装或者庄重、文雅的现代职业女套装或者套裙。在我国传统节日时，可着中式服装。

（二）正式场合的着装要求

正式场合一般要求身着西装或者正式的职业服装，并且有较严格的穿着规范。

1.西装

西装是一种国际性服装，也是国际交往的通用礼服。西装分正规西装和休闲西装两种款式。正式场合应该穿着正规西装（套装），穿着规范有以下几点。

（1）西装要内配合适的衬衫（以白色和蓝色为主）。衬衫的领子要挺括；衣袖要比西装衣袖略长一些；衬衫的下摆不可外露，需放进裤腰内（女性则放在裙腰内）；西装内着衣要单薄，衬衫内外不宜穿着过多、过于臃肿。如果天气寒冷，衬衫外只适宜穿一件无领羊毛衫，以选择"V"形领款为佳，忌领口、袖口露出其他内衣。

（2）正式场合男性穿着西装必须系领带。领带的图纹、颜色应该与西装相搭配（单色或者素色），不宜过于鲜艳和夸张。领带的款式可按流行时尚选择，领带的长度到腰间皮带扣处为佳。如穿着羊毛衫，则需要将领带放置在羊毛衫领口内，但领口需要露出领带结。系领带时，内着衬衫的领扣必须扣好。如果使用领带夹，一般夹在第四与第五个衬衫纽扣之间。

（3）西装只能与皮鞋相配，正式场合应该穿着深色西装，与黑色皮鞋、黑色袜子相配，这是穿着西装的基本礼仪。身着正规西装时，不能穿布鞋或者旅游鞋等。

（4）西装纽扣的扣法：穿着西装时，上衣可以敞开不系扣，但严肃、庄重场合则要求着装更为严谨、规范。两粒扣西装，要扣好上数第一粒纽扣，也称"风度扣"，而两粒纽扣都扣或者只扣第二粒纽扣，都是不规范和失当的表现。三粒扣西装只扣上面两粒扣或者中间一粒扣，下面一粒不扣，否则也有失着装礼仪。

2. 中山装

我国传统的男性礼服。中山装的基本穿着礼仪要领如下。

（1）合体，平整，同色，同质地，成套，挺括。

（2）领口、领钩、衣扣、兜扣、裤扣必须全部扣好。

（3）领口边齐边微露白领衬。

（4）衬衣下摆必须放入裤内，不能外露；袖口、裤边不能翻卷；套装内不能穿着过多。

3. 职业女性套装

现代社会女性在职场（正式办公场合）或者进行社交活动时的一种公认的女性礼服。它分为套裤装和套裙装。其特点是大方、雅致、庄重而具有现代感。它的款式、颜色多变而配套，线条简洁而清晰，衬托出现代人的文明意识与时尚追求。它是播音员主持人端庄形象塑造的重要元素。女套装在正式场合穿着时应该注意以下四点。

（1）上衣领口不宜过低，领款开度较大的套装，可以根据情况选择合适的衬衣或者丝巾等作为领围装饰。

（2）套装必须与皮鞋相搭配，一般选择船鞋。不宜穿凉鞋，更不能赤脚穿凉鞋。

（3）裙子不宜过短，穿着时应该穿长筒袜或者连裤丝袜，不宜将袜口留露在外或者赤腿。

（4）女性穿着西服套裙时，所穿连裤袜或者长筒丝袜的颜色必须与套裙颜色相协调。

以上是正式场合的基本着装规范，在新闻类等节目中要以此为借鉴规范着装。

（三）欢庆场合的着装

欢庆场合一般是指庆祝节日或庆贺会议等喜庆场合，如晚会、庆功会、游园、商品交易会等。其特点是氛围热烈、轻松、欢快、激昂。播音员主持人在着装上应该与此相协调，渲染喜庆的气氛，保证信息传递的准确性。根据欢庆内容和渲染程度以及报道现场的差异，播音员主持人在着装上可从以下两个方面去考虑和选择。

1.颜色适度丰富、明快

颜色能使人产生不同情感。用协调、丰富、热烈的颜色来烘托、传递节目信息，不仅可以调动观众产生欢快、激昂、振奋的情绪，而且通过强化现场氛围，使人有身临其境之感。一般情况下，播音员主持人以选择柔和、鲜艳或者适度对比跳跃的色彩系列为宜，有利于用色彩来表达、烘托、传递欢庆、喜悦的信息。

2.穿着款式要大方，能体现时尚感

根据播音内容和主持节目的不同特点，播音员主持人的着装款式应该符合节目的总体风格，着装要大方、新颖，反映节目内容的时代气息。特别要注意演播室内播音员主持人和室外现场主持人、报道记者的着装与拍摄场景的协调性。

室内播音员主持人的着装，款式应略讲究，趋向正规，装饰味较重，如女士的各种套装、中式裙装、旗袍、时尚装和晚会穿着的晚礼服等，男士的西服（正规式、休闲式）、中山装、中式服装、时装衬衣等。而外景着装的款式则偏向潇洒、简洁、轻松、自然，如时装式休闲服、套裙、休闲西装、中式服装和夹克等。

总之，欢庆场合的播音员主持人，从服装的款式和穿着上都应体现热烈、轻松、喜庆、新颖的节目特色，同时具有时尚气息。

（四）休闲场合的着装

休闲场合是指人们在闲暇休息时间出入的各种场合，如运动、旅游、娱乐等场合。其总体氛围是轻松、愉快而随意的。主持人在主持这类节目，特别是现场主持时，应该注意在着装上充分体现这种氛围。可以根据具体节目类型特点，选择多姿多彩的运动服、活泼轻巧的旅游服、丰富多变的时尚服等，用和谐的搭配来表现轻松、美好的现场氛围。

总之，在休闲场合主持人酌情穿着相应的休闲服装，这样有利于信息的传递，体现着主持人的专业意识和基本素养。

（五）肃穆及哀悼场合的着装

肃穆及哀悼场合一般是指参加吊唁活动或者葬礼等悲痛、哀悼的场合。为表达沉痛悲伤情感和对逝者的哀悼，对活动参与者的着装有着较严格的要求。这些要求对电视现场主持人以及参与报道的室内新闻播音员及主持人同样适用。正确的着装可使信息传递氛围更具有现场的肃穆感，其主要要求有如下几点。

1.着装正规而庄重

在重大肃穆场合报道时，一般男士适宜身着正规西装、衬衣，系领带，穿皮鞋或者穿着深色制服。女士可以选择西服套装（套裤类或者套裙类）、衬衫或穿着简洁、稳重的深色职业套装和皮鞋。

2.遵守民俗的色彩习惯

黑色与白色属于"无彩"色，在色感上低调、不张扬，给人的印象简单直接，显得纯洁无瑕。这两种颜色被世界大多数国家公认为在重大肃穆场合所采用的颜色。因此在惯例上，以黑色西装套装、白色衬衫为宜，领带和皮鞋亦同为黑色。

3.装饰与点缀不宜过多

西装、领带、衬衫、领口、袖口、皮鞋，忌花边和图案。如需要，可在西装上衣兜内微露白色方巾（男士）或者在左胸前佩戴白色小花以示哀思。

以上是着装的基本礼仪常识和规则。播音员主持人在电视播音或者主持节目时，应该根据节目内容的不同需要，灵活运用"TPO原则"，使着装符合拍摄时间、地点、现场的氛围。同时，还要保持与画面风格的协调及与节目整体风格的匹配和统一。这样才能真正准确发挥着装的"无声语言"作用，体现着装在传播中应有的价值。

三、服装选择应适合传播者外观特征

（一）款式的选择

为配合教学，便于从业者掌握，我们把款式分为领款和衣款两部分，分别进行要点介绍。

1.领款

（1）领款基本形态与脸型。领款对脸型起修饰、矫正和美化的作用。它是服装烘托形象的点睛之笔。领款的种类繁多，但在选择时一般应根据具体脸型的形态而确定。特别是领窝、领围的大小，对脸型有直接影响，是需要重点留意的地方。

一般圆形脸不适合过圆的领款，而与"V"形领款的服装搭配为最佳，通过领款"V"形线条，可以使过圆的脸型显得修长而秀美。

长形脸一般不适宜过低领尖的款式，而选择向上的圆形或左右稍舒展的平线条领款为宜，以增加脸部两侧的圆润感。

倒三角形脸型一般不适合选择领款线条向下深垂的服装，而选择方宽向上或者向上圆弧形领款服装为佳，使尖垂的脸型下部显得丰盈。

菱形脸型不可以选择尖心形、上翘领款，否则会增高、加宽颧骨；平直线条的领形则较为合适，可使面部产生柔和、稳定的感觉。

三角形脸型一般不要选择"一"字形领款，而选择小"U"形领款，可以使脸部线条显得轻巧而柔和。

一般方形脸适合领口偏长的"鸡心"领，以改变方、短的感觉。注意避免"一"字形领款，否则会使脸型显得方正和死板。

（2）领款基本形态与脖颈。脖颈的长短、粗细直接影响头部与身体的比例平衡。利用领款的不同形态，可以帮助协调这种比例关系，达到上下平衡的视觉美感。

长脖颈：此种脖颈者不适合选择领款偏低的或者较高的款型。一般以中高的领款为宜。

短脖颈：短脖颈者领款的选择，应避开"一"字领和领款线条相对封闭的式样，可以选择领款较低和相对敞开式的进行弥补。

粗脖颈：较粗脖颈者领款的选择，应该以"V"形款式为佳，使过粗的脖子线条向下延长并收窄。

细脖颈：细脖颈者的领款线条不适合纵向延伸。一般选择"一"字形领款或者带领结及百褶边的领款来进行调整为好。

2. 衣款

衣款指服装整体的款式。随着时代发展，衣款出现时尚化、多样化潮流。衣款类别主要有便服类、套裙类、衬配类、外衣类、夹克类、上装套裤类等。无论怎样变化，衣款选择是否得当，都与个人身材比例的协调状态直接相关。在现实社会中人体状况各异，其比例自然存在不尽如人意的地方。选择、利用服装来平衡、调整人体比例关系是提高形象美感的重要手段。这里仅就几个需要注意的方面给予简单提示。

（1）高型：个子过高的人在衣款的选择上应避免连身、同色的长款型式样和紧身衣款；以宽松式或者上下分开式的衣款为宜，以减缓过高的印象。

（2）矮型：个子偏矮者，可选择连身、瘦长的衣款或者合体连衣裙、同色分体的短裙，可以弥补身材偏矮的不足。

（3）胖型：身体偏胖的人在选择衣款时，忌挑选紧身和宽松肥大的外衣样式，以选择线条简洁、合体、适中的衣款穿着为佳。

（4）瘦型：体型较瘦者，一般适宜选择稍微宽松的款式和上下分体的套装较为合适，使瘦弱的身躯显得丰满而具有活力。

（5）溜肩型：亦称塌肩膀。下滑的肩膀使人上身显得窄小而过于紧凑，着装时袖笼部位容易产生褶皱，给人老态、邋遢的感觉。在选择服装时，应挑选有垫肩的衣款，注意垫肩最好是偏硬的直形样式，以助衣型肩部的托起，来弥补肩骨下坠的不足。

（6）窄肩型：人的肩膀偏窄会与头部的比例在整体上产生失调，形成大头小身的状态。选择衣款时注意挑选肩部较宽并有垫肩的或者肩部打褶隆起的样式为好。

（7）短腿型：短腿型一般是指人上身的长度明显长于腿的长度。在选择服装时，可挑选短夹克类、上装套裤及裙类衣款较为合适。

（8）缺陷型："X"形腿和"O"形腿是缺陷型腿形的两种主要形式。在选择衣款时，应侧重下装的挑选，长裙、稍宽裤腿的长裤、裙裤均可作为首选。避免穿着牛仔裤和瘦腿裤。

（二）颜色的选择

服装面料的颜色对视觉的冲击力极大，由它组合形成的花纹、图案等，对人体外观的形态能产生极大影响。一般情况，全身整体服装的颜色不宜超过三种。而对服装颜色的选择，则应该根据具体身材特征来确定，以充分利用颜色的特点，塑造出和谐、美观的形体外貌。

（1）高型：个子过高者，衣着适合选择偏深色、横条纹、大图案和比较宽松的衣款。

（2）矮型：个子偏矮的人，一般挑选上下同色的浅色调服装为宜。可以选择纵向或者较窄条纹图案的服装。

（3）胖型：身材较胖的人适宜穿着较深、较冷色调颜色的服装，并且可以选择纵向、细条纹或者不规则图案的服装，颜色不宜过于丰富。

（4）瘦型：较瘦身材者，适合选择浅色、大图案、横条纹、大方格或者颜色比较丰富的暖色调服装。

较好的着装颜色搭配，除与以上不同体态协调之外，还要注意在色彩搭配中整体色调的和谐与统一。同类色相搭配，服装的颜色会柔和、自然，给人一种亲切、平和、稳定、流畅的感觉；而对比色相搭配，则会使服装颜色跳跃、醒目，给人以活跃、动感、振奋的感觉。播音员主持人一定要根据节目的氛围要求，把握服装基本色调的选择，以烘托、表现应该具有的气质。

（三）质地的选择

各种服装面料的质地因其材料的丰富和各自具有的特点会形成很大差异。人们对这种差异的利用，使服装具有万种风情。例如，毛类柔软、蓬松、温暖，制作成衣后暖和、丰盈而具厚度，成为秋冬保暖衣料的佳品，其质地特点使服装具有弹性、轻盈、悬垂的感觉；而丝类光滑、细软、柔和、凉爽，不仅成为人们夏季的理想衣料，而且用它制作的成衣轻柔、光滑而飘逸。由此可见，不同质地的服装能满足人们不同季节着装的需要，给人一种季节感，同时会给人体外观带来多姿多彩的变化。

服装质地的选择应注意把握以下两点。

1.适合季节气候

应该按照不同季节、气候特点来选择相应质地的服装或者添加相应元素。例如，夏季穿着丝、麻、绸等凉爽、轻柔的服装，春秋穿着呢、毛织类的保暖服装等，通过着装来展示相应的气候、季节特征，以表现节目的即时性。

2.适合身材

身材从外观上主要分为四种：高、矮、胖、瘦。身材较高者，适宜穿着偏厚、较软质地面料的服装；个子较矮者，可以穿着质地偏薄，偏硬较挺的服装；身材较胖的人，以选择质地较细、略具弹性而无光感的面料服装为宜；身材较瘦的人，可以选择质地蓬松、具有一定光滑感面料的服装。

四、着装设计与画面相协调

在电视中穿着的服装是否具有美感，不仅与合体、品位、款式等有关，更重要的是取决于服装的颜色和质地在画面中呈现的整体效果。如何使着装更适合电视特点，是播音员主持人应该关注的重点。

（一）颜色

电视以画面的形式展现内容是其传播形式之一。服装的颜色是画面色彩中的重要部分，它与画面中的环境色、肤色、发色等各种影像颜色所构筑的整体画面色调的协调性，是画面美感的关键因素。因此，在选择服装时，应该针对整体画面色调来考虑服装颜色的选择。这样才能形成画面整体美的效果。

一般情况下，当环境色偏冷时，服装适宜选择冷色调；当环境色偏暖时，则选偏暖色调为宜。当画面颜色对比大时，可考虑选择中间色的服色，以产生柔和、协调的感觉。最好不要穿着大面积、高纯度颜色的服装，着装的颜色一定要注意整体色调的和谐。

由于电视像素行的横向移动，会使画面中的颜色产生晃动感。因此，服装上的由不同颜色组成的花纹等图案需慎重选择，最好避开过于细碎的小花、小方格、小细窄条纹的图案，以使画面的整体效果稳定而简洁。

（二）质地

电视中不同质地的服装受光后所产生的效果不同，对电视画面整体色彩的表现和还原影响很大。一般情况下，不适宜选择质地过于光滑的服装，否则，由于面料太亮、反光过强会影响画面的整体色彩还原，不易产生柔和、清晰的美感形象。

（三）装饰物的选择与佩戴

装饰物是服装的一种附属品，采用多种材料制成，主要包括各种首饰（耳环、项链、头饰、胸饰、腰饰）以及实用配件（皮包、披肩、围巾）等。在形象整体造型中有点缀、强化、突出、协调、过渡、连接、平衡的作用。它是造型的伴侣，以其多变的质、量、色、形，赋予人们多种灵感和梦想，是在现代造型中使用很多并被追捧的手段。它有着以少胜多的独特优势，恰当运用，对塑造现代传媒人形象具有重要意义。

播音员主持人在电视节目中可以根据需要，适当选用适合的装饰物，如耳环、项链、胸花、披肩、眼镜、帽子等，作为造型的元素配合着装。

选择和佩戴装饰物时需要注意的问题：不宜选择品质低劣的配饰，不宜偏多，应该少而精致；扬长避短，运用得当；与节目风格协调呼应；恰到好处，得体而具有高品位。

第六章 伦理学视野下电视节目主持人有声语言创作能力分析

第一节 电视节目主持人的双重身份的认知

一、确定方向——主持人双重身份的认识及把握

对于镜头前的电视主持人而言，要将节目主持好，首先要拿出自己的看家绝活——对节目进程的掌控。

主持人的身份具有双重意义，在英语中，"节目主持人"有两个与之相对应的单词："anchor"，它的本意指的是在接力比赛中跑最后一棒的选手；"host"的原意则是主人。这就表明电视节目主持人既是在系统工作中处在第一线，通过语言与副语言进行传播的传播者，又必须是深入节目内部，将自己的聪明才智贯穿于节目创作始终的创作主体。

正是由于既是传播者又是创作者的双重身份，电视节目主持人在节目中的一举一动都具有双重意义。无论是资讯播报、现场报道、即兴评述、采访交流，还是节目串联、话题引导，无论创作的环境是在演播室还是新闻现场或者外景地，无论是现场直播还是事先录制，主持人在节目中的行为都包含着目的性与创造性的统一。主持人的工作既是将编导者的意图加以体现的过程，更是有声语言创作主体进行创作的过程。

正是由于这种从身份到职能的统一，如何界定自己在节目中的位置、如何更好地发挥对节目的主导作用成为电视主持从业者及学习者需要仔细探讨的问题。

在电视事业的初创阶段，由于传播环境的单一与封闭，电视节目类型有待丰富，电视节目主持人与电视播音员的界定是非常不清晰的。例如，最初走上主持岗位的沈力、赵忠祥等都是播音员出身，当时的电视节目主持人只是播音员的变体，语音面貌良好与语言表达规范是最为重要的检验标准。

随着改革开放的不断深入，电视媒体得到了长足的发展，电视节目的表现形式变得丰富起来。传播环境不断改善，越来越多的有着不同知识背景的人才进入电视媒体。主持人队伍在不断壮大的同时，逐渐打破了由播音员兼任的传统。在多样化的主持风格被广泛接受的同时，人们不再仅仅将清晰准确作为衡量主持人的职业水准的唯一标准。主持人开始得到自己的创作空间。

在电视媒体高度发展并日趋成熟的今天，在不断攀升的收视率及广告投放量的压迫下，观众成为各电视台最为看重的资源。从电视节目的初期设想到播出后每一次改动，都是从观众的角度出发的，真正做到了"急观众所急，想观众所想"。在这样的形势下，作为沟通电视媒体与广大观众的电视节目主持人越来越受到重视，广大从业者不断努力开拓，电视节目主持人既是传播者又是创作者的双重身份得到了广泛的认同。

但是，对每一个主持人个体而言，对双重身份的把握是不尽相同的。正是对传播者或创作者身份把握的不同侧重，可以将电视节目主持人分为以下三种。

（一）强力主导型

这一类主持人往往兼任导演、主编或制片人，他们在电视节目的制作、发行过程中一直居于主导的地位，拥有资金、财务的管理分配，人力资源使用，节目制作管理等权力。正是由于这类主持人的存在，有人甚至提出电视节目的"主持人中心制"。虽然在当下的媒体环境中，这类主持人并非大多数，奢谈"主持人中心制"也显得为时过早，但由于这类拥有较多权力的主持人大都具有相当的影响力，向"主导型"主持人发展已形成较为强劲的趋势。

（二）深入创作型

这是当前较为常规的主持人类型，他们除了驾驭、把握节目的进程之外，还广泛地参与到节目制作的各个环节中。从节目的策划构思、采访编辑到录制播出，他们都有重要的创意参与其中，在创作过程中处于与策划、编导同等的主创地位，对节目的进程起到至关重要的掌控作用。现阶段的电视主持人中，深入创作型已成为主流。

（三）简单参与型

参与型的主持人担当的还是类似于报幕员的任务，他们基本不深入节目的创作过程，甚至对节目本身也无须太多了解，只是按部就班地执行着"最后一棒"——主持工作。这类主持人没有太大的创作空间，也无法为节目提供更多的帮助，只起到简单的串联作用，很难在节目中表现出自己的个性特征，更不要说形成个人的主持风格了。此类主持人在电视媒体中已不多见，只在《中国文艺》等少数节目中偶有出现。

通过对电视节目主持人的分类，我们只要稍做分析就不难发现，只具备单一能力的参与型主持人已无法在当下的媒体环境中对电视节目的进程进行有效掌控。只有深入到节目创作内核的主持人才有可能在未来的电视媒体中占据一席之地，主持人们切不可再忽视对创作者身份的认同。

二、"生活 + 艺术"的标准——电视节目主持人应用的语言

张颂曾经说过："节目主持的核心是有声语言的创作。"虽然我国的电视媒体处在日新月异的发展中，但电视媒体的线性传播方式并没有发生根本的改变。"我播（说）你听""我做你看"依然是电视节目主持人进行工作的基本模式。所以，不论是作为传播主体还是创作主体，主持人都应该清晰地认识到，"在广播电视传播中，有声语言是主体、主干或主线"，不应有半点马虎、丝毫懈怠。

拥有媒体话语权的主持人，应该像作家铸炼自己的书面语言一样，对自己在日常工作中使用的有声语言做到了然于心、得心应手，完成从"知之"到"好之"，再到"乐之"的转变。在这样的要求下，对电视媒体传播中的语言样态做一番"正本清源"的工作当然是必不可少的。

提到电视节目主持人应该使用的语言样态，不少人都会想起"口语"的概念。不论是从电视节目主持人进行有声语言传播的语境来看，还是对电视节目主持人在节目进程中所起到的信息传递、情感交流、栏目衔接甚至是对节目的总体掌控等功能进行分析，口语是主持人在日常工作中最应该采用的语言样态。

但是，是否仅凭日常生活中的口语状态就能圆满完成电视节目的主持任务呢？我们只需简单分析就能得出否定的结论。首先，在日常口语交流中，人们的发声状态都是力求简略的，会出现口腔开度不够、唇舌无力、拼合关系缺失（即音包字）等一系列问题，如没有字幕加以辅助，连字音清晰准确的基本要求都达不到，更遑论传情达意、表达节目主旨了。其次，日常口语中的词汇稍显粗俗、语法结构等也值得推敲，简言之，就是有些难登大雅之堂。将这种不加修饰的日常口语作为面对广大观众的主持人使用的工作语言实在是勉为其难。

那么，什么样的语言才是电视节目主持人在语言传播中应该采用的呢？与口语相对应的书面语是不是可以承担起这样的责任呢？当然不行。今天的电视媒体无孔不入、无所不能，世界任何一个角落发生的事情都会在第一时间通过电视荧屏传送到观众的眼前。电视主持人不可能有充裕的时间将所要表达的信息形成严谨、工整、文笔优美的书面语再通过背诵传达给观众。另外，一味地强调将信息付诸文字必然会造成对有声语言本体的忽视，犯了"重文轻语"的老毛病。在刻意缩小主持人创

作空间的同时，对主持人的亲切感与公信力的培养都会造成负面影响，主持人的个人风格也会被冷冰冰的文字掩盖。

做一个合格的电视节目主持人，选择合适的语言样态不是一件拍拍脑袋就能解决的事情。我们还是深入到问题的本质，正本清源，从电视节目主持人的双重身份开始入手进行分析。

首先，电视节目主持人作为传播者，第一要义就是保证信息传达的有效性与准确性，起码要让观众听得清楚、想得明白。这就需要主持人的语言有一定的规范性。虽然今天已经不再要求所有主持人都有字正腔圆的语音面貌、声如洪钟的嗓音条件，但普通话标准、不致让听众产生歧义，声音动听、没有过多杂质的基本要求还是必需的。同时，由于电视节目主持人所处的位置特殊，对观众的影响力巨大，主持人对自己在语言规范、文化传承、思想品德培养等方面的示范性及表率、引导作用不可忽视，在这些方面的规范性坚持切不可动摇。

其次，作为传播者的电视节目主持人还要对信息传播的广度有所要求。这就需要电视节目能深入人心，吸引最广泛的受众。这种大众化的要求是基于电视传播语境下的大众化，是与规范化相辅相成的。只有规范的语言才会为最广泛的受众所喜闻乐见，只有被大众所认可所接受的规范，才能真正行之有效。

最后，作为创作者的电视节目主持人要对节目的受众背景、方案流程和预期目标了然于胸。这样才能组织、整理自己的语言，从而对节目进行掌控。这意味着主持人的语言并非无本之木、无源之水，而是在前期文案（提纲）基础上的精炼口语。

电视节目主持人的创作者身份也使我们必须重视传播内容与语言形式之间的辩证关系。在凭借规范性的大众口语吸引大多数观众之后，如何使观众们将遥控器锁定在自己主持的节目，就只能通过加强主持人语言的艺术性来解决。需要强调的是，所谓艺术性绝非华丽辞藻的空洞堆砌，更不是罗列那些晦涩难懂的书面词语，而是以节目宗旨为目的，以观众接受为基本条件，将节目进行更加生动、活泼、富有情趣的语言包装，即用最合理、最恰当、最受观众喜爱的语言来包装主持人要传播的信息。

综上所述，电视节目主持人的语言要求丝毫没有因电视事业的蓬勃发展而有所降低，它对所有正在从事或有志于电视主持事业的朋友们提出了挑战——掌握好电视节目主持人的语体，即在掌握节目背景的基础上，规范性与艺术性并重的大众口语。

第二节　电视节目主持人的有声语言创作逻辑

一、主持人语言表达的方式——"先传情，后表意"

语言是我们日常交流中最重要的工具。在语言表达的过程中，传递的不仅是具体的内容，往往还表露出不同的情绪。我们对语言内容的重视是显而易见的，却会忽略情绪的传递。所以，在被问及语言表达中传情与表意孰先孰后时，我们的回答往往是先说内容。但仔细分析一下不难发现，即使同一个人说相同的语言也能流露出不同的情绪。比如，非常熟悉的问候语"你好吗？"就能表达出几十种不同的情绪，于是这句问候语就能产生几十种不同的效果，包括热情的问候、无奈的问候、冷漠的问候、直率的问候等。虽然同是一句"你好吗"，其结果却是异彩纷呈。这充分说明我们在说话时情绪的表达是先于内容传递的，甚至可以说是情绪引领着内容的发展。这就是我们所说的"先传情，后表意"。

所以，在语言表达技巧的学习中，我们首先要做的就是掌握由基本素材到具体感受再到有声语言的思路与方法，具体表现形式就是"先传情，后表意"，即由情绪带动机体感受，真正提高自己的语言功力。语言表达能力是主持人最为关键的一项能力。每一次成功的语言表达都渗透了语言表达者的心血。"先传情，后表意"是语言表达的宗旨。因此，对电视主持人而言，要培养语言表达的基本功首先要过的就是如何有效地调动自己的思想感情这一关。

因此，从事主持工作的人或者说搞有声语言的人，必须是一个感情充沛，善于调动自己情感的人。研究发现，农耕社会的人平均每天说100句话，生活在现代社会的我们，每天大约说4000句话。而每一句话都蕴含着感情色彩，因为每一句话在传达信息的同时，还在表达情感。生活中没有感情的语言几乎是不存在的，播音主持创作中，没有感情的声音是苍白的，是不能打动听者的。"情动于衷而形于外"，情是我们进行主持创作的内涵和依托。

大家选择主持人作为自己的职业，有很多原因。比如，有人从小喜欢朗诵，喜欢演讲，愿意为大家朗读一段课文。当面对优美的文字诗句、一篇演讲稿、一段优美的文字的时候，一定是字里行间的情感打动了自己，从而有一种创作的冲动，愿意把文字转化为声音或语言，去打动别人。支持人应该是一个细腻敏感丰富的人，而不是一个枯燥乏味麻木的人。要想成为一个细腻敏感丰富的人，每一个人都应该具有一种能力——感性能力。

什么是感性能力？就是视听味嗅触五觉，情绪情感，人的所有感觉能力的总称。那感性能力的高低又怎样体现呢？以日常生活中最常见的旅游为例。春暖花开的旅游旺季，我们跟着情投意合的伴侣，来到心仪已久的旅游景点。下了汽车，面对着的是湖光山色，扑面而来的是清新的空气，深吸一口沁人心脾。湛蓝的天空，清澈的湖水，碧绿的草原，苍翠的青山，有感觉的人就敞开心扉、抛开忧虑，尽情地享受大自然的恩赐。而没感觉的人下车上了趟厕所，最多拍张照就回去睡觉啦。都是旅游，但质量相差甚远。秋高气爽，有人提议去白云山看看木棉花，他却说破山有啥可看的。没有对生活的热爱，没有对自然和历史的兴趣，也就体会不到自然和人生的美好，这样的人生不会是丰富多彩的，这样的人也不会成为一个优秀的主持人。

所谓"读万卷书，行万里路"，没有感性能力的积累，一个人将是没有活力和情趣的，感性能力的提高，能让自己的感觉丰富，能让自己的心灵充实。每个人生下来时都是一样的，感性素养都是零。但随着成长历程向前延伸，人会日渐丰厚起来。如果在日常生活中善于积累，善于吸纳，就可以拥有这些美好的感觉，在精神方面奢华地度过一生。面对文字的时候，各种感觉如探囊取物，信手拈来。如果缺乏积累、腹中空空，在面对平面的文字时，就会囊中羞涩，所表现的情感也一定是苍白的没有生命力的，是不能打动别人的。

人所有的能力都是通过训练才能发展的。我们的头脑因为思维而敏锐，我们的肌肉因为劳作锻炼而强健，我们的感觉也因为感受丰富而敏感。长期的无动于衷只会麻木了自己的神经，放弃本该拥有的感性能力，变成一个麻木不仁的人。这样的人当然不适合做一个电视节目主持人。

"情动于衷，才能形于外。"面对文字、面对稿件时，所有的主持人一定是能够通过自己的感性能力把握其中的逻辑链条并有效地进行语言表达的有心人。

"人贵直，文贵曲""文不厌精"，中国文论中的不少老话都显示出细腻、精巧的文字对表现高深、精妙的思想感情的重要性。这样的文字在浩如烟海的中国古代经典作品中也是屡见不鲜的。比如，《西京杂记》里，刘歆描写司马相如的夫人卓文君"文君姣好，眉色如望春山"。而曹雪芹笔下林黛玉的眉眼是"两弯似蹙非蹙笼烟眉，一双似喜非喜含情目"。这样的文字在感性能力强的主持人的口中自然会活灵活现、栩栩如生，而到了感性能力欠缺的人的嘴里就难免味如嚼蜡，即使插上翅膀也难以飞入受众的心中。

一个细腻敏感丰富的人所拥有的生命质量比一个枯燥乏味麻木的人要高得多，

感性能力低的人是不会享受美好生活的。选择这个专业的每一个同学都要张开触角，全身心地感受这个世界。山川河流是风景，人生也是风景，酸甜苦辣都是味道，都是营养。做一个优秀的主持人，先做一个热爱生活、善于感受生活的人，先做一个灵心善感的人吧。

二、主持人有声语言的表达技巧

在掌握了调动思想感情的方法的基础上，再从创作方面来看主持人的语言表达技巧。

电视节目主持人的工作是有声语言的创造性劳动。语言表达技巧主要包括前期的备稿工作，"画面蒙太奇、潜台词、受众定位"等三种内部技巧；以及外在的"重音、停连、语气、节奏"四种外部技巧，这就是我们平常所说的"内三外四"。这样的技巧应该反复琢磨、深刻体会，才能运用自如。无论是什么样的稿件，如果不能准确地运用语言表达的技巧，就会失去主持人的职业特色，无法引起受众的期待、更无法吸引受众的注意力，传播目的自然无从谈起。所以，只有蕴含着表达技巧的有声语言作品才称得上是创作，只有熟悉"内外兼修"的语言表达功力，才有资格自称是一名电视节目主持人。

（一）稿件准备"五步走"的操作方法

要想准确合理地掌握稿件中蕴含的语言本质，就必须对稿件有深入、细致的了解。因此，备稿是必不可少的一道工作程序。快速准备稿件是一项基本功。分析理解稿件是电视节目主持人应具备的一种能力。为了适应电视节目时效性强的特点，主持人必须要在较短时间迅速地掌握文章主题、播讲的目的、表达的基调等，这就需要平时坚持练习、总结经验，才能找出准确理解稿件内涵的办法。

在备稿的过程中有五点需要注意，分别是层次、主题、背景、目的和基调，指划分层次、提炼主题、联系背景、明确目的和准确把握基调。这就是备稿阶段的"五步走"。

第一步是划分层次。又称打腹稿，层次指的是布局、结构。对稿件层次的划分，不是按照写作及问题角度进行划分，而是超越作者自然段落划分的一种以稿件的内容理解为基础的有声语言再解读，牢牢把握文章的"起、承、转、合"，以事件逻辑或人物命运的发展为线索进行划分。备稿的同时，创作者的心中应勾勒出一个无形的框架，并以此对稿件的播读进行规划与调整。因为这种划分方法是根据人们习惯思维方式进行划分的，所以又称逻辑划分。就像把一篇稿件拆开、切碎，再重新拼装。用大家常用的话来说就是"归堆拼份"。

下面以名家朱自清的散文《荷塘月色》做一个简单的示范。《荷塘月色》通篇大致分为三个部分。逻辑线索是这样的：路上（2～3段）——月色下的荷塘（4段）——荷塘上的月色（5段）——荷塘四周（6段）。第一自然段就是第一层，第一句"这几天心里颇不宁静"是全段的"文眼"，揭示出作者内心苦闷、矛盾的心情；第二层是第二到第六自然段，着重表现荷塘月色的优美景象。其中有勾勒、有细描、有渲染、有衬托，灵活多样，井井有条，特别是语言运用得准确生动，流露作者淡淡的喜悦和淡淡的哀愁与苦闷；最后一层则是最后两段，表现的是江南的旧俗引起了作者的思乡之情。巧妙地运用了《采莲赋》和《西洲曲》中采莲的情景，反衬出自己的思乡之情，更衬托出作者当时难以解脱的淡淡忧愁。"猛一回头"到了家，又把自己的心情引向了低潮，一切都回到现实，作者又开始彷徨苦闷起来。

这就是依照文章的内容逻辑划分出来的层次，我们可以较为清晰地了解到作者当晚的夜游过程，以及由此产生出的内部思想变化的脉络。经过归并以及划分后的层次段落，有助于我们更好地把握通篇文章。

第二步是提炼主题。主题指的是稿件的中心思想，是稿件的制高点。主题的概括需切中主旨、言简意赅，有高屋建瓴的气势。对大多数稿件的主体而言，可分为显性主题与隐性主题。通常新闻稿件多是显性主题，文学稿件则多为隐性主题。比如，《沁园春·雪》是毛泽东诗词的代表作。这首词以宏伟的气魄写景论史，在赞美祖国大好河山的同时，热情歌颂无产阶级革命英雄，激发人们的爱国热情和民族自豪感。鲜明的主题一旦明确，那么在把握稿件上就能较为准确地体现该诗的情感表达了。

第三步我们谈谈联系背景。任何一篇稿件都要面对创作背景与播出背景的问题。首先要了解的是稿件的创作背景，会使人有身临其境的感触，从而加深对稿件的理解，丰富自己的感受。在表达的时候，自然而然能淋漓尽致地表现出稿件的内涵。另外，在播出的时候，主持人还应该与当时的播出背景相联系，注意联系眼前的时代背景，多方面地进行考虑，尽可能地向当下的受众情绪靠拢，这样就更容易被受众所接受。

第四步则是明确目的。在稿件中，主题和目的往往有着极为密切的联系，我们要做的是把主题升华为目的。要站在宣传者的角度，经过一番发掘，将藏在内容和主题中的目的清晰、有效地表达出来。流传千古的范仲淹的《岳阳楼记》，看似通篇都是在描述岳阳楼前的壮阔景象，其实作者的真正目的则是借岳阳楼之景表达自己理想中的人生观与世界观。范仲淹写这篇文章的时候正贬官在外，"处江湖之远"，本来可以采取独善其身的态度，落得清闲快乐。可是他不肯这样，仍然以天下为己任，用"先天下之忧而忧，后天下之乐而乐"来勉励自己和朋友。所以，更为深刻的意义通常都藏在文字背后，是需要我们去发现，去体验的。需要特别指出的是，中国播音学的创始人、中国传媒大学教授张颂一直是"目的中心说"的倡导者。他认为，任何形式的稿件都有其目的，这目的可以更加直接、有效、清晰地表现出主持人在进行创作时想要达到的效果，如教育、启迪、调侃等。因此，对目的的挖掘整理是有心的主持人在面对稿件进行创作时必走的捷径。

第五步是准确把握基调。基调来源于音乐，指的是音乐作品中主要的音调，现在被运用于各种艺术形式中，如在美术作品中有色调，在电影中有影调。基调是所有备稿元素中的集大成者，指的是稿件总的感情色彩和分量，不仅指播出时声音的高低，还有对稿件的整体把握。阅读一篇作品后，在内心中会形成一种与感受有关的总体色彩，我们可以形象地用金黄、铅灰等色彩来确定一篇作品的总体色调。比如，《十里长街送总理》是缓慢的，呈灰白的色调；朱自清的《春》是抢眼的绿，蕴含着无限的生机；刘白羽的《长江三日》孕育着一种向上、积极的色彩，呈金黄色。

白居易写作《新乐府》是在元和初年，正是宫市为害最深的时候。他对宫市有相当深刻的了解，对人民也抱有深切的同情，所以才能写出感人至深的《卖炭翁》。我们可以看出作者的目的是通过卖炭翁这个典型形象，体现唐代劳动人民的辛酸和悲苦，在卖炭翁这个小人物身上反映出当时社会的黑暗和不平。因此，在朗诵这首诗时既要表达出对卖炭翁艰难处境的同情，又要对统治者的冷酷无情加以鞭挞。

综上可以看到，主持人对备稿工作切不可掉以轻心，每个步骤都要准备到位。同时，在平时要注意广泛的积累，提高自己的文化底蕴，以便更好更快地把握不同类型的稿件，将广义备稿落到实处。备稿不仅是把握和驾驭稿件所必需，也是形成良好的播出状态的重要条件。认真准备，心中有底，在播出的时候才充满信心，从容不迫。否则，很容易造成信心不足，紧张慌乱。认真备稿，可以发现稿件存在的问题，把差错消灭在播出之前。可见，备稿是影响主持人工作质量的至关重要的环节。

（二）稿件创作的应用性技巧

在解决稿件准备的问题后，就要进入对稿件的具体把握了。将冷冰冰、索然无味的书面文字变成情感丰富、活灵活现的有声语言，这就必须要用到稿件创作的应用性技巧。首先是内部技巧，即"画面蒙太奇、潜台词、受众定位"三个方面。

1.画面蒙太奇

蒙太奇，源自法文 montage，原为建筑学术语，意为构成、装配。蒙太奇又分为画面蒙太奇和声音蒙太奇两种。根据有声语言创作的基本要求，我们关注更多的是画面蒙太奇。在视觉艺术及影视创作中，蒙太奇是主要叙述手段和表现手段之一。一般包括画面剪辑和画面合成两方面，画面剪辑是指由许多画面或图样并列或叠化而成的一个统一图画作品，画面合成即制作这种组合方式的艺术或过程。电影将一系列在不同地点、从不同距离和角度、以不同方法拍摄的镜头排列组合起来，叙述情节，刻画人物。

有声语言创作中的"画面蒙太奇"就是指在符合稿件需要的前提下，以稿件提供的材料为原型，使稿件中的人物、事件、情节、场面、景物、情绪……在自己的脑海里不断浮现，形成连续的活动的画面，并不断引发相应的态度、感情等。这个过程就是画面蒙太奇。这是主持人在进行有声语言创作中调动思想感情处于运动状态的重要手段之一，是主持人进行创作时不可或缺的基本技巧之一。

怎样才能获得画面蒙太奇呢？画面蒙太奇来源于想象和联想。就以很多人都怕的"鬼"为例来说明。鬼是存在于现实世界之外的东西，谁也不知道鬼具体是什么样子。于是人们充分运用大脑的想象功能，并结合各自的经验，创造出人形的"鬼"来。这所谓的"鬼"又是什么样子呢？其实还是人的样子，只不过眼睛比人眼更突出，舌头比人的舌头伸得更长，手指比人的手指更尖细……

总结起来，我们不难发现，尽管鬼的来历天马行空，但依旧是有规律可循的。这是联想的结果。这种联想来源于人们从出生起所接受的各种恐怖信息的熏陶。在特定的环境中，这些记忆迅速活跃起来，形成具体、突出的画面，自己吓唬自己。

画面蒙太奇的来源便与此相似，且更多地源自通过电影电视的画面而留存在脑海中的素材。许多人没见过高山、大海、沙漠、荒原，没经历过战争、地震、海啸，但是在电影电视中曾经看过。作品需要二度创作时，这些画面在脑海中被挖掘出来，为原文本服务。在作品的创作过程中经常有画面感出现，有些画面的瞬间产生只是一种轮廓、一种感觉，并非具体到特定的景物上。如果画面太清晰、太具体，就会影响有声语言表达。这些画面的产生主要就是为了调动主持人在有声语言创作过程中的状态和情绪。

画面蒙太奇的展开必须注意三个问题。

（1）画面蒙太奇一定要以具体的稿件为依据，是在分析理解稿件的基础上进行想象和联想的。

（2）当稿件中有形象性内容出现时，我们要在形象感受的基础上，运用画面蒙太奇，使自己的语言表达富于鲜明的形象性。这种方法就像是在脑子里"过电影"，让平面的文字变得立体、活动，让我们的感受变为更生动更具体的语言。

（3）感受是关键，是由理解到表达的桥梁。无视感受，轻视感受就不可能做到有动于衷，往往使"画面蒙太奇"有画无情；缺乏感受，肤浅感受也不可能产生饱满的感情，"画面蒙太奇"会显得景细情粗。

语言和画面同属造型艺术。当我们看到文字时，逐步在脑海中形成画面感，然后用有声语言表达出来，可以说声音蒙太奇是画面蒙太奇技巧外化的一个过程。

2.语言的潜台词

潜台词，来源于戏剧表演的表现方法。戏剧术语"潜台词"的本意是指戏剧的台词中没有直接说出，需要观众通过思考才能领悟得出的言语，即不须、不便或不能明说的言外之意，包括说话的潜在目的、意外之旨和未尽之言等，是帮助演员进行表演的重要手段。主持人在有声语言创作的过程中，对潜台词的理解是通过稿件表面的文字挖掘出创作者的巧妙构思和隐含目的，并将其有机地体现在自己的创作中。明晰、准确的潜台词会激活有声语言，从而切实把稿件的文字变为自己心里要说的话，传达给观众。潜台词并没有在节目主持人的有声语言中得到具体的表现，它是主持人的内心意念，即思维与感情运动的体现，对有声语言的表达起着引发、深化的作用。我们在实践中认真体会和运用，就可以达到熟能生巧，运用自如的程度。潜台词对语言表达的直接引发和深化含义有极为重要的意义。

首先，潜台词是承续语言链条的节点。在语言链条逻辑关系不明显之处，或是在衔接转换的关联词省略之处，潜台词可以打破语言本身符号性和概括性所带来的局限，帮助主持人明确句子或小层次之间隐含的关取词，弄清语句之间的关系，使表达更准确、更具说服力。

其次，潜台词是语句目的的集中体现。同一句话，语境不同，语句目的就不同，而潜台词有助于在各种语境下准确把握每句话的语句目的。也就是说，内在语是确定有声语言表达语气的依据。同一句话，潜台词不同，表达的语气（包括内在的思想感情和外在的具体声音形式两方面）就会不同。

再次，潜台词是主持人创作个性的一个重要标志。因为它溶入了主持人独特的具体感受，不得不带有明显的个性色彩和创造性。

最后，潜台词还是新闻播音真实性的重要保证。因为播报新闻时，字音准确无误不等于做到了播音的真实准确，通过对潜台词的准确把握可以保证态度、情感的正确倾向。

以电影《辛德勒的名单》中的几处潜台词为例说明。

片段一：

辛德勒：我本来不想告诉你，我让高斯答应我为你说情，到了那边你会受到特别待遇。

伊特兹哈克（苦笑了一下）：柏林传来的命令提到过所谓的"特别待遇"，你不是指那个吧？

辛德勒：现在暂时就讲"特别待遇"吧。难道一定要用新词汇吗？

分析：三个"特别待遇"的内涵不完全一样：第一个是特别关照，第二个是指用毒气等手段屠杀犹太人，第三个是临时借用纳粹"特别待遇"这个词语，但表达的是特别关照的意思。在当时的环境中，这反而成了"特别待遇"的特殊用法，所以以后两个"特别待遇"加了引号。

片段二：

将军：你怎么知道我会帮你？要知道，需要劳动力的企业家不只你一个，辛德勒先生。我记得，今年初有个法尔堡公司为化工厂订了整整一列车匈牙利人，可火车刚经过拱择，负责挑选的军官命令立即停车。搞走两千人直接享受"特别待遇"。我从不干涉这里的作业过程。

辛德勒：请允许我说明原因。

说着，他将一小袋钻石倒在将军面前的办公桌上。

辛德勒：我没有任何评判你的意思，我只知道在未来的几个月里，我们都需要发顺手财。

将军：我可以下令逮捕你。

辛德勒：你应该知道我有强大的靠山。

将军：我可没说我就一定能够帮你，我只是觉得这东西放在桌上令我不舒服。

分析："我从不干涉这里的作业过程"——意思是这里对犹太人的屠杀完全是按照纳粹的要求进行的，你不要想从我这里钻到空子带走犹太人。"我们都需要发顺手财"——意思是我会给你很多好处。"你应该知道我有强大的靠山"——意思是我早已和你的上级打通了关系，他们早就被我买通了。在这一番对话中，潜台词将纳粹惨无人性的一面揭示出来。犹太人的生命在纳粹手里如草芥一样卑贱。辛德勒想营救犹太人的生命得走过多么艰难的路程，而纳粹内部的关系又是多么黑暗。

潜台词的作用概括起来有两大方面：揭示语句本质和展示语言链条。

（1）揭示语句本质。语句本质是指句子在具体的语言环境中深层的内在含义和态度情感。

理解语句的思想内容可以做两方面分析：一是脱离语言环境来确定语句的基本意义，那么它只是句子的表层意义；二是结合语言环境来确定句子本来要表达的思想和实际意义，那么这就是句子深层的内在含义和态度情感，即语句本质。在面对具体的稿件时，我们往往要结合上下文的语境来分析，才能准确地锁定语句本质。例如："他是好人吗？"站在语句表层意义的线索来理解，这是个疑问句。它没有清晰的结论，需对方加以解答；而结合上下文语境来分析时，我们甚至可以将其作为反问句来理解。这样，其潜台词提示的结论就是："他并不是好人。"也就是说，站在不同的角度上来理解其潜台词也是不同的。这需要主持人通过自己的理解，清晰、准确地将潜台词传达给观众。

（2）揭示语言链条。语言链条实际是指语句间的逻辑关系。揭示语言链条就是搞清句与句、段与段、层次与层次如何衔接成一个有机整体。特别是文稿中文气不太贯通的地方，在段落层次需要做明显转换而又不好衔接的地方，或需要赋予语言动作感、形象感的地方，或需要唤起受众注意，引发他们思考的地方，都可运用潜台词来衔接、过渡、铺垫或转换，以帮助找到自然贴切的语气，造成形成一气呵成、浑然一体的效果。例如，契诃夫的短篇小说《胖子和瘦子》中有这样的句子，"在尼古拉铁路的一个火车站上，两位朋友，一个胖子和一个瘦子，相遇了"。虽然这句话被三个逗号隔成了四部分，但是在播读的时候还是应该体现出文气贯通的感觉。

3."找对象"与受众定位

大家知道主持人的有声语言创作依据的是稿件，而这个创作过程也是很复杂的。于是，寻找"对象"、确立受众定位就成为电视节目主持人应该明确的任务之一，近年来，电视事业高速发展，"大众传播"的概念逐渐改变，电视"窄播"化的现象越发凸现，研究受众和研究受众的收视习惯成为电视节目主持人研究的目标之一，通过寻找对象而得到的受众定位成为主持人表达中极为重要的创作技巧。那么，什么才是主持人"找对象"呢？

主持人要努力做到"心中有人"，这个人就是对象，就是要对观众进行具体设想，从感觉上把握观众的存在，时时与受众有思想感情的交流、呼应，这就是我们所说的"找对象"。这个对象应该是老的、少的、漂亮的、单个的、群体的，这种对象的设计越具体、越形象越好，主持人和自己的亲人、朋友交谈，急切地将自己所了解的事情告知对方，这是播讲愿望的调动，这是"找对象"的作用。主持人的播讲内容正是听众、观众所非常关心的、急于知道的，一想到他们在听、在看，主持人就产生"一吐为快"的热情。"讲话要看对象"，一方特别想听，另一方讲得才会津津有味。获得这种感觉的关键，主要在于"对象"，这种"对象"就是主持人的自我感觉。要做到与听众、观众"交流"起来，就要从自我感觉上时时处处感到观众的存在和反应，并从语气上与听众的这些反应相呼应。从俄罗斯著名表演艺术家斯坦尼斯拉夫斯基的话里，我们能听到对观众进行定位的必要性："没有对象，这些话就不可能说得使自己和听的人都相信有说出的实际必要。"虽然这是戏剧艺术中演员与观众之间关系的表述，但对电视节目主持人与受众之间也同样适用。虽然"目中无人"，但要努力做到"心中有人"，这就是这一概念产生的依据。电视节目主持人所有的行动或思考都是为了"作为目标的人"。因此，主持人心里应该有受众，想着受众，不要忘记受众。

再来谈谈怎样理解"受众定位"。受众定位是指电视节目主持人必须联想和感受到受众的存在和反应，必须从感觉上意识到受众的心理、要求、愿望、情绪等，并由此调动自己的思想感情，并对其有效地加以引导和控制。

受众定位有以下特点：

（1）受众定位是被主持人用来使思想感情处于运动状态的一种手段、一种途径，属于某种联想、想象中的东西。谁如果把它当成实物，执着地去追求其客观实体，谁就不懂得电视语言艺术创作的特点。'

（2）受众定位必须是具体的。只有对具体的观众进行定位，才能在主持工作中发挥出积极的作用。因此，必须做出具体设想：这样的稿件，这样的栏目，这样的内容，这样的形式，这样的宣传目的，应该给什么人听？哪些人最需要听？听了以后会有什么反应？播给什么样的人听最能增强主持人的播讲愿望，最有利于达到播讲目的？

受众的设想，必须从量和质两方面去进行，质的方面又是最根本的。

所谓量的方面，是指性别、年龄、职业、人数等，有关对象的一般情况。

所谓质的方面，是指环境、气氛、心理、素养等，有关对象的个性要求。

因此，我们在进行"受众定位"的过程中，必须从稿件、栏目、受众人群、接受方式等诸多方面进行全方位的设想，深入到每一个细节。只有这样才能把握全局，有的放矢。

举例一：

我们面前坐着的是一群年龄在70岁以上、历经岁月沧桑，身体都有些病患并且集体居住在敬老院里的黄昏老人。面对这样一个特殊的群体，要找准和设计的对象应该是自己的直系亲属，如爷爷、奶奶、姥姥、姥爷等，向自己的亲人介绍健康常识、防病治病的办法、季节变化要添衣加被、药食同疗的道理。那么，主持人的态度应当用亲切的、关心的、具体的、形象的表现方式。如果是用对孩子的态度和表达方式，恐怕就不合适了。

举例二：

我们面对的是一群年龄6岁左右、天真活泼的少年儿童，他们爱玩、爱闹、爱说、爱笑、好奇心重、求知欲强。面对这样一群天性是"玩"的孩子，主持人就应站在他们的角度一起去想问题，一起玩，一起做游戏，把他们当成平等的朋友、玩伴，让他们在玩的过程中领悟道理，并帮助他们做出某种判断，同时激发他们对新事物的好奇心。如果用对待老人的方法，恐怕就不合适了。

综上所述，主持人要找准对象，要进行受众定位。

（三）重音在新闻作品中的地位

重音在稿件播读，特别是新闻稿件播读中占据重要的位置。在语音学中，重音是相连的音节中某个音节发音突出的现象。重音分为通过增加音强来表示的力重音和通过音高的变化来表示的乐调重音。这里所说的重音，是就语句而言的。词和词组内部的轻读、重读称为轻重格式，段和全篇的重要句子或层次称为重点。语句重音是指那些最能体现语句目的，在播音中需要着意强调的词或词组，它解决的是播音中语句内部各词或词组之间的主次关系问题。在播读稿件中，那些根据语句目的、思想感情需要而给予强调的词或短语就叫重音。在有声语言的表达中，"重音"这种技巧的作用是很重要的，可以使语句的目的更突出，逻辑关系更严密，感情色彩更鲜明。此处要强调的是，重音指的是词或词组在句子里面的主次关系。面对稿件的创作一般用两种方法来表现重音：一是放慢音节，二是加重语气。放慢音节是在处理语句的过程中，针对需要着重处理的单音节的字和双音节的词，有意识地将其韵母展开，以达到强调的目的。加重语气是指在字词的着力点上有意识地用语气的高低轻重予以强调，以体现出此处字词的突出位置。特别是在新闻资讯类节目中，根据其文体的特点和写作特点要求高度浓缩，重音的表现就愈发突出。

对于新闻稿件的创作，有些基本要素是不得不重视的。这些元素就是新闻作品中的"五个 W"和"一个 H"。"五个 W"即 When（时间）、Where（地点）、Who（人物）、What（事件）、Why（原因），"一个 H"即 HOW（怎么样）。一般来说，新闻稿件中这几个基本要素都是靠重音来加以体现的。

例一：中新社上海 4 月 30 日电　欢乐和谐的中国 2010 年上海世博会开幕式 4 月 30 日晚在上海举行。

这是第一次在发展中国家举办的世博会，也是第一次以城市为主题举办的世博会，筹办之际又恰逢金融危机席卷全球，注定了本届世博会自申办伊始就牢牢吸引全世界的目光。

例二：教育部发出紧急通知：严防来历不明人员进校园

中新网 4 月 30 日电　针对近日发生的几起中小学幼儿园安全事件，教育部于 4 月 29 日发出紧急通知，要求切实加强学校安全防范工作，确保师生安全。

通知要求各地教育行政部门和学校，一要继续高度重视学校安全工作，切实采取有效措施，防止学校安全事故发生。二要抓紧部署贯彻落实日前召开的全国中小学安全工作视频会精神，切实加强学校门卫防范工作，严格落实外来人员准入登记制度，防止来历不明人员进入校内，发现异常情况，要迅速处置。三要配合公安机关迅速落实校园安全防范各项工作。目前，各地公安机关已经针对学校安全工作部署开展有关工作，各地教育行政部门要密切配合，共同建设好中小学安全防控体系。四要切实树立"安全第一，预防为主"的理念，制定专门应急预案，严格执行值班和信息通报制度，妥善处置与师生切身利益相关的问题，落实安全工作责任制和责任追究制，切实维护中小学校安全稳定。

例三：中法双方将加强核电环保等合作

中新社北京 4 月 30 日电　中国领导人 30 日在中南海会见了法国总统。

中方强调说，中国高度重视同法国的关系，珍视两国人民的传统友谊。一个稳定、合作的中法关系符合双方的根本利益，可以为世界做出更大贡献。总统先生重申法国尊重中方核心利益和重大关切，我们表示赞赏。中法要加深相互理解和信任，为两国关系发展提供坚实的政治保障。

法方表示，中国是法国重要的战略合作伙伴。法国作为中国真诚的朋友，坚定奉行一个中国政策。法国赞赏中国积极应对国际金融危机，理解并乐于见到中国的经济发展，这有利于世界。法国愿与中国扩大在投资、核电、环保等领域合作。法国 2011 年将举办 20 国集团峰会，法方愿在推进全球治理、改革国际金融体系、稳定全球原材料价格、应对气候变化等重大问题上同中方加强沟通与合作，推动世界经济复苏和增长。

通过以上三个例子，我们将重音在新闻作品中的应用技巧总结如下：

其一，重音贵精不贵多。确定重音应有立得住脚的道理，否则就放过它。

其二，处理好重音和非重音的关系，重音和次重音的关系，重音和重音的关系，非重音之间的关系。总之，要用重音的提领把次重音、非重音和谐组织起来。

其三，重音的表达要注意分寸，过犹不及。把握重音首先要综观全篇，从全文的宏观角度体会作品意图和主要内容，然后落实到具体的语句中。

其四，检验新闻作品导语中的重音是否合适，最好的办法就是将这几个重音连起来，看是否能构成一句完整的话。

在电视主持实践中，对"重音"这一外部表达技巧的认识与掌握更多地体现在对新闻稿件的把握上。在新闻资讯类节目的处理中，重音的使用往往显得尤为突出，在新闻稿件中，有声语言要将句子的语法关系、逻辑联系表达清楚准确，使语句的目的鲜明，使听众、观众一听就明白。而"重音"的存在使新闻资讯类节目信息量大、时效性强、关注度高的特点体现得淋漓尽致。在具体操作中，找准重音、强调好重音可以起到提纲挈领的作用，让观众有一个较为明确的收听目的。同时，也要把握好精选重音、酌情处理的原则，以免由于重音过多、过重而使观众的注意力分散，以致无法清楚地了解新闻事实。

（四）语气在文学作品中的作用

语气是指一定语法关系表示的具体态度，是在一定具体思想感情支配下具体语句的声音形式。

语气的表达主要从两个方面入手：一是语气的感情色彩和分量，二是语气的声音形式。前者是语气的灵魂，后者是语气的形象。在灵魂的支配下，形象发生姿态万千的变化。语气的声音形式指语势语气的把握，在语言表达技巧中是非常重要的。在运用时一定要把握住三个相辅相成的环节：①受一定的具体思想感情支配；②以具体的语句为范围；③化为某种声音形式。"语无定势"，每一个语句的色彩和分量是不相同的，总会有不同的火候和分寸。在工作实践中发现，总是有人把握不好语气：或者无动于衷，看不出是非爱憎；或者夸张可笑，没有了分寸。因而，对语气的训练必不可少。

语气的感情色彩是指语句中包含的态度倾向和感情情绪。态度和倾向是建立在判断和分析基础上的赞成、反对、歌颂、抨击、赞扬、批判等；感情的分量就是程度、分寸、火候、语气等感情色彩和分量的综合形成稿件的基调。在稿件的基调和目的的统领之下，不同语句自身语气的感情色彩和分量体现其特殊性，而具有特殊性的语气按照一定的联系融合、贯穿在一起，成为一个有机的、和谐的整体，最终体现基调，实现目的。从具体和个体的角度来讲，要综合把握和融合以下要素：①精心、细致、周到地理解和感受稿件的思想感情、内涵和意图；②把稿件和节目的特点、风格统一起来，协调把握。把稿件的特点尽量贴合到节目的要求上来；③将主持人的真实情感、思维方式、语言表达特点融入稿件和节目中，在三者的联系点、沟通点和融合点上做足文章。唯此，主持作品才有自己的特色、个性。

我们不妨用以下作品为例来看看语气是怎样运用在有声语言的创作之中的。

在广阔的大地上行走，天戴在头上，路就穿在脚下。徐霞客走过黄山的时候，有几片云彩从头顶上飘过，徐霞客抬头望去，两峰矗天，好似云中双阙，这就是"云门峰"了。雄伟并且著名的建筑，一般总在入口之处设上巨阙，黄山自然地将天工寓于人巧。这样的雄秀，使一种超凡脱俗的感觉在徐霞客心底油然而生。于是，徐霞客拾级而上。

明朝的黄山只有一个游客，所以静寂，所以徐霞客能够很清晰地听到石头和松树的说话声。

徐霞客说，我没有空聊天，还要接着去行走呢。跟你这么说吧，黄山有泰岱的雄伟，华山的峻峭，衡岳的烟云，匡庐的飞瀑。一句话，就是"五岳归来不看山，黄山归来不看岳"。

这段文字是电视艺术片《江南》的解说词。它的主旨是歌颂黄山的雄伟、俊秀。身处黄山让人有一种豁达、舒适、开阔、超凡脱俗的感觉。声音的表现形式应以稳重、赞叹、歌颂为主。开头一段作者通过对徐霞客登山场景的描述，体现出对黄山美景及徐霞客探险精神的赞颂，应以积极明快的语气加以表现。

"这样的雄秀，使一种超凡脱俗的感觉在徐霞客心底油然而生。于是，徐霞客拾级而上。"这一句表现出黄山在徐霞客心中留下的总体感受。它堪称全文的文眼，作者也将感情分量集中于此。在处理的时候应该用较为大气成熟的语气，表现出作者高屋建瓴的视野。文章最后作者是用"五岳归来不看山，黄山归来不看岳"这耳熟能详的名句收尾的。这两句话的处理应给观众以别样的感受，不妨用意味深长的语气加以表现，使观众有更为强烈的身临其境的感觉。

由于各个语句的本质不同，语言环境不同，每一个语句必然呈现出"这一句"的具体感情色彩和分量，并且表现为千差万别的声音形式。有了具体的思想感情体为依据，有了"这一句"完整的独立的意思，就为变为有声语言打下了坚实基础，这时的声音形式就有可能比较完美了。

语气的表达是语言表达外部技巧极其重要的一环，甚至可以说是核心。把握好语句的语气，就可以很容易地找准重音；可以统领语句、段落、层次和各部分的停连；可以显露稿件的抑扬顿挫、轻重缓急的节奏。

（五）停连、节奏有声语言创作的基本技巧

停连包括停和连两个方面的内容。停，指停顿；连，指连接。有停顿、有连接才能更好地传情达意。停顿，在《汉语大词典》中的解释为说话时语音上的间歇。在有声语言的语流中，为表情达意所需要的声音的中断和休止就是停顿。连接在词典中的本义是事物的互相衔接，而在电视节目主持创作中，文字稿件上有标点符号而在播读中不中断、不休止的地方就是连接。停顿和连接的作用表现在许多方面：有的区分内容，使语意明晰；有的转折呼应，使逻辑严谨；有的强调重点，目的鲜明；有的体现思考判断，传情更加生动；有的令人回味想象，创造意境。它们常常和其他技巧共同服务于表达。

节奏，在《汉语大词典》中的解释是音乐中交替出现的有规律的强弱长短的现象。在主持人的有声语言创作中，节奏应该是由稿件生发出来的并在主持人的思想感情中引发波澜起伏而造成的循环往复的声音形式和抑扬顿挫、轻重缓急的语句的表现形式。简言之，节奏就是以思想感情运动为依据的声音运动形式。

语气是以语句为单位，节奏是以全篇为单位。就节奏的类型来说，大致可以分为六种，即高亢型、紧张型、轻快型、低沉型、舒缓型、凝重型。这六种类型在不同的稿件中有不同的结合，但不是并列，而是以某种类型为主，以其他类型渗入其中，既表现了节奏的具体性又表现了节奏的丰富性。节奏运用的方法有欲扬先抑、欲抑先扬；欲快先慢，欲慢先快；欲重先轻、欲轻先重；欲高先低、欲低先高；声音对比、收纵自如。节奏的运用表现在循环往复的不同类型上，也表现在音高、音强、音长、音色的不同对比上，声音形式的控制、收放自如上。

停连、节奏是语言表达中用得最多、最基本的技巧，在电视节目主持的各个层面都得以展现。以一年一度的春节联欢晚会为例。像经典的开场白："这里是中央电视台综合频道、中文国际频道、英语国际频道、西班牙国际频道、法语国际频道，正在并机直播的 2008 年春节联欢晚会的演出现场。"在这里各个频道之间就必须要有一个较好的停顿与连接，既要将各个频道停顿错开，又不能造成气息上的断裂。再比如中间的一句串词："今年的春节与以往不同，南方的雪灾牵动着亿万中国人的心，在此，我们首先要向灾区的同胞特别是连日来奋战在抗冰雪第一线的英雄们表达我们最深切的问候和感谢！"在这里，"雪灾""英雄"就应当是本句的重音，突出这些字眼以达到很好的传情效果。又如最后的结束语："难忘今宵，难忘这不眠的除夕之夜！那是心中涌动的亲情与感动；难忘今宵，难忘这万家团圆的时刻，那是心中永存的真诚与祝福！"这最后的结束语要道出温馨的亲情和诚挚的祝福，在语气上既要表现出积极向上的激情又要有温暖人心的感动，在节奏上不能因情绪激动而过快，也不能因心情舒缓而过慢，所以两者在度上要有很好的把握。下面举几个例子以供大家区分。

停连举例：

（1）法国民众期望，作为欧洲新生代领导人的代表，萨科齐能凭借其丰富的经验、旺盛的精力和精干的作风，将法国带入一个全新的"变革年代"。（提示："代表"之后"萨科奇"之前有一个较长时间的停顿以突出萨科奇。而"丰富的经验""旺盛的精力"属于并列结构，故而中间的顿号不宜停顿太久。）

（2）人们常常幸福地看到周总理，看到他矫健的身躯，慈祥的面庞。然而今天，他静静地躺在灵车里，越去越远和我们永别了！（提示：最后一句"远"后停顿，"永别了"前面要有较长时间停顿。）

节奏举例：

（1）眼前，这"雷神爷"为何又甩帽？人们目瞪口呆！只见他在台上来回踱了两步又站定，双手叉腰，怒气难抑。终于，炸雷般的喊声从麦克风传出："我的大炮就要万炮轰鸣，我的装甲车就要隆隆开进！我的千军万马就要去杀敌！就要去拼！就要去流血！可刚才，有那么个神通广大的贵妇人，她竟有本事从几千里之外，把电话要到我这前线指挥所！此刻，我指挥所的电话第一个扛上炸药包，去炸碉堡！去炸碉堡！！"（提示：本段的节奏应属于紧张高亢型，故而节奏应相对于普通的稿件要快些。）

（2）大雨像一片巨大的瀑布，从西北的海滨横扫着广袤平原。遮天盖地地卷了过来。雷在低低的云层中间轰响着，震得人耳朵嗡嗡地响。闪电，时而用它那耀眼的蓝光，划破了黑沉沉的夜空，照出了在暴风雨中狂乱地摇摆着的田禾，一条条金线似地鞭打着大地的雨点和那在大雨中吃力地迈动着脚步的人影。一刹那间，电光消失了，天地又合成了一体，一切又被无边无际黑暗吞没了。对面不见人影，四周听不到别的响声。只有震耳的雷声，和大雨滂沱的噪声。（提示：在这段话中，"一刹那间"之前，属于紧张性的节奏，速度相对较为紧凑，而其后的一段话应与之前的部分相区别，所以用舒缓的语气和节奏掌握就好。）

"内三外四"是几项重要的语言表达的基本技巧，支撑起语言表达的结构，因此有必要在这些技巧上多加实践。

其实，语言表达的外部技巧是以内部技巧为基础的，没有准确、细致的分析理解和深切感受，没有思想感情的运动起伏，任何外部技巧都会成为"无本之木""无源之水"，是没有生命力的。当然，由于理解上的差异，每个人会有自己的独特感受，语言表达上自然也会有一些不同。在这里探讨外部技巧的运用，无非想让年轻的同行有意识地运用它们，根据稿件表达的需要，有意识地设计和构思，"刻意雕琢"自己的技巧，打破自己的"自然状态"或者"机械状态"，让自己的语言不再僵硬，不再苍白、无味。"回归自然"是我们追求的语言表达的理想境界。播音语言表达是一项再创作的工作，不经过学习和大量的训练，是不可能进入再创作的。只有有意识地去"刻意雕琢"，才能最后达到"返璞归真""大巧若拙""不留痕迹""回归自然"的熟练程度。

在了解、掌握表达技巧后，如何处理语言面貌的规范化与表达方式的多样化也是电视从业者不得不面对的问题。

电视语言传播，永远附着于传授关系中。传播学的种种模式一旦进入传播实践，便都显现出"我播你听（看）"的格局。有声语言就在这样的状态下发挥着自己的社会功能。在传者与受者之间存在着时间推移过程中的"线性"关系。于是，时间性与线性的特征进一步突出了有声语言的明晰性要求。明晰性是从通俗易懂到明白晓畅再到清晰优美逐层提升的概括，是电视传播"悦耳动听、赏心悦目"的根基。因此，主持人在镜头前进行语言传播时，就必须坚持规范化的语言表达，展现规范化的语言风采。

电视主持艺术的核心是有声语言创作，是用普通话来规范的，不存在第二种所谓"特殊"的语言规范。我们应该抵制将规范化与生活化对立起来的做法，在树立现代意识的同时，以说普通话为荣，这样才会使自己的语言雅俗共赏、富有生活气息。

同时，电视节目是多种多样的，主持人的有声语言也应该与之相适应，采用不同的语言样式、语言样态。

电视语言传播中也有不同的品位，各品位中又存在着不同的层次，而当前受众对传播的要求越来越高，"美不美"已经成为普遍的话题。广播的声情并茂，电视的形神兼备，内容与形式的统一，感情与技巧的统一，体裁与风格的统一等一连串的关系都摆在传播者的面前。

语言传播在规范的基础上必须超越时间性和线性的特征，在历时中寻求共时，在线性中寻求立体性，在导向上高奏主旋律，在艺术上展现多样化。在传播的过程中，传者应根据节目的性质、任务和受众反馈的需求，坚持自我的真实，淡化与弱化节目不需要的那部分自我，以有声语言为主干或主线驾驭节目的进程，与节目融为一体。

这就要求创作主体能左右逢源、以一当十，将语感、语言的悟性、语言的心理缺陷作为其内在尺度。另外，还应避免驾轻就熟，要尽可能地体现出创意和新意。

长此以往，创作者会逐渐形成自己的风格，但这风格不是一成不变的，而是随着不同的语言内容、不同的感受、不同的语言样态，造就同中有异、异中有同的电视节目主持精品，从而达到共性与个性的辩证统一。

三、即兴口语表达——"眼脑口联合创作的产品"

随着越来越多的电视节目不断兴起，主持人的主持功力需要在竞争中日趋丰厚。现在的主持人大多都是进行半文本或无文本创作。半文本创作是指有一定的素材但没有固定的稿件；而无文本创作是指既没有素材也没有稿件，靠的是主持人的临场发挥。这样的创作方式对主持人提出了更高的要求，即深厚的语言功底、丰厚的学识底蕴和快速的临场反应缺一不可。因此，如何提高自己的即兴口语表达水平就成为电视节目主持人的当务之急。

即兴口语表达既区别于书面语，又区别于通常所说的有稿播音。它是电视节目主持人通过电子传播媒介，在话筒前即兴完成的口语创作。即兴口语是电视有声语言创作中不可或缺的重要表达形式，是在高度集中、快捷思维过程中即兴而谈、现想现说，是在不及深思熟虑的条件下对刺激迅速做出反应，是电视节目主持人的口、脑在高速运转的状况下碰撞出的火花。

（一）即兴口语表达的特点

1.现场、现想、现说

有文本的表达可以在稿件创作阶段从容思考，反复琢磨，写好的稿件就是有声语言表达的依托。而口语表达则没有这样的条件。它受语言环境的严格限制，在与特定受众的现场交流中，不断产生新的想法、新的话题。要不断调整思路，组织语言。

2.语音稍纵即逝

以稿件为依托的表达可以字斟句酌，落笔之后还可以进行修改。而即兴口语表达则要求张嘴就说，而说出去的话就收不回来了。

3.语言灵活多样

书面语一般要求语法规范、逻辑严密。虽然口语表达也应遵循以上原则，但由于口语对语境的依赖性强，交流速度快，由环境提供的信息量大，听众对象又常常就在眼前，因此句式多变化，多采用短句、自然句、省略句，结构比较松散，词语生活化，上口入耳通俗易懂，语气变化多、停顿多。

4.语音和体态语有特殊功效

口语表达可以运用丰富多彩的语音、调式、语气、节奏和表情、姿态、手势等特有手段表情达意。

（二）即兴口语表达的独特表达过程

1.内部语言阶段

人在说话前先要具备说话的动机和愿望，即为什么说、对谁说、说什么、怎么说，因此而进行思考的过程，也就是组织内部语言的过程。在这一阶段，要完成说话内容的轮廓、主要观点，甚至是一些关键词语的构思。

2.扩展编码过程

在这一阶段，要通过扩展编码使内部语言转换成外部语言，即完成由想到说的过程。在内部语言阶段脑子里只是形成一些零散的语言点，而在此阶段则是需要把点连成线。按照一定的语法规则，将简略粗疏的信息点扩展丰富成完整的句子，把语意清晰地表述出来。

3.传递反馈阶段

把内部语言扩展编码为一定的语句后，说者要借助发音器官发出的声音把信息传递出去，听者凭借听觉器官来感知这种声音信息的内容并做出相应反应。同时，将这反应反馈给说者，使说者及时对自己的语量语调内容等进行调节。

了解口语表达的特点及过程，目的在于掌握和更好地运用这一表达形式的规律，使口语表达更具系统性、针对性。

（三）电视节目主持人的即兴表达

电视节目主持人在工作时需要一种和谐自然的交流气氛，应对现场气氛保持高度敏感，以便及时有效地进行调整，从而保证节目的顺利进行。随着电视节目的不断发展，节目的灵活性也在不断得到加强。这就要求主持人更为灵活主动地进行即兴发挥，不断活跃现场气氛，沟通舞台上下、荧屏内外。在表述中，主持人要注意将自己的特点与节目的特色有机地结合起来。

1.胸有成竹，指挥若定

被称为"解释性工作"的电视节目主持工作需要主持人对节目的内容、流程、环节设置等了然于胸，从而对节目现场做出全局把握。因此，主持人要重视对节目本身的认识及服务对象的了解和交流。只有拥有指挥若定的态度与能力，才能使谈话越来越投机，气氛越来越和谐，有助于主持人更加得心应手地发挥自己的优势。

以凤凰卫视栏目《鲁豫有约》为例。作为一档访谈节目，在节目录制前，《鲁豫有约》的主持人与其创作团队事先对可能邀请的嘉宾做出仔细的遴选，然后主创人员会大量搜集该人物的背景资料。在主持人了解素材后，创作团队还会与其拟定访问内容。在节目开始后，主持人根据这些素材与嘉宾进行即兴交流。《鲁豫有约》有一个阵容强大、配备完善的创作班底，其的创作团队已注册为一个公司，专门为这个节目服务。在这种条件下，该节目的准备工作十分到位。在采访前会通读大量与采访嘉宾有关的资料，以求做到对嘉宾最贴切最完善的了解。在节目进行的时候，主持人会以其亲切自然的聊天方式，加之含而不露的紧密的访问结构，在不知不觉中让你了解每一位嘉宾藏在内心深处的感情以及其不为人知的一面。

素材的准备工作是很烦琐的，据主持人本人介绍，有很多时候采访一些艺人，你需要去听他们的音乐或者看他们的影视作品，通过他们的作品加深对这些艺人的理解。所以，主持人进行自由创作的前提是对素材的准确把握和理解。只有在这个基础上做节目，才能做到运筹帷幄、得心应手，甚至不留痕迹。

2.切合意境，凸显主题

主持人的临场发挥并非信口雌黄、空穴来风，它是与现场的环境与气氛紧密联系在一起的。主持人还要时刻保持应有的节目意识，反映节目的主旨、展现节目的主题是进行表述的目的与归宿。

1996年云南丽江地震后，《综艺大观》在昆明做了一期节目。在节目的进行过程中要向大家介绍震后出生的第一个孩子，这个孩子曾收到南京一位不愿意透露姓名的好心人一万元的捐助。原串联台本的设计是："震生是丽江震后最幸福的一个婴儿，你要感谢帮助你的人，感谢有了他们的帮助你才能健康成长。"彩排时，主持人抱着只有 7 个月的婴儿，突然看到孩子好奇地张望镜头的样子。主持人灵机一动，有感而发："来，震生，阿姨抱抱，咱们把脸转过来，让坐在电视机前的爷爷奶奶叔叔阿姨看看，瞧……得到你捐助的小震生长得多好，多健康。"这时，孩子突然大声地"啊"了一声，全场热烈鼓掌。主持人高兴地搂紧孩子说："来，给捐助你的亲人们鞠个躬，告诉他们我会使劲长，将来好好报答他们！"孩子似乎又听懂了，又神奇地"啊"了一声，当时现场许多观众都为这感人的一幕流下了眼泪。显然，主持人的即兴发挥比原来的设计更自然、更亲切。

这样的即兴发挥源于主持人对主题的把握，更得益于她对现场细致观察和灵敏感受以及日常生活中的积累。

3. 体察观众，拉近关系

为更好地激发起观众参与兴趣，活跃节目气氛，除了专门设置观众参与环节之外，主持人必须发挥主观能动作用。这就需要主持人把观众挂在心上，在节目过程中注意观察感受现场观众乃至电视机前观众的心理，灵活地在串联中结合节目主题反映观众的所想所思，从而有效拉近传授关系，缩短收视的心理距离，增强传播效果。

这里以央视经济频道播出的《财富故事会》为例。《财富故事会》是一档具有"故事脱口秀"特色的节目。节目以故事为主要表现形式，主打因财富而引发的各类中外传奇故事，关注主人公追逐财富梦想过程中的命运转折和心灵体验，传达健康的财富观。

主持人王凯在了解这些不同地域不同领域的财富故事后，或说或评地向观众娓娓道来。手持一把折扇的光头主持人抑扬顿挫、语速缓慢地讲着这样或那样的故事，那段时光总给人一种舒心惬意的感觉。王凯是一个很会讲故事的人，他认为讲故事最重要的是新鲜感，不仅体现在讲故事的人对故事本身要保持一种新鲜感，更要让听众听起来是一种新鲜的、未曾有过的讲述。

王凯在形式上不掺杂任何表演的痕迹，在讲述中以真情打动观众。他的秘诀是用心、动情地去讲故事。王凯不参与节目前期的录制过程，但在后期制作时，尽可能地采取换位思考法，以求更深地体会故事的主人公面对人生的重大抉择表现出的伟大之处、过人之处。王凯觉得换位思考很重要，只有关注主人公追逐财富梦想过程中的命运转折和心灵体验，才能讲好一个故事。

在这里再一次感受到进行语言表达时"先传情，后表意"的宗旨。无论是何种类型的节目，表达的是何种情感，主持人只有对事物有自己的切身感受，真正去体会、去领悟，才能更好地向观众传达事物的本意。

一档非常具有特色的节目，无论其采取的是访谈还是说故事的形式，都强调主持人一定要传情达意，力求形成属于个人的独特语言风格，最大限度地展现自己的知识底蕴和语言功力。

总之，主持人现场的即兴发挥不是插科打诨、耍贫嘴，要运用得是地方、是火候，不可滥用，不应牵强。当今社会竞争激烈，人的交往更加频繁，许多现实话题要立即做出适当的回答。对节目主持人而言，在富有变化的节目语境中，要能够快速敏捷地相时而动，做出得体的应变性表达；要能够出语迅捷，出口成趣；要能够妙语如珠，以理服人，就需要准确的、饶有兴味的即兴表达。主持人只有运用恰当的应对策略，才能将主持艺术的魅力更好地加以发挥。

第三节　电视节目主持人的主持语言策略

一、搭建桥梁——电视节目主持人在电视传播中的任务

了解电视节目主持人在工作时应采取的语言样态并不意味着就能够熟练地将其应用到电视节目的主持工作中。主持人的语言样态并非一成不变的固定概念，而是随着主持人所处的环境、所要表达的信息不断变化的动态的语言集合。想要熟练地将其掌握是需要相当的实践作为积累，循序渐进的。这样的积累并不是在消极的等待中获得的，对创作规律的掌握、对受众心态的分析、对自身职能的充分了解是帮助我们顺利将语言样态消化为自己的语言技巧的终极捷径。

主持人在电视节目中处于中介的位置，起到沟通媒体与观众的桥梁作用。这是大家已经非常熟悉的定论了。在今天，电视媒体成为强势媒体，电视节目极大丰富的条件下，中介位置与桥梁作用产生哪些变化？我们该如何认识主持人职能在新形势下的转变呢？

在电视出现的初期，电视机的普及率还是相当有限的，同时播出时间短、频道资源少，相当一部分观众无法在自己家中收看节目，几乎没有选择频道的权利。当时的收看行为与在影院观看电影相似，有明显的仪式化痕迹。在当时的社会环境与媒体环境下，电视主持人基本上都在扮演媒体意志发布者的角色，其语言传播方式往往都是单向的。当时的主持人与其说是沟通媒体与观众二者的桥梁，不如说是从

媒体到受众的信息传送。

电视主持人的桥梁作用是在电视媒体得到快速发展，电视机的普及率大大提升后，才真正地凸显出来。随着电视机进入千家万户，其神秘感逐渐消失殆尽。由于节目播出时间长达 24 小时，开机的时间延长到除睡觉之外在家中的所有时间，收看形式从原先的仪式化彻底转变为伴随式。

电视与百姓生活的联系变得越来越密切，再加上各电视台之间激烈的竞争，观众受到了越来越多的重视。收视率与观众的满意程度成了判定电视节目成功与否最重要的因素，电视节目制作的理念不断向受众倾斜。因此，电视节目主持人再不能两眼向上，只顾媒体本身的意志，而需要更多地考虑观众的意见，通过与观众顺畅沟通交流以达到良性循环。将以往"从媒体到受众的单行道"改变为"媒体与受众互动的双行线"，真正起到相互沟通的桥梁作用。

电视节目主持人不再仅是党和政府的喉舌、国家和媒体意志的代言人，在逐渐深入民间的同时，已经成为最新时讯的发布者、时代变迁的见证者、动人故事的讲述者、邻里纠纷的调解者、生活疑问的解答者、不安情绪的安抚者。就像歌里唱的，走进千家万户的主持人已经成了观众们"最熟悉的陌生人"。

正是由于这样的改变，才需要从主持人在传播中所处的新位置及所承担的新任务出发重新审视节目主持人。只有这样才能找到最合适的语言策略，从而有效地使用主持人的工作语言。

二、受众意识——电视节目主持人语言策略的出发点

对我国电视事业发展中的改变做出一番分析后不难发现，观众因素的不断提升是这一切变化的主要原因与主要动力。面对着新形势、新挑战，电视主持工作者最为有效的应对措施就是相应提高自己的"观众意识"，也就是"从观众中来，到观众中去"。

电视从来没像今天这样与人们的社会生活联系得如此紧密，它拥有最广泛的受众，占据着最显眼的位置，发挥着最有力的影响。我们甚至可以说，电视主持人的工作是一项社会工作。综观电视节目主持人的几项重要职能，如信息中介、资讯链接、叙事媒介、多边代言、多向慰藉，无一不是需要主持人以受众的所听所看所感所想为依据来整理思路、安排语言的。因此，"感观众所感，想观众所想"的观众意识是主持人一切语言策略的基础，只有以观众为出发点、以观众为归宿的语言策略才是行之有效的。

作为传播主体的电视节目主持人不了解受众真实的生存现状，不理解受众体验

到的生存真相，则无法就"共同面对的现实和问题"交流沟通。语言脱离群众基础成为"空中楼阁"，则丧失了"社会望远镜"和"社会显微镜"的功能。

对于有文案的主持，第一步是要"看明白"，精确地理解感受文字背后的大千世界和人心万象，具备较高的综合素养，有足够的观察力、思辨力、理解力、感悟力；第二步是要"说明白"，将感悟到的真实不打折扣地送达给受众，要求较高的语言素养，具备"由己达人"的表现力。看到"受众眼中心中的生存图景"，做到"无一字无依据、无一言无目的、无一语无对象"，代替受众表达他们身处的现实和想解决的问题。看到真实的生存状态，应该思考如何提高受众的生存智慧。语言触摸不到生活的本质，不能触及生存的痛楚，没有生存智慧的蕴涵，对于受众就是可有可无的，受众会失去对传媒语言的智慧期待。

电视节目主持是主持人以探索生存智慧为动力，进行独立思考的成果。稿件成为"我非说不可的话"，融汇着"我"对生存的理解、感受、态度和思考。无论是事件还是人物、写景还是写情、说事儿还是说理，被受众接受后就成为其生命中对事、人、景、情、理的认知，有的是拿来即用的智慧指点，有的是形成生存智慧的材料。一条与衣食住行有关的新闻、一番关于股市投资的建议、一句对亲情关怀的赞美、一句娱乐节目中对失败选手的鼓励、一句体育比赛比分落后状况下的举重若轻、一句对道德败坏现象的谴责，都可以渗透到受众心中形成生存智慧。

看似简单的观众意识对节目传播效果的提升作用是难以估量、难以用语言形容的。因此，把握好这个出发点是选取正确的语言策略的第一步，只有迈好这第一步，才能使语言策略在主持中发挥真正的作用。

三、有效引导——主持人语言策略的心理航标

主持人语言策略的出发点与归宿都是对观众进行有效的引导，使其迅速进入节目创作者所安排、设计的"交流场"中。这种策略被中国传媒大学教授吴郁总结为"略高一等，换个说法"。

在传播心态和与受众关系方面起着指导作用的策略是"领先半步，略高一筹"。观众意识起到主导作用，这里的"领先""略胜"都是以受众作参考对象的。当然，主持人对节目的观察角度与介入方式与观众有很大的不同，但是，主持人对节目流程的把握、控制是绝对离不开观众的。

电视节目主持人的语言是建立在对节目背景充分了解的基础上的，是有依据的。无论这个依据是写就的规范文稿还是提纲草案，甚至只是对节目进程的心理预案，主持人都会对节目的进展情况有所了解，主持人在面对观众的时候都会抱着一种胸

有成竹的态度。的确，作为创作者的主持人当然应该对节目各个环节的展开了然于胸，这有助于主持人保持积极、自信的良好状态。所以，在节目的开始阶段主持人领先于观众的心理距离就已经产生，主持人要做的就是将这距离控制在合理的范围内，从而积极、有效地带领、引导着嘉宾和观众进入节目预设的各个环节中，潜移默化地对节目的舆论导向及文化品位加以控制。这是较为理想的主持状态，要达到这样的状态是离不开对"领先半步，略高一筹"的语言策略的把握的。

先来看这个"半"字。在节目进行的过程中，主持人与嘉宾和观众的距离是很值得推敲的。这距离不可太近，否则会令主持人没有足够的时间来厘清思路、整理线索，使节目节奏松散、观众意兴阑珊，同时也从一个侧面反映出主持人的状态消极、准备不足；而距离也不可太远，否则会造成主持人与观众的沟通失灵，主持人会因此白费许多唇舌，而受众会失去逻辑线索，这种情况则反映出主持人过度紧张、对观众的反应估计不足。

另外，主持人在主持过程中采用的基本语体是口语形式，而观众对真实性的要求越来越高，"边想边说、边听（看）边想"这种自然谈话的典型状态已经被引入电视节目主持中。"领先半步"的语言策略恰好为这样的交流状态提供了赖以生存的空间，正是这"半步"为"边想边说、边听边想"的"想"留出了位置，为主持人与受众的顺畅交流铺平了道路。

我们再来看看"略高一筹"。主持人在节目录制的伊始就拥有了比受众更为了解节目的心理优势。由于主持人参与了前期策划，所以对节目进行中涉及的知识点、背景资料都会有所了解，对可能出现的问题、争论等也有一定的预判和思考。这些先期准备会让主持人更早更深地介入到节目中，主持人的见识本就应该高于观众和嘉宾。问题的关键在于如何将这个高度贯穿于节目录制的始终，并一直保持在"略"的控制范围中，从而积极、有效地引发受众的思考，活跃节目的气氛，增加节目的吸引力。

其实，在电视节目主持的实践中也不乏因主持人的思维程度"过高"或"不够高"甚至"过低"，导致节目效果不佳。

当然，还有许多优秀的主持人能够将"领先半步，略高一筹"的语言策略成功地运用于电视节目主持的实践中，凤凰卫视中文台的主持人胡一虎就是具有代表性的一员。他在《一虎一席谈》中以准确、恰当但不失犀利的语言将一个个热点话题的讨论控制在预想的节奏中，既保持了紧张、热烈、剑拔弩张的气氛，也避免了因言辞过激而导致的尴尬场面。他总是能把握好自己与嘉宾与观众之间"领先半步"的距离，适时地对嘉宾的发言进行总结、归纳并加以提炼，将嘉宾的意图纳入节目的进程中。在话题讨论到"起承转合"关键点时，又能利用主持人在思维深度上"略高一筹"的优势，恰如其分地进行点评，将话题符合逻辑地向纵深方向进行引导。他的每一次主持都是在高速的节奏中完成的，正是语言策略的恰当使用使他的表现近乎完美。

有了正反两方面的例子，就能准确理解"领先半步，略胜一筹"的语言策略所包含的微妙内涵以及对实践的指导意义了。不过，这样的语言策略提供的更多是心理上的引导作用，在具体的语言实践中还有更具实操性的其他语言策略。

四、换个说法——电视节目主持人语言策略的实操宝典

电视主持人所用的语言是源自生活的大众口语，同时又是兼具规范性与艺术性的语言。因此，我们不能陷入盲目追求"口语化""生活化"的误区中，使口语中最粗糙的市井语言充斥在电视的大雅之堂。正如张颂早已指出的："一个电视台，现在不可能，将来也不可能完全舍弃书面语作依据的语言传播。"

不过，反对片面、盲目的口语化并不意味着抵制口语化，更不是用书面语代替口语成为电视节目主持人的工作语体，通篇背诵稿件的主持人必然会给人以呆板、生硬的感觉。即使像某些报幕型主持人那样将稿件烂熟于心，在表达的时候口若悬河，也依然难以走进观众的内心，更不要说将其打动了。还有些主持人喜欢在自己的语言中大量使用倒装句、欧化句等长句、复句，受众要为此大费脑筋，对播讲内容、播讲目的的捕捉无从谈起。其实，早在大众媒体建立的初期，国家就曾对媒介传播中所使用的语言给出过指导性的意见，在《新华总社语言广播部暂行工作细则》中明文规定："用普通话的口语，句子要短，用字用词要力求念起来一听就懂，并要注意音律优美和响亮。""文言文或难懂的字句，应加注必要的通俗口语翻译。"

电视媒体的有声语言传播不同于生活中的日常口语，更不是书面语言的简单音声化。这就需要对电视传播口语的自身特点加以关注，要掌握随时随地将不同的语言方式转化为适合电视媒体播出的语体。正是基于这样的情况，"换个说法，讲得精彩"的语言策略才有了如此广博的用武之地。

"换个说法"是对电视主持人语言转换能力提出的要求。无论是人物专访、外景主持、现场报道、连线记者、交代背景、引用资料，还是与嘉宾交流、对时事点评等环节，都会遇到将不同语体进行转换的情况。这就需要电视节目主持人具备两方面的素质：较强的语言功底与临场应变的能力。一方面，要将已知信息用合适的语言更清晰、准确地表达出来；另一方面，则需要对原有信息稍做加工或修饰，体现出主持人的人文关怀与文化底蕴。当然，更高的要求是在转换的过程中形成主持

人个性化的表达方式，用独特且为观众喜闻乐见的风格化语言显示自己的主持功力。这里以中央电视台《半边天》节目的主持人张越为例。

在某一期节目中，张越采访的是一位刚经历过离婚的创业者。在节目的开始，采访对象谈了自己结婚和离婚时的不同际遇：结婚的时候，由于他和新娘的户口不在同一个城市费了很大周折；而在离婚的时候，因为妻子的户口也调到了深圳，他们只用了很短的时间便办完了手续。在采访对象断断续续说完了这段心路历程后，张越适时地说："这就像我们在生活中面对的很多事情一样，当你想构建它的时候总是要花很大的精力，而摧毁它往往是转瞬之间的事情。"

很多人欣赏张越，称赞她有两套语言体系，能在适当的时候自由地加以转换。其实，我们并不是鼓励大家盲目地掌握这种或那种语言体系，而是强调能根据节目的背景、内容、对象等不同对自己的语言状态进行及时、有效的调整，使自己的语言与节目融为一体，潜移默化地对节目进行引导、推动及提升，这才是"换个说法"策略的真谛。

"换个说法"得以存在并能有效地发挥作用是建立在有利于节目的接受程度与主持人形象塑造的基础上的，而重复对方已经说清楚的事实，把简单的事情复杂化，用堆积华丽辞藻的方式来表现自己等手段，都只会适得其反，是不可取的。只有用"讲得精彩"的语言策略来明确语言方式的转换目的，才不至于陷入简单、无聊的文字游戏中。

"讲得精彩"是"换个说法"的目的与要求，往往只有换了说法，才能使主持人的表达更为精彩，才能点石成金，使节目变得更加生动、活泼，更为观众喜闻乐见。

优秀的主持人成功运用"换个说法，讲得精彩"的语言策略的例子还有很多。在人物访谈节目中，面对不同的采访对象，采用与之相得益彰的语言方式，是很多主持人的拿手本领。在《鲁豫有约》节目中，主持人用不同的语言方式成功地对嘉宾进行着引导，以对韩庚的采访为例。

韩国的娱乐界有一条规定，外国艺人在韩国只能和三个电视台签订演出合同，韩庚表现的机会受到限制。由于出镜率低，韩庚的人气一直不温不火。

主持人：你上电视脸是不能露出来的吗？

韩：因为不能让有关人员看出我在台上跳舞，或者唱歌演出，一些商业活动如果发现会罚款，再严重的就不会让你进入韩国演出了。

主持人：真的啊？那怎么办？

韩：当时我是在 Mnet 演出，彩排的时候经纪人跟我说，我们要去一趟外国人出入处。到了之后问了我好多东西，他说你参加过什么演出啊？拍过什么广告啊？上过什么杂志啊？问完之后说要罚款，因为没有正当的手续，没有演艺的签证。当时我是第一个从外国来的艺人，第一个在韩国出道的，所以公司也不知道是什么样的一个程序。当时说你从今天结束后在韩国不能演出了，我一听就哭了。觉得刚刚开始就又把我封杀掉了，当时哭得很伤心，经纪人也在安慰我，越安慰我哭得越厉害，我还得重新补妆，又重新做头发。我在舞台上就是捏着一股劲儿，说这有可能是我最后一场演出，我要让所有韩国的歌迷知道有我一个韩庚在舞台上，给他们留一个深刻的印象。

主持人：你的歌迷说你想出了一个办法就是戴面具。

韩：对。我跟经纪人商量，说戴着面具好不好，因为缺我一个人队形就全乱了，还得重新排。所以我就跟经纪人说我戴面具可以。当天我就戴了面具，还戴了帽子和队员一起跳。

主持人：我觉得这是很聪明的做法，你想一个队 12 个人，在台下其实你看不清具体谁是谁，但一个人戴了面具，我会最注意这个人的。戴面具的时候那一瞬间有没有一点特委屈的感觉？

韩：在舞台上，我除了唱歌、跳舞什么都没有想。戴面具也一样，尽量给观众最好的一面，把我所有东西全部奉献给你们。所以朋友说，韩庚，你是为舞台而生的。

主持人：你收过这么多歌迷的礼物觉得最有意思的是哪个？

韩：我最喜欢的礼物就是从我出道，从 *Twins* 开始，从戴面具 *Miracle*，*U* 这些，全部做成一个 CD，还有照片。还有我跟爸爸在机场分离拍的视频，做成的一个碟，还配的音乐，我看了，特别感人，当时我看着那个 CD 就哭了。没想到出道以后再去回想以前就是一步一个脚印这样一直走。

由于韩庚出道较早，有一定的出镜经验，且带着新歌的宣传任务，所以他有一定的播讲愿望，也积累了一些值得与观众分享的经历和感受。所以，与韩庚进行交流时，主持人只做最简单的引导，把大量的话语空间留给了韩庚，让对方充分地表达自己的经历及所感所想。在这样的情况下，主持人的桥梁作用在主持人的身份悄然隐去之后体现得更加突出。

主持人的主持风格早已被研究者们定义为"春风化雨、润物无声"，在语言策略的使用上，她给人留下"举重若轻、以小见大"的印象，仿佛是在不经意中就完成了语言方式的转换及对话题的引领。这是在大量的实践中修成的境界，是很值得学习、借鉴的。其实，所有策略的使用都是因人、因环境、因节目而异的。没有任何一种语言方式能统领所有的节目，也没有一种语言技巧适合所有的主持人。只有将语言策略与电视节目主持的实践有机集合起来，形成自己的风格，在潜移默化中推动节目的进程，并与观众产生良好的共鸣，才是对语言策略的真正掌握。

五、文化传承者的身份认同——日常积累中应把持的心态

在当前略显混乱的传播环境下，新闻工作者的身份认同已被某些社会责任意识淡薄的播音主持工作者有意无意淡化。我们应该旗帜鲜明地对电视语言传播的主体——电视节目主持人提出更高的要求——具备文化传承者的身份认同。

以个人身份参与广播电视有声语言传播的电视节目主持人除了以新闻工作者的身份来要求自己，更要在文化的高度对自己的工作属性及职责进行把握。无论面对的节目样态是主流文化、大众文化，还是精英文化，都要有基本把握。只有这样才能真正在提高节目品质、改善传播效果上做出有建设意义的贡献，扮演好文化传播者的角色，对不良的创作倾向做出应有的抵制。

为了使电视传播中精英文化的作用更好更顺畅地得以发挥，作为有声语言传播一线工作者的电视节目主持人面临着新的挑战。一方面要注意培养自己的精英意识，不断加强知识背景的广度与思维能力的深度，努力提高自己的科学文化水平与人文修养及品位。另一方面也需要有更多不同行业的社会精英参与到电视节目的创作，甚至加入广播电视从业者的队伍中来，使精英与广播电视事业进行真正有机结合，从而创造特点突出、有品位、有影响力的广播电视精英文化，提供品质出众、思想境界高尚的精神文化产品。

随着电视媒体的影响力不断增强，其包容性也在不断扩大。各种不同背景、不同风格的文化形态都能在其中找到属于自己的一方舞台，电视媒体以自己强大的影响力为各文化的发展提供了更为广阔的空间，使文化与生活的相互渗透变得更加融洽。多元化的文化结构成为电视媒体的特质之一，但是"多元化"的特点也为广播电视从业者带来了相当多的困扰。在当下特殊的转型期里，不论是整个社会的文化大环境还是媒体所面对的传媒文化小环境，都有不尽如人意之处，"泛文化""伪文化"充斥、夹杂在本就尚欠完善的文化市场中，一片兴旺繁荣的背后是鱼龙混杂、泥沙俱下。这就对文化传承者提出了一定的要求，去伪存真的眼光是必不可少的，批判地继承传统值得继续发扬。对占据主流、强势话语权的播音主持工作者而言，文化传承方面的要求就更为严格了。

对文化传承工作而言，电视媒体强大的影响力是一把双刃剑。既可以将文化的精髓在最大空间里发扬光大，使之深入人心，也会将因文化积累不足、文化修养不高而造成的疏忽及错误以几何级数迅速放大，造成无法弥补的恶劣后果。播音主持

实践中的众多实例早已证明：凡是表现突出、深受观众爱戴、赢得群众口碑的优秀播音主持工作者无不得益于自身良好的文化修养。深厚的文化底蕴使曹景行、杨锦麟、王志等专业条件并不突出的主持人在发挥自己文化优势的同时，弥补、掩盖某些不足，从而取得良好的传播效果。同时，一些在个人修养、文化积累方面稍有欠缺的主持人的不经意间的"露怯"行为往往被广播电视无限放大，对自身及媒体的公众形象、对有声语言传播的效果造成极大的负面影响，而媒体的文化传承功能更是无从谈起。

所以，要承担起时代赋予的文化传承的神圣使命，文化传承者的身份认同是广播电视有声语言工作者不可有丝毫放松的责任意识。

首先，在具体实践过程中，无论具体任务是播报、采访、评论还是嘉宾访谈、文娱节目主持，都应该以文化传承者的角度人性化地介入，给人文精神以足够的空间。这并不是说时时都要表现出高人一等的文化优越感，更不是说事事都用千篇一律的态度——高高在上。我们需要的不是故作深沉的"伪文化"，更不是大而化之的"泛文化"，恰恰相反，文化的传承应该在平等交流、平心静气甚至是欣欣然有所得的状态下进行。人们需要的文化传承态度是循循善诱而不是咄咄逼人，是心有戚戚而不是忧心忡忡。我们更愿意看到建立在深厚文化积累上的泰然自若、有理有节，而不是声嘶力竭、虚张声势。人文关怀与文化传承是相辅相成、并行不悖的，为了问倒嘉宾而设置的问题，为廉价的笑声安排的插科打诨还是早点退出为文化传承准备的传媒舞台为好。

其次，在日常学习与生活中，文化传承者的身份认同会提醒、鼓励、鞭策着播音主持工作者在点滴积累中不断提高自己的文化修养，从而改善利用有声语言进行传播的综合能力，提高广播电视有声语言的文化品位，使广播电视有声语言的传播效果更加深入人心。其实，这样的过程更值得我们多花些精力来研究。一方面，日常生活中的积累本就是一个不断完善的漫长过程，而文化修养的提高更非立竿见影的短暂过程，需要拿出孜孜以求的态度，戒骄戒躁，将文化传承的理念贯彻在琐碎的生活中。另一方面，当前略显混乱的文化环境不允许不加取舍地对文化盲目吸收，囫囵吞枣般地运用在播音主持工作中。如果没有相当的分析判断能力，不具备一双明察秋毫的"慧眼"，那么，对传统文化的"误读"或对外来文化的"硬译"将导致错误、纰漏。

所以，无论是在日常生活中的广泛积累还是在工作实践中的具体把握，有声语言传播工作中文化传承者的身份认同就体现在鲁迅提出的"拿来主义"的把握上。睁开眼睛，通过自己的判断拨开"泛文化""伪文化"的迷雾，将传统文化及外来文化的精髓与电视强大的影响力结合起来，达成良性的互动，在将精彩的文化发扬光大的同时促进电视媒体的影响力得到进一步提升。

我们不妨用岳飞的名言来对这样的把握加以体会——"受大而不苟取，力裕而不求逞，致远之才也。其寡取易盈，好逞易穷，驽钝之才也"。（《宋史·岳飞传》）大家都愿意看到越来越多度量大却不盲目索取，力量强但不轻浮、卖弄的"致远之才"活跃在传媒大舞台上，同时希望那些盲目轻信且自以为是，浅薄无知却爱出风头的"驽钝之才"能重新认识自己并迎头赶上，真正以文化传承者的标准来要求自己。

作为文化传承者的有声语言工作者不仅要拥有相当的文化水平、较高的文化素养、宽泛的文化视野，还需要对文化本身有深刻的理解和认识。这类人掌握着进行有声语言传播的技巧，同时有着"传者"的使命感，其文化造诣是进行有声语言传播的基础，文化背景与其在镜头前、话筒前的表达相得益彰。深厚的积累在有声语言的传播中得以从容不迫地展开，并恰如其分地把自己深刻的见解寓于语言表达中，从而将语言与文化有机地结合在一起，为受众提供更有效、更有品位的传播效果，使文化传承在潜移默化中进行，为全民文化水平的提升尽到自己应尽的责任。

文化传承功能得以更好地体现成为越来越多的受众对电视媒体发展的迫切要求，而文化品位的提高也帮助电视媒体赢得更多的受众，获得更好的社会效益，甚至还能起到净化从业者队伍、提升从业者水平的作用。这一切的实现都离不开文化传承者的身份认同在有声语言传播中的体现，让我们以文化传承者的身份来要求自己吧。

第七章　伦理学视野下我国电视节目主持人态势语分析

第一节　电视节目主持人态势语的内容分析

社会沟通的符号系统可以分为语言和非语言，而根据其表达方式又可以分为有声和无声两大类。对于电视新闻播音主持来说，语言是主线，而这里的语言既包括了有声语言，也包含着无声非语言（以下简称非语言）。众多研究表明，在人际交往、人际传播中，有声语言内容只占三分之一左右，而占据主要地位的却是非语言。因为人在进行日常交往的时候，很多下意识、无意识的非语言表现由于难以控制，因此更能展现有声语言背后的实质。电视新闻播音主持不是"无意识"的人际传播，而是"有意识"的大众传播，因此非语言在传播中所占的比例没有那么重。但是，电视又是"视""听"的传播，除了播音员主持人的有声语言之外，播音主持过程中所呈现出来的体态语言、物化语言、环境语言等非语言正是受众视觉捕捉的一个重点，甚至在很多情况下成为受众对播音员主持人、对电视节目"第一印象"的重要来源。非语言在特定的节目中、特定的情境下都具有特定的含义和作用，都能表达特定的情感和态度，也能影响受众对节目、对播音员主持人的审美偏好和评价选择。因此，播音员主持人应当不断锤炼自己有声语言和无声非语言的技巧，并能够实现二者的自然呈现、完美配合，最终实现传播目的，提高传播能效。

伦理学视野下播音主持人员行为的研究，一方面是为了从伦理学的角度分析播音主持人员、节目创作、观众需要、制度建设等相关内容。针对电视媒体播音主持活动中的各种伦理失范现象，尤其是娱乐主持人员带来的各种不良现象，找出根源，揭露其本质，并提出具体的建议和措施，从而使我国的播音主持活动、电视节目内容创作与传播、人才培养、媒体环境净化等健康发展与顺利进行。另一方面也是为了延伸、拓展电视媒体播音主持专业和伦理学的研究内容与研究框架，跟随时代发展，不断地进行理论创新，以此来指导实践活动。

一、电视节目主持人态势语的作用与原则

（一）作用

除了影响受众的第一印象和认可选择之外，非语言在电视新闻播音主持中还具有多重作用。

1.呈现节目风格

在电视新闻的视听传播中，播音员主持人的有声语言可以传情达意，也可以展现节目的风格，但是相对而言后者难度较大、效果不佳。因此，节目的特点、风格很多时候需要非语言来表现，如节目的整体包装、环境设置以及播音员主持人的服饰、妆容等。而且，非语言不仅能够呈现节目风格，有时甚至还能展现频道、电视台的风格和定位，具有重要的表意作用。

2.展现主播（播音员主持人）风采

在电视新闻节目中，播音员主持人的有声语言主要表现的是综合的政治素养、道德涵养、专业学养等方面，其服饰、妆容等则能展现自身的职业追求、审美取向，而手势、表情、眼神等则能起到辅助有声语言表达、强化电视传播效果、突显个性特征魅力等作用。但值得注意的是，非语言只是起辅助作用，锦上添花而已，千万不可只重非语言而不重有声语言，喧宾夺主会造成形式大于内容或分散受众对内容的关注度，那么就南辕北辙、适得其反了。

3.提高传播效率

在有限的传播时间内，有声语言过密或过疏都不能达到最优的传播效果。语言过密，会使内容烦冗，让信息在表层就已经流失，甚至引起受众的反感；语言过疏，则会显得节奏拖沓、缺乏诚意，同样不能引起受众的关注。恰当的非语言表达可以在必要时留白或填空，平衡有声语言的节奏，提高电视传播的效率。

4.优化沟通效果

掌握良好的非语言表达艺术，不仅可以展现电视新闻播音员主持人个人的水准，提高传播效能，同时播音员主持人运用这些技巧也能更好地观察嘉宾、评论员或是观众，从而实现更好的沟通。在节目进程中，播音员主持人除了要以有声语言和对方交流之外，还应当适当注意对方的非语言表达，有时这些细节会补充有声语言、表达深层含义、展现更多内容。只有全神贯注、用心沟通、捕捉细节，播音员主持人才能让沟通交流更加顺畅，也才能更好地驾驭节目进程。

（二）分类

电视新闻播音主持的非语言表达包括体态语言、物化语言和环境语言，这些都

可以在有声语言表达的同时对其进行补充、强化，以便更好地传播。

1.体态语言

体态语也叫身势语，是非语言的重要组成部分。体态语是利用身体姿势、肢体动作、面部表情等身体的姿态作为传递信息、交流感情的辅助工具的非语言符号。也有将非语言直接称作体态语的，即将体态语和非语言视为同一概念，虽然不够严谨，但也足见其重要性。电视新闻播音员主持人如果是坐播，那么眼神以及面部表情是非语言表达的重点，在中近景和特写镜头中作用更显重要，偶尔会有手势的参与；如果是站播，那么手势以及躯干动作则是非语言表达的重点，眼神及面部表情也会参与非语言的表达。播音员主持人应当根据节目的具体要求恰当使用体态语，力求自然、合理、有美感。

2.物化语言

物化语言也叫客体语言，包括了电视新闻播音员主持人的服装、配饰、妆容、发型等。对于电视新闻播音主持来说，物化语言是必不可少的，是电视传播的一个重要组成部分，也是必然要求。对于播音员主持人来说，物化语言具有重要的意义。一方面，其可以外化、直观展现播音员主持人的精神气质、审美取向、文化品位、艺术感受等内在隐性特质；另一方面，其可以展现播音员主持人和节目的定位和诉求。因此，播音员主持人既不能对物化语言毫不在意，完全假手于人，也不能过分在意，甚至本末倒置，这都是缺乏职业素养、专业精神的表现。

3.环境语言

环境语言也叫空间语言，是电视新闻播音员主持人工作的环境或空间，既包含了演播室等内景，也包含了新闻现场等报道外景。细化来说，还涉及播音员主持人和嘉宾、评论员、观众、受访者之间的距离，和大屏幕等道具、背景之间的相对空间位置等方面。在节目进程中，这些具体的布景设置和空间安排都是具有不同的含义的，是适应整体栏目要求、具体节目需求的，都会给受众产生暗示、提供信息。环境语言的不恰当、不合理，不仅会破坏节目的整体感、可信度，还会引导受众走向曲解，影响节目的传播效果。

（三）原则

有声语言表达需要遵循一定的规范，非语言表达同样要有基本的原则。电视新闻播音员主持人应当有意识地不断完善自己的非语言表达，使其既能符合社会、受众、媒介、节目等的要求，又能表达自我、形成风格。

1.得体

恰当得体是非语言表达的首要标准。从微观方面来说，电视新闻播音员主持人要根据个人的特质和节目的要求来进行非语言的表达，合情合理、适度添加，不能"为赋新词强说愁"；从宏观方面来说，则要基本符合中华民族千百年来所沉淀的沉静、内敛的平和气质，不可过于夸张，分散受众的注意力，影响信息的传达和传播的效果。

2. 变通

电视新闻播音主持虽然只是媒体传播的一小部分，但是有新闻播报、嘉宾访谈、连线采访、现场报道、评论播报、观点言说等多种类别，对于播音员主持人的要求各不相同，自然对于非语言的表达也有各自的特点。播音员主持人应当根据不同的节目、不同的内容乃至不同的镜头、机位，灵活变通，以丰富合宜、细致入微的非语言辅助、强化有声语言的表达。

3. 协调

非语言的协调包含了三方面的含义。一是指电视新闻播音员主持人在运用非语言时本身的协调性，即播音员主持人的表情、眼神、手势、动作等是否自然、协调。既不能为了某个非语言元素的表达而故作姿态、生硬刻板，也不能"以一敌百"、以某一个或几个非语言元素应付所有的情况。二是指非语言的不同类别之间的协调。即体态语言、物化语言、环境语言之间要相互协调，在同一层面展开表达，不能互不搭调、"自说自话"，否则只能让节目显得突兀、违和。三是指非语言和有声语言之间的协调。非语言必须根据有声语言的内容来进行适时、恰当的表达，否则不仅不能起到补充、强化的作用，可能反而会造成分散、弱化的结果。

4. 美感

非语言和有声语言一样，同样拥有不同的层面和空间。信息传达是非语言的第一层空间，是最基本的，让受众接收信息、认知不同非语言背后的具体含义。而审美则是更高层次的要求，需要播音员主持人的非语言不但恰当得体、灵活变通、自然协调，还要表达情感、展现美感，给人以美的、和谐的感受。这就给播音员主持人提出了更高的要求，必须重视非语言表达艺术的学习和能力的培养。

（四）能力

张颂在《播音创作基础》中提出了播音主持的八种语言功力，对于非语言来说，也具有一定的启发意义。非语言的能力有一部分是天生的，如多年习惯了的体态语、对物化语言的审美感受等，但是面对电视传播的特殊要求，不管基础如何，都仍有提升、强化的空间，需要电视新闻播音员主持人有意识地去学习和完善。

1. 理解感受力

电视新闻播音员主持人在进行节目的案头准备或备稿的时候，一方面要准确、深入地理解稿件内容、明确传播目的，唯有如此才能为非语言的运用提供正确、恰当的前提；另一方面，非语言是辅助有声语言的表达，播音员主持人还要了解非语言的具体使用，如文化背景、时代特征、媒介环境、节目定位、受众需求、个人特质等，都会对播音员主持人非语言的使用提出具体明确的要求。理解稿件和理解非语言是播音员主持人使用非语言时必不可少的前提和基础，并且二者缺一不可。

2.观察判断力

电视新闻播音员主持人在节目进程当中，有可能会和嘉宾访谈、和记者连线、和观众互动，双方要共同完成节目。这个时候播音员主持人就应当具备细致入微的观察力，除了感受、分析对方的有声语言表达之外，还应当注意对方的非语言的表现，很多时候非语言会蕴涵有价值的信息点，如果抓得恰当便会使交流更加和谐、节目效果更好。无论是对自身还是对方的非语言使用，播音员主持人必须具备准确的判断力。如果观察到了对方的一些非语言的细节，但是没有正确判别，很可能会让节目效果适得其反。判断力不仅来源于理解感受，还来源于知识文化底蕴、思想道德水准、审美品位、媒介素养等多个方面，是综合能力的表现。因此，播音员主持人要不断加强专业学习，提高综合素质。

3.控制表现力

电视新闻播音员主持人的非语言伴随着有声语言的表达，共同展现于受众面前。非语言的使用既有固定之规，也带有个人色彩。播音员主持人应当对自我有着清晰、准确、透彻的认识，能够在节目中发掘自身的特质、展现自己的风格。一味模仿、盲目跟风是无法恰当表达自我、展现内容的，更不用说风格了。在节目进程中，也会出现一些出乎预料、超出预期的情况，对于有声语言和非语言的控制就显得尤为重要。播音员主持人应当进行积极的心理建设，不断丰富实践经验，有效应对突发状况，尽量减少和避免控制失当的情况出现。换句话说，控制力也是表现力的一个重要组成部分，游刃有余的现场控制也会为播音员主持人的表现力加分。

二、形体与形体语言规范

（一）形体

1.概念

形体是指身体外在的存在形式和表现面貌的总称。体形、体态、体态语构成了形体的三要素。体形是身体的形状；体态是身体的姿态；体态语则是利用身体姿势、肢体动作、面部表情等身体的姿态作为传递信息、交流感情的辅助工具的非语言符号。

2. 特点

身体的存在和运动体现了形体的整体面貌，这是形体的自然属性；而形体同样带有社会属性，即时代性、地域性、民族性、集团性等。

形体是一个人生活经历、成长环境、价值观念、审美取向、心理状态、品性修养以及受教育程度等综合因素的外化。因此，人们经常用"听其言，观其行"来判断一个人。

形体是动态、发展的，生命不止，变化不停；同时，形体也是可塑的，自觉地、有针对性的训练可以在短期内明显改善形体面貌。形体面貌体现了一个人的品格修养，而良好的形体面貌也可以提高修养、培养气质。

（二）体态语言规范

整体来说，电视新闻播音员主持人的体态语言应当遵循一定的规范，即大气挺拔、舒展大方、轻松自然、朴实端庄、朝气蓬勃、健康向上。具体来说，对于坐播、站播、采访等不同方式又有各自需要注意的地方。

1. 站姿

头部端正，下颌与地面保持水平，不要前仰或下压。

颈部拔起，与地面保持垂直，有"悬顶"的感觉，可头顶书本找感觉并进行练习。

躯干直立，腹肌、腰背部肌肉适当收缩，胸部自然挺起，也就是常说的"阔背"。

两肩下沉，后背要平，既不扣肩，也不夹肩。

两胯提起，臀部肌肉收缩上引，往里收，往上拔。

两腿伸直，腿部肌肉向上收紧，踝关节和膝关节向上提升。

两脚踩地，大拇指、小拇指、脚跟三点向下用力，要稳健。

站姿需要注意的是三组对抗力量：一是脊柱、头部向上的力量和两肩下垂的力量适度对抗；二是收腹向后的力量和腰背部肌肉收缩向前的力量适度对抗；三是髋部、臀部、膝关节、踝关节向上的力量和脚掌向下的力量适度对抗。有这三组对抗力量拉伸，站姿会适度紧张并显得挺拔、有力。

仅有三组对抗力量还不够，还需要打破呆板僵硬的"三轴平行"。所谓"三轴"，即两耳之间为头轴，两肩之间为肩轴，两髋之间为髋轴。电视新闻播音员主持人站播的时候身体的这三条轴线完全平行的情况并不太多，因其虽然更显端直但也过于生硬、缺乏灵动。因此，要打破三轴平行。一般来说，会使用身体稍侧、面部正对的方式站播；与之相应的就是两肩可以一前一后，但是注意不能一高一低。整体还是要保持身体的控制感和向上的挺拔感，自然协调而不矫揉造作。

站立时还需注意手部的动作。一般来说，两手自然下垂，也可轻扣于小腹处；当有稿件或是控制器的时候，可以一手拿稿件或控制器，另一手对屏幕进行指点。避免将手背在身后或是插进裤兜等随意行为的出现。

2. 坐姿

在起身和落座时要注意轻、稳、准。

坐时轻巧、从容、有控制。上半身的姿态与立姿要求基本一致，但尤其注意腰不要僵，也不能塌、不能挺，注意腰部的控制，防止身体松懈，避免趴坐或是瘫坐等状态。

坐时双手一般自然置于主播台上，不能放到主播台下。有时需要控制提词器或是手推稿件，若不需要时可拿笔，伴随有声语言也可有微小动作，幅度不可过大。注意双肘自然向外撑开，避免夹得过紧显得拘谨、小气。

3. 蹲姿

在站姿的基础上屈腿、低腰即形成蹲姿。一般来说，蹲姿较少使用，因为其位置低，在意义上比较消极。但在采访小朋友或是正在田里劳作的农民等情况时，需要蹲姿以显示平等、亲切。

屈腿，两脚分开一前一后，前脚全部着地，重心放在后脚上，后脚脚掌着地，脚跟抬起。低腰的同时，腰部有控制地向上用力，不要塌腰，状态要积极。

女性蹲姿需注意两腿并拢，男性则两腿略分。

4. 步态

步态即行走姿态，除了要保持立姿的挺拔和端正之外，还要注意步履轻捷、移动正直平稳，全身积极，动作协调。

两腿交替平直前移；两膝正对前方，不要内别或外翻；两臂自然前后摆动；挺胸抬头，两眼平视前方。

注意男性步幅不宜过小，女性步幅不宜过大。

第二节　电视节目主持人态势语的表达逻辑

一、手部体态语言表达

（1）握手。"标准式"或"平等式"：意义比较单纯，表示礼节性的、友好的握手方式。"控制式"：手掌向下，表示想取得主动或是占据心理上的优势、支配地位。"乞讨式"：手掌向上，是性格软弱、处于被动、劣势、受人支配地位的表现。"手套式"：双手握住对方的一只手上下摇动，表示热情、感激、有求于人等意义。

握手时用力回握，表示热情、主动；相反则是个性懦弱、缺乏气魄或者傲慢、矜持的表现。

握手时应当注意以下几个方面：握手时双方应当站立，使用右手，同时左手不可插进口袋；双方距离要得当，根据场合和亲疏关系具体处理；眼神需要交流，以此表现内心，因此如若戴有墨镜握手时须取下；握手时应轻重适度，且用手掌接触，不可只握指尖；还应杜绝出油出汗时握手，若戴着手套应取下再握，也不能拿着东西握手。

（2）尖塔行为。尖塔行为是指双手指尖对拢置于颚下，传达自信、独断、权力、高傲等意味，对于电视新闻播音员主持人来说必然是要避免的。与其相反的是"倒尖塔行为"，即将"尖塔"倒过来置于腰部以下，表示心境平和、愿意倾听的意味。

（3）手势。一些在生活中常用的手势也要注意其特殊含义，如果在节目中需要使用要避免引起误会。比如，"OK"的手势在日本、韩国等国表示钱，在巴西、希腊等国则表示侮辱；竖起大拇指可能不是夸赞，在英国、澳大利亚、新西兰等国表示招手停车，而在希腊则表示带有侮辱性的"滚开"等意；表示胜利的"V"形手势若手背朝外，在英国、澳大利亚、新西兰等国则表示侮辱。如果节目中出现了外国友人或者在国外采访、做节目，就要了解对方的文化、习惯以及非语言的特定含义，准备工作一定要到位。

二、手臂体态语言表达

手臂体态语言主要就是两臂交叉抱于胸前，其意义有多重。最普遍的意义是表示在自己身前筑起"围墙"，禁止侵入；在谈判时则表示互不让步、绝不妥协；在听对方讲话时，表示以批判的态度倾听；而如果在听话的同时带有点头、笑容等，反而表示对谈话深感兴趣。对于电视新闻播音员主持人来说，这一体态语言可能出现频率比较高，但是一定要了解含义，根据需要正确使用，否则可能就会传达完全相反的内在语、造成完全相反的节目效果。

三、腰部体态语言表达

腰部是一个人"承上启下"的重要部位，其"高"与"低"直接反映一个人的心理状态和精神状态。鞠躬、点头哈腰属于低姿态，挺直腰板则是高姿态的表现。

手叉腰间，表示做好准备；手叉腰间而拇指在外，则流露出一定的优越感和支配欲。

坐时如果深坐，腰部会显放松，表示精神上的放松；而浅坐则显示腰部相对紧张，表示心理上的劣势。

四、背部体态语言表达

脊背、脊梁体现了一个人的性格和气节。挺直脊背表示自信、正直、严于律己，但另一方面也可能表现出性格的刻板；而驼背含胸则表明个性闭锁和带有防卫倾向，也有可能是性格软弱的表现。

背向对方或是转过身去，一般表示拒绝、回避等意义。拍背或是触摸背部的动作，一般表示有同感或是鼓励、催促。

五、肩部体态语言表达

耸肩一般表示不知道、无可奈何、与我无关等意义。手搭在对方肩上，表示亲密、友好。

六、颈部体态语言表达

点头表示肯定，摇头表示否定。侧着脖子表示疑问、对话题感兴趣等意义。

七、腿部体态语言表达

（1）抖腿。抖腿是很多人常见的一种行为，其表示多种意义。一是表示不安、紧张的心情；二是表示随便、无所谓的态度；三是为了解除无聊、乏味的状态下意识地抖动腿部或是摇动脚部。不管是哪一种含义，电视新闻播音员主持人都应当杜绝抖腿，同时也应从对方的抖腿行为中解读出具体含义。

（2）架腿。架腿即一条腿叠放在另一条腿上，也就是俗称的"跷二郎腿"。

架腿的同时身体前倾，表示积极合作；身体后靠，则表示封闭傲慢。如果一只脚的脚踝架在另一条腿上，表示极度放松或是无礼、粗俗。

频繁交换架腿的方向，除了有可能是因为累了之外，一般表示不耐烦的心情。并排而坐的两人同时架腿，向一个方向或是相背的方向，表示两人各自为营或是不愿意受对方打扰；同时向内架腿，则表示两人关系较好，谈话比较融洽、投机，不愿意受他人打扰。

（3）腿部开合。男性张开腿部而坐是一种开放型的姿态，表示自信、接受对方；而膝盖并拢则表示比较紧张。

女性不宜张开腿部而坐，会显得缺乏修养。一般双腿并拢双脚一前一后或是双腿并拢后侧斜而坐较好。

八、眼睛体态语言表达

直视或长时间注视是对对方私人空间的侵犯，是不礼貌的。眼神的闪烁不定反映出精神上的不稳定或是心理上的不安。交谈时视线一般停留于眼下至下巴的位置比较合适；视线接触对方脸部的时间应占全部谈话时间的 30% ~ 60%，低于此值表示对谈话内容不感兴趣，高于则表示十分关注。

电视新闻播音员主持人要根据节目的需要、现场的人物关系等用目光进行交流、传情达意。面对摄像机镜头时，目光不可盯着一点，否则会显得目光僵直、呆滞；有提词器可根据镜头的具体情况将目光定于某一行，没有提词器时则可虚拟一条线，目光随着字或线横向平移，头部也可适当配合微动，这样会使目光灵动、自然。

九、眉毛体态语言表达

眉毛上挑，表示惊讶、恐惧、强调等感情。眉毛皱起，表示生气、郁闷、反对等感情。眉毛倒竖，表示气愤等感情。单眉上挑，表示疑惑、询问等感情。

由于电视会将镜头中人的一切都"放大"，日常生活中面部极细微的表情上镜之后会变得明显甚至夸张。因此，播音员主持人要控制自己的面部表情，尤其说话伴随挑眉是比较常见的现象，要适度控制，不能过于夸张。

十、嘴部体态语言表达

抿嘴一般表现坚定的意志。撅嘴一般表示不满的情绪。撇嘴一般表达轻蔑的感情。咬下嘴唇一般出现在失败、伤心、反省的情况下。

第三节　电视节目主持人态势语的应用规则

电视新闻播音员主持人的体态语言使用除了以上具体的操作之外，还应当有一些注意事项。

第一，体态语言是全身动作、姿势、表情等的综合，因此不能仅仅注意到个别分解动作，更应该重视全身的综合和协调；同时还要和有声语言、节目要求等相配合。

第二，不同类型的电视新闻节目对体态语言的要求不尽相同。比如，新闻评论节目总体要求积极、沉稳、端庄、自信，需要播音员主持人整体积极、控制腰部、手臂自然、眼神传情。现场报道则要求即兴多变、积极大方，记者需要感受现场、调整形体、平和心态、避免失控、因地制宜、积极把控。

第三，电视新闻播音员主持人要放松身心、消除紧张，避免身体的僵硬、动作的拘谨、语言的混乱；还应注意选择适合的体态语言，扬长避短，平时多注意训练、内外协调。

第四，了解机位对体态语言表达的影响。从拍摄方向来看，新闻播报、评论播报等多为正面；侧面可以用来美化形象，嘉宾访谈时多用；背面刺激最弱，一般不会使用。从拍摄高度来看，一般新闻评论节目以平角度拍摄为主，显得稳定、真实、平易，在新闻中适当使用可以修饰脸形缺陷；而俯角度和仰角度适合游艺节目、儿童节目等，显得新鲜、刺激、夸张、跳脱。从拍摄距离或者景别来看，全景中一般人物和环境的比例为1∶2，播音员主持人的体态语言要和现场环境和谐，动作相对而言宜大不宜小；中景则是取人物膝盖以上部分，腰部以上部分成为视觉中心，手势成为最为活跃的因素，因此动作应清楚、到位、不多、不乱、不夸张；近景是取人物胸部以上部分，播音员主持人应当专注心神，动作幅度宜小不宜大。

第八章 伦理学视野下我国电视节目主持人传播能力分析

第一节 电视节目主持人传播能力的内涵和外延

伦理学视野下播音主持人员的专业素养分析，首先是采用伦理学的原理和方法对各种播音主持活动进行分析，尤其是对各种有违社会道德、传统观念的播音主持人员和节目的分析，从政治、经济、文化、历史传统的角度探究原因，从社会道德、社会规范、人类精神意识的角度分析事物的本质，从而提出一些切实有效的应对措施。比如，对于当前播音主持活动中经常出现的一些低俗现象和错误观念的引导的研究等，都属于这一内容。从某种程度上来说，它起着对游走于法律之外的各种播音主持活动不良现象的探索、分析与约束的作用。

伦理学视野下播音主持人员专业素养的分析也包括人才培养模式、个人素质、社会舆论引导、相关制度建立、媒体观众的伦理素养等方面的内容。尤其是对观众伦理素养的研究，不仅可以提高观众对于各种不良播音主持节目信息内容的选择性接受和免疫能力，而且可以提升节目质量和播音主持人员的综合素养，从而达到净化媒体环境的目的。

一、主持人传播能力发生的语境

在定义传播能力之前，我们先从宏观和微观两个层面来分析电视访谈节目主持人传播能力实现的语境特点。

（一）宏观语境——电视访谈节目的社会背景

社会背景是某类节目出现、生存的基本条件，电视访谈节目是我国社会经济发展、思想解放、文化繁荣的产物，是电视界传播理念发展变化的产物。抛开这个大的社会和产业背景，主持人传播能力便无从谈起。

从历史上看，中国社会长期处于典型的独白话语的社会。春秋时期，诸子蜂起，百家争鸣，各抒己见，形成了对天地之道的不同见解，形成了多种声音的融合与交锋。这个时期被视为中国历史文化思想发展最为丰富的时期，从而产生了有关义利、善恶、天人等更多人生哲学范畴的大讨论，推动了中国伦理学和人生哲学体系的建立与发展。可见，真理不可能存在于人的单一意识之中，真理也不能只靠一张嘴来表达，它需要多种声音的交汇，真理是不同意识相互接触碰撞的结果。音乐的和弦就是对话的一个隐喻，如同一个人的声音加入丰富的和弦中，创造了与和弦相同的声音。同时，和弦本身也保持着这个人的不同声音，使之形成了不同的音乐类型。

电视实践自然长期被"独白"的话语样态所占据。电视访谈节目出现之时，我国正处于社会转型时期。巴赫金的文化转型理论认为，这一时期的特点是，文化从单一、统一思想的民族语言所塑造的民族文化的神话和文化封闭圈中解放出来，走向一个多语言、多文化交流与对话的时代；文化与文化之间的相互融会、撞击，对话呈多层次、多向度的局面，即传统与现代、异邦与本土、高雅与俚俗、"官话"与方言之间的各种话语，纷纷在语言文化的竞技场上争奇斗艳，百家争鸣，众声喧哗；语言杂多、文化多元的离心力量冲击、颠覆、瓦解着向心力的中心话语霸权，使之崩溃解体，中心话语的意识形态权力中心摇摇欲坠，不得不从封闭、合理化、自足的现有体系与框架中努力挣脱出来，接受语言杂多、文化多元的历史事实；这个时代的文化主体中，占主导地位的不是中心权威的"独白式样"话语和神话话语，而是各种语言与价值体系同时共存的"对话式"小说话语。"大话"日趋式微，"小说"日益鼎盛。

改革开放以后，社会多元化发展要求丰富电视本体的语言表达功能，大众媒体"正在尝试、开拓新的功能：不仅是政府的代言人，也成了民众的代言人，将民众的意见、体验、信息、批评等通过媒体'上传'至政府及相关国家机构；通过让政治家及专家直接参与谈话，使他们直接对公众负责；通过现场观众的参与及现场观众与电视机前观众之间的互动，为普通民众提供社会交流空间，从而为日常生活、体验及舆论提供一种新的强有力的合法获得展示的机会"。在日趋商业性和技术性社会的今天，人们在电视节目中渴盼和呼唤那些更加平易近人、更具人情味的内容，访谈节目实现了电视在技术社会中对人本观念的回归。电视从业者顺应时代发展的需要做出了反应，《东方之子》制片人时间在谈到选择主持人访谈作为节目形式的原因时就说："我记得当时的一个最根本的冲动就是要实现尊重人的主张，而尊重人的标志就是让人说话。"不久，时间又逐渐意识到了《东方之子》节目面对复杂的社会生活显得简单和主观"，"没有解决让老百姓说自己话的问题"，存在两个局限：一是"谈话者的标准,必须是'东方之子'",二是"节目只有 8 分钟的长度,只能讲重点、要点,其他有趣味的东西、带有过程性思考的东西就没有篇幅容纳了"。这种认识的深化又促使了普通人在电视上个性化地表达多元声音和对立观点的《实话实说》的出现。

电视访谈节目在一定意义上履行了大众媒体对社会的影响和干预责任。对于中国人来说,长期以来,我们大多数人是在私下场合和自己熟悉的人实话实说,而到电视这种大众传播的平台上自然地说话,说真话、说实话,显然不那么容易,以至于《实话实说》的策划人杨东平感慨道:"语言的表达绝不是简单的口才问题,其背后有一整套的制度环境和文化传统。"而他所总结的《实话实说》的意义就在于,"学会说话,学会倾听,学会关心,学会交流,不仅对于《实话实说》,而且对于我们大家都是一个全新的学习过程。换而言之,当我们每一个人都能成熟自信地在公共场合、在电视上讨论共同关心的问题时,将标志着我们的社会环境更为健康和开放,我们民族的文化素质达到了更高的水平。正是在这个意义上,《实话实说》等谈话节目的出现、存在和提高,具有了超越单纯娱乐观赏的意义"。

的确,《实话实说》节目承载着我们对电视访谈节目的希望和理想:电视访谈节目肩负着大众传播特定的探讨社会、人生问题,阐述新闻事件或背景,加强社会沟通,实现情感交流、人际交往,或者为观众提供知识、咨询、帮助等社会功能,它不但给人们提供了一个以自由的语言姿态表达、沟通、交流的有效渠道,而且在社会转型期间,给文化多元、人心浮躁的社会充当了润滑剂,直接展现人物和人生,从最本质的意义上关怀和引导着受众。

电视的特性及中国文化的特点不仅使电视的可看性大大降低,也使电视访谈节目的真实性受到质疑。而有的节目甚至会直接为访谈节目提供剧本,更是完全没有真实性可言。有的学者建议"真正意义上的谈话节目应该现场直播"。然而,即便是如此操作,电视的广传性以及中国人的文化背景都决定了"好看的真实性不容易实现"。为了提高收视率,各访谈节目必须用明星嘉宾、明星主持人、明星话题等方式吸引更多的大众群体,这也是国内多家卫视谈话节目走向趋同化的原因之一。比如,央视 2011 年推出的访谈节目《首席夜话》定位于高端人群,所邀请的嘉宾也是为大众所不熟悉的,如歌剧《白毛女》主创人员。因为收视率欠佳,节目改版后更换主持人以迎合大众的口味。

"在市场经济体制下,因为价值观念、兴趣爱好和职业关心等不同而产生的受众分化现象,决定了中国的谈话节目由大众传播走向小众传播,受众兴趣从雅俗共赏走向雅俗分赏。群体概念逐渐被小众概念所替代"。同时,随着网络技术的兴起,网络的交互性、多元性和时效性等特征给电视媒体带来了巨大的冲击，网络访谈节目也对电视访谈节目形成了巨大的挑战。

这里提到的网络访谈节目是指那些具有网络特性的访谈节目，有些访谈节目既在电视上播出，又通过网络平台播出，但是不具有网络特性，也不属于网络访谈节目。各个有资质进行视频制作的网站都在尽量避免同质化，不同的网络访谈节目都在努力形成自己的创新优势。它们一方面吸收电视访谈节目的优点，一方面充分考虑网络受众小众化、网络传播交互性、信息碎片化与大量性等网络媒体特性，结合节目的定位，整合节目元素，打造新的访谈节目样态。目前，相比数量众多但同质化严重的电视访谈节目，网络访谈节目呈现出异彩纷呈的状态。比如，同为网络高端脱口秀节目的《晓说》和《逻辑思维》提供给受众不一样的精神体验。《晓说》侧重于说，表述的是事实，是事件本身的呈现；而《逻辑思维》侧重于逻辑和思考，在表述事实的基础上更重于最后结尾的点题。高晓松主要是见识多、亲身体验多，是行动派；罗振宇是读书多、智商高，是理论派。所以，《晓说》是行万里路犹读万卷书，《逻辑思维》是读万卷书犹行万里路。正如罗振宇自己总结的，"晓松是释放自己的经历，我是释放阅读的价值"。两档节目各有所长，吸引着不同的受众人群。而且在我国，与网络节目比较而言，电视媒体缺乏营销的意识。例如，网络访谈节目《越域》开播前，它的腾讯微博就已经开始进行宣传，并且广泛征集网友的好点子，打出了"只有你想不到，没有我们请不到"的标语。第二期节目之后，在《越域》的腾讯官方微博上开始制作视频全连接，网络可以直接在微博主页收看节目，也可以进行点评，更加增强了互动性，提升了受众的积极主动性。

如果说电视独大的时代是"媒体市场"（卖方市场），那么网络兴起、受众选择多样化则标志着"受众市场"（买方市场）时代的到来，电视人再也不能不顾及受众的需求，电视若要在网络时代继续生存，就必须在分众化的受众中找到适合自己的那个群体。目前的电视访谈节目大多依靠明星和明星话题来争取收视，往往一个话题会引起各个谈话节目一拥而上。高度的同质化带来了观众的审美疲劳，显然这并不是电视谈话节目的长远发展之路。虽然目前电视节目也纷纷响应新媒体营销的浪潮，创建了自己的官方微博，适当改变话语方式，但是互动性和亲民性仍不如网络访谈节目。

（二）微观语境——电视访谈节目的传播模式

具体到制作、播出环节，电视访谈节目具有大众传播的属性，但主持人和嘉宾之间的交谈又带有人际传播的特点，因此严格说来，电视访谈节目是在大众传播中融合了其他传播类型的节目样态。但这种融合到底是"大众传播的人际化"还是"人际传播的大众化"，理论界存在着争议。同时，也有观点明确指出，电视谈话节目的人际交流和日常生活的人际交流有质的不同。上述两种表达似乎过于简单，并没有体现电视访谈节目的本质属性。

从严格意义上讲，电视访谈节目包括制作过程和播出过程。前者以传播为目的，后者是传播的真正实现，是大众传播，但传播的效果则直接决定于节目的综合制作水平。因此，孤立地对播出过程进行分析显然是不全面的。我们将对电视访谈节目的全过程以及参与各方的传播关系进行细致的梳理，对其本质进行分析，从而概括出电视访谈节目的传播模式。

1. 节目制作过程分析

电视访谈节目制作过程一般包括前期筹备、谈话现场录制和后期剪辑制作三个紧密相连的阶段。访谈节目的前期筹备是确定话题、设计谈话内容、选择节目表现方式等，这个阶段是由策划、编导和主持人等共同完成的。现场录制是节目的真正实施过程，主持人、嘉宾（和现场观众）的谈话交流通常以"准直播"的方式进行（大多数的中国电视谈话节目没有采用现场直播的方式播出），有浓重的人际传播色彩。一般的访谈话节目录制两到三个小时，而播出只有半个小时到一个小时之间，所以，编导要对现场的谈话进行浓缩，并保证节目仍具有"现场谈话"的感觉和氛围，这就是节目的后期剪辑制作。

2. 节目任务分析

从节目任务来看，电视访谈节目是应社会和受众的需要而产生的。根据马斯洛的需要层次理论，人的需要按照由低到高的层次依次为生理、安全、从属、爱和自我实现的需要。主持人在传播过程中，就是要满足观众不同层次的多元化的需要。首先，通过访谈节目提供给观众需要的信息，以满足他们基本生存生活的需要，这是对主持人传播最基本的要求；然后，在基本信息的基础上，主持人帮助观众了解事实的来龙去脉、前因后果，满足他们更新、更高的信息需求；更进一步，主持人对信息的传播能够更富于人性化，能与观众在感情上达到共鸣；最后，最高层次的目标是通过主持人更轻松、更有个性化的传播，使观众产生美的享受。因此，主持人及创作团队的目的就是制作一档满足受众需求的节目。

电视访谈节目有严密的前期策划和管理，节目内容、节目形态、节目时长、嘉宾的选择、话题的选择、谈话的方式、谈话的节奏、话题的走向等，都是在一定的规划下进行的，而且在后期制作时也要遵循预定的原则和规划。这一前一后的规划和删削也决定了电视访谈现场的组织传播特征。

在电视谈话现场，主持人、嘉宾、现场观众的谈话是以制作节目为目的的，形成了一个组织，有强烈的目的性。尽管现场交流大多是没有文稿的、即兴的、面对面的，反馈及时的，但主持人和嘉宾的交谈不仅仅是说给对方听的，也是为了谈给现场观众听的，更是说给电视机前的观众的，这与人际传播的自发性、随意性、自由性的特点有明显区别，两者不可混同。正如莉亚·伊利耶所认为的，"访谈节目是制度化的，由主持人来控制的，由参与者来塑形的，以及由观众来评价的一种特殊谈话形式"。她发现英语电视访谈节目话语的一个明显特征是半制度化，访谈节目是混合了日常谈话和制度话语的特殊广播话语。另外，由于电视访谈节目是在大众传播平台上播出的，这对它的可视性、艺术性、思想性都提出了更高的要求。综合电视访谈节目制作播出的全过程，其传播模式可以定义为组织传播通过大众传播平台的延伸——公开交谈的艺术展示。

3. 节目传播场景分析

电视访谈节目现场的传播模式决定其谈话现场的特定场景和氛围。传播过程的展开依托一定的社会场景，"社会场景形成了我们语言表达及行为方式框架神秘的基础"，人们在不同的社会场景中会有不同的举止，或受到所在的地方和参加者的影响，场景的区别会影响到传播过程的结构和性质。

4. 节目传播关系分析

电视访谈节目传播关系是复杂的，是对传播关系的有关联的叠加形成的一个系统的传播的网络，是一个组织传播的现场。"是否以组织成员的身份参加信息交流，是区别组织传播和人际传播的关键所在"。每一个参与谈话的人员是作为节目的一员参与其中的，作为节目的一个有机组成部分和场外观众进行交流。

事实上，很多节目也常常会同时请多位嘉宾登场。每一个现场的人员组成元素都会单独向观众传播信息：主持人——受众、嘉宾——受众、现场观众——受众，而现场的每组交流又会共同向观众传播信息：主持人和嘉宾——受众、主持人和现场观众——受众、嘉宾和现场观众——受众，最后现场所有成员集体和受众形成了传播关系：主持人和嘉宾及现场观众——受众。

没有现场观众参与的专访节目交流场景相对简单一些，主持人和嘉宾组成第一对交流关系，他们分别和观众组成交流的同时，又共同和观众组成交流，只形成了四对交流关系：主持人——嘉宾、主持人——受众、嘉宾——受众、主持人和嘉宾——受众，专访节目中，主持人照顾的少，但是可供调配的资源也少。

电视访谈节目是发生在电视节目主持人与具有传播价值的嘉宾和观众之间的交流，他们之间的交流具有明显的职业话语特征。正如德鲁和赫里特治所总结的，在职业话语的访谈过程中，对话双方在知识、获取知识的权利、对会话资源的掌握、对话语的参与权利、对专业知识的掌握、对完成职业任务的程序的熟悉程度等之间存在着不平等；职业本身对参与者的限制、对参与者施加的限制以及参与者对这些限制的意识和重视程度等，形成职业话语中参与者之间权利的不平等。物理场景虽然是面对面的交流，但是谈话现场各参与成员之间有明确的分工，同时话语权也有不同的等级。人际传播过程中传受双方往往是平等的，但是在节目现场，虽然主持人、嘉宾和现场观众都参与节目的录制，他们对节目参与的程度、在节目中的地位、话语权力大小是不同的。在谈话过程中，主持人责无旁贷地担负起控制交际进程的权利，通过提问实现其对话题、对访谈进程的控制，始终掌控着谈话的主动权，控制着话题走向。他有提出问题、适时转换话题、打断谈话的责任和权利。

嘉宾和观众的话语受主持人的影响和制约。嘉宾作为"客人"这一角色主要是配合主持人的提问进行回应，讲述自己的经历或观点，在访谈现场享有较少的自主权，只有决定是否回答的权利；现场观众为了配合节目的录制，主要就是欣赏说话者的谈话或讲述，其参与方式受到限制，多数情况下以鼓掌、喝彩、发笑等形式对正在进行的话语事件做出反馈，只能在主持人同意的情况下才拥有话语权，一般情况下不直接参与谈话，必要时会按照主持人的要求提问或回答问题，而且现实中有不少节目的现场观众仅仅是陪衬，没有话语权。

更重要的是，物理场景的谈话是为了信息场景的播出。在谈话现场，虽然谈话双方的地位、权利不平等，但有及时的反馈，信息是双向流动的。而节目的播出过程中，信息的流向是单向的，主持人无法即时了解到观众的真实想法。在这个过程中，数量众多的观众处于主动的地位，单方决定是否接受信息的传播，决定传播行为的继续还是中止，而处于弱势的主持人一方对待观众的反应"无计可施"。

5. 电视访谈节目的传播模式

在分析了电视谈话节目制作过程中的方方面面以后，我们可以清楚地看到，谈话现场是整个节目制作流程的一部分，并且受其传播模式的严格制约。电视谈话节目不是把私密的人际交流公之于众，而是"将已经是公开的事情变得更加公开"。因此，只分析谈话现场的面对面是不全面的，"大众传播人际化"和"人际传播大众化"的观点显然都是只针对谈话现场这个片段，都有一定的片面性。

我们可以将电视访谈节目的传播模式概括如下：电视访谈节目作为一种组织传播，其传播方式分为组织内和组织外传播两个部分，访谈现场是组织内传播，而组织外传播就是大众传播。大众传播规定着访谈现场组织传播的目的；根据大众传播的目的，电视访谈节目的制作流程有充分设计和规划；现场访谈是对策划文案的一定程度的再现和灵动发挥，传播场景中每个个体都是节目制作团队中的成员，依照大众传播目的的规定性，以组织中的特定的身份进行沟通，享有与特定身份相联系的权利和义务。

以上分析了电视访谈节目的生存背景和制作播出情境，具象的情景和宏大的时代、文化背景共同制约着电视访谈节目主持人传播能力的方向和路径。

二、传播能力与传播关系

社会、大众传媒要求主持人要完成教化功能，因此在传播过程中，主持人和传播对象有着密切关系，这也对主持人传播能力提出了特定要求。

在电视访谈节目中，信息的交换和流通才是采访的最终目的，记者在采访中也不只是一个问话机器，他代表的是背后的观众的利益，采访过程是人与人之间自然交流的过程，采访的成功与否取决于采访者能否真诚平等地与被访者谈话。"关于采访的所有事实都表明，成功的交流发生在记者把目标定为营造和保持一种高度坦诚的谈话氛围时"。"真诚、互信、非正式的谈话氛围是顺畅交流的基础"。主持人传播能力面对两组不同的对象：一方面，主持人要善于在传播现场营造有利于传播的谈话场，充分调动在场受众的积极性；另一方面，主持人也不能忘记电视机前的受众，要充分激发其收看甚至参与的兴趣。这就为主持人与观众之间形成良好的谈话场提出了双重要求，即对两种不同性质传播关系的兼顾和平衡——主持人怀着对电视观众需求的理解和尊重，在与访谈对象的协商中完成传播能力的塑造。

（一）主持人和电视观众的依存关系

主持人和电视观众是相互依存的关系。在电视访谈节目传播结构中，电视观众的重要地位毋庸置疑，他们是电视访谈节目存在的基础，是主持人施展传播能力的最终目标。没有观众的存在，主持人的传播能力就失去了意义。

尽管两者的关系如此重要，但是主持人和观众之间以间接交往为主。节目播出时，观众对于传播可以持多种态度，如调换频道、关机、认真收看或作为背景音等，但主持人不能及时了解到观众的反馈而对传播内容进行调整，只能用思维和感受来理解受众，这种非强制性的关系一旦出现问题，也很难及时得到纠正。既然反馈来得太晚，为了保证传播的质量和效果，电视访谈节目主持人就应该在节目准备和制作过程中深入了解观众，对自我进行必要的适度控制，使自己的语言、表情、动作乃至服饰更符合受众的期待。这在管理学中有专门的控制论术语，叫"前馈"。原意是指通过观察情况、收集整理信息、掌握规律、预测趋势，正确预计未来可能出现的问题，提前采取措施，将可能发生的偏差消除在萌芽状态，为避免在未来不同发展阶段可能出现的问题而事先采取的措施。运用到传播学领域是指在传播者发出信息之前，事先对观众进行调查研究，了解观众的需要，预测观众对节目可能做出的反应以及可能的接受程度等情况，以改进传播，提高传播效果。针对目标受众群的态度、兴趣、需求等细化的心理特征进行前馈调查，可以更客观、更细致地把握目标受众群的总体状况，从而减少节目的盲目性和主观臆测性，提高传播活动的计划性和针对性，降低节目产品在摸索阶段的运作成本，增强传播效果。

电视观众作为一个群体，人数众多，需要、期望往往不尽相同，主持人进行科学的调研考察是让自己感知了解观众的重要方法。当主持人时时刻刻心系观众，有计划、有目的地根据受众的需求进行传播，使受众真正理解、接受传播，把所感知的传播内容内化为自己的认识和行为时，主持人的传播能力才进入到一个比较高的层次。

（二）主持人和嘉宾、观众的同盟关系

主持人和现场观众是基于节目内容推进的同盟关系。他们作为主持人的同盟，和主持人作为一个整体呈现在电视观众面前，对于电视观众来说，主持人和访谈对象人物就仿佛是到自己家客厅做客的朋友一样，自由和谐的谈话气氛也会调动观众强烈的参与意识。也就是说，电视访谈节目以大众传播的方式，满足了人们长久以来对真实、自然和全面的人本化传播的渴望。

当然，节目现场的同盟各方也是有主导和被动之分的。主持人和现场访谈对象之间的关系，从外在形式上与人际交往关系相似，是以直接交往为主，反馈及时，信息流动是双向的，而实质上主要是主持人单方面掌控着访谈的方向、节奏和进程。但从"人"的角度看，嘉宾、观众与主持人之间是平等的，他们有自己的主体意识、主体精神，他们都希望表达自我，实现自我价值。因此，主持人需要把媒体性质和服务宗旨外化为承认、尊重和理解对方的态度，把访谈对象看成和自己一样有价值、有意义的主体，鼓励、引导访谈对象展示独特的人格魅力。当代著名翻译家伽达默认为，"理解是理解者在解释自我，在理解他人中来理解自我，这就需要有一种'视界的融合'"，即消除各种文化、历史条件等造成的隔阂，达到人际的沟通。

三、传播能力的定义

电视访谈节目主持人的传播能力是在多种双重关系中寻找平衡。主持人身处宏观的社会背景和微观的节目制作场景，周旋于物理场景、信息场景之间，面对实际和虚拟双重交流对象的要求，担负着展现媒体的立场、执行团队意识和表达个性特点的任务。

（一）媒体立场的展现

作为政治集团或社会利益集团的宣传工具而存在的大众传播，带有强烈的工具

性色彩，大众媒介组织的职业化、机构化、制度化等物化特征，更使大众传媒的社会功能表现出浓重的物化的一面，从而掩盖了传播中人的因素。电视节目主持人的出现改变了大众传媒的制度化或物化的冷冰冰的形象，而电视访谈节目主持人对节目的深度参与更是以"对话"的语言样态软化着大众媒体宣传任务的刚性原则，以平等的姿态、人性化的传播符号、丰富的感情引导感染着受众。电视访谈节目主持人应该在正确的世界观指导下，具有一定的思想水平和政策理论水平，具有比较敏锐的政治洞察力和清晰的思辨力，能够准确地、深刻地理解党和国家的大政方针和工作重心，善于体察百姓的需求和愿望，能敏锐地把握社会出现的焦点和热点问题，并做出正确的判断和分析。这样不仅符合党和国家的宣传方针，而且会提高节目的质量，从而提升节目的可信度和美誉度，提高收视效果。

（二）团队意识的执行

现代大众传播活动的复杂性决定了任何大众传播活动都不是靠个人力量所能完成的。访谈节目主持人受团队的委托进行节目的主持，要与节目的编导、策划、灯光、摄像等各个环节的工作人员协作，传播的内容、方法、策略是整个团队的共识，不是自行其是。一方面，在节目策划和准备过程中，团队的力量可以作为主持人的坚强后盾；另一方面，在访谈现场，主持人是孤立无援的，团队策划有时会有不到位的缺憾，主持人对此偏差应有发现、纠偏或扭转的能力。事实上，对于节目的传播效果，主持人要面临更大的舆论压力，承担更多的社会责任。

（三）人格化的表达方式

虽然电视访谈节目的传播应归功于集体的创作，不仅仅是个人的作品，但是，主持人以凝结于个体的传播能力展现了媒体的立场和集体智慧的成果，使传播媒介由工具客体转化为一个可供交流的对象主体，为传播烙上了人格化的深深印记。人格化"就是以生活中的具体的人同听众、观众说话的形式播节目"。主持人以人格化的传播形式出现，能更好地实现与观众在认知、情感、行为和人格等多方面的互动。

传播的人格化表现为主持人以团队和媒体的态度为准绳，以独有的话语体系（建立在独特的个性、思想观念、欲望需求基础上）表达、履行着大众媒体的宣传功能。为了使观众乐于接受这种宣传，主持人在良好心态的基础上，需要具备相应的传播技能，从不同角度用不同方式阐释主流意识形态，以一种人格化的传播——或娓娓道来，或嬉笑怒骂，或严谨深刻，或轻松俏皮地表达，完成对节目访谈现场的有效而恰当的调控，最终达到对电视观众的传播。正如《艺术人生》的宣传词"用艺术点亮生命，用情感温暖人生"所说，节目的教化作用不是通过说教的方式完成的，而是在"润物细无声"的过程中感染着观众。

综合以上各个方面，我们可以给出电视访谈节目主持人传播能力的定义：在电视访谈节目中，主持人以大众媒体为平台，以团队协作为基础，以人格化传播为手段，通过有效恰当调控访谈现场而实施的影响电视观众认知、情感、行为的能力。

四、与传播能力相关的要素辨析

（一）必备素质与传播能力

素质是和传播能力息息相关的一个概念。素质，《辞海》的解释为，"人或事物在某些方面的本来特点和原有基础，在心理学上，指人的先天的解剖心理特点，主要是感觉器官和神经系统方面的特点"。所谓人的综合素质，就是人自身所具有的各种生理的、心理的和外部形态等方面的较为稳定的特点和总和。这种特点的形成，既有先天的因素，也有后天的养成；既有自然、他人的因素，又有自身的因素。

传播能力往往是一个人思想、智慧、品质、学识、思维、心理和情感等方面的综合反应和全面展现，多种素质和能力是支撑传播能力表现的基础。对于主持人来说，素质必须转化为外在的表现形式，以有声语言和副语言的形式显现出来，变得可听可视，才可以成为传播能力。外化的过程就是综合素质展现的过程，传播能力就是涵盖和连接素质与表现两个层次的概念。

（二）主持技巧与传播能力

由于访谈节目录制过程长，表述内容没有详细文字依据，因此，和其他类型的节目主持人相比，电视访谈节目主持人在节目中表现的自我与日常生活中的自我更接近、更一致，不易造假。如果把访谈节目的主持作为一种技巧的话，显然过于功利化，技巧是可以学习、训练的，但是访谈主持有时是超技巧的，是心灵之间的谈话，需要的是真诚、热情、尊重，这不是技巧，而是一种心态。健康的心态不是一朝一夕形成的，而是一个漫长的过程，是一个人长期修身养性的结果。

主持技巧能在一定程度上弥补心态的不足，而良好的心态才是访谈顺利进行和展开的前提和保证。

吴郁说："心态既可以指瞬间具有情境性和短暂性的特定的具体体验，也可以指比较持久的、具有较大的稳定性和弥漫性特点的心境。前者往往具体表现为临场紧张与否的心理、生理状态，后者侧重于待人接物的认识和态度，说白了，就是做人的态度。""电视访谈主持人的心态，一方面来源于其一贯的做人的准则，即对社会和自己的认识以及对自身行为的控制；另一方面还来自对主持某个访谈节目所需要的职业角色的具体认识，以及据此对行为习惯、行为方式的调节、修正。"

（三）语言功力与传播能力

张颂提出了播音员主持人语言功力的概念，他说："语言功力包括观察力、理解力、思辨力、感受力、表现力、鉴赏力、调检力、回馈力。语言主体的创作觉悟、语言主体的创作态度、科学的创作观念、正确的创作道路、用气发声、吐字归音、思想感情的运动状态、思想感情的表现方法、语言表达的基本规律、艺术个性的风格特点……都汇聚其中，概莫能外。"语言功力并非只是"语言"的功力，它包括运用语言所必需的功底，如语言积淀、语言素质、语言环境、语言机制等。它还需要运用语言所涵盖的能力，如观察力、辨析力、捕捉力、感受力、表现力、调控力等。被狭义理解的语言功力，只不过是表层语言的操作技术，并非切实的语言功力。但语言是为表达而存在的，总要进入"由己达人"的程序，各种能力必定凝结于、落实于、体现于语言（包括副语言）上。语言功力不仅仅是语言的功力。但是，语言又是它的核心。即使有非常良好的话语心态，当外化为有声语言传播的时候，就全凭语言功力的推动，一点儿马虎不得。

根据播音员主持人职业特点，语言功力概念的提出和明确，从执行能力的角度说明了语言（包括副语言）统领其他能力的地位和重要性。

传播能力是生活在人类社会中的个体必须具备的一种核心能力。我们通常将人的各种能力分为三个层次：职业特定能力、行业通行能力与核心能力。核心能力具有普遍的适用性和广泛的可迁移性，它能辐射到行业通用能力和职业特定能力领域，对一个人的终身发展和终身成就影响极为深远。根据人力资源和社会保障部职业技能鉴定中心组织制定的试行标准，核心能力共分为八项，即交流表达、数字运算、革新创新、自我提高、与人合作、解决问题、信息处理和外语应用。交流表达能力就是我们所说的传播能力，对于电视访谈节目主持人来说，根据这一职业的特点，在普适基础上又有特定要求。

对于电视访谈节目主持人来说，其以大众传媒为平台，以传播为职责，肩负着提升广大受众的社会道德和引导先进文化方向的责任。因此，这种传播要更有思想性和艺术性，这样观众才能乐于接受，传播的目的也才能达到。当然，电视访谈节目主持人职业性的传播能力是以人际传播的传播能力为基础的，生活中传播能力差的人在大众媒体肯定不是一个好的传播者，但是生活中传播能力强的人在大众媒体也不一定可以胜任。所以，电视访谈节目主持人要比一般人具有更高超的传播能力，同时要兼顾大众传媒的特点，与一般意义上的传播能力使用的范围不同。

语言功力揭示了语言在播音员主持人这一职业中的统领地位，而传播能力概念涵盖了电视访谈节目主持人主观动机、认知能力、具体行为的整体呈现过程，两者侧重点不同，不可互相代替。

（四）表达能力与传播能力

传播能力是一个涵盖传播动机、认知、行为全过程的概念，而表达能力主要是指传播能力中外化出来的能力，浮出水面的部分——语言及非语言。表达能力一定要有内在的思想、智慧、品质、学识、思维、心理和情感作支撑才能有根基，因为表达能力易于观察，易于总结规律，我们经常把表达能力等同于传播能力，但实际上表达能力不是传播能力的全部，只是其中一部分，确切地说是其执行能力中的一部分。

在教学中，我们经常发现一些学生的表达能力欠缺，这其中有多种原因。比如，有的是脑子里很有想法，但是说的时候条理不清，语言组织能力差；有的是知识储备欠缺，不会描述分析所看到的现象，导致言辞生涩；有的是貌似侃侃而谈，但无论是内容还是逻辑都经不起仔细推敲。除了上述的第一种情况是相对单纯的表达能力问题外，其余现象都是出在内部原因。内在素质的培养耗时长，见效慢，不易显现。所以，我们在培养主持人时要注重表达能力的训练，但这种方法治标不治本，很难从根本上提升表达能力。

第二节　电视节目主持人传播能力的构成

电视访谈节目主持人传播能力由历时和共时两个维度构成。主持人的传播能力在大众传媒平台展示之前经历的一系列实虚场景的转换和过程的叠加，形成了传播能力构成的历时维度。美国社会学家戈夫曼认为，人在日常生活中表现出的种种行为和戏剧表演一样，分前台和后台。"前台区域是某一特定的表演正在或可能进行的地方，后台区域是指那些与表演相关但与表演促成的印象不相一致的行为发生的地方"。根据戈夫曼对前台和后台的定义，对于电视访谈节目（非直播）主持人的传播行为来说，节目播出显然是前台阶段，节目准备是后台阶段。但与人的日常行为不同的是，非直播电视访谈节目还有一个录制阶段，录制现场是主持人传播活动的前台，需要面对现场的嘉宾和观众；对于电视观众，这个录制现场又像传播行为的一个后台场所。因此，我们可以把录制阶段看作一个准前台阶段。主持人后台阶段的充分准备使之在准前台阶段的录制比较顺畅，能够按照原先的策划案进入预定轨道运行，正式播出是对预定轨道的运行录像进行打磨、修饰后的展示。虽然作为观众看到的是前台阶段，但是前台的成功实际是由后台和准前台阶段决定的。后台和准前台阶段构成主持人传播能力的历时维度。

主持人各方面能力在同一时刻的共同表现和作用，构成主持人传播能力的共时维度。萨拉·特伦霍尔姆和阿瑟·詹森在《人际交流》中提出过一个有关传播能力的模式，即如何获得"有效"且"恰当"的传播能力。传播能力具有双层结构，包含两个独立而且互相依存的层面，即深层和表层。深层指过程层面，它包含产生恰当行为必须具有的知识与情感，可以分解为解读能力、自我能力、角色能力、目标能力、信息能力五个方面。表层指执行能力，是实际上产生的有效恰当的交往行为。具体到电视访谈节目主持人的传播能力的共时构成，表层结构是主持人要获得良好的传播能力需要知道的方方面面，以及没有外化为执行能力之前的各项准备工作，我们称之为认知能力。认知能力包括解读能力、主体能力、角色能力、目标能力四个方面。主持人传播能力的表层也就是传播行为的恰当有效实现，包括可以看到、听到的能力，由控制能力和应变能力两方面构成，我们称之为执行能力。信息能力是人能够选择使用让他人明白、让他人了解和领悟的词语或非词语信息，同时也能对他人所选择的信息给予回应，进行意义交流的能力。信息能力不仅是语言、非语言知识，还包括语言技能、反应速度等内容，它不仅有内在的部分，也有外化的部分。认知能力的最终目标都是为了主持人可以在传播的层面上有效而且恰当地进行运作。换句话说，主持人的心理、情感和认知技能都必须整合到一套操作行为技能中，从而成功地进行传播活动，并获得受众的认可。

这样的双层结构为我们提供了一个统一的阐释框架，可以用来研究主持人内部心理活动和外部的动作行为。接下来，我们对传播能力历时和共时的构成情况分别考察。

一、传播能力的历时构成

（一）准前台的传播能力决定节目成败

电视访谈节目主持人传播能力涉及两个不同的交往模式，即现场传播能力（和现场嘉宾、观众的沟通）及大众传播能力（通过电视平台和亿万电视观众的沟通）。现场传播能力要求主持人灵活运用前期策划，调控现场谈话氛围，引导谈话进程，并与嘉宾和现场观众之间能够形成信息、感受和思想的互动。当策划案烂熟于胸，现场气氛调控得当，节目才能对大众传播平台上的观众产生好的影响，使他们易于、乐于接受内容，进而产生认同，引起共鸣。大众传播能力以现场传播能力为基础，现场传播能力为大众传播能力服务。

节目录制现场是主持人运用自身传播能力的主要场所。现场传播过程是面对面的，这要求主持人有较高的执行能力，保证节目按计划有序推进；而现场交流的双向性和互动性，则要求主持人能与嘉宾和现场观众进行有效沟通和交流，主持人认知能力将发挥重要作用。孙玉胜曾经这样概括主持人准前台阶段的传播能力对访谈节目的重要意义："由于谈话节目本身独特的形态，决定了谈话节目的制作是一次性完成的，之后就只能做减法，或删减或放弃，不可能做加法。这样的一次性决定于节目主持人对于节目录制过程的控制，而事后编辑修改的空间却很小。""对谈话节目的成败起决定作用的正是主持人的表现，主持人的思维和状态直接关系到节目的质量，他的一次性表现使得谈话节目充满风险。"而在大众传媒的播出线上的节目成品的传播是单向的、固定的，主持人不可能与电视机前的观众形成人与人之间的动态交流，所以在这个阶段，其传播能力的展示是不因外界条件而发生调整和改变的。

（二）传播能力以宽广的后台积累为依托

电视访谈节目主持人传播行为后台的含义非常广泛，如和节目组成员的沟通，生活中和家人朋友的沟通，都是前台沟通的非正式演练。前台的优异表现是后台表现长期积累的结果。

一方面，在生活中具有符合电视访谈节目主持人的特质，才有了节目中浓缩精华的自我呈现。《实话实说》主持人崔永元在读到自己的经历时说："后来他又同意用我，因为他喜欢我的日常状态。那时，我们老友聚会，经常一开始大家即兴谈话，结果最后我成了谈话中心，成为谈话的组织者，而且能够控制谈话的走向，这是无意识做成的样子。时间觉得这种天然的表现，如果能还原到节目当中去，是会让人耳目一新的，因为这是一种自然的谈话氛围，他觉得只要我经过努力就能带到节目中去。"主持人的特质表现得当，往往会增加节目的魅力，给节目打上鲜明的个性标签。

另一方面，节目现场毕竟与日常生活不同，个性发挥需要适度。"节目主持人在话筒前、镜头前，绝非完全的自我，他们必须调整自己，强化和美化节目所需要的那部分自我，弱化和淡化节目所不需要的那部分自我"。尽管电视访谈节目是即兴谈话，但不能和日常生活混淆。因此，对于尺度的把握，需要主持人在日常生活中有意识地磨炼，提高控制力。主持人往往不经意间就会把某些日常状态不恰当地带入节目，从而影响节目的效果。比如，一次主持节目时，一位患有口吃症的嘉宾在费力地讲述自己因左手书写给高考带来的不便时，主持人崔永元在一旁随意地说了一句"考播音系呀"，这句话虽然引起了现场观众的一片笑声，却极大地伤害了那位观众的自尊。

（三）前台对主持人传播能力欠缺的屏蔽作用

理论上，电视访谈节目播出这一前台是后台准备和准前台录制两个阶段合力的结果，而且由于电视访谈节目录制和播出的分离，使电视对主持人传播能力的欠缺可以产生一定的屏蔽作用。也就是说，实际上主持人在屏幕上进行的活动是经过选择和加工后呈现出来的，以期实现大众传播效果的最大化。电视的这种选择性对大众也有直接的影响。李普曼在《舆论学》中对媒介所造成的虚拟世界进行了鞭辟入里的分析："由新闻界提供的图像常常是不完整的、扭曲的。"他在《公众意见》的前言中，特意提到柏拉图的寓言：洞穴中的囚犯从面前的墙上永远看不到真实的世界，只看得到世界的反应，然而，这些反应就是囚犯们的世界。李普曼指出："我们就像这些囚犯一样，也只能看见媒介所反映的世界，然而，这些反映便是构成我们对世界的图像的基础。"

电视访谈节目的传播模式是组织传播通过大众传播平台的延伸——公开交谈的艺术展示，电视访谈节目是一种对谈话的艺术展示。因此，加入一定的技术手段以利于更好地展示谈话是制作团队通用的技法。但是必须明确，"真实"是观众对节目的本能需求，对这种需求节目组应该予以尊重。由于电视的视听结合特性会给观众造成一种错觉，认为屏幕上看到的就是直接的、不经加工的生活的原貌，于是，观众常把电视和实际生活画等号。但事实上，电视只能反映世界的一部分，很小的一部分，而且由于电视节目经过加工制作，根据节目的宗旨对所反映的世界有所加工，达到"来自生活，高于生活"的效果，实现对观众价值取向的导引和教化作用。

为了达到良好的传播效果，给观众留下良好的传播能力的印象，电视访谈节目组通过技术手段进行改善，提升传播效果是无可厚非的。但是，艺术加工的"度"的把握是目前电视访谈节目面临的重要问题。

对于主持人和节目组来说，电视访谈节目是做给亿万电视观众收看的，通过技术手段，通过后期剪辑、制作，使访谈节目呈现出融洽、和谐的谈话氛围，这是电视媒体的优势所在。但有些急功近利的节目组和主持人不在后台准备环节上下功夫，而是通过造假、排练的手段骗取电视观众的信任和喜爱，从而触及职业道德范畴的底线，就是不可原谅的错误。从电视访谈节目著名主持人崔永元的谈话中我们就可以看出造假的情况很普遍，"如果你做'假谈话'，'效果'做得好，是会赢得观众，赢得收视率，赢得一片叫好声，因为精心设计的东西跟即兴的东西完全不一样，很多人明知道这样不对但偏要这样做，涉及一个职业道德范畴的问题，他不认为这个职业道德应该坚守，他不以为丑，反以为荣，我们也无能为力，无话可说，这是我最痛苦的一个地方。我每次打开电视，哪个地方是假的一看就明白，所以觉得不可理喻、无可奈何。但观众不是内行，根本看不明白。……我不止一次跟我的合作伙伴说，咱们还坚持不坚持，我知道你们很累，我也很累，但要不要坚持？我们也可以造假，我们有经验，造得比他们还棒，但我的那些策划们都说不做，我们就是一天天滥下去，我们也要做真实的谈话。因为我们觉得做节目和做人是画等号的，是统一的。在节目中会反映我们的做人，我们不能那样做，最后做得大家精疲力竭，没有办法再坚持下去"。这种虚假的谈话不仅欺骗了观众，而且从长远看也降低了节目的公信力，对节目本身也是很大的伤害。

某些电视访谈节目为了出彩获得高收视率，不顾公信力和责任感，移花接木、断章取义，通过造假的手段设计、排练出现场的生动和妙语连珠，甚至连说出的信息都是虚假的，而受到蒙蔽的观众却难以知道后台和准前台的真实情况。从普通观众的角度，电视屏幕上显示的传播能力的强弱是衡量一个电视访谈节目主持人传播能力的最终标准，但是，只通过电视观众的反应来判断主持人的传播能力是不全面的。

二、传播能力的共时构成

访谈节目主持人传播执行能力，即在节目中的言谈举止，往往同他个人在社会实践中获得的感受、认识相联系，只有深刻地感受、认识了社会，才能深刻形象地反映社会。主持人认识客观世界的水平高低决定了其对社会现实的反应深刻与否、到位与否。

（一）认知能力

在非访谈类节目中，主持人的主要职能是"介绍"，即其所介绍的内容往往已经经过事先的排练，或者已经拍摄、剪辑完成，在主持人介绍完毕后进行表演或播放，主持人对节目的主要内容不构成影响。而电视访谈节目主持人自始至终参与谈话，引导谈话的进程，应对各种变数，主持人身兼数职，不仅是节目的参与者、组织者和控制者，还是大众传播者，负责构建起与电视观众的交流，创建跨越荧屏的谈话场。从这一点来说，访谈节目为主持人提供了一个充分展示才华与个性的空间。主持人更容易得到观众的关注，迅速成名，但同时，脱稿的、即兴的主持也对主持人的传播能力提出了挑战，谈话现场的无法复制性使主持人承担着巨大的压力。

在电视访谈节目中，主持人和嘉宾的访谈构成了节目的主体，主持人在节目中发挥着主导作用，其良好的认知能力是出色完成多项复杂传播活动的基础。主持人要适时表达观点，表明态度，个性和情感在对话中得以真实体现；主持人要尽量照顾到谈话现场的所有人，组织起各项活动，扮演着组织者的角色；主持人要"摆出话题，提出话题，分配发言权，分配表示重要性的各种标记，分配发言的时间，也给各个人分配或尊敬，或倨傲，或认真，或不耐烦的语气"，从而导引节目按计划顺利推进；主持人要善于在嘉宾之间、嘉宾与观众之间斡旋，使各种声音、各种观点都得以表达，并营造融洽气氛，调动现场参与者的积极性。这些努力的最终目的就是要实现对电视观众的信息传播，帮助他们产生现场感，引导他们进入话题。这些都对电视访谈节目主持人的认知能力提出了很高要求。

准确无误地掌握各种与节目相关信息是对主持人最基本的要求。熟悉背景资料可以帮助主持人获得与嘉宾对话的资格，主持人亲自整理、分析背景资料能够熟悉嘉宾的情况，加深对选题的理解，可以提高主持人对相关内容的提问水平，也有助于主持人现场的即兴发挥。

电视访谈节目主持人不是普通谈话的参与者，他是面对亿万观众的大众传播者。主持人以大众传媒为平台，以传播为职责，肩负着提升广大受众的社会道德和引导先进文化方向的责任。这就要求主持人的传播要更有思想性和艺术性，这样观众才能乐于接受，传播的目的也才能达到。受众需要一个有高度有深度的主持人的引领，深刻是主持人经历了思考、探讨、追索等一系列思维活动后才能达到的更高境界。

在电视访谈节目严重同质化的今天，创新能力无疑是主持人的必备素质。主持人在节目中人云亦云是不行的，他必须能够在资料的整理中找到独到的视角，从而找到突破口，独辟蹊径，使观众和嘉宾都有耳目一新的感觉。上海东方卫视的专访节目《可凡倾听》的主持人曹可凡一直坚持亲自梳理所有资料，所以很多嘉宾对他独到的提问都赞叹不已。据说曹可凡采访著名作曲家谭盾结束后，谭盾特意把文案要了过去，"因为曹可凡的提问和以往接受的历次采访都不一样，视角新颖独特"，他"要循着这条中心线再思考思考"。

电视访谈节目主持人的传播行为以认知为基础，他们制造并传播自己认为适合、有效的信息依赖于他们如何看待所处的情境，而看待事物的角度和方式又依赖于他们拥有的相关的认知框架。电视访谈节目主持人的认知能力涉及解读能力、角色能力、主体能力和目标能力四个方面，决定着信息的选择与传递。相应的，信息的传递也会促进认知能力的进一步深化。

（二）解读能力

电视访谈节目主持人不仅仅是作为一个个体进行交谈，他的传播反映了节目组甚至是所代表的媒体的视角和品位。人际交往中，我们根据自己的感悟和别人交谈，这种原生态的交流是我们个体人生体验的综合表达。电视访谈节目从选题选材、前期调查、嘉宾和现场观众的挑选、案头备课、现场布局到制片上镜，都需要认真策划和精心设计。除了访谈过程中无法预料的具体的谈话细节外，几乎所有进程都按照事先的计划和设计进行。电视访谈节目的前期策划主要是由策划团队完成的。他们首先是要确定有价值有看点的选题，然后选择合适的嘉宾和观众，同时从大量资料中迅速提炼素材，并将其与受访者的特点联系在一起；他们还要进一步寻找受访者感兴趣的话题以及能体现受访者性格特点的点滴小事等，从而找到恰当的"切入口"和"落脚点"；他们还要理出话题的递进层次和思想脉络，为主持人提供大致的话题线索和谈论框架，以便主持人能够顺利发挥、掌控全局。

虽然访谈节目的准备工作大部分由策划完成，但是主持人对准备工作的解读任务依然非常艰巨，需要根据实施对象的不同，对传播内容、传播场景、传播对象、传播关系深入认识和理解。关于传播场景和传播关系我们已经在第二章中详细解释了，接下来我们主要分析主持人对传播内容和传播对象的认识理解能力。

1. 对谈论话题的认识

虽然确定话题、选择嘉宾是策划团队的任务，但主持人要在谈话现场自如地、不着痕迹地掌控谈话脉络、走向和节奏，需要对话题和嘉宾有深入的了解。

由于大众传播媒介是社会舆论机构，电视访谈节目应有高品位的精神追求，即向受众展现高尚的精神境界，给广大受众以积极向上的精神力量。电视访谈节目中发生在主持人与具有传播价值的嘉宾或观众之间的交流，具有职业话语特征，担负了社会交际目标及社会功能，其意义远远超过了事件和经历本身。在精心设计的访谈进程中，嘉宾在主持人引导下讲述新闻事件或个人经历，不单单为了讲清事情的来龙去脉或介绍人生的沉浮变换，而是希望通过讲述的新闻故事和个人经历，表明观点和立场，实现大众传播目标及功能，即展示出其中蕴含着的思想深度和文化内涵，弘扬正确的价值观和人生观，倡导文明社会、和谐社会的主旋律。其中，电视访谈节目主持人担负着对受众进行正确引导、弘扬主流文化的任务。而这种引导和弘扬不是照搬照念理论、文件、政策、条例，不是官话、高调、套话连篇，而是深入浅出地在生动、和谐的气氛中传递真、善、美的理念。这就要求主持人扩大知识面，提高受众意识与政策水平，参与节目的策划和制作过程，培养自己的合作精神与整体意识，对社会现象和讨论的话题有深刻的了解和认识，把握事情的来龙去脉，收集汇总社会各方意见。

主持人对话题的认识有由浅到深几个层次：第一层先要了解话题的方方面面，清楚掌握事情的来龙去脉，理解领会事件各方的观点及其论据；第二层是认识到话题中蕴含的道理，明确社会现实下各种观点的利与弊；第三层能够上升到哲学高度，客观把握话题的哲学意义，而不是就事论事。对话题理解的深度和广度决定了交谈的深度和广度。对话题认识透彻，在谈话场上也就会站得高、看得远，说起话来就能条理清析、切中要害，在观众中产生共鸣，引起观众的深入思考。

电视访谈节目的样板《实话实说》比较善于浅入深出，虽然是普通百姓的交流论坛，但节目散发着浓郁的人文气息和文化品位。这得益于节目创办伊始就建立了实力雄厚的、由北京著名的社会学者、教育学者组成的策划班底，这些人品和学术造诣一流的专家在节目的策划中巧妙地体现了他们的知识、思想和情怀，这一点使《实话实说》一直受益，也是不少同类谈话节目难以模仿的根源所在。

我们通过一个表格就可以看到《实话实说》的话题超越了就事论事的标准，向着更深广的哲学含义迈进。如表8-1所示。

表8-1　《实话实说》的话题与其含义

节目表面文章	讨论弦外之音
拾金不昧要不要回报	道德与法律的关系
远亲不如近邻	固守社会传统与尊重个人隐私的分寸探讨
夫妻间是否需要一米线	东西文化的碰撞
捐款结余怎么办？	良心和规范
装修的滋味	尊重个性与宽容共性
城市垃圾何去何从	环保的理念与切实可行的操作
面对克隆	医学科学进步挑战传统伦理
家有琴童	功利与素质
村里的故事	国家大法与乡规民约的关系
对不起，老师	忏悔和宽容
我的左手	弱势群体的社会地位和尊重的理念推行
名字的故事	社会人和人格的独立
家	尊重差异

主持人曾总结过解读能力的重要性，"很多时候出现失误，更多时候是模棱两可，太啰唆，不够通俗，没有切中要害，原因是我们自己都没有整明白，就想去传递给别人。对每一个政策，大家都有疑问，我们下功夫不够，自己都没有吃透，更不要说传递给别人，而我们没有吃透，也是我们无法快速传达的一个原因。我发现

一个不好的倾向，很多行业记者以会行业术语为荣，你的任务是把专家的东西整明白了，然后告诉观众。所以，我说在谈话场上，有很多难易，说专家的话很容易，张嘴就来，难在说通俗的话，一个专家能用通俗的方式解释，才是大家"。

2.对传播对象的认识理解

电视访谈节目主持人需要了解的传播对象既有与之交谈的嘉宾和现场观众，也有不参与谈话的电视机前的观众，他们的特点和需求制约着主持人的传播行为。对现场嘉宾和现场观众的了解比较具体，也比较好操作。而电视机前的观众作为传播环境的一部分存在，作用不可小觑，但相对来说比较宏观，把握起来容易出现偏差。

人物性访谈和事件性访谈对嘉宾的了解程度是不一样的。相对来说，事件性访谈在基本了解嘉宾的个人情况之余，应该把主要的调查要点放在嘉宾对于话题中所讨论事件或者相关事件的态度、观点上面。通过对嘉宾所持态度的了解，主持人可以大致判断嘉宾在现场可能会说的话语内容，并事先准备和设计相应的谈话方式和内容。这将为整个谈话节目策划中谈话脉络的梳理、结构的编排起到提示性作用。而人物性访谈，主持人需要对嘉宾的个人情况有一个全面的了解，如要了解嘉宾的性格、脾气、喜好和习惯等，要了解嘉宾从小到大的生活环境和成长经历，并将这些信息与嘉宾目前的生活状态、社会成就以及人生观做一个全面的联系对照。同时，主持人还要了解嘉宾近期在生活、工作方面的具体情况与进展，并对他说过的话和做过的事等收集整理，挑出适合在节目中提及的部分予以重点准备，以期在有限时间内全面地体现其个性、态度和观点。主持人还要洞悉嘉宾性格特征和行为特点背后的文化和历史条件。"对待不同经历的人或不同具体事件的参与者，不同性格、不同职业、不同地位、不同文化程度、不同承受能力，以及不同体验能力、应答表述能力的人，主持人都要心中有数，是一针见血还是循序渐进，是直截了当还是旁敲侧击，是注重情绪感受还是注重理性思考，是煽情的抒发方式还是严谨的调查方式……"只有这样，主持人才能挖掘出嘉宾心灵的内核，并与之共同营造融洽、和谐的谈话氛围，共同构建相互交谈的内容。

没有充分了解嘉宾，致使访谈失败的例子屡见不鲜。比如，某位著名访谈节目主持人曾经多次在采访港台演员的过程中露怯，受到网友的攻击，其中重要的原因就是他没有考虑到港台艺人的特点，用面对内地演艺明星的套路包打天下，出现"鸡同鸭讲"的状况就不足为奇了。

对现场观众的态度有一个前瞻性的了解，这使主持人能有的放矢，事先对可能出现的观点交锋、谈话进程想好应对方法，从而使节目能够尽可能地按照前期策划中的思路进行下去。

受众对话题的看法和接受程度会影响到传播效果。因此，除了对访谈嘉宾和现场观众的了解，还要了解电视机前的受众状态。深入了解群众，切实了解受众的真实想法，并以此作为节目的根本准则，代表受众去提问、表达，才能做出真正贴合民意，让老百姓喜闻乐见的访谈节目。通过多种形式和电视观众互动来制定节目内容，扩大和丰富电视节目的传播效果和功能，是成功的电视访谈节目的共同经验。央视著名的谈话节目《对话》运用了多种栏目推广方式建立起与电视机前观众的互动。比如，节目通过在新浪网和央视网站设立《对话》专用网页和论坛，拥有了一批忠诚度极高的网上观众。栏目组的工作人员每年还参与各种论坛，到大学里去搞恳谈会、问卷调查等，当面听取观众意见，这都收到了很好的效果。

相反的，如果节目主持人只是和嘉宾探讨一些能让自己感兴趣的东西，而不是代表受众谈论一些受众想知道的内容，这样的节目是不会得到受众的认同和支持的。比如，《拾金不昧要不要回报》这期差点把《实话实说》送到终点的节目就是犯了脱离群众的错误。《拾金不昧要不要回报》的本意是提出"不要回报是高尚的，要回报也是合理的。给一定的回报也许是使这种风气形成或者张扬的一种机制"的观念，但是，这样的理念在那时提出得太早了，群众一时接受不了，根本不买账，节目播出后引来了批评，有观众认为节目立意不对，"意图否定中国人拾金不昧的传统美德"。孙玉胜总结失误时说："没有把呼吁制度建设和赞许高尚的传统美德统一起来。"如果崔永元说出这样的语言："呼吁建设这样的制度并不是要否定拾金不昧的传统美德。

（三）角色能力

角色能力是指电视访谈节目主持人要担当起社会角色，并能以合适的行为，在传播中表现出给定角色的含义。

角色理论最初是戏剧舞台的一个专用术语，美国社会心理学家米德等将这一概念引入社会心理学的研究领域，并提出了"社会角色"的概念。我国常用的定义是，"角色，乃是某个个人在特定的社会和团体中占有的适当的位置，被该社会和团体规定了的行为模式"。许多研究者也常用这一社会心理学的概念来探讨主持人的角色定位相关问题。角色理论包括角色学习、角色知觉、角色扮演、角色期待、角色规范、角色冲突和角色技巧等概念和内容。角色扮演即"角色承担者按其特定的地位和所处的情况遵循角色期待所表现出来的一系列行为"。角色扮演直接或间接受到角色认知、角色规范、角色技巧、角色冲突等要素的影响。第一步的前期准备是对角色的认知。通过认知，在充分了解与角色紧密相关的责任、义务等内容之后，角色扮演者才能继而学习和理解角色规范、角色期待等，进入具体的角色扮演。认知既包括主持人对扮演角色的认知，又包括受众对角色的认知。认知内容包括对角色的定位、属性、规范、职责等许多方面。

角色是社会的产物，是社会给予的，主持人可通过社会角色，实现或保持自己的社会身份。角色是相对的，具有相互对应的特点；角色也是需要合作和变换的。电视访谈节目主持人这一社会角色具有严格的行为规范，对"得体行为能力"有特别要求。在我们的社会主义传播体制下，大众传媒不仅仅有传递消息、娱乐受众的功能，更重要的是，传媒应该担负起引导大众舆论的职责，努力树立公正、可信、负责任、有社会公德心和厚重文化底蕴的传媒形象。这应该是每个媒体共同的目标。作为一个社会人，主持人有自己的思想感情、个性特征和审美取向，有自己的世界观、价值观和人生观，在社会生活中也有自己特定的角色位置、角色期待，但当一个主持人在和嘉宾或观众在屏幕前谈话时，他的一言一行就不再仅仅代表自己的声音，而是代表整个节目、整个媒体来同受众进行交流和沟通。因此，在媒体搭建的平台上，主持人必须能够在媒体中说出"有分寸感的合适的真话"，即以"个性行为出现，代表的却是群体观点"。主持人在表达自己的情绪情感时，更应该站在整个媒体的立场上，不能仅仅将自己视为普通的公民。传播平台在赋予了主持人"把关人"权利的同时，也要求主持人必须承担相应的义务。受众对一个节目、一个媒体的形象构建大多来自他们平时对于节目栏目和节目主持人的了解和评价。在这个特殊行业里，主持人自身的优缺点都会被传媒迅速地放大，一个细微的失误甚至有可能颠覆媒体多年来在公众面前努力营造的良好形象。

基于主持人传播活动的情景是"物理场景"和"信息场景"的叠加，主持人的角色定位也是复杂而多层次的。

对电视访谈节目主持人的角色定位有宏观和微观两种分析。从宏观上讲，访谈节目主持人的角色定位有所有节目主持人的共性，是传媒机构的代言人、节目的代言人、观众的代言人，要求主持人以党的路线方针政策为指导，遵循节目的方针要求和特色风格，了解受众的角色期待，引导受众，服务受众。同时，电视访谈节目主持人也有自身的特点。具体到电视访谈节目的制作流程中，主持人的角色随谈话的角度、内容、进程的变化而变化。在不同的谈话情境下，主持人分别是讲述者、引导者、求教者、聆听者和统帅者的角色。也有学者将访谈主持人定位为"客厅"的"主人"，扮演着三种角色，即谈话的参与者、谈话的组织者和控制者，以及大众传播者。

不同的节目内容、节目定位也对主持人的角色有一定的期待。新闻时政类的访谈节目要求主持人时刻保持清醒的头脑和高度的政治敏感，树立一个严谨、平实、真诚、亲切、成熟、理智的形象。专业话题类访谈节目一方面需要主持人能了解谈话领域，像一个专业人士一样用浅显易懂的语言与专家交谈，另一方面要充分表现出对所谈论内容的陌生与好奇，像一个普通观众一样向专家提问，在"专业"和"业余"两种状态间自如转换。社会生活类访谈节目要求主持人平易近人，创设畅所欲言的氛围，适度引导受众认识。《实话实说》主持人说："谈话节目主持人是一个正常人，不是因为学问有多高，长得多好看，地位有多高，家里有多少积蓄，就因为你是一个平民，有和他们一样的心态，你们可以平等对话，人家才选你做这件事儿。"综艺娱乐类访谈节目要求主持人轻松、自然活泼，思维活跃，妙趣横生，妙语连珠。情感交流类访谈节目要求主持人作为公众传播的代表，不同于生活中的中间人和调解人，所以在角色扮演中要时刻有媒介责任意识，在个体情感的表达中不能失去公众媒介身份，传播主流价值观和道德理念，传递有教化意义的有用信息。

（四）主体能力

在日常生活中，我们所接触的大部分关系都属于社会角色式的关系，而这些对象大都通过角色扮演为自己涂上一层又一层的保护色，来掩盖自己的真实面目。由于人的视野被角色重重覆盖，人的个性特征就被淹没其中了。所以，从角色的消极方面看，人与人的关系总达不到那么亲密的程度，人类越来越细的角色分工拼凑起个体虚假的自我映像也是极不可靠的。虽然社会需要不同的分工，需要各个人按照角色行事做人，以保持社会关系的稳定秩序，但在丰富的私人性关系中，一个人与另一个人的联结，一个人对自我的认识，仅有角色的标准，显然是不够的。除了角色给人的定型外，人还有应该属于他自己的面目。"一个完整的人，既要以社会属性，也要以自我属性显露和表现自我。"

主持人的设立使传播的主体不再直接表现为制度化或物化的媒介组织或媒介机构，而是具体的个人。电视访谈节目主持人通过个体之间交流的形式创造出人际交流的拟态环境，表现出人格化的特征。主持人既具有社会角色的一面，是"传达、解释、评议信息的传播者，又以真实可信的个人形象达到了信息共享的朋友般的印象管理"。

访谈节目主持人主体能力主要是指发展个人意识，培养个性化的传播风格，建立健康的自我概念，向传播对象展示他们有价值的一面的能力。这个有价值的一面即是自我个性特色与社会角色要求的结合部分。主持人通过想传播对象所想，感传播对象所感，对其感受与反应表现出深切的关注，在不同的情境下扮演不同的角色，在情感表达、积极倾听及语言回应等方面显示出理解互动，寻求到与对方共享的传播信号，并将自我投射到对方的心目中。自我展现要求主持人不断地净化自我，找到自我特点与传播对象期待的结合点，增强移情能力，持续学习，培养敏感性，发展创新能力。

在访谈节目中，访谈对象毕竟是节目的主角。主持人的主体能力中的个性特征不应该仅有自我展现的能力，还应具有帮助访谈对象展现自我的能力。有些主持人虽然相貌好、口才好、文采好，但不善于帮助嘉宾展示自我，这种主持人也不适合做访谈节目主持人。访谈节目主持人需要的是衬托嘉宾，恰当地引导嘉宾，调动嘉宾表达的积极性，同时将现场观众和屏幕前的观众的注意力集中到嘉宾的身上。主持人在具体节目中的自我定位，首先要准确把握节目的定位，即了解节目的宗旨、内容范围、形式风格特点。主持人需要注意本节目与同类节目的区别，弄清楚节目的服务对象，了解他们的心理和需求，然后进一步分析这个节目需要主持人具有哪些特点。在上述基础上，主持人应完整地理解自我，知道自己相对于这个节目有什么优势，有什么不足，再结合前面的认识，强化自己适合于这个节目的优势，避免不适合这个节目的劣势。

在大众传媒上自如地表现自我并不是一件轻松的事，主持人要注意避免自我展现和角色期待的错位。主持人在节目行进中履行的是大众传媒的责任，因此需要照顾好自我展示的尺度。同样的行为和言谈，日常生活中的交流对象和电视观众的反应和接受程度是不一样的，因为大众传播和日常人际传播中主持人的角色以及传播场景是不同的。因此，主持人应经常保持这种角色转换的自觉。崔永元在生活中和电视上都是一个爱开玩笑的人，关于角色的转换有自己的体会，"过去我很爱开玩笑，做了这个栏目以后，我觉得一定要从日常生活中开始修炼，否则无意识中你就会把这些带到现场，现在过分的玩笑、过激的玩笑我都不开了。我限制自己有一个规范，我总是在想，这个玩笑能不能跟我的父亲开？能不能跟我的母亲开？能不能跟我的妻子开？能不能和我最好的朋友开？在我话就要出口的时候，我就有一种条件反射，如果对我自己的亲人都难以启齿，那就不会拿着别人去开玩笑。这和做人的品行、规范是紧密连在一起的"。主持人的这种内省是值得借鉴的。

伴随着风格各异、异彩纷呈的电视访谈节目，幽默、犀利、敏锐、俏皮、知性的主持风格，带给了电视观众丰富的精神体验，他们用自己的生命体验、自己对世界的独特认识、自己特有的思维方式和表达习惯驾驭节目，这不仅是访谈节目主持人展示自我的方法，更是他们成功的关键所在。

（五）目标能力

电视访谈节目主持人的传播具有计划性、策略性和目标性的特点。目标能力指主持人在了解栏目定位基础上设定相应的传播目标，并依据目标对传播方式、方法等传播路径的设计能力，这个过程是与策划团队共同完成的。传播目标的设定使传播行为有路线指引，明确了谈话的重点和顺序。而目标能力以主持人的解读能力、角色定位、自我展现为基础。

1. 目标的设定

主持人传播目标有广义和狭义之分。广义是指对栏目宗旨、栏目定位、目标人群的认识，狭义的则具体到每一期节目的传播目的。主持人（及其团队）分析话题与社会、与谈话人、与观众最密切的结合点，使之吻合节目的广义传播目标。话题的社会意义分为两个层次：一是所讨论的话题价值所在，即该话题引起民众关注的原因和它具备的社会价值，如与社会发展的紧密程度、对社会造成影响的程度和范围、推动社会发展的方向、对社会借鉴和警示作用等；二是此次谈话的价值所在，包括谈话的意义、谈话的角度和预计谈话的结果。谈话嘉宾的选择围绕话题的社会意义进行，通过与嘉宾对话题立体、生动、全面、深入的探讨，最终达成节目预设的传播目标。主持人对前期准备的各类资料信息的合理编排和使用，也是实现传播目标的重要因素。

2. 路径设计

主持人对话语路径的设计和编排是实现传播目的的重要前期准备步骤。合理的话语路径安排可以使嘉宾有表达的思路和能动性，主持人和嘉宾有序的问答及嘉宾即兴的发挥促使各种观点和谐碰撞，从而使受众产生共鸣。郑也夫谈到自己在《实话实说》节目中的工作时说："即兴型的节目绝不能事先有台词，事前所能做的准备只能是思路，只能通过问题使讨论由此及彼、由浅入深；而提问又不能横空出世，前后不粘，必须衔接得恰当、巧妙、有趣，因此也就必须在既定的思路基础上即兴发挥。我的策划案虽然只有一张纸，但是事前与主持人的讨论是比较充分的，一般要讨论三次，每次半天时间，以商讨节目的思路为主，努力克服假想的障碍和困难，同时也讨论嘉宾的人选。"

编导、策划在设计策划案时，要对节目的内容、结构、话题层次以及切入的角度等多个方面有一个缜密的思维布局，而主持人最终负责把具体的问题设计出来，即把素材的甄选、话题的分配、话点的切入、话语的转换、沟通的调度等落实到采访提纲中。主持人必须考虑讲述的进程，紧密结合话题的发展情况，有所选择地将材料放在节目中最恰当的位置。主持人对谈话材料需要分清先后顺序，进行主次排列，将内容层层推进，努力保持谈话现场的交谈顺畅流动。尤其在一些涉及话题推进的"关节点"上，更需要主持人在节目策划阶段就做好准备；而且还要对内容的发展、嘉宾可能做出的回答、场上可能出现的各类突发情况做出一个事先的预判，并对每一种可能出现的情况都做好相应的应对措施。"真正优秀的谈话节目，它的现场操控纵然主持人的现场应变不可或缺——在绝大多数情况下考的是策划过程中的事先预判，将嘉宾、观众的言语动向牢牢控制在自己的预料之中，并及时准备好各种对策灵活运用。或许在受众看来，主持人的'对答如流'都是临时想出来的，其实却是'台上三分钟，台下十年功'的结果。"《实话实说》节目的策划陈骞曾经说过一段话："节目主持人就是火车司机，带上乘客，一路开过去，边走边欣赏沿途的风光。每到车站就要停下来，大站还要多停一会儿。火车能行走得安全，停靠得稳当，是因为有铁轨。乘客一路赏心悦目，一是因为窗外有风光，二是火车停停走走的节奏感，使旅途变得不再漫长，不再乏味。"和节目对照，"节目中展示的事实有详有略，这就是窗外的风光，停靠的站台就是我们争论或讨论的层面，怎么能让事实的展示和理性的探讨清晰，靠的就是轨道——所谓谈话的脉络"。

主持人每一句话的话语价值都不能偏离策划者原先勾画的目标，必须紧紧地与话题价值所指的方向相一致。对主持人来说，主持一期谈话节目是一个复杂而又充满挑战的过程，只有问对每一个问题，说对每一句话，凸显每一句话语的价值，才可能最终引导谈话者走向策划者所期待的"目的地"，实现"话题价值"，释放谈话节目的"精神能量"。

在访谈节目中，我们只看到主持人现场的主持，但在他的工作流程中，前期的准备是为提高主持人现场主持水平而服务的，确定选题，收集整理资料，选择嘉宾和观众，多次参加策划会以讨论谈话的结构、层次、表现形式及各种技术手段的运用等一系列步骤缺一不可。

对于普通观众来说，电视赋予了电视人一种神秘的色彩，能上电视、能在电视上说话是一件荣耀的事情，电视主持人也是一个令人羡慕的行当。所以，一般的嘉宾会对接受采访高度重视，认真对待。但是，也不乏一些有才又桀骜不驯的被采访对象面对媒体及主持人不屑一顾，致使前期的沟通就很难，邀请采访的过程更是困难重重。被采访对象千差万别，有对上电视战战兢兢的，也有对上电视不屑一顾的，还有对电视有本能抗拒的。面对不同的心态，主持人要做好功课，了解每一个访谈嘉宾的心理，经过前期严密的准备和详细的策划，并提出切实可行的操作方案，以避免嘉宾的套话，避免嘉宾的抵触情绪，避免嘉宾的不屑一顾，让不合作的嘉宾变得合作，让难以进行的访谈顺畅录制。

（六）执行能力

我们如果把人脑看作一种高级的信息处理器，那么电视访谈节目主持人的传播行为的发出要经历三个主要阶段：首先是外界信息的输入阶段，主要由主持人与外界沟通的感觉系统处理；然后进入处理信息阶段，主要由主持人负责直觉和认知等心理过程的中枢神经部分工作；最后进入信息输出阶段，由负责说话和动作的神经系统负责处理结果的输出。我们在详细分析认知过程中的基础上，进入表达认知成果的执行能力的分析。

如果说电视访谈节目的后台属于策划的天地，那准前台——节目录制现场——就是主持人再创造的过程。谈话的氛围、节奏、脉络、品质全要依靠主持人的调控，主持人的传播执行能力将受到全面考验。《艺术人生》的编导马宁比喻说："我们的团队就像一个足球队，而主持人就是球队的前锋，编导作为中场应该给前锋不断传好球，前锋的任务就是把这个球射进球门，球队的胜利来自全队的努力，但是以什么方式、什么角度，射出怎样一个精彩绝伦、激动人心的球，则全来自主持人这个前锋的技巧和表现。"

1. 执行能力的要求

电视访谈节目对主持人传播执行能力的要求是能够有效、恰当地调控现场。主持人在遵循传播行为的角色规范与个性表达的基础上，能够在节目中实施传播行为并取得预期的效果，主要依赖其圆熟的执行能力。主持人对谈话过程的调控不是单方面的，是和访谈对象双方合作协商的过程。合作既表现为主持人以个性化的方式应对访谈对象的能力，同时也包含了自身的德行才干和对他人的关心关怀。主持人经过得体的控制，使双方愉快合作、相互理解，在这个协商的过程中，主持人与采访对象共同构建着各自的自我。

在访谈节目录制现场，主持人一方面要按计划控制住访谈现场，执行策划预案，保证谈话按照策划预案顺利进行；一方面还要保持高度的灵活性和适应性，因为尽管经过认真策划和精心设计，访谈过程毕竟还是即兴的、无稿的，具体谈话的细节具有无法预料性。

（1）有效性

有效性是指在访谈过程中，主持人能够从一系列传播行为中选出一定的行为来完成策划案规定的目标。要达到传播执行能力的有效性，电视访谈节目主持人就要按照设定的目标，以主动选择的方式对交往对象以及传播情境进行控制，以完成节目的录制。"访谈节目主持人对谈话的控制范围，除了主题方向的把握、谈话氛围的营造之外，还包括对交流程度的深浅、双方情绪的张弛、对话节奏的快慢等其他重要因素的关注。"在多数情况下，主持人的提问不是一个简单的问题，而是经过精心组织的话语。具体来说，主持人传播的目标分两个层次：第一个层次，在访谈录制现场，主持人能够准确地预测访谈对象的反应并选择一定的传播策略，通过提问引人、转换话题、控制话题的展开程度，通过重组话语、追问、打断、插话、忽略、认可、支持、鼓励、总结等方式，不露痕迹地掌控访谈进程，获得与节目目标相关的信息，与访谈对象分享对谈话话题的感受。第二个层次，在大众传播的平台上，主持人要始终意识到观众的存在，意识到观众是访谈话语的最终接受者，从而清醒正确地评价谈话过程经过大众媒介传播形成的结果，并以此为根据适时对谈话进行调整。

主持人在话语的准备、组织过程中，不仅考虑到访谈的进程和目标，还要关注场外观众的反应。主持人不仅要让观众听懂，还要努力达成预期的效果。这双重目标共同决定整个访谈的进程，自始至终制约着主持人对语言手段、话语策略的选择。

（2）恰当性

恰当性是指主持人能够在访谈节目中满足多重复合语境的要求，或者说在不同的情境中能够认识到不同的规则体系，对谈话进行引领。这是衡量主持人传播能力和节目成败优劣的关键。主持人和访谈对象的交流要契合交谈的实境（物理场景）与虚境（信息场景）的需要。宏观上说，主持人传播行为要与社会、文化、民族、地域、时代、媒体、节目这些外部条件相契合；微观上说，被访者的特点、访谈者之间的关系、访谈话语的上下文等多种因素也会制约主持人传播能力的执行。

2. 电视访谈节目主持人传播执行能力的构成

电视谈话节目源自国外的脱口秀，是以日常谈话方式为表现形态的一种言论节目。嘉宾在主持人的引导下，通过叙述、讨论、对话等谈话方式就某一话题进行开放式交流与沟通。谈话节目兼具随意会话和机构话语的特征。主持人作为具有职业背景的专业人员，不仅在访谈中享有更多的话语权，同时享有大众传播机构赋予其对整个"采访场"的控制权力。主持人在"采访场"中独特的身份和地位，使其成为所代表的职业代言人，同时主持人的角色定位以及职业背景又使其努力成为观众的代言人。主持人对自己所处的"采访场"的意识程度、对语言的驾驭能力、声望和人格魅力、个性和风度以及他的双重乃至多重身份，使他的话语在具有随意交谈话语特征的同时，具有明显的职业话语特征，因此对其控制能力和应变能力提出了较高要求。

（1）控制能力

由于即时访谈的不可预知性，作为谈话现场的驾驭者，主持人对现场的控制显得尤其重要。这种控制体现在对谈话现场各个要素的引导、组织和协调，控制的效果对节目的过程、节奏、内容和格调有直接影响，其作用有时甚至超过策划与编导。此外，主持人还担负着调动嘉宾和电视机前观众实现交流情感的重任。主持人固有的知识积累、生命感悟、语言修养、人格品位、思维品质和领悟能力等内在素质，是对其控制能力的有力支撑。

①引导。引导是主持人对节目现场谈话走向和情绪流动的控制。访谈是主持人和访谈对象之间的双向交流，双方的心理处于互相感应状态，调节采访对象的心理，使双方配合默契，是主持人的采访艺术。"采访对象接受记者采访，本身就是接受一种外来的刺激，会由此产生一系列心理活动，其中既有主体的心理外部表现，也有内在的心理现象。"主持人要善于控制采访对象的情绪情感和驾驭自己。情商是一种驾驭自己的能力，包括驾驭自己的情绪、思想、意志等和控制、协调自己的心理活动，以便实现自己的愿望。好的主持人和记者必须善于掌握并调节采访对象的心理。当采访对象没有谈话的欲望时，主持人应不急不躁，耐心引导；当采访对象情绪激动时，主持人要冷静，帮助对方平静下来；当采访对象无理取闹、发脾气时，主持人能克制住自己。总之，无论采访对象出于何种情绪状态，主持人都能真诚、热情、冷静地对待，并运用自己的智慧，把对方的情绪引入正常的轨道。

主持人的引导作用还体现在调动受众情绪，吸引受众注意力上。主持人对访谈主题的引入、深化和发展要有一个整体的把握，采用不同的访问技巧，围绕主题从不同角度引导嘉宾和观众发表看法，引导受众领会节目精神，理解节目内容。当然，主持人的引导要有一定隐蔽性和技巧，使一切在不知不觉和潜移默化中进行。

②组织。主持人的组织能力是按照节目的宗旨，依据一定的逻辑，有目的地选择信息'并将这些信息迅速有效地构成一个整体，从而使受众易于接受的能力，是领导能力的体现。主持人对节目现场的组织作用也表现在对节目的各种资源的有效整合上，主持人通过适度的言行组织嘉宾谈话，关注讨论，控制现场气氛等。在组织谈话过程中，主持人要善于观察，注意话题间的连接、各段落的起承转合，注意与嘉宾和观众的交流和沟通，调动各方面的积极性和参与欲，使话题顺利展开。

③协调。主持人的协调能力既体现在协调现场人际关系，调节现场气氛方面，也体现在协调自身与节目整体、自身和受众关系方面。现场的人际关系指主持人、嘉宾和现场观众在节目中形成的各种关系。现场的谈话常围绕一个话题展开，而针对一个话题，不同嘉宾和观众会有不同看法，也可能造成意见上的冲突。

节目制作方一般是持欢迎态度的，因为各方面意见的交汇和交锋往往能够制造一个个小高潮，使节目更富观赏性，主持人的任务就是斡旋其中，避免冲突激化，影响现场气氛。

谈话气氛形象地说就是一个明显可以感知的气场，它会对谈话参与者的心理起到某种暗示作用。对于一般的谈话节目，现场气氛的和谐融洽程度决定了大众传播的效果。谈话气氛不仅感染现场参与者，还能延伸至屏幕外，吸引电视机前的观众。在这个临时短暂的组织中，任何一个交流方都是良好交流氛围的缔造者，只不过其间存在权限、功能的差别罢了。主持人要善于激发嘉宾的自我表露的欲望，善于在嘉宾之间、嘉宾与观众之间斡旋，使各种声音、各种观点充分表达。

（2）应变能力

应变，也叫随机应变，即根据情况的变化采取适当的应对行为。它以创造性思维为心理基础，是一个人先天因素和后天因素的综合体现。电视访谈节目主持人的应变是指在节目录制现场，面对由主观或客观的突发事件和意外情况造成的障碍和干扰，敏锐、及时、准确地做出反应，并采取有效措施迅速、巧妙、果断地加以排除或平息，从而使节目能继续进行，圆满结束。主持人的应变能力就是这种迅速反应能力和处理能力。

访谈节目的现场谈话充满即兴色彩。即兴因素往往是偶然的、不可预知的，因此电视访谈节目无法事先写好节目脚本。即便编导、策划、主持人预先进行了充分的准备，考虑到了各方面的因素，预备了充足的问题，到录制现场时，仍会产生各种出乎意料的情况。比如，嘉宾的回答不在主持人的预期之内，嘉宾的情绪变得非常激动，嘉宾之间发生争执，现场出现技术问题，现场状况超出主持人的控制，等等。录制现场不可能百分之百地按照制作者预先的设想顺利完成。此外，访谈节目进行现场录制时，谈话的过程轻易不能中断，主持人不能因为现场的突发事件不符合自己的预想而叫停，更不能因为自己发挥不好而叫停。有很多即兴因素是一闪而过、无法重复的，能否很好地应对这些突发事件，能否抓住有些有价值的即兴因素进行发挥，完全要靠主持人自身的能力。主持人是面对现场各种变数的决断者，如果无法机智灵活地应对现场的突发状况，或在关键时候出错，就会严重影响现场的进程和整个节目的质量，产生无法挽回的遗憾。所以，面对现场的种种状况，主持人必须积极调动自己的知识储备、人生经验，迅速想出解决问题的办法或是进行即兴的发挥。

现场既然是一个再创造的过程，就会出现各种突发情况，这时就要考验主持人应变行为是否恰当。衡量是否恰当有两个指标：精度和速度。速度是从刺激出现到主持人做出明显反应之间的时间间隔。速度与恰当性的强弱成正比，速度越快越恰当。精度是主持人对刺激的反应的准确程度，主要看主持人所采取的对策是否合适地解决了现场的问题，精度越高越恰当。恰当性凸显了主持人创造性思维敏捷灵活的特点。反应起点是否敏捷灵活，表现在主持人能否迅速从不同的角度、方向、方面和方法来解决现场问题，也就是能否快速进行发散思维活动；反应过程的敏捷灵活表现在主持人短时间内从分析到综合、从综合到分析，灵活地进行"聚合思维活动"；反应的结果是不是及时巧妙地平息了现场，体现了聚合思维与发散思维的临时组合的统一效果。这个过程与主持人的先天气质有关，以创造性思维为心理基础，但也离不开后天的文化修养、生活经验、人生阅历的积累。

受访谈节目的职业话语语境的制约，嘉宾在回答提问时一般采取合作的态度，尊重访谈的职业话语规则和访谈的传统，能够直接回答的问题嘉宾会直接提供信息，不能或不便直接回答的问题，嘉宾一般会考虑电视访谈的语境以及主持人的面子，采用会话策略迂回或婉转回答。但是，也不排除一些嘉宾故意刁难主持人，让主持人下不了台的情况出现，而这种情况的出现是对主持人应变能力的最好考验。

以央视《对话》栏目的一期节目《对话韩寒》为例，节目原意是通过嘉宾、现场观众分析探讨"韩寒现象"，并通过与韩寒面对面交流来表明韩寒是不可效仿的。但是，由于主持人的应变能力欠缺，没有将对话冲突引导到节目议题上，导致最后矛盾都指向了质问韩寒本人，使节目现场变成了一场对韩寒个人的"声讨"。

《对话韩寒》这个节目的主持人没有深入挖掘韩寒内心的真实想法，没有能够给我们展示这个好几门功课不及格，但执着于文学创作，并在市场上大获成功的少年作家的内心世界。心理学家马斯洛的需要层次理论认为，在少年时期主要的基本需要有安全需要、归属与爱的需要。成长中的韩寒同样需要同伴和老师的理解、认可和欣赏，关键时候也希望有人支持、帮助和指点。特别是韩寒在节目中处于被大家"围攻"的时候，主持人只是用笑声或者"好，听听这一位"的简单换人发言的方法暂时阻止争论，并没有及时将尴尬的气氛化解，更没能将话题的中心拉到节目的主旨上，这种转移"质问"话语权的方法加剧了现场对峙的局面，并没有起到应有的调控现场的作用，导致节目效果不佳。

三、共时构成与历时构成纵横谈

（一）各种能力的阶段性选择

电视访谈节目制作的不同阶段对主持人各种能力的参与程度有倾向性的要求，有些能力在这个阶段起关键作用，在另一个阶段只起辅助作用，甚至不表现出来。

在后台阶段，主持人的执行能力是不发挥主要作用的。虽然主持人也使用执行能力，但他的使用对象不是现场的访谈对象，而是团队的其他成员，他们之间的交流是为了做好准备工作，更好地运用解读、角色、主体、目标四能力，保证在准前台阶段更好地与访谈对象交流。

严格意义上的认知能力只是出现在准前台阶段。而实际上，主持人的认知能力被分解为两个部分：一部分是处于后台，这是执行的基础，但是进入准前台阶段，这些过程能力还要参与传播能力的构成，它们通过听、看、感受现场的情况，对后台已形成的成果——策划案——进行调整。比如，解读能力作为一种心理过程，根据它实施的情境不同，在准前台表现为解读访谈现场的能力，在后台表现为解读策划案的能力。我们在前面主要分析了相对静态的后台解读策划案的能力，实际上准前台解读访谈现场的能力也同样重要。

如果我们把后台和准前台阶段代表各种能力权重的星号相加，会发现各种成分在传播能力中同等重要，缺一不可，只不过电视访谈节目的传播模式把主持人的传播能力进行了时空分割，这就是电视访谈节目主持人的传播能力与日常人际交流传播能力的最大不同。

（二）听知能力的桥梁作用

在前台解读的能力中，听知能力是一个重要影响因素。听知能力是对解读、角色、主体、目标等能力在后台阶段准备成果的再调整的基础，是衔接后台和准前台的重要桥梁。正如斯图尔特所说："当你聆听时，你的心灵正在无比繁忙地接受和清理新的思想内容，将这些新思想与你已掌握的东西联系起来，用旧有的信息创造新的关系。"主持人除了需要在前期准备时对采访对象做深入了解，还要在录制现场和嘉宾交谈的过程中，把个人的偏见放在一边，以开放的思维来认真聆听对方的讲话，才能引领谈话进入新的领域；及时抓住新冒出来的、有意味的话头，并能在瞬间调动自己的思维，对展开的话题发出进一步的、细致的或深层次的跟进式发问。从中我们可以看到，语言不到位的地方往往是认识的不到位。对现象、对人的解读程度决定了传播能力的执行是否恰当。

其实，主持人的"听"是一个复杂的心理过程，与观察、记忆、思维有着密切的关系。第一，必须要"听到"，不但要入耳更要入心；第二，要快速准确地选择要点进行短时记忆，在必要时能够很快提取分析；第三，要准确理解对方的意思，把双方的语义差降到最低；第四，要善于判断和辨别话语的价值和走向，迅速找出接续点和提问点，以实现顺畅有效的沟通。

（三）认知过程和执行过程之间的双向互动性

当主持人依据解读能力发出信息时，对方的反馈、整个交流场景的状态都会影响主持人自己和传播对象对世界的认知形象，认知结果又促进接下来的执行能力的发出。认知能力与执行能力就在如此的回环往复中不停地互相构建着访谈进程。从倾听与互动的角度看，主持人观察能力、思维能力越强，越能迅速捕捉对方的语言和非语言符号，越能全面、准确解读对方的话语含义，越能迅速组织自己的所思、所感，并用恰当的语言内容和语言形式表达出来。

美国著名心理学家麦克利兰于 1973 年提出了一个著名的素质冰山模型，所谓"冰山模型"，就是将人员个体素质的不同表现方式划分为表面的"冰山以上部分"和深藏的"冰山以下部分"。其中，"冰山以上部分"包括基本知识、基本技能，是外在表现，是容易了解与测量的部分，相对而言也比较容易通过培训来改变和发展。而"冰山以下部分"包括社会角色、自我形象、特质和动机，是人内在的、难以测量的部分，它们不太容易通过外界的影响而得到改变，但却对人员的行为与表现起着关键性的作用。这正好暗合了本书关于主持人传播能力的分析。考察主持人时，不能仅局限于对执行能力进行观察分析调整，而应从主持人的认知能力等方面进行综合考虑。如果没有良好的冰山以下部分的支撑，冰山以上部分就是无本之木、无源之水。

（四）各种能力在前台阶段的闲置

前台阶段实际上是把主持人准前台的传播行为有选择地重放一遍，这个时候，作为主持人工作已经结束，他的传播能力再高超，这时也已不再参与传播。如果一定要分析这个阶段的意义，那就是主持人通过观看自己的节目并进行分析，为今后的传播工作积累经验和教训，这时主持人的解读能力在起作用。

第三节 电视节目主持人传播能力的因素

传播学的先驱之一，德国心理学家库尔德·勒温在"格式塔思想路线下""根据物理学中出现的部分决定与整体的场现象，提出了'场理论'，用以研究心理现象"，勒温在场理论中提出了一个重要的概念叫"生活空间"。所谓"生活空间"是指人的行为，也就是人和环境的交互作用。

一、内因的影响

在传播过程中，主持人的思想文化和思维水平的高低以及学习能力和敬业精神都会对传播的深度、广度和独特性产生影响。丰厚的知识底蕴会提高解读效率，而兢兢业业的工作态度能够在一定程度上弥补知识的欠缺，两者缺一不可。

传播能力综合了主持人认知、情感和行为本领等各种成分，主持人需要具备理解情景和环境要求的动机，具有理解演播情景和要求的认知本领，能够有效且恰当地完成访谈节目的录制行为。主持人传播能力的显现不仅仅是语言的运用能力，往往还是一个人思想、智慧、品质、学识、思维、心理和情感等方面的综合反应和全面展现，是主持人多方面素质和多种能力共同作用的结果。主持人总是带着某种主观意愿进行传播，其性格、动机、传播技巧以及其他变化在他开始传播之前，就已经限定了他要传播的信息。在这个过程中，主持人原有的知识背景、精神背景起到了决定性的作用。主持人通过认知的滤镜来观察周围的世界，展现了主持人特定的思考方法和思考形式。传播能力很大程度上是通过后天学习获得的，一个主持人的思想素质、政治素质、职业精神和职业道德、人文素养和人格素质、教育背景、知识结构、生活阅历、学习能力、思维素质、心理素质无不制约着他的认知框架的构成，影响着他看待问题的角度和方法，决定着一个主持人的传播能力的质量与品格。

（一）传播动机的驱动作用

电视访谈节目主持人的传播动机驱动着主持人传播行为的发生，并决定着传播能力的强弱及传播质量的高下。动机有内部动机和外部动机之分，它们对传播活动具有不同的影响。内在动机一般是出于对任务本身的兴趣，而外在动机则常常是出于对外部激励的需求。动机直接决定着主持人是以主动还是被动的状态进行传播。主动地参与传播并以享受的心态与嘉宾观众进行对话，主持人就会投入较大精力，认真对待。相反，如果主持人是被迫地或是非情所愿地参与传播，充其量也就是完成任务式的表演，主持人多会敷衍了事。虽然动机是无法看到的，但是主持人的言谈举止会使受众感知到主持人的投入程度。

虽然电视访谈节目的目的是制作节目播出，但是，以制作节目的心态进行的谈话，肯定会使谈话陷入枯燥的境地。以强烈的功利心来对待传播关系的主持人，对嘉宾、观众的认识主要着眼于现实功用层面，工具性的传播关系使传播最终变成了人与人之间虚情假意的周旋与应酬，由周旋应酬再生成互相利用、互相坑害的对象。只有以非功利的、享受的心态进行谈话录制的主持人才能堪称优秀的主持人。张越在谈到她的人物专访节目时说："我觉得做访谈的前提就是我希望我有热情想去了解一个人的内心过程。对有的人我可能多少能探寻到一点儿，也有的人我几乎是无法探寻的。但只要我始终能怀着很大的好奇与敬畏去感受对方，这就足够了。只要能真正放下内心的武断和优越感去进入这个过程，就肯定能从中有所获得。所以，这是一种血肉加心灵的真实生命体验。尽管我越来越明白自己不懂许多，可探究的自信也在一点一滴地不断增加。以前我很害怕和真实的人接触，但现在却越来越希望去接触更多的人。曾经有记者问我什么是采访成功的标准？我不想用成功和标准去衡量一次采访，但我个人感觉，好奇和动心大概可以算是能真正进入采访的一把钥匙吧。"这种对生命的敬畏、对人生的探究精神，推动着张越，使她的电视专访显得与众不同，并在众多访谈节目中脱颖而出，有很强的文化感染力、社会影响力和专业影响力。

（二）人文素养的核心作用

1.人文素养的含义

人文素养指的是一个人待人接物的基本态度和基本品质。电视访谈节目主持人是与人打交道的职业，理性的思维、敏锐的洞察力、健康的心态、良好的交流沟通能力以及足够的合作意识都需要人文素养的支撑。正如国内著名传播学家喻国明所说："造就一流的访谈节目主持人的绝不仅仅是漂亮的外表、令人炫目的技巧和引人注目的领袖、大师或明星，最重要的是一流的访谈节目主持人透过访谈节目的价值，营造所体现出的一种俯仰天地的境界，一种悲天悯人的情怀，一种大彻大悟的智慧。"

不少著名的主持人对人文素养的重要性深有体会。杨澜说："我明白了，要确立一个主持人的形象，相貌气质固然重要，知识储备、头脑灵活固然关键，但最重要的是内心的修养和人格的健全。"人文素养的缺乏直接影响着主持人的思维深度与广度，和对事件的洞察力和价值判断力，进而影响其驾驭节目的整体表现力，而这些能力都是访谈节目传播成败的关键。

2.深厚的人文素养表现为良好的心态

对话的前提要求我们对谈话对象有深切的道德和人文关怀。龙应台认为，衡量一个人是否具有人文素养的标准为"真诚恻怛"。孟子早在两千多年前就发表过类似的观点，人文素质是一种内在的东西，"仁义礼智根于心，其生色也睟然，见于面，盎于背，施于四体，四体不言而喻"。（《尽心上》）人文素质是人对生活的看法，人内心的道德修养以及由此而生的为人处世之道。它表现在人们的言谈举止之间，它于不知不觉之时流露于人们的眼神、表情和姿态，甚至从背后看去也能充沛显现。与嘉宾和观众对话，电视访谈节目主持人应该有较高的道德境界，尊重他人，保持交流的真心诚意，并用自己的真诚激发和回应他人的真诚。

"人文关怀"的最高境界是发自内心地、深入骨髓地尊敬每一个人，不管他干什么，不管他的职位高低、富贵与否，不管他是什么生存环境，什么家族背景，都会尊重他。尊重意味着完整接纳，平等对待传播对象，认知他们的思想感情、内心体验、社会价值、生活追求和独立人格，这是尊重的前提。

主持人首先应该是真诚的。真诚是内心的自然流露，真诚不需要技巧。真诚建立在对人的乐观看法，对人有基本的信任，对传播对象充满关切和爱护的基础上，同时也建立在接纳自己、自信谦和的基础上。真诚不是自我发泄，应实事求是，应适度。人的神情举止是其内心情态的外在表现，如果一个人在与人交往时居心叵测，没有真诚的态度，却又要表现出诚恳的样子，这种矛盾会造成其心理上一定程度的认知不协调，从而产生一定的紧张感。这种紧张感会自然地通过某种外显的行为以及内部的生理指标的变化释放出来，导致表情的不自然。形随心走，当主持人用真心真诚地对待交流对象时，其一颦一笑才具有真正的亲和力，才能真正感染受众，达到真正有效的传播。

"人文素养"从哪里来？"尊重、真诚、平等的心态"如何获得？智慧和学识来自天赋和学习积累，而"人文关怀"是在一定的文化背景和生活中被塑造而成的，它的形成和发展主要取决于个体所参与的社会生活，取决于个体经历的社会化过程。社会化的影响主要体现在宏观的社会文化层次上和微观的个体生活情境的层次上。社会物质生活条件、社会制度、价值观念、行为规范、道德准则、风俗习惯等是影响人文素养形成和发展的宏观背景。个体生活情境层次是个体人文素养形成和发展的微观机制。罗曼·罗兰曾经在《母与子》中写道："生活，这是一切书籍中第一本重要的书。"电视访谈节目主持人不仅需要运用书本知识，还要将自己的人生体验渗透其中。热爱生活，热爱生命，一生的酸甜苦辣都会成为一笔财富。这是艺术家的创作源泉，是主持人与受众交流沟通的心桥。

莱辛在《西方美学家论美和美感》中说："处境同我们最相近的人的命运才能最深刻地打入我们的灵魂深处。"丰富的生活阅历是主持人的财富，是知识构成的一个重要部分，是增加主持人的真实感、可信度的重要因素。主持人健康心态的形成不是一蹴而就的，是一个漫长的过程，一方面来源于其一贯的做人的准则，即对社会和自己的认识以及对自身行为的控制；另一方面还来自其对"主持人"职业角色的具体认识，以及据此对行为习惯、行为方式的调节、修正。对于访谈节目主持人。生活积累、经历背景比教育背景更重要。

人生阅历的积淀会使主持人变得更加宽容，在访谈节目中能够理解别人，体味人生的意义。但在实际生活中，我们的活动范围、生活空间导致了我们不可能任何事情都去亲身经历一番，因此更多的经验是间接获得的。在间接获得经验的过程中，移情能力的作用就显得尤为重要。

（三）移情能力的基础作用

电视访谈节目主持人虽然是阅历越丰富越好，但是，他们不可能对每一种人生都有体验，这种时候就要求主持人有很强的移情能力。在社会生活中，移情能力的好坏无疑是一个人是否能够同他人进行良好交往的前提条件。试想作为一个"社会的人"，如果根本不能体会到他人的想法和感受，那么又怎么能同他人进行更深层次的沟通和交流呢？对于访谈主持人来说，如果不能体验和理解交流对象的所感所思，怎么可能真正去挖掘对方的内心世界，并将其真实、本色地还原给受众呢？如果不能体验和理解广大受众及自身所代表的群体的情感与需求，又怎么可能有效地掌控节目的运行，使节目获得好的传播效果呢？因此，具有良好的移情能力是电视访谈节目主持人的职责和职业特殊性对其基本的要求，是主持人进入电视访谈节目领域的职业准入资格。

电视访谈节目主持人必须是一个"人情练达"的人，即阅历多而通达人情世故。人情练达才能有较强的移情能力。移情能力就是体验别人内心世界的能力，也被称为共情、投情、神入、同感心、同理心、通情达理、设身处地，即借助于对方的言行，深入对方内心去体验他的情感、思维的能力；借助于知识和经验，把握对方的体验与他的经历和人格之间的联系，更好地理解问题的实质，运用技巧，把自己的理解传达给对方，以影响对方并取得反馈。它通常包含两个方面的意义：一是站在对方的角度去考虑问题，体验对方的所见所闻，即"设身处地"；二是把自己内心的情感移入对方和对方一起感受，即"感染他人"。访谈节目主持人的移情能力"既包括主持人能够善于设身处地地领会策划、编导融入文案中的思想情感和体验受众的需求心理，也包括主持人要善于运用自己的情绪情感去感染受众"。

这种双向的情绪情感的流动过程，既有站在他人角度，能够理解他人情绪情感的"移入"过程，也自然包括将主持人自己内心的情绪情感"移出"，移进对方的情感世界之中，调动对方感情体验的过程。这样一来，双方的各种喜怒哀乐的情绪情感如同涓涓细流，在"主持人"和"交谈对象"之间不间断地流动，而不是只局限于单方面的情感灌输。

移情内涵的第一个层面就是"设身处地"，即能站在他人角度，理解他人的情绪情感。作为大众传播系统的一个有机组成部分，电视访谈节目主持人同受众、节目和主持人本身代表的传播组织这三者之间均有密不可分的联系，因此若能充分领会移情的内涵，设身处地地协调好同这三方面的关系，必然会使主持工作更上一层楼。

首先，我国社会主义传播体制的性质决定了电视访谈节目主持人是我们社会主义现代化建设的服务者，主持人所代表的传播组织无一例外的都是社会主义精神文明建设的一支重要力量，担负着舆论引导、社会监督的重要职责。因此，所有的传播工作都要符合社会主义传播体制的要求，主持人作为传播活动的一分子当然也不例外。主持人良好的移情能力有助于更好地领会政府的各项方针政策，更有利于提高其政治修养。主持人在实际工作中，只有做好同传播组织的充分沟通与交流，才能胜任舆论引导的重任。

其次，优秀的电视访谈节目是多个传媒从业者共同合作的成果。一个精英团队是打造优秀节目的前提，主持人毫无问题是这个团队中的重要成员之一。

在团队合作的过程中，主持人必须具备良好的人际交流能力，才能更好地体会其他成员的思想，在此基础上进行深层次的合作和沟通。良好的移情能力有助于主持人更好地领会制片人、编导的意图，使整个节目在主持人的串联、协调下成为一个有机的整体，进而获得更好的传播效果。反之，如果主持人缺乏站在制片人、编导角度上的"换位思考"能力，他就不能真正领会到"我们到底要做什么"，会给一个本来很优秀的节目初期策划大打折扣。而且，移情能力对于主持人在团队中有效地调节自身情绪、更好地投入工作有重要影响。不能在压力之下调控好自身情绪的主持人，往往会将此种负面情绪带给他人，直接影响到了整个团队的工作进度。

最后，良好的移情能力有助于主持人在认知过程中加入情感因素、"自我"因素，深入了解受众需求，深刻地体会受众的情感需求，从而有助于培养尊重、包容和接受差异的态度，在面对访谈对象时能够真正正确地处理问题或者给出恰当的回应。

（四）所主持领域的背景知识的重要作用

从访谈节目的内容来看，访谈节目分为新闻时政类、专业话题类、社会生活类、综艺娱乐类、情感交流类等。每一类节目的主持人，一定要熟悉所主持的节目的领域。

一批资深主持人对中国老百姓生活中喜怒哀乐的深刻理解，来自他们的家庭出身和个人经历。"平民化"的《实话实说》之所以办得成功。按主持人总结自己的经验就是"读万卷书，行万里路，和万人谈"，强调生活实践对于他所主持的节目的重要性。

《夫妻剧场》是一档探讨与婚姻、家庭有关的日常生活和社会问题的谈话节目。主持人英达是名演员、名导演，英达的坦率以及他对爱情、对婚姻的特殊阅历之后的感悟，对于栏目来说是一笔不可多得的财富。当问到嘉宾一些尴尬问题时，英达常拿自己开涮，舍身炸碉堡，用幽默的方式撬开对方的嘴巴，也挖掘出了隐含在琐碎生活背后的深刻含义。

自从代表着高端、前沿和思想的《对话》栏目显示了它旺盛的生命力后，又有不少类似的节目问世，第一财经的大型财经谈话栏目《头脑风暴》就是其中一个醒目的代表。节目邀请国内外顶级企业总裁、著名经济学者等，以主持人与嘉宾对话、嘉宾与嘉宾交锋、观众与嘉宾思想碰撞的方式，聚焦热点经济事件，解析共同关注的经济现象，探讨经营新理念，捕捉鲜活管理实例，演绎企业得失故事，解读商业竞争策略。现任主持人袁岳是一名企业家，是零点研究集团董事长兼总裁，拥有哈佛大学肯尼迪政治学院 MPA、北京大学社会学博士学位，同时还是一位社会活动家，担任国际调查业组合网（INRA）中国区合作机构代表、清华大学公共管理学院客座教授等多项要职，商场上老辣的袁岳对于企业和管理的话题轻车熟路，他游刃有余地引导着交流，有共鸣也有碰撞，随时抓住场上的闪光话题，与嘉宾深入地讨论。节目中机智幽默又不乏沉稳，很快就吸引了众多"袁迷"。

（五）鲜明个性的特殊作用

主持人的个性色彩、个人魅力和独特的谈话风格，往往会给节目打上鲜明的标签。生活中每个人都有自己的特色，都在有意无意间展现自我、进行交流，或热情奔放，或质朴清新，或沉郁顿挫，或深情款款。对于电视观众来说，电视访谈节目主持人的拟态交流不具有强制性，观众单方的意愿往往对传播效果起到了决定性作用。在目前这个电视访谈节目供应数量严重过剩的时代，吸引观众眼球的重要法宝就是独特性，个性是否鲜明是主持人传播能力强弱的主要衡量标准。如果主持人不加强自身独具特色的表达和气质形象，那么同质化的结果只能加快节目出局的速度。独特的外在表现是由主持人独特的思维方式、独特的视角、独到的见解、独创的构思、独有的感受支撑的，而这些具有独创性的特色，都有赖于主持人的个性。主持人的个性特征主要是指主持人在具有专业能力和素养的基础上，所具有的不同于其他主持人的特点，也就是先天气质特征和后天性格的表现。这种个性特征往往能使主持人具有独特的魅力，从而被受众认可。主持人的个性表现于外就是他在长期的工作中形成自己独有的、相对固定的服装造型、化妆造型、语言表达方式、动作表达方式，以及思想、情感表达方式等。个性是主持人的一种品质，是内在修养的外在表征，是思维与智慧的外化和延伸，是思想的包装方式。

每一个主持人都是一个生动的个体，优秀主持人的存在都具有不可替代性和无法复制性。他们的个性不是刻意的展示，而是水到渠成的自然流露。主持人自身声音、形象等先天条件，以及文化素养、生活阅历、人生感悟、思想感情、审美情趣及知识层次等与众不同的后天培养，再加上时代的需要，地域的习惯及生活的特点，必然对主持人的个性产生直接的影响。比如，访谈节目主持人张越，由于她自己曾经经历了叛逆的青春期，有过非常激烈的内心冲突，心路历程比较丰富，比较大开大合，因此，她对普通人不普通的生活经历和情感历程有很强的理解能力，而且她习惯侧重于从个人故事和个人经验入手，剖析人物个性特点和个人命运中的因果关系，从中透视出个体生命历程与家庭和社会的关系。

主持人是节目的一个重要组成部分，越是优秀的访谈节目，主持人的烙印越明显，主持人的离开对节目往往是致命的打击。美国的吉尼·格拉汉姆.斯科特在分析美国谈话节目超级明星拉里·金等人成功的原因时肯定地说："最关键的因素还是主持人的个性，每个人都在节目中以他个人的方式展现了一个强有力的自我。他们都有一种特殊的个性，一种与众不同的非凡气质。"

个性是一个复杂的系统，是指在一定的社会历史条件下的具体个人所具有的意识倾向性，以及经常出现的较稳定的心理特征的总和。态度、价值心理、兴趣构成个性倾向性，个性心理特征由气质、性格等构成。态度是对人或事的看法及其在言行中的表现。价值心理是人们对作用于他们的客观事物或对于其所参与的活动的价值所进行的心理评估。态度和价值心理一旦形成，便对人的行为起着指导和调节的作用。

每个人的神经类型会赋予其异于他人的精神面貌，在心理活动与外部活动的表现上会显示出各自不同的状态。这些不同的状态就是性格和气质。气质表现出一个人个性的先天个体差异。气质是人的先天秉性，无好坏之分，它使人的心理活动染上某种独特的色彩，但不能决定人的社会价值，也不直接具有社会道德评价含义。主持人的气质既表现在情绪产生的快慢、情绪体验的强弱、情绪状态的稳定性及情绪变化大小程度上，也表现在思维、动作、语言速度和灵活性上。无论哪一种气质的主持人都有可能成为一名成功的主持人，关键在于主持人的气质与节目的风格相匹配，才能激发主持人自我能力的发挥。

性格是人对现实的态度和行为方式中比较稳定的心理特征的总和。每一个人都有这样或那样的性格特征，各种性格特征交织在一起构成一个人的性格。性格是后天习得的个性特征，表现在对现实的态度和在一定场合下采取的行动，也是最能表现个体差异的心理特征。性格是在社会的影响下，在人的实践活动中逐渐形成的。性格是一个人的生活历程的反映。一个人在文化知识、政治观点和道德标准的影响下，形成了自己的性格，而性格又受人的价值观、人生观、世界观的影响。

（六）语言与非语言——实现手段

主持人的解读能力、角色定位、自我展示、目标的实现都要通过语言和非语言手段体现。语言和非语言手段是主持人丰厚的人文修养、练达的移情能力、独特的个性特征的外在体现，没有精妙的语言和恰当确切的非语言，一切前期准备工作、一切内在修养都是纸上谈兵。

美国《60分钟》的主持人麦克·华莱士说："确实有一种'占据屏幕'的素质，你出现在屏幕上，就在控制着观众的注意力。一些第一流的从业人员、一流的记者、一流的撰稿人没有坐在主持人的位置上，只是因为没有吸引观众注意力的特质。如果你有这种特质，突然间你就会成为新闻从业人员中更有价值的一个组成部分。为什么呢？因为更多的人会收看你主持的节目。"作为电视访谈节目主持人，这种占据屏幕的素质就是和用语言和非语言手段与人交谈的能力。

词语和非词语所创建的含义有所不同，词语用来表达内容，非词语用来表达关系。内容指人们所谈论的话题，由言说者想要和他人分享的思想、情感、活动的具体信息组成。关系的信息是不明显的，隐蔽的、隐晦的，似乎要藏起来的东西，然而却可以被人的传播能力发现。领会关系的微妙含义，在于人的悟性和感觉。

1.语言手段

陈开顺曾在《从认知角度重新探讨语言能力的构成与表征》一文中对语言能力进行重新阐释，提出了一种全面的语言能力观。他认为语言能力包括从隐隐约约的说话欲望，到具体语言单位的选择等一系列的心理活动，再到由发音系统把"内部语言"变成言语声音的全过程。具体说，语言能力等于知识加速度。进行语言活动需要的知识包括四类：①语言形式知识，如音位、词汇、句法、语篇等。②语义规则知识。指对词、词义的组合和分类。③语用知识。指与语言使用有关的人际、社会文化、情景、逻辑等知识。④程序知识。主要指听、说、读、写等技能记忆。速度指不同程度的反应能力，自动反应能力寄生在各种知识结构和技能之中，但反映知识和技能的质量，没有反应能力，正常的语言能力便无从谈起。他提出，知识不仅包括陈述性知识（一般的知识），也包括技能和其他通过刺激反应积累起来的各种程序性知识。程序知识主要由各种语言技能构成，一种技能是一组程序，经过反复练习而熟练之后，这种程序便储存在记忆之中。陈述性知识和程序性知识不能截然分开，很多陈述性知识也需要经过多次反复才能存入记忆，所以其中也包含了程序性知识。

电视访谈节目主持人需要具备的两种技能主要是提问和应对。电视访谈节目对主持人这两种技能的要求有以下两点。

（1）表达方式多元化

电视访谈节目主持人要具备针对不同访谈对象、访谈进程能够自如灵活运用多种提问方式的技能。主持人的表达方式要展示出人的个性，使被采访嘉宾的形象丰满起来。每一位嘉宾都是一本书，而且各有各的精彩，各有各的味道。优秀的主持人就是要通过语言的交流和交锋，使嘉宾变得鲜活起来，让他们打开心扉，将自己最真实的一面呈现给观众。另外，主持人的表达应照顾到观众的视角，不能让自己和嘉宾自说自话，自己只是观众的代言人，是代表观众来寻求一些感兴趣的答案的，而不是唱主角的那个人。访谈节目不是为了塑造人，而是为了展示人。主持人要尊重每位参与者的个体差异，不能将一种访谈模式和套路应用在每个人身上，更不能先入为主地按自己的思路，沿着一条线推动节目进展。主持人应该根据嘉宾个性设计问题，驾驭节目。

（2）在多元化的基础上寻求自己的个性化表达

屏幕上给观众留下深刻印象的主持人都具有鲜明的个性，语言是鲜明个性的最直接的显现。主持人自己最喜爱、最熟悉、最擅长的表达方式，凸显了主持人的个性。个性化的表达是同样面对一个嘉宾，提问的内容也大体一致，但是不同的主持人会从不同角度，用不同的句式提问、追问、回应，主持人自身的个性隐含在其中。

2.非语言手段

有专家对有声语言和非语言之间孰轻孰重进行了认真的调研后发现，人们更倾向于通过非语言形式来表达自身感情和理解别人传递的信息。有声语言传递的是语言符号本身所代表的含义和信息。非语言表达的却是交流主体的内在情愫，是有声语言的标签和注脚，影响着信息的传递效果和交际双方的感情沟通。因为交际双方更倾向于通过对方的体态语来辨别话语的真伪，这是由于多种渠道的非语言传播能持续不断地向我们传递可见性的、有意识的、自然流露的甚至于无意识间发生的信息。非语言传播没有开始和结束之分。人类常会通过语言掩饰自己，不过有时这些掩饰反而会通过非语言行为，更为真实地暴露出来。大部分非语言传播，特别是体态语都是无意识的，并非人为可以控制得了。而且，非语言传播具有立体传播的功能，它既形象又能恰当确切地表达含义。

主持人从始至终参与现场谈话，在长达一两个小时的录制过程中，主持人不可能时时刻刻都在刻意修饰自己的一举一动，更不可能在说每一句话之前都反复琢磨。主持人在节目中的良好表现源于日常生活的积累，主持人只有平常注意不断纠正自己言行举止中的不雅之处，特别留神一些细微之处，注重个人修养的提高，才能在主持节目时自然地表现出得体的举止。

（1）作用

彰显个性，辅助表达。电视访谈节目主持人是以声形兼备的整体形象出现在观众面前的，非语言的表达要与有声语言表达相和谐，这样才能加强自己的个性化表达效果，在众多的主持人中脱颖而出。

渲染情感，增强感染力。主持人的相貌、服饰、表情、体态等非语言符号能真实地传达无声语言的情感，渲染环境气氛，增强节目的感染力。改版前的《鲁豫有约》中的主持人在采访过程中，像一个恬静的晚辈或朋友，仔细地聆听经历人生风风雨雨的前辈、长辈对已经飘逝的过去的追忆。几乎每一集中，陈鲁豫的眼神都表现得异常专注，表现出温和聆听的姿态，她双手合十抵住下巴，睁大眼睛发出"天哪""真好"这些感叹时的真挚表情，听到动情与激动处，泪水盈眶，神情感伤，还不忘给落泪的嘉宾递纸巾等小动作都清晰地印在了观众的脑海里。

（2）具体分类

体态语。电视访谈节目主持人要想准确地表情达意，仅仅依靠口头语言是不够的，还必须借助另一种辅助性"语言"——手势、眼神、走姿、坐姿等"体态语言"。正如传播学家施拉姆所说："符号可以是语言的或非语言的，可以是看的、听的、嗅的和触摸的。它可以是讲话、文字、印刷品和画片，可以是一个姿势、一个微笑，搭在肩上的一只手，一阵大笑或者一股香味。"思想感情的表露是极其复杂十分微妙的。主持人的一颦一笑，一举手、一投足，眼波流转，神色变化，都反映着内心活动，都能传递信息。应该说，体态语言是人们交流思想感情不可缺少的，它与有声语言相匹配，共同达到传情达意的目的。节目主持人经常使用的非语言传播手段，大体有以下几种：站姿和坐姿、面部表情、目光语、手势。

电视访谈节目主要以坐姿为主，中间也穿插站姿和行姿。主持人坐下时，双腿或踝部不要交叉，因为那是拒绝或者封闭的象征；双腿不要随意颤动，那样表现了焦躁不安的心理状态。坐下后，要采取比较平稳的坐姿，不要坐满，陷在椅子里，这样会显得不积极；也不要坐得较浅，会显得局促不安。采访时身体略向前倾，并稍转向采访对象，以表示主持人交谈的愿望和倾听的兴趣，倾听中点头不宜过于频繁。正如美国学者尼伦伯格和卡莱罗所说："在所有非言辞沟通的范围中，最不易产生争论的就是脸部表情。因为这是最容易看到的表情，而且一目了然。"电视机内外的观众可以从主持人千变万化的表情感受节目现场的气氛，感受嘉宾的内心世界。

目光语指眼睛所传递的内心情感和信息。目光语是人们交流思想感情的重要通道，是内心情感活动的真实反应。电视访谈节目主持人除了面对镜头以外，大多数时间是和被采访对象进行目光交流，要注视交流对象两眼至嘴之间的三角区域，不能随意地左顾右盼，这样表示认真和尊重，用期待、充满热情的目光激起嘉宾的倾诉欲望，挖掘嘉宾内心深处的故事，建立良好的交流关系。

手势指用来示意的手和臂的各种动作姿势。电视访谈节目主持人可以用手势强调重点内容，辅助主题思想的表达，增强传播效果。但也有不少情况表明，手势也可能成为表达的主体。手势还能够体现一个人的心理特征。

服饰。对于电视访谈节目主持人来说，服饰选择也要有所变化，不能随心所欲。如果是采访比较严肃的话题，主持人服装应当侧重于庄重、大方。比如，以轻松平易著称的《实话实说》节目《历史与教科书》这期中，请来三位日本朋友与大家谈日本历史教科书的问题，一向穿着随意的主持人穿着深褐色的中山装，神情严肃凝重，借此传递出内涵丰富的信息。如果是比较时尚、轻松的节目，主持人服装不妨活泼甚至是前卫一点，以活跃节目气氛，让观众更加轻松、愉快。比如，李静和戴军在《超级访问》现场的着装体现了时尚和轻松的风格，《锵锵三人行》主持人窦文涛几年如一日"衬衫加马夹"的经典形象，已经表明了这个节目轻松和随意的个性。

主持人着装当否，关键在于是否契合节目特点，能否与访谈内容水乳交融。只有了解节目，把握节目，才能在节目中通过服饰语言，体现出自我的艺术品位，塑造出自我的个性特征，从而形成自我的形象魅力。

道具。《现代汉语词典》对道具的解释是，"演剧或摄制影视片时表演用的器物"。把道具归入非语言符号，是因为道具不同于背景、音响、乐队等传播手段，主持人使用道具进行信息的传递，具有能动性的程式化符号，使用得恰当与否能够成为一期节目画龙点睛或画蛇添足的一笔。一件小道具就是谈话嘉宾的一个故事、一段回忆，睹物思人，自然会流露真情实感，而观众的情感也会受到巨大冲击，心灵被震撼，现场气氛就会出现高潮。

谈到道具，《艺术人生》显然是运用此手段的行家里手。主持人朱军几乎每期都会用道具来吸引观众目光，激发嘉宾的表达欲望，甚至利用道具促使嘉宾潸然泪下。

总之，传播动机驱动着传播能力的实施，移情能力处于影响因素的底层，是决定主持人能否进入电视访谈节目门槛的基础素质，主持领域知识的储备是帮助主持人获得对话资格的重要素质，独特的个性是决定主持人优劣的特殊素质，人文素养统领全局，是决定一个访谈节目主持人能走多远、能达到何种高度的核心素质，而语言与非语言能力是以上这些所有的动机、内在素养的唯一出口，是检验这些能力高下的唯一指标，拥有一票否决权。

二、外因的影响

社会环境对电视访谈节目主持人传播能力具有很大的影响，社会环境有宏观环境和微观环境之分。宏观环境主要指整个社会大气候，包括社会的政治环境和民族的文化、风俗、历史、习惯及道德风尚等；微观环境指说话者所处的工作环境、说话的场合及气氛等。

（一）宏观环境

1.宽松的氛围为主持人各具特色的传播能力提供了土壤

宽松的社会环境对语言传播有着积极的协调作用，恶劣的社会环境会加深人们的心理障碍，影响着人们正常的言语传播。

目前，访谈节目的类型多元并存，屏幕上除了弘扬主旋律、高端前沿的坐以论道外，还有一些类似好友之间闲聊的访谈节目也非常盛行，《锵锵三人行》《亮话》就是其中的代表。

一些主持人说起"段子"来不亦乐乎的神情，和嘉宾间不加矫饰的侃谈，都让观众觉得亲切，使这个节目成了完全体现个人风格的"脱口秀"。正是由于主持人和他所选择的嘉宾个个出言无忌，见闻广博而又性情各异，使《锵锵三人行》具备了"不求高度，只求广度；不求深度，只求温度；不求结论，只求趣味"的鲜明个性。

2.娱乐时代对主持人传播能力的要求

戈夫曼认为，社会规则具有强大的力量，规范着人际间的互动。阿忆曾对娱乐化时代对访谈节目及主持人的影响写过一篇文章《炮弹与糖衣——娱乐时代的电视谈话节目》发表在其博客上：

无论你高兴不高兴，娱乐化时代不知不觉地开始了。一切严肃时代留给大众媒介的优良传统，都显得乏善可陈，离观众越来越远。你会隐隐感到，一切对恶势力的批判，都不如冷嘲热讽更舒服，一切悲天悯人，都不如家长里短更自然，一切高屋建瓴，都不如细节悲喜那样充满力量。

原因很简单，这是娱乐化的时代，任何炮弹都必须裹上厚厚的糖衣。对于谈话节目来说……首要任务是，只挑选那些能令主持人现场发挥幽默天才的效果故事，并为他提供来自嘉宾的效果语言。所谓"效果故事"，是指嘉宾讲述的故事，极易被主持人进行幽默处理。所谓"效果语言"，大多掷地有声，便于传播，充满乐观精神。在娱乐化时代，观众更多地放弃了逻辑收看习惯，因此连小崔那种对效果故事求整的想法也可以从此放弃，只要能堆积零碎的一系列效果故事和效果语言，就可以彻底剔除叙事过程的冗长和沉闷，带来轻松的笑声。没办法，这个时代的人变了，大家都不再想听教育，只想自己高兴。

为此，一个谈话节目如想取胜，策划人必须在嘉宾的每一段陈述中，为主持人找到一个具有充分细节的效果故事，并在这个故事的结尾处，提前捕捉到一句效果语言，作为节目推进中的鲜明隔断。否则，谈话场面是冰冷的，留不下什么观众。

（二）微观环境

在电视屏幕上，即使是最简单的一对一的电视专访节目也需要策划、编导、主持、化妆、灯光、录音等多工种的协力配合才能新鲜出炉，主持人的传播能力表面上看是一个人在现场协调控制的能力，其实团队的支撑作用不容忽视。电视访谈节目主持人的传播能力不是主持人个体的能力，而是主持人以个性化的传播方式表达群体智慧的能力，没有诸多幕后工作的积累，主持人的传播行为就无法达至受众。团队的整体实力和融洽的合作关系是关系主持人传播能力发挥的重要外部因素，良好的团队有可能激发主持人传播能力的施展，而不良的合作关系则会制约其传播能力的发挥。像现在流行的名人访谈节目，嘉宾的知名度和表现无疑为谈话节目获得高收视提供了可能性，还有一些情感访谈节目，离奇故事本身对观众就有很强的吸引力。

1.策划团队的引领功能

在影响主持人传播能力的各种微观环境中，影响最大、最直接的是策划团队的作用。崔永元谈到节目的成功时总是对帮助过自己的策划团队心存感激："什么叫策划？他的脑子要比主持人好用，他是主持人的师傅。他为了当好这个策划，要大量地看书，要下去体验生活，我们的前期策划对观众和嘉宾做了许多工作……实际上是我的策划帮我做了大量前期的工作，我的策划他们挨村去开座谈会，从座谈会中筛选出个案和嘉宾，所以《实话实说》很快就起来了，就是因为有一个非常雄厚的'文化精英'打造的团队来支持我。"并且谈到由于理想不能实现，三个主力策划有两个都退出了。当时我知道他们退出了我就完了。"

既是策划又当过谈话节目主持人的阿忆说："主持人临场把握固然重要，但幕后方案的力量是决定因素，它可以限制明星嘉宾的矫情和嚣张。这种结构非常像是幕后预案布好沟渠，主持人像个拿铲的农民，嘉宾的话语水流沿着预定沟岸行走，遇到临时阻塞，农民就用铲子轻轻疏导引流。"

从崔永元和阿忆的话中，我们可以看出一个优秀的策划对主持人传播能力提升的重要影响。策划细致到位是电视访谈节目主持人传播能力具有感召力和享有美誉度的重要外在因素。

2.完善制度的保障作用

一期访谈节目的制作需要整合，包括嘉宾、观众、团队、策划等各种力量，科学规范的制作流程要求各个环节相对独立又互相衔接，保障电视访谈节目在一个相对均衡的水平上，使主持人的传播能力稳定地发挥。在这一点上，央视《对话》栏目用现代化的管理理念制作节目，在业界起到了很好的示范作用。《对话》本着"充分的准备，永不过分"的理念，以节目为中心进行管理。"把所有的工作，包括思路都细分化，分出很多层次"。《对话》栏目有81道工序，栏目操作流程分为具体实施工作标准、策划流程、栏目策划案基本格式、导演操作流程、栏目切换导演职责、找观众的程序、杜绝错别字管理办法等部分，强调对每个人沟通能力和创新能力的培养，责任到人，各负其责。

3. 人文关怀氛围的支撑作用

以前的电视人多少有些优越感，"人文关怀"理念的提出无疑是崔永元和他的《实话实说》团队对电视领域的重要贡献，这不是技术层面的问题，而是观念的变革。电视访谈节目除了设计好目标、路径以外，还要"树立人文关怀精神，这种人文关怀精神渗透到节目运作当中……在节目中体现出来，包括怎么让所有的电视参与者达到最松弛的状态"。

为了营造良好的谈话氛围，还原真实的谈话空间，崔永元和他的团队做了许多电视观众看不到的幕后工作，他认为这才是《实话实说》节目获得成功的关键。当记者问到"主持人在现场气氛的调度上作用很大，你是如何在短时间内与嘉宾做好沟通"时，他说："这不是我个人的力量，功夫在诗外，我的团队也特别优秀。我们强调要调试嘉宾心态，从策划打第一个电话就开始了，我们的策划和嘉宾都能混成哥们儿，什么都帮人做，比如沙发坏了帮人修好，窗帘坏了帮人修好，等等，嘉宾对我们好的感受和印象全部通过采访在节目中表现出来了。策划很用心，所以全靠团队的力量，而绝对不是我个人的技巧。"

节目组的品位决定着谈话现场组织的氛围。谈话现场组织虽然是经过策划团队和主持人反复商定的结果，但是这个临时组织常常只存在几个小时便被解散了，伴随着强烈的灯光的炙烤，录像机的监控，让这些关系复杂的成员畅所欲言，形成融洽的交流气氛，难度可想而知。对谈话现场组织的有力支撑和掌控，其实更多地来源于现场背后的团队的力量——节目组。组织"能创造意义，具有价值观和规范，因其共同的事件和仪式而代代相传"，所以一个组织本身就是一种文化。

4. 嘉宾的通力合作是必要条件

从广义上说，谈话节目的嘉宾指的是被邀请到节目现场，参与谈话交流的所有人，其中包括现场的观众；而狭义的嘉宾指的是坐于主景区，与主持人共同构成谈话主体的某位或某几位人士，他们通常是现场观众和电视机前观众关注的焦点。通常情况下，我们是在狭义意义上使用"嘉宾"这个词。对访谈节目来说，嘉宾的表现直接关系到节目的成败，请到一位合适的嘉宾几乎就成功了一半。杨澜曾说过："就像一个农民犁地、播种、杀虫、锄草，可是如果老天不下雨，或者放了洪水下来，照样是颗粒难收。这可遇而不可求的天气就是来宾本人。他（她）本人是否健谈，他（她）那天的情绪如何，都直接影响节目质量。"由此可见，嘉宾对于节目的成功有着至关重要的作用，节目的主持人完全应该参与到选择嘉宾的过程中。

苗棣曾经这样总结嘉宾的必备特点：嘉宾的经历具有较强的故事性，嘉宾对节目的话题应该有自己的独到见解，嘉宾的言谈举止应该具有相当的亲和力或者是冲击力，能够让观众感受到他的人格魅力。

5.其他工种的烘托作用

（1）音响与乐队。电视节目录制工作一般是在巨大空旷、强光照射的演播大厅进行，在这样一个相对封闭的陌生环境中，嘉宾和观众容易产生紧张不安、焦虑乃至恐惧心理，现场气氛难免会显得压抑和沉闷。音响和乐队能够有效地调节场上气氛，缓解紧张心情。熟悉的优美音乐可以触发嘉宾和观众的内心情感，帮助他们更放松、更自然、更顺利地表达，从而达到调节节目节奏，推动节目进程的目的。

比如，《实话实说》节目采用现场电声乐队，热闹、丰富、明快，强调音乐的表真功能，用这种即兴的、不可重复的、原生态的音乐形式，生动地传达了现场的真实感。在《实话实说》的节目策划中，乐队被定位为现场谈话参与者中"享有特权"的一类人，乐队可以在谈话的间隙，单独或集体地用音乐表达他们的意见或情绪，与主持人、嘉宾和现场观众一起，构成一个开放的、平民风格的谈话空间。《艺术人生》则选用了一架钢琴，典雅、幽静，强调的是音乐的表情功能，构造谈话过程的情绪空间，以提供背景音乐，烘托现场气氛，帮助嘉宾和观众顺利流畅地表达。

（2）空间设计。正确认识并巧妙利用空间距离对传播效果具有积极意义，谈话节目需要根据节目的定位、风格选择不同大小的演播室，并对演播室场景造型、灯光、座椅摆放、机位等进行精心设计。这不只是为了使观众收看节目时获得视觉上的美感，也为了给参与谈话者创造一个令人愉悦的、适合谈话的物理环境。

上海文广新闻传媒集团财经频道的《头脑风暴》在空间处理方面花费了不少心血。现场采取了类似圆桌会议的空间布局，主持人一人面对三方，可以兼顾周围从容应对。从人物关系上看，圆桌会议的好处就是让各方明确虽然各自在财经界都名声显赫，但每期节目的核心还是主持人袁岳。良好的空间处理方式不仅给予了电视节目主持人轻松应对各方精英的空间自由，更使电视机前的受众感到节目现场空间布置得有条不紊。

有些演播室是半弧形的，有一定倾斜度、包围式的设计，类似于古罗马时期的歌剧院，现场观众围坐在主演播台旁，大屏幕前、鹅黄色沙发上，主持人与被采访嘉宾一般保持在1.3 ~ 1.5 米之间的距离。曾有研究表明，这是最适合东方民族人与人在公共场合交流的安全距离，这样的领域范围内，双方的眼神交流是有舒展空间的。

相对于在录影棚内进行，场景几乎是一成不变的电视谈话节目，电视专访节目没有了现场观众的参与，录制环境就比较自由。有些电视专访节目为了获得更好的采访效果，根据嘉宾的特点来设计录制环境。这是因为采访对象的心境与采访环境紧密关联：采访环境越熟悉，采访对象的心境就越愉快，配合就会越默契；采访环境越陌生、越严肃，采访对象的心境就会越压抑，配合就越棘手。甚至可以说，场所选择对了，访谈就成功了一半。比如，《看见》节目曾经采访过杨丽萍，她的性格特点是倔强、自我、洒脱，不轻易迎合主持人的提问，肢体语言丰富。因此，主持人就选择了一个属于杨丽萍的空间——杨丽萍云南的家中录制，这里是她生活的地方，她积极主动地帮助栏目布景、选角度，明显可以感觉到，《看见》中的杨丽萍表现自在、自如、灵动、主动，参与感强，精神状态饱满。而高端网络访谈节目《越域》的访谈场景设置则充分考虑了节目的整体定位和视觉效果，做了一系列创新。访谈的场景有时是在咖啡厅，有时是在会议室，还有的时候可能是在虚拟空间里。场景的多变，使受众保持新鲜感，同时这样的多变带有一种"真实性"的意味，仿佛真的是两个跨界高端人士在某个场景碰面，进行了一场对话，这种场景设计能够带来更强的代入感。尽管场景是多变的，但场景设计一定处处体现简洁、商务、男性化的气息，这些是不变的，这更能够吸引男性观众观看，也与整档节目的定位相契合。

第四节　电视节目主持人传播能力的评估

如果按照形态对节目进行分类，我们可把节目分为消息、专题、访谈、晚会和竞赛节目等，其他节目类型中，主持人多是对节目内容进行串联，对节目内容不构成直接影响，而访谈节目主持人本身就是节目内容的重要构成成分，并作为节目的执行者和显现者控制着访谈现场。访谈节目对主持人的依赖明显大于其他任何一种形态，主持人在节目中的作用是其他任何手段和形式不可替代的，主持人的传播能力对节目的传播质量影响最大。

电视访谈节目主持人传播能力处于一个复杂的系统中。①语境复杂。它的发生语境是由宏观和微观语境构成的，而微观语境又受到大众传播和人际传播两种不同传播模式的制约。②关系复杂。传播能力面对的关系也具有双重性，一是与现场的嘉宾、观众的双向交流，一是对电视机前的观众的单向传播。③影响因素复杂。对于主持人来说，传播能力不仅仅是单个人所具有的能力，除了主持人自身影响传播能力的各种素质外，外在环境的支持、打造也对主持人实现、提升传播能力有不容忽视的作用。④构成复杂。传播能力含认知能力和执行能力双层结构，各层又可分为若干个分支能力，由于个体教育、经历、先天条件等诸因素的共同作用，每个主持人各分支能力的强弱千差万别，构成的传播能力自然也是各有千秋。

传播能力又有共性和个性之分。电视访谈节目主持人作为一个群体在访谈节目中的地位、功能有共同之处，访谈类型的节目对主持人的传播能力有共性要求，达到这个要求后才能基本适应主持人工作。每一个访谈节目由于定位不同、受众群的差异，主持人的传播能力要具备节目所需的个性、风格要求，才能与节目融为一体，水乳交融，从众多访谈节目主持人中脱颖而出，成为具有品牌价值的主持人。比如，对于专访节目（不带观众）和谈话节目（带观众）的主持人就有不同的要求，《实话实说》的策划郑也夫认为，"面对一人的，如《东方之子》和《读书时间》；还有面对多人的，如主持多人谈话节目。从低标准说，后者更难，因为至少要控制住场面。从高标准看，都很难，后者难在变量多，前者难在余地小。"

因此，对电视访谈节目主持人传播能力的评价必须是一个由多方位、多层次、多维度的评价方法组成的体系，既有静态又有动态，实现"过程＋结果"的评价。评价的方法分为定性和定量两个方面，在综合同行专家、观众评价的各个指标量化的基础上再加以适当的定性分析，以期获得对节目主持人传播能力高下的相对准确、客观的反映。

一、评估指标体系的确立

（一）评估的主体

主持人传播能力由谁来评价，即评估主体是谁是首先需要解决的问题。目前我们评估的主体主要有领导、观众、专家、自我、同事等共同参与，是多元主体并存的评估。

1. 自我评价

每一个主持人对自己是最了解的，对自己的工作背景、工作状态最清楚，知道自己的优势和劣势，同时具备自我认知和自我反思的能力。我们应充分发挥主持人本身的主观能动性，突出他们在整个评价过程中的主体地位，对不足或问题，可通过自我评价的方式解决，具体可采用问卷调查、自评量表、自我总结等方法。

2. 领导评价

领导一般从媒体的责任、节目的社会效益和经济效益的角度出发，结合主持人的基本条件，重点评价主持人的业务胜任能力，以此对主持人提出改进要求与发展目标。领导的评价是从宏观上对主持人传播内容、传播技巧的把关，他们的意见对主持人相当重要。

3. 同事评价

同事特别是同一个节目组的策划、导演、导播、后期等与主持人一起合作共事的各岗位人员，对主持人的优缺点、长处、不足等情况有深入的了解，对主持人的工作有较深的共鸣。所以，同事评价是重要的学习交流机会，主持人可从同事评价中获得大量有价值的信息和经验，对于激发新的创作灵感和促进自身专业发展都非常有益。具体可通过节目碰头会、节目案例互听互评等方式进行。

4.专家评价

很多访谈节目都会定期或不定期地请专家对节目和主持人提出指导性意见，帮助主持人从理论高度认知自己的专业素质与能力，让主持人接触更多新鲜的理论知识。专家评估的重点在于考评业务素质、传播策略、传播效果，对主持人的传播能力有全面、有效的指导意义。

5.观众评价

电视节目的设定目标群体、主持人传播能力的实施对象是屏幕前的观众，他们对主持人的主持效果有着直接的感受和判断，有重要的参考价值，我们可以使用问卷调查、民意测验等针对性较强的方式了解观众的实际想法。但是，观众只能看到主持人传播活动的播出部分，而节目的播出毕竟不是原生态的主持人传播，它对主持人的传播能力有一定的美化作用，所以来自观众的评价不足以完全采信。

（二）评估的内容

根据前两章对电视访谈节目主持人传播能力的构成及影响因素的分析，我们可以从传播态度、传播素质、传播策略、传播效果几方面对主持人传播能力进行评估。

1.传播态度

主持人的传播态度需要通过传播行为体现，主要表现为以下两点：后台阶段，能与各工种协同配合，充分融入节目准备过程，积极参与前期策划，对传播内容、访谈对象、观众需求有深入了解，充分、认真地准备策划案；录制阶段，仪态自然、自信、大方。

节目主持人准备不充分，频繁出现错误，会令观众对其经过长期努力树立起来的权威形象大打折扣。2009年，网络上曾爆发了一次对某知名访谈节目主持人的大规模声讨，主要问题有"节目准备不充分、问题肤浅而重复"等，最遭人诟病的是一些事实性的错误。一期节目中，主持人问周华健数学成绩好不好，周华健顺口说"不好"，主持人也就信以为真。节目播出之后，很多观众在凤凰网论坛和天涯社区等发帖评论此事。因为周华健是数学系毕业的，他曾经期待的职业是数学老师。

2.传播素质

主持人的传播素质是从自身特征的角度而言，主持人进行传播活动应具备的基本条件。传播素质可以从受教育程度、学习能力、社会阅历、知识涵养、公众形象、亲和力、独特的风格、语言表达能力等方面进行分析，如表达能力要求语音基本标准、语言精练、条理清楚、形象生动。

3. 传播策略

传播者的态度、素质要通过具体的传播行为体现，在录制现场，主持人的掌控能力和应变能力是检验传播能力的两个具体方面，而语言和非语言是传播活动的重要执行手段。访谈氛围的营造，对谈话节奏、主题、进程的把握，针对不同对象，灵活运用多种提问、应对方法的能力等是传播策略的考察点。

4. 传播效果

传播效果是我们对电视访谈节目主持人传播能力评价时不可忽略的主要内容，一般从两个角度出发或者说从两个方面进行："一是考察艺术作品对社会生活的作用和影响好坏，这就是社会评价，特别是政治的、道德的评价；一是考察艺术创作本身的成败得失，这就是艺术评价。当人们这样从不同角度或方面考察艺术作品时，实际上就是把体现于艺术同现实的关系中的真、善、美分别地加以考察；对真与善的社会的功用的评价，往往看得比对艺术作品的美的评价更重要。"因此，我们从主持人传播能力对受众及社会的影响力的角度分析，社会影响力、文化影响力、专业影响力是评价传播效果的三个重要分支。

社会影响力是指主持人通过向受众提供与其社会生活密切相关的传播内容，形成自己的知名度与号召力，并作用于受众认知、情感、态度和行为的过程与能力，它是主持人影响力在社会生活中的具体体现。文化影响力是指主持人以符号表达及其所承载的深层内涵来影响受众的文化心理、文化选择和文化表现的过程与能力，是主持人影响力在文化生活领域的具体选择。专业影响力是主持人以其媒介地位、市场影响、个人素养形成其在媒介内的专业地位，并作用于相关专业人士对播音主持的认知、学习与评价的能力与现实，是主持人影响力在大众传播内部系统中的分布与体现。

当然，不同评估主体由于视野的差异，其评估的侧重点有所不同。比如，同事对主持人的了解广泛，所以其评估的内容最丰富；观众主要对主持人的具体传播行为和效果进行评估。而且，在进行具体问卷调查的设计时要注意，同一个评估点针对不同的评估主体，阐述方式应有所区别。比如，针对观众的问卷可以通俗一些，而针对业内人士的问卷可以专业化、学术化一些。如表8-2所示，为电视访谈节目主持人传播能力评价指标体系内容设计。

表8-2 电视访谈节目主持人传播能力评价指标体系内容设计

评价项目		评价等级			
一级指标	二级指标	好	较好	一般	差
传播态度	参加前期策划活动				
	了解访谈内容				
	了解访谈对象				
	了解观众需求				
	仪态自信、自然				
传播素质	受教育程度				
	学习能力				
	社会阅历				
	知识涵养				
	道德形象				
	亲和力				
	独特的风格				
	语言表达能力				
传播策略	访谈氛围的营造				
	对谈话节奏的把握				
	对谈话主题的把握				
	对谈话进程的把握				
	灵活运用多种提问、应对方法				
传播效果	社会影响力				
	文化影响力				
	专业影响力				

（三）评估的方式

对电视访谈节目主持人传播能力的评估以定量和定性评估为主。定量考核便于统计结果和进行评比，但往往过分强调统一性和标准性，容易忽视个性、特色以及多元标准，而且许多传播能力指标难以量化。定性评估有利于评价客体对自身问题的了解，便于评价主体与客体的双向交流，体现出现代人本主义和发展性评价的理念，但更多地依赖评价主体的经验与责任感，难以精确把握和比较。因此，传播能力不仅要通过技术化、分数化来考察，还应从生活化、社会化的角度，对传播能力整体面貌进行多层次、多维度的综合性评价，两种考核方式各有利弊，需要取长补短才能相得益彰，才能对传播能力做出较为全面和确切的判断。

（四）评价的影响因素

1.主体的身份

评价主持人传播能力的各个主体由于所处的地位不同，视角不同，所以评价的准确度有差异，我们应从有利于提升主持人传播能力和效果的角度出发，来确定各自所占的权重系数。

对主持人传播能力的评估经常会出现专家的意见与观众的反馈相悖的情况。这是因为观众对主持人传播能力的反应比其他任何评价都来得直接，来得痛快。观众的鉴赏往往是依据节目内容，出于自己的直接感受和整体的印象，并联想到现实生活的状态对传播活动所作的主观评价，缺乏深入细致的思考，但是这种大众化的迅速及时的反馈决定了观众是锁定频道继续观看还是毫不留情地离去，这对主持人而言是无法忽视的。而专家的评价，不单单凭借感觉，而且通过分析达到理性认识，这种评价超脱了自我范畴，更为注重理性思考，较为科学化、系统化，重视传播活动的社会效益和教化作用。

主持人的传播活动是一种艺术，而艺术评价不应仅局限于对主持人活动的具体感受、想象和体验，而应在感受的基础上着重对主持人的节目创作活动进行科学分析、判断和研究。这要求批评界既要对节目主持活动有深刻的感受，又要在此基础上对具体感受进行归纳概括。只有把具体感性材料提高为逻辑概念，才能更深刻地把握主持活动的规律。我们也可以从几位著名访谈节目主持人言论中感受到他们对同行、专家意见的重视程度。白岩松曾说："也曾有人问过我，你特别在乎观众的掌声吗？我回答：在乎。但是我最最在乎的是来自电视圈同行的认可和评价。因为他们看到的是没有假象的我的表现，他们可以最直接、最准确地看出我在主持人这个位置上的优点和缺点。如果说，我希望拥有一点知名度的话，我希望能先从我的合作者和电视同行开始。"

因此，我们认为，各评估主体——领导、自身、同事、专家、观众之间并非完全并行的关系，他们之间有不同的权重比例，同事、同行、专家对主持人的评价相对客观、专业，准确性较高，因此应加大他们评价的比重。具体分配比例如表8-3所示。

表8-3　各主体对主持人传播能力评估所占比重

评估主体	所占比例（%）
领导	10
同事	30
同行、专家	30
观众	20
自我	10

同时，我们不能要求评价主体了解所有的评价指标。比如，观众通过电视屏幕观察到的"传播态度""传播素质"和主持人的同事通过每天的朝夕相处感受到的内容显然不同质等量。因此，对有些评价主体来说，某些评价指标的构成和比重应有所调整，如表8-4所示。

表8-4　电视访谈节目主持人传播能力评价体系设计总表

评价主体	一级指标	二级指标	评价等级			
			好	较好	一般	差
自我评价（10%）	传播态度	参加前期策划活动				
		了解访谈内容				
		了解访谈对象				
		了解观众需求				
		仪态自信、自然				
	传播素质	受教育程度				
		学习能力				
		社会阅历				
		知识涵养				

（续　表）

评价主体	一级指标	二级指标	评价等级			
			好	较好	一般	差
自我评价（10%）	传播策略	访谈氛围的营造				
		对谈话主题的把握				
		对谈话进程的把握				
		对谈话节奏的把握				
		灵活运用多种提问、应对方法				
	传播效果	专业影响力				
		社会影响力				
		文化影响力				
领导评价（10%）	传播态度	了解访谈内容				
		了解访谈对象				
		了解观众需求				
		仪态自信、自然				
	传播素质	受教育程度				
		学习能力				
		社会阅历				
		知识涵养				
		公众形象				
		亲和力				
		独特的风格				
		语言表达能力				

（续　表）

评价主体	一级指标	二级指标	评价等级			
			好	较好	一般	差
领导评价 （10%）	传播策略	访谈氛围的营造				
		对谈话主题的把握				
		对谈话进程的把握				
		对谈话节奏的把握				
		灵活运用多种提问、应对方法				
	传播效果	专业影响力				
		社会影响力				
		文化影响力				
同事评价 （30%）	传播态度	参加前期策划活动				
		了解访谈内容				
		了解访谈对象				
		了解观众需求				
		仪态自信、自然				
	传播素质	受教育程度				
		学习能力				
		社会阅历				
		知识涵养				
		公众形象				
		亲和力				
		独特的风格				
		语言表达能力				

（续　表）

评价主体	一级指标	二级指标	评价等级			
			好	较好	一般	差
同事评价 （30%）	传播策略	访谈氛围的营造				
		对谈话主题的把握				
		对谈话进程的把握				
		对谈话节奏的把握				
		灵活运用多种提问、应对方法				
	传播效果	专业影响力				
		社会影响力				
		文化影响力				
专家评价 （30%）	传播态度	了解访谈内容				
		了解访谈对象				
		了解观众需求				
		仪态自信、自然				
	传播素质	知识涵养				
		公众形象				
		亲和力				
	传播素质	独特的风格				
		语言表达能力				
	传播策略	访谈氛围的营造				
		对谈话主题的把握				
		对谈话进程的把握				
		对谈话节奏的把握				
		灵活运用多种提问、应对方法				

（续　表）

评价主体	一级指标	二级指标	评价等级			
			好	较好	一般	差
专家评价 （30%）	传播效果	专业影响力				
		社会影响力				
		文化影响力				
观众评价 （20%）	传播态度	了解访谈内容				
		了解访谈对象				
		了解观众需求				
		仪态自信、自然				
	传播素质	知识涵养				
		公众形象				
		亲和力				
		独特的风格				
		语言表达能力				
	传播策略	访谈氛围的营造				
		对谈话主题的把握				
		对谈话进程的把握				
		对谈话节奏的把握				
观众评价 （20%）	传播策略	灵活运用多种提问、应对方法				
	传播效果	社会影响力				
		文化影响力				

2.节目的类别

根据访谈节目内容来区分，有些节目是娱乐性的，有些节目是时政性的，有些节目是情感类的，有些节目是专业资讯类的。每种节目的类型不同，节目的目标、任务就有区别，产生的传播效果也有差异。所以，不能要求主持人传播能满足所有传播效果。评价指标体系的构成涵盖了所有节目类型，具体到每个节目可以根据具体类型进行评价指标的删减以及权重的调整。

另外，除了依据上述问卷调查进行评估外，也可以通过收集观众来信、访问网站留言等方式对传播能力进行评估。

二、传播能力的层级结构

从历史来看，中国封建社会是典型的独白话语的社会，我国目前正处于特殊的社会转型期，层出不穷的新矛盾、新现象、新问题越来越引起人们的关注，从政治到经济，从社会实践到个人困惑，耳提面命的说教灌输早已不能适应今天的社会环境，"单一的声音什么也结束不了，什么也解决不了。两个声音才是生命的最低条件，生存的最低条件"。对话就是让各种观念见解互相见面、互相说话，发出多种声音。今天的我们依然有很多需要对话的空间，不论是官方和民间、知识界和大众，还是不同利益群体之间，访谈节目有着非常广阔的生存空间。孙玉胜曾说："要尝试一种新的表达方式，拆除媒介和观众之间的界限和戒备，使新闻的传播与接收能有角色认同和情感互动的愉悦。"这句话表达了肩负着社会责任的媒体尊重受众，遵循节目制作规律的深刻见解，依然适用于社会环境、媒介生态发生了巨大变化的今天。

主持人是电视文化的核心人物，电视访谈节目弥补了影像语言"长于具象""拙于抽象"的不足。在主持人的引领下，大家深入探讨各种问题，从天文、地理、宗教、哲学、伦理、科学到人世万象，澄清是非，树立理念，建构价值观，从而使文明、文化的传播集"告知、说服与娱乐"于一体。

互动是传播交流的本质，是感性世界的触摸，是理性思维的碰撞。因此，衡量一个电视访谈节目主持人传播能力的标准，就是主持人与受众之间是否形成了有效的互动。下面我们可以依据互动效果的层级结构来分析电视访谈节目主持人的传播能力的高下。

（一）信息共享

"信息共享"是对电视访谈节目及其主持人传播能力的基本要求，解决"说什么"的问题，要求在有限的时间里，在保持清晰度的基础上，传递尽可能多的信息，作用于受众的感觉和知觉层面。衡量它的尺度通常用受众对传播内容的"知晓度"来表示。电视访谈节目只有事实真实了，才能让受众信任，从而得到信息知晓的满足。事实真实是发生、存在于一定时空中的事实，是人们通过不同方式可以感觉、知觉、表象、想象或直接经验的事实，不是不可捉摸的抽象真实。因此，事实真实是易于检验、验证的。在访谈节目中，观众不仅要求主持人传播更多的信息，还要求主持人能引发访谈嘉宾谈出更多有价值的信息，而且"信息"不仅有量的要求，还有质的要求。这正是访谈节目及其主持人话语内容和话语方式的问题，即各方话语如何有机结合的命题。那种主持人与嘉宾煞有介事地按照事先敲定的台词一问一答进行"伪交流"，台下观众经过严密组织设计，整齐划一地摆出"聆听"姿态，任导演摆布的访谈节目是不可能有长久生命力的。

喻国明认为，一流的访谈节目主持人应该是一位"善于将少数人讲的'方言'转译成大众听得懂的'普通话'的'翻译者'。换言之，他（或她）应该是一位能够让一流的思想成果走进百姓视野，成为经世致用的显学的高手。并不是一切思想成果都必须是经世致用的显学，但是一位追求社会影响力最大化的一流的访谈节目主持人一定要有这样一种明确的传播路线：他（或她）应该竭力避免用那种曲高和寡的方式来诠释人生和思想，他（或她）要做的，恰恰是把在暗室尘封的人生真谛和故弄玄虚的理论思想搬入广场，放置于活生生的社会生活之中。经过他（或她）的'点化'，人生、思想和学术便变得透亮，像阳光那样，照亮大多数人的生活。"这种深入浅出的本领是电视访谈节目主持人的必备之功。一些著名主持人对此都深有感悟并付诸实践。

（二）认知共识

电视观众每天接收到大量信息，但是不一定都确信它，只有观众对信息确信，才能把信息纳入自己的认知结构中。对电视访谈节目主持人来说，要确保节目达到"认知共识"的程度，不仅要保证信息的真实性，而且需要对表达有一个构建的过程，使信息具有较高的可信度。而电视访谈节目要感动观众，就需要真实的情感，因为真情，观众才会从传播信息当中捕捉到与自己情感合拍、感情呼应的因子，才会产生共鸣，才能得到心灵的满足。情感真实是节目嘉宾在主持人的引导下的真情流露，这不仅以观众"是否落泪"来定义，还包括很多方面的内容，如访谈当中思想火花的碰撞、人生感悟的分享等。它是在事实真实的基础上，主持人想要传播的更高层次的内容，它决定了受众能否与嘉宾产生情感上的共鸣，并得到情感上的满足，因此它对于访谈节目的成功有决定性的意义。情感真实是一种抽象的真实，每个人看过后可能都有自己的判断，它不易检验验证。但靠主持人的考问和逼出来的情感肯定不是真实情感，它应该是自然而然地表露，是自然的心灵表白，水到渠成。这种表白的情绪不论是什么，都是事实本身的美的属性，是事实属性的一部分，因此情感真实是可以通过对事实本身的记述、再现来反映的。毕淑敏的小说《女心理师》中的心理大师有一段话："对于一个好的心理师来说，事实上的真实并不重要，重要的是情感上的真实，是记忆的真实。因为它，只有它，才最深刻地表达了人的感受和希望。要知道，记忆是灵魂的奴仆，不是真实的书写官。"

"认知共识"解决的是"为什么说"和"怎么说"的问题，即节目传播内容不仅作用于受众的感觉和知觉，还进一步影响其思维和情感。主持人在传递信息时常包含着对是与非、善与恶、美与丑、进步与落后的价值判断，客观上起着形成与维护社会规范和价值体系的作用。受众在接收这类信息时，就会用大脑去思考、去判断，从而做出相应的价值取向，形成中层次的传播效果，又称价值形成和维护效果。传播中"包含理性的内容，在人生观、世界观、价值观的走向、取向上进行体认、理解、沟通和同构"，使"传者的理念与受者的理念融通"，衡量尺度用"理解度""赞同度"表示。

传媒对受众公共情绪的引导要有相应的目标，要求设定一个适当的程度，与受众保持适当的距离，更不能一味地迎合受众。在议程设置的层次上应当根据具体的情况有相应的调整，这要求主持人传播能够适合价值的多层次性，把握好度的选择。

比如，2012 年伦敦奥运会，中国羽毛球队因为个人消极原因被禁赛，事后主持人采访了中国羽毛球队主教练李永波。

解说：在刚加入国际竞赛的最初，一个发展中国家对于竞争和求胜充满渴望，作为一个体育人的原始本能受到激励，最鲜明的指标就是金牌，但在参与竞争近半个世纪后，中国的体育文化也在发生改变。在 2011 年的中国羽毛球公开赛上，李永波的爱将林丹主场对阵马来西亚名将李宗伟时，在林丹领先的情况下，观众席上有不少中国观众为李宗伟加油，当时的李永波曾在媒体上公开抱怨此事，认为这些中国观众没有立场，不爱国。

李永波：就是因为那一声喊，林丹连丢四分输掉了那一局。

主持人：你是很直率，但有没有一种可能，他们认为是一种体育上的修养？您作为东道主来讲，对于双方都给予鼓励，这也是一种体育精神。

李永波：也许是这样，即便是这样，他的想法是这样的，难道我就不能说我的想法吗？我只是表露我的想法而已，我不用对错衡量。

主持人：因为毕竟是公众人物。

李永波：但是公众人物也不能装啊，当你是公众人物的时候，你不表露真的东西，你是公众人物你就装，那你给人家的影响是什么？不是真实的自己，这个公共人物会带来什么样的影响？有什么意义吗？

主持人：你已经带领中国羽毛球到这个境界之后，人们可能会有一个更高的期许，他们会希望要呈现的是更高的体育文明，这个你理解吗？

李永波：现在大家在喊的时候，我也都理解了，就是第一次的时候，很突然，很多人为外国人加油，我很不理解，现在没问题。这样的话，队员们也慢慢接受，也承受这样东西，他承受的东西更多，他可能对将来遇到的一些事情会更有针对性地面对，会有方法，这并没有什么不行的。

这段对话开始时，李永波讲到一件影响自己观念的往事。"他说到当年林丹和李宗伟两个人在上海有过一场比赛，在本土作战，而且是林丹领先，上海的观众就喊了一嗓子'李宗伟加油'。东道主的客气嘛，林丹一听连失四球，比赛就输了。李永波大发雷霆，在赛后新闻发布会说，这个上海观众素质太低了，怎么会这么没有爱国心，以后我们的比赛都不在上海办了。"

节目播出不久，主持人在博客中发表了以这次访谈为依据的一篇业务研讨文章。主持人认为："我当时采访羽毛球运动员消极比赛，觉得此事有关他的胜负心，或者对于体育比赛精神和内涵的一个理解，所以我就问他，他一开始是很强硬，他说你怎么可以给外国人加油，观众怎样怎样，结果导致林丹输了什么的，我们这样来往大概有三个回合，他一直很强硬。"

"在这个交锋的过程中，双方的差异很明显，显然李永波未被说服，不承认自己的狭隘。"

"后来我把问题稍微变化了一下，意思是说站在一个教练的角度，人们可以理解你会有这样一种心情，但是在中国羽毛球队已经发展到这个阶段，人们可能会对你有一个更高的期许，就是希望能够倡导体育文明。他忽然就改变过来说，对，我也觉得，喊'加油'也挺好的，这样对队员的心理素质也是一个锻炼。"

主持人换了一个角度设问，李永波倾心听取了另一种声音，暂时中断了自己的认识，从主持人那里获得了启示，开始给自己的观点思想注入新的东西。主持人总结这段对话的成功之处在于："这个改变看起来很突兀，是一个急转弯，但其实不是，他在面对大量反对声音的时候，已经在内心去消化和感觉这些声音了，只是他不愿意承认，如果你用敌意的方式去质问，他就会出于防卫把自己的立场踩得像水泥地那样硬实。但如果你能理解他何以如此，再把他站立的那个地方松一松，空气进去了，水进去了，那个土壤变得湿润了，变得松滑了，他两个脚站的时候就不会粘固其中，他就会左右摇摆。我刚才说过了，思想的本质是不安，不安就是这种动荡，一个人一旦产生动荡的时候，新的思想就已经产生了，萌芽已经出现了，人们需要的只是给这个萌芽一个剥离掉泥土，让它露出来的机会。年轻时期采访，有时喜欢把对方逼到墙角，攻击他，反正你手里也没有武器了，反正你会倒在地上，那样更好看。但是人成年了，我觉得还需要某一种宽厚，这个宽厚不是乡愿，是一种认识，就是你认识到人的头脑和心灵是流动的，你不要动不动就拿一个大坝把他的心拦起来了，就不让他进，也不让他出了，其实人是可以流淌的。好感和反感是你在观察人的时候最有害的一种心态，你要在采访前就对一个人形成了好感或者反感，你就没有办法诚实和客观地观察他了。"

这段对话让我们看到了对话一方思想悄然发生变化的过程。我们常看到，一个坚持自己立场的人不会轻易改变自己，但"一个有责任感的人正式改变了他选定的立场，多半因为眼界开阔了的缘故；新的观点产生并被严肃地接受。立场的改变与重新确立跟原来选定立场一样都是负责任的"。在这里，对话的意义就不仅仅是了解对方，还促使原有的观点发生了改变，在价值取向上帮助双方找到了共同认可的基础，这种认识对于观众也具有强大的示范作用。

（三）愉悦共鸣

电视访谈节目是声画结合的艺术，它不仅要满足观众视觉和听觉的感官审美愉悦的需要，还要有高层次的情感和思想的意蕴，满足观众对情感审美体验和理性审美超越的期待。对于电视人物访谈节目主持人来说，就是以嘉宾或事件的生活真实为原料，按照生活发展的必然逻辑和自己的美学理想，对其进行提炼加工和集中概括，以反映生活的本质真实。这是对嘉宾生活或事件的真实的净化、深化、美化和萃取，它比生活真实更集中，也更能深刻地显示出生活的真正意义。而能否从生活真实达到艺术真实，取决于访谈节目主持人是否具有进步的思想、丰富的生活阅历以及娴熟的艺术呈现技巧。它是一种艺术化、意境化的表达，是受众在得到了解事实、情感共鸣的满足后，对于艺术欣赏的需求。

"愉悦共鸣"分为两个方面，一个方面是指以电视访谈节目主持人为代表的传播方"在真善的基础上，营造出引人入胜的范围与境界"，情境美实质上是通过主持人的艺术形象向受众情绪情感的渗透和投射，促成一种情感交流的和谐状况。在访谈节目中，受众的审美感受不仅局限于主持人的形象本身，而且以这种艺术化形象为基础形成主客体情绪及情感上的互引互动的交流场。主持人如果只是自说自话，挥洒自我，不顾交流的达成与情境的构建，那么主持人本身形象就会失去光彩，节目也会丧失美感和艺术品位。另一方面，作为接受方的电视观众"在生存状态、道德情操的追求中，发出赏心悦目的性情与向往"，观众从节目中感受到生活中美的存在，感受到生活的美好、生活的意义，从而更加热爱生活，关爱生活，关爱社会，也使每个个体的人生更有价值和意义。

比如，《看见》节目曾经采访过舞蹈家杨丽萍，取名《生命的旁观者》，专访没有局限于通过访谈交代人物基本特征，而是在介绍嘉宾基本特征的基础上，传达了一种生活的态度。正如主持人在节目结尾处的总结："是一种活着的态度，一个不愿意无知无觉，不愿意机械重复的人，总会有所感受，也总想有所表达，这就是为什么杨丽萍说，舞蹈对她来说不是职业，是一种对世界的观察和对话。"而正是这个带有共性的生活态度能够引起更多观众的共鸣，从而让整期人物专访不再是一个介绍性的讲述，更拥有了自己的灵魂，有了情感与艺术的价值。这期专访不像一期节目，更像一首诗或一篇散文，浓郁的艺术气息令人心旷神怡。传受双方的愉悦达到了和谐，获得了共振，这属于深层次的效果。传播不仅作用于受众的感知觉、思维、情感，还进一步影响其意志甚至个性心理品质的深层次传播效果，又称社会行为示范效果。这类效果往往导致受众行动上的变化。

总之，主持人传播的理想境界是雅俗共赏——品位高者观其文化内涵之"雅"，普通百姓观其情感真诚之"俗"，观众各取所需，这就要求主持人与访谈对象的交谈能够向观众提供多层次感受，给人们带来明确的哲学性启示以及健康情感。

三、传播能力的改善

（一）传播能力的不良现象

1.人格缺陷

人格一词最早源于古希腊，原意是指希腊戏剧中演员戴的面具，面具随人物角色的不同而变换，体现了角色的特点和人物性格。心理学沿用面具的含义转意为"人格"一词。人格是构成人的思想、情感及行为的特有模式，这个独特模式包含了一个人区别于他人的稳定而统一的心理品质。人格，包容了人全部的心理素质，为了表述人与人之间人格上的区别，必须从人格结构入手。我国心理学家孙本文认为："人格结构是由各种心理特征和性格表现配置而成的。"他将这种配置用"特质"表述，并依据各种特制的性质，分为六个方面的要素：①知能的特质即智慧与才能；②意志的特质即推动力及其恒久性；③感情的特质即气质，亦即情绪表现的特殊状态；④应付社会环境的特质即自我表现，包括内驱力的强弱；⑤感受社会影响的特质即社会性；⑥品格的特质即德性。

根据孙本文先生提出的归类原则，作为公众人物的电视访谈节目主持人，其人格的理想状态可总结为以下几方面：第一，有敬业精神，有强烈的社会责任感，感受社会刺激的敏感度高，能全身心投入本职工作。有理想，奉献精神强。第二，有感情，热爱生活、热爱人民，善解人意，有同情心，有乐于助人的愿望和行为。第三，品德优良，公正无私，言行一致；真诚待人，谦虚谨慎；疾恶如仇，富有正义感。第四，自强、自律，执着、顽强，百折不挠，理智、冷静，克制力强，严于律己，宽以待人，自信乐观。第五，聪慧，知识结构合理、全面，业务能力强，有才华，记忆力、想象力、学习能力、创造力俱佳，能迅速掌握当代最先进的科技成果，能说会写，有深刻的社会洞察力，反应快，有特殊才能，看问题较全面、辩证。

电视访谈节目主持是一项高强度的工作。电视访谈节目主持人作为现代社会文化和文明的传播者，应具备一般知识分子的基本品质，而且由于大众传媒平台的巨大传播威力，电视访谈节目主持人成为公众人物，又使他们比一般知识分子具有更大的社会影响力。电视访谈节目主持人集社会角色、媒介角色及个人角色于一身，其压力来源较多，压力强度较大，生活欠规律，长期处于紧张的"被广泛关注"的情境中，社会在赋予他们"光环"的同时，带来了职业特殊性的压力。所以，他们选择了这一职业，不仅仅意味着选择了鲜花和掌声、财富和荣耀，更意味着选择了媒体和社会必然赋予他们的责任和义务——所承担的社会责任更大，社会对他们的要求也更高。这种高压环境对主持人的人格发展状况提出了更严苛的要求：电视访谈节目主持人应具有一种独立思考、分析、判断的深刻的理性思维能力，不盲从、不迷信任何外在的权威，而且随时对不合理的社会存在和观念持严肃的批判态度。他们不仅是社会思想的构成者，还是社会思想的批判者，对历史和现实、理论和实践有自己的独立判断和思考品质。

主持人主持节目时的外在技巧、形式有时会掩盖内心的不足，而观众难有机会观察到这些。电视访谈节目大都不是现场直播，不好的、有损形象的地方可以剪辑。生活中的表现是无法重来或删除的，但是瑕疵一旦被观众发现，后果便难以挽回。

我们不去评判观众的猜测是否正确，但这种现象就可以说明，观众一旦发现主持人在主持节目之外人格低下，便可能全盘否定主持人的传播活动，本能地产生抵触情绪。从这个意义上说，人格不仅是传播能力的核心，也是传播能力施展的基础，作为主持人首先要在道德人品上值得观众信赖，然后专业能力的展示才有发挥的空间。

2. 应变能力欠缺

应变能力是衡量电视访谈节目主持人及其节目优劣成败的关键。调查统计显示，不论是普通观众还是制片人都把应变能力作为主持人亟待提高的一个问题，而对于电视访谈节目主持人的传播能力来说，应变能力更是不可或缺的分支能力。高水平的现场应变能力要借助于良好的即兴语言来实现，而即兴语言又依赖于敏锐的思维。应变的源头——"脑"中的知识和经验，必须靠创造性思维来加工组织，才能在应变中发挥作用。

应变能力的欠缺主要体现在主持人不能对谈话场上的情况迅速、准确地判断并处理。

主持人的应变取决于灵活的大脑，主持人的随机应变不是凭空变出来的，而是对脑中的知识和经验的重新组织加工。我们看到一些主持人在节目现场游刃有余、力挽狂澜，都是以大脑中丰富的材料为基础的，相反，知识和经验积累的欠缺常使主持人遇到突发问题不知所措，或乱说一通，这是主持人在应变能力上出现问题的主要原因。灵活的思维必须以广博的知识为基础，即使那些平时看起来似乎不重要的小知识，也能在关键时刻帮助主持人应对突然的混乱，化险为夷，保证节目顺利进行。

（二）传播能力的提升

传播能力是一个综合概念，不仅包括一个人显露出来的可以看到、听到的所有言语行为，外化的行为表现，如语音发声、表达的方式、遣词造句的习惯，也包含支撑它的深层结构——认知过程，即产生一定传播行为必须具有的知识与情感，如逻辑思维能力、知识素养、分析判断能力等。不论外化行为还是内在的认知结构，这些通过常年学习获取，或是在生活经历中积累的结果不是一朝一夕就可以改善、提升的。

优秀的访谈节目主持人的个性化表现给人们留下了深刻印象，语言无疑是主持人展示他们传播能力的重要渠道。虽然他们的语言风格或严谨，或活泼，或幽默，或率真，无法复制，但他们的传播能力具有一些共同的特征：他们始终怀着"尊重人、接近人、服务人"的想法，心声一致、视角独到、语言准确生动凝练、动作神态和谐，与交际时空相贴合地进行着传播活动。

如果我们分析这些风格各异的访谈节目主持人提升传播能力的路径就会发现，知识的积累、社会阅历的丰富、体察他人情感能力的培养都是为了人格的完善，这个过程不是一蹴而就的，是常年积累的结果，是内在认知的自然显现，没有捷径可走。而在传播能力的提升过程中，主体的主动培养更为有效，直接影响其他培养方式的质量和效率。

1. 传播能力的提升途径

作为公众人物、舆论领袖的电视访谈节目主持人直接承担着人类文明、文化、精神、思想的传播和灵魂的塑造，主持人的言行举止对公众的价值观、行为方式产生直接的影响。所以，这一职业决定了主持人传播的内容、传播的方式、传播能力绝不是个人的私事，而是整个社会的公事，因此必须对社会负责，必须时时刻刻都想到该职业的社会历史使命。

龙应台曾说："我们今天所碰到的好像是一个'什么都可以'的时代。从一元价值的时代，进入一个价值多元的时代。但是，事实上，什么都可以，很可能也就意味着什么都不可以……价值的多元是不是代表因此不需要固守价值？我想当然不是的。我们所面临的绝对不是一个价值放弃的问题，而是一个'一切价值都必须重估'的巨大考验……重估价值是多么艰难的任务，必须是一个成熟的社会，或者说，社会里头的人有能力思考、有能力做成熟的价值判断，才有可能担负这个任务。"而著名新闻人普利策曾把新闻记者比喻为"船头的瞭望者"，这个比喻对电视访谈节目主持人同样适用。主持人必须"有能力思考、有能力做成熟的价值判断"来影响这个社会，而这些思考和判断依托于他们的人文素养。传播能力提升说到底就是人文素养的提升，这也是电视访谈节目一些主持人拒绝谈主持技巧的原因。

（1）读万卷书

对于电视访谈节目主持人来说，知识和思想上的准备必不可少。"观众希望在屏幕上见到的主持人必须是学识渊博的，即便是主持人不熟悉领域的话题，也应该掌握较全面的材料，否则很难谈到问题的症结上去。"读书不只是知识的积累，也是一种思维能力的训练。由于文化固有的沉积作用，主持人要想在节目中增加自己的文化底蕴也绝非容易之事，非一朝一夕所能实现。关于读书，董卿曾说："假如我几天不读书，我会感觉像一个人几天不洗澡那样难受；读书，能让人学会思考，让人在不知不觉中变得安静下来；读书让我很快乐。"

电视访谈节目主持人要有比较合理的知识结构。知识结构指的是各种学科知识在人的头脑中的组织方式，包括这些学科知识的配置比例、内部联系和协同关系，主持人的知识结构就是指从事主持人工作的人员所掌握知识的组合构架情况。

基础知识主要指文史哲及自然科学等基本知识。龙应台曾对文史哲知识的作用进行过形象的归纳："文学让你看见水里白杨树的倒影，哲学使你从思想的迷宫里认识星星，从而有了走出迷宫的可能；那么历史就是让你知道，沙漠玫瑰有它的特定起点，没有一个现象是孤立存在的。"

文学艺术以其特有的价值，对丰富电视访谈节目主持人的情感，塑造主持人的心灵，陶冶主持人的情操，培育主持人的美感，具有十分重要的作用。作为主持人，良好的艺术文学修养必然对主持活动产生积极影响，提升节目的艺术品位。孔子说："不学诗，无以言。"实际生活中，我们的活动范围、生活空间都是有限的，不可能任何事情都亲身经历，因此更多的经验是间接获得的。优秀的文学艺术作品为我们提供了丰富的生活场景，让我们了解不同的人生经历、生活情感。文学与艺术使我们看见现实背面更贴近生存本质的一种现实，在这种现实里，除了理性的深刻以外，还有直觉的对"美"的顿悟。

美，也是更贴近生存本质的一种现实。龙应台举例说："在《药》里头，你不只看见愚昧，你同时看见愚昧后面人的生存状态，看见人的生存状态中不可动摇的无可奈何与悲伤。在《祝福》里头，你不只看见贫穷粗鄙，你同时看见贫穷下面'人'作为一种原型最值得尊敬的痛苦。文学，使你'看见 V'"。同时，多阅读情感类的小说、散文等作品，善于运用情感类词汇来表达自己内心的真情实感，天长日久词汇储备就会有所增加。

"以史为镜可知得失"，中国人很注重从历史的维度中去寻找自己的价值坐标，祖先的经验是后人最好的价值参照系。孔子把《诗经》作为史料来读："诗，可以兴，可以观，可以群，可以怨，迩之事父，远之事君。"（《论语·阳货》）电视访谈节目主持人树立自觉的历史意识，自觉地面对人类几千年的文明历程，可以使自己在主持节目的过程中能用历史的眼光去审视节目的内涵，运用历史知识和历史理论去分析和提高节目的文化品位，把自己主持的节目放到人类文明史中去定位，这样就可以使节目具有历史的深度和厚度、广度和高度，使节目具有较强的生命力和传播力。主持人的历史感会直接表现在主持的节目中。

主要以现场采访调查为手段的中央电视台《新闻调查》节目主持人董倩曾谈到她在主持《羊泉村记忆》这个节目时的感受。她说在这个节目中，"我感情投入特别大。这部作品主要讲的是山西孟县羊泉村的几位老太太回忆当年惨遭日本鬼子强暴的事情，我们据此进行实地调查，控诉日本鬼子的罪恶行径。这是纪念七七卢沟桥事变 63 周年的片子。我是学历史的，正好那就是历史，一旦进入历史中你怎么能够不投入呢？1937 年对中国来说，是一个伤痛，你什么时候看这个疤，它永远都是鲜活的，永远都不会结上痂。在那个苍凉的黄土高原上的小村庄里，我们一起去经历了一段历史，回顾了一段历史，那个环境和氛围很容易让人动感情，自然投入也大，印象就会很深。……我喜欢这种采访，这种采访是真实的历史，你是在用你特别的工作创造历史，这真的很适合我去做。"

康德说，感性（材料、事实）如果缺乏理性则盲，理性缺乏感性则空（空洞）。电视是一种叙事性艺术，是通过感性具体的东西去展示事物，然而叙事性艺术的最高境界恰恰就是通过事物、通过人物来展示它的内在理念，而对内在理念的把握就需要主持人具备一定的哲学智慧。主持人的哲学智慧主要表现在从感性材料和事实中揭示出事物的理念和内涵，通过对社会中人和事物的独立分析和判断，揭示事物背后的深刻本质和规律，并运用电视的形式表现出来，使节目不仅具有知识性、直观性、欣赏性、趣味性，而且使节目具有思想性。深邃的思想的形成不是自发的，必须经过严格的理论思维的训练。理论思维训练的最佳途径就是哲学训练，哲学是世界观、价值观、方法论、认识论的统一。它可以培养主持人系统的、理论化的、逻辑严密的、思维敏捷的思维方式，一旦形成良好的思维方式，就能自由地组织和驾驭节目。严谨的逻辑、清醒的理性分析论证、独立的判断，是思想深刻的基础。

百科知识指包罗万象的常识。这种知识不限于一两个领域或专业，而是社会生活中无所不及的常识，如天文、气象、地理、历史、生物、化学等方面的常识。

专业知识由两部分组成：一部分是主持人作为新闻传播者所应具备的新闻传播学的理论知识与业务知识，另一部分是主持人所面对的主持领域所要具备的专业知识。作为一个访谈节目主持人，没有与自己主持节目内容相关的专业知识是很难得到受众喜欢的，缺少专业知识的主持人不仅无法对其传播内容进行整合，与受众的期待相差甚远，甚至连与嘉宾和观众对话的资格都难以获得。

比如，电视访谈节目主持人爱好文学艺术，懂得艺术规律和艺术语言，在采访艺术家时就不会说外行话，而且能采访到艺术家们最内在的东西，而不是纠缠于一些花边八卦问题，缺乏深度，使节目显得贫乏无聊。再比如，财经或军事类访谈节目主持人除了具有传播学知识外，还需要掌握一定的财经和军事专业知识。前央视《对话》《我们》等节目制片人兼主持人王利芬曾经谈过自己对于经济方面专业知识的渴求："记得在做《跨世纪的政府》的时候，我觉得脑子几乎是不够用了！面对现在所处的时代，我真觉得知识不够用，原来学经济可能会更好，如果学经济，不仅对思考方法很熟悉，在经济领域还能非常熟练地去采访，现在我要在后天补很多东西。我们所进行的改革，首先是经济改革，经济的发展是社会发展的原动力，所以现在如果没有在这个原动力上提前去报道，我们抓的很可能是表面的东西。……与经济相关的原理或者基本知识、新出现的现象，你得关注；亚洲金融危机你不能不懂；欧元，它相关的经济学知识非常多，它关乎整个欧洲市场的趋势，以及欧洲如何与美国的抗衡，你要了解。"

当然，访谈节目主持人通过读书尽可能多地熟悉掌握各种知识，只是"读万卷书"的一个收获，更重要的目的是在读书过程中积累学习方法，锻炼思维。很多成功的电视访谈节目主持人所学的专业与所从事的工作在内容上并没有联系，但是学习各种知识实质上是在进行思维方式训练，目的是培养在丰富的、繁杂的事物中抽取事物内核的能力，使主持人能运用归纳与演绎、分析与综合、从抽象到具体、历史与逻辑相统一等思维去分析和处理主持过程，从而使电视访谈节目更成熟、更理性、更深刻、更富于思想。这种应付各种重大事务和场面的能力对于访谈节目主持人非常重要。有了这个方法也就有了最根本的东西，可以用它来驾驭任何内容，可以从容地从一个领域跳到另一个领域，并且能够极快地查清事物的发展状况，从而访谈就能比较接近事物的本质。正如王利芬总结自己的心得所说："人不在于学什么，而在于你学到了方法没有，如果学到了方法，你应付其他的东西也会非常自如。我并非没有阻力和缺陷，只是相对来说从硕士到博士这几年给了我很大的训练，优势明显一些，尤其是新闻记者行当，一会儿做世界性的国际题材，一会儿做国内的，什么人物性的，什么行政机构改革的……这个时候恰恰需要你有非常快的进入另外一个领域的能力，而且能抓住事物最核心的东西。"

（2）行万里路

访谈节目主持人更要从人生经验上做准备。生活是最好的老师，人生的经历和际遇同书本的知识一样会成为充实个体经验的重要财富。没有在田地中劳作过的人很难理解农民的艰辛，没有谈过恋爱的人难以体会爱情的甜蜜，没有亲身经历过的人生总不如亲身体验过的那样深刻。人生经验与一个人的年龄和生活内容的丰富性有关。从日常经验看，生活阅历丰富、见多识广的人往往对社会事物有更深的体会，见解也更深刻，在处理突发事件时会更老练和得心应手，更容易赢得别人的尊重和信赖。丰富的人生经历可以增强主持人的移情能力，使其更好地与受众沟通交流；可以让主持人理论与实践相结合，将其所学在节目中融会贯通；提高主持人的内涵与修养，使其更具亲和力。从这个角度上说，对于访谈节目主持人而言，经历甚至比学历更重要。

前面我们提到《张越访谈》这档节目，主持人张越总结自己多年来的主持经验时认为，很重要的一条就是她一直在"调动自己的人生经验做节目"。

记者：我特别想知道，做节目之前你怎么做准备，你面对的是芸芸众生，用他们的名字在网上根本搜索不出什么东西来，而且那么多命运故事，你用什么应对？

张越：人生经验，就是人生经验。你学习，你读过书，但那些书里的东西在这儿都不能直接用。可它是你的精神背景。其实调动的就是你全部的人生经验，现在这个节目我不说必须得优秀的人做，但是我说，特别年轻的人肯定做不了。

我刚刚做完一个节目回来，我昨天还和我的摄像——我们摄像是一个小伙子，刚毕业，对我们采访的那个嘉宾，他特别的不能理解，他跟那个嘉宾讲理。

我们的一个嘉宾是女孩儿，她小的时候，家庭暴力，她父亲打母亲。她对童年全部的记忆就是父亲揪着母亲的头发，把母亲的头"咚咚咚"地往墙上撞。她从小就盼着父亲千万别回家，哪怕死在外面呢，千万别回家。就这么个孩子。后来长大之后呢，也挺好的，她父母离婚了，她妈妈带着她，她工作了，表面上看上去一点事儿都没有。

记者：可面对男性就有问题？

张越：特开朗的一个女孩儿。可是她搞对象的时候吧，一到要结婚了，她真叫"逃跑的新娘"，她就跑。她男朋友特别疼她，对她百依百顺，因为知道她成长经历的阴影，所以对她特别好。然后她呢，天天无理取闹，她折腾那个男孩儿。我问她："为什么？你每次跟他闹的时候，你特别难受。折腾他的时候，当时心里是高兴、难过，还是生气？"她说："看着他难受，我是既高兴，又难过。我高兴的是，我折腾完他，明明是我不对，他还来找我道歉，我就能确信……"

记者：像是得到一种证明。

张越：对，证明男人其实是会对她好的。但是她控制不住，明天还是会跟那个男的打架。结婚照都拍完了，准备结婚，最终她跑了。她现在又跟另一个男的好了，下一个男朋友又跟她谈到结婚的事儿了，她觉得她可能又要跑了，她就是不能结婚了。她自己特别苦闷。就这么一个孩子。

我们摄像这个小伙子就一直在跟她讲理，说："两个人相处，是要看谁有道理的，没有道理那你就是不尊重人，人跟人相处应该互相尊重。你不能这么对待你的男朋友。"

昨天我就跟我们这个摄像说，但实际上你说不通，他大学刚毕业，脑子里全是概念。我说："这些概念一点儿都不错，全是对的，可没有一件是跟真实人生有关的。"真实人生不是那样，纠纠缠缠啊，根本没有一是一、二是二的。我说："再过十年，你可能更明白这些。"所以，这个可能是你的经历背景所决定的，而不是你受教育背景所决定的。

另外这个节目，一个是你的人生经历，一个我觉得是你的性格，就是你对其他的人你有没有真的兴趣。我觉得"平民化"这词儿不提也罢，你真的了解他们吗？你真的关心他们吗？你真的对他们感兴趣吗？你是像一个跟他一样的人那样在跟他交谈吗？我觉得你一定要真心地对所有的、非概念的、是真正的人的最本质的那个人性和人情有兴趣，你才可以进入他。如果非要找这个词，我们就说"人性"，人性的共通之处。

同样的故事，同样的采访对象，张越和那个摄像小伙子就表现出了两种截然不同的态度和感受。试想，如果张越没有多年来自己的人生阅历的积淀作为背景，如果张越同摄像小伙子一样根本无法理解采访对象的内心感受，则不可能做出好的节目。因此，勇于尝试各种不同种类的生活，体验不同的生活方式，在生活中不断地去摸索和寻找，这些都会增加一个人的阅历，而经历有一天会成为一个人最宝贵的财富，在人际交往中也会让我们变得更加宽容，能够理解别人，体味人生的意义。

因为生活阅历不足，不具有应有的人生积淀，许多主持人在碰到他们不熟悉的领域时不能正确领会嘉宾话语中的具体含义，无法及时捕捉到嘉宾思想和话语中灵光闪现的火花，并将其发展为有价值、可深入的话题。更有甚者，一些嘉宾因为和主持人之间缺少"共同语言"而拒绝回答主持人的问题。也正是这个原因，一些年过半百、满脸沧桑的主持人因其丰富的生活阅历，开始在可视媒体上拥有了不可替代的价值，杨锦麟就是其中的代表人物。

杨锦麟宣布在腾讯视频将独家开设"锦麟频道"，进军新媒体。后来，杨锦麟推出了"可以正儿八经，也可以谈笑风生，杨锦麟携手腾讯视频，每晚邀您浅酌戏谈"的网络访谈节目《夜夜谈》，广受好评。《夜夜谈》将演播室搬进酒吧，一改死板的电视制作模式，轻松自在的节目氛围让嘉宾能够表现出真性情，不矫揉造作，说人话，讲真事儿，谈的都是真情实感，聊的都是社会热点。杨锦麟与不同时代不同背景的嘉宾碰撞出意想不到的智慧火花。节目话题涉及面也很广，包括政治、娱乐、社会、两性、名人，具有十足的文化氛围。

（3）与万人谈

萨特曾说："人与人之间有一道不可逾越的高墙。"正如契诃夫在他小说《樱桃园》里生动地描述人与人交谈的艰难。在他笔下，人即使生活在一个家庭里，也不能顺畅地表露自己。一家人只有通过相互讲述过去和往事，通过一种间接的叙述方式，才能以真实的面目相遇。

作为独特的个体，我们每个人都有自己的心灵史。在某种程度上，我们的心灵史是由众多客观存在的、与我们相互作用的他人构成的。对自己体会越深，对他人亦然，反过来，对他人浸泡越深，越对自己有恍然大悟之感。所以，真情流露的每句话、每个行为、每个思想都可能包含着与他人相遇和相知的最佳视角。但是，世界的丰富、人性的复杂常被我们内心的无知和偏见遮蔽，鲜活的人被框入概念化、模式化的刻板印象。布伯说："当我设想了另一个人是如何作想和感觉时，我就能把握住与他或她交往的方向。"著名汉学家史景迁说，写历史，写几百年、几千年前的人，最重要的是"像他一样活一遭"。"与万人谈"提供了一条理解他人之路。

电视访谈节目主持人良好的传播能力来源于生活，在人际交往层面，传播能力表示人与人、人与事物打交道的能力。一个人说话是否清楚而有趣，一个人的交际网有多大，一个人有无好的人缘，一个人能支配多少人，一个人的幸福痛苦有多少人分享分担，都可以纳入传播能力范围中。每个人都立足于人际关系、社会关系之中，求得最大限度的自我发展，不断提升的发展目标对传播能力也提出了更高的要求。"人的传播能力不是自然而存在的，而是经过后天努力发展出来的，是可以大力培养的。"生活中，我们要乐于同各种不同类型的人接触，努力调整自己的真情实感去体味他人生活，以达到善于和不同的人交往的目的。同各种各样的人们谈话，了解、认识他们的真实生活，打破"物以类聚、人以群分"的局限，面对与自己知识经验、生活背景不同的人，尝试跳出自己的经验和思维习惯，从对方的立场出发，想他人之所想，体验他人的情绪情感，了解世界的丰富，人性的复杂，这些办法在为我们的生活带来新鲜感的同时，可以在不知不觉中提升移情能力。

诸葛亮在他的《知人性》一文中提出判断他人的七个基准："一曰间之以是非而观其志；二曰穷之以辞辩而观其变；三曰咨之以计谋而观其识；四曰告之以祸难而观其勇；五曰醉之以酒而观其性；六曰临之以利而观其廉；七曰期之以事而观其信。"这志、变、识、勇、性、廉、信七个方面，具体揭示了一个人立身处世时的个性特征和行为品德。

以尊重的态度去了解生命，了解人性是一种能力，也是电视访谈节目主持人必备的一种专业素养。电视访谈节目是一个提供谈话的节目，主持人的职业本身就是一种与人交往的职业，电视访谈节目主持人每天的工作也为其成长提供了源源不断的养分。主持人说："我的工作是和人打交道，尤其是采访'东方之子'，一句'浓缩人生精华'，更是要求自己必须像个看客，看一个又一个被采访者如何在生命的舞台上触目惊心地演出着这个世界上，没有什么比生命更富于变化的，自己年轻时很单纯，曾经以为对生命知之甚多，随着自己的成长，随着眼前别人生命故事的接连上演，生命到底是什么，已经越来越是个疑问。虽是一个看客，看着别人在舞台上演各种各样的生命故事，却不会总是一味地鼓掌或叹息，毕竟自己也是个演员，也在自己的生命舞台上翻滚与挣扎。有些生命的故事是相通的，而有些又太过不同，但正是在很多的不同之中，我们明白了生命的万千可能。""生命与人，是我思考最多却是最不敢触碰的命题，在我采访过的四百多人当中，让人激动与深思的故事很多，但对于我这个刚过 30 岁不久的人来说，自己的生命还需要发掘。我总是固执地相信，这篇'生命故事'只是一个开头，那过去一些年中我阅读过的生命故事和未来将观看到的人生舞台上的演出，一定会以一种更精彩的方式在将来一个安静的书桌上等待着我的笔。"主持人在做《东方之子》专访时，从那些名人的人生经历中升华出对人生意义的哲学追问。

心理医师卡尔·罗杰斯和助手F.J.勒特利斯贝格尔在为《哈佛商业评论》撰写的一篇题为《交流障碍与交流通路》的文章中，提出了两个使人际间的交流成功的理论。第一个理论是，只有在A说服B相信他或她所说的话是真的时候，交流才是成功的。而第二个理论则指出，只有当B能让A说出他或她的真实想法和感受，同时并不在意B是否相信时，交流才是成功的。我们可以把第二个理论运用到我们日常交往和访谈节目中，让交往或访谈对象没有任何心理负担地说出他们的真实想法和感受，即"一次好的采访的目标应该定位在从采访中获取一些值得和观众共享的东西。如果把理解而不是指责和评判作为采访目标的话，我们甚至可以从社会的最底层那里有所收获。一位精神治疗家曾经说过，优秀的记者一定要在满足采访双方的自尊心上作努力"。

电视访谈节目主持人与人谈话的能力有高下之分，职业要求主持人要能适应复杂的社交环境，能与各种职业、不同身份、不同地位的人交往，并在交往中充满自信，同时给对方以信赖感，使被采访对象乐意接受采访，善于调动嘉宾自由畅谈。每个品牌节目主持人的谈话风格都有独特之处，都有吸引人的地方。主持人要根据传播情境和实际情况（传播时机、对象）积累经验，及时调整和改变自己的传播策略，使访谈节目的最终深层的意义得以实现。"对话的特别意义在于创新思想。""在对话关系的传播中，旧思想是独白的，无时间性的，重逻辑的；新思想是相互性的，有时代感的，关注另一个人的。对话不断地建造新的关系，创造新的现实。真理也就在对话中逐渐显现出来。"这个创造性的对话过程给对话双方和观众带来了期待和惊喜。

2.传播能力培养方式的特点

（1）自我培养贯穿始终并直接影响其他培养方式的质量与效率

传播能力的培养有多种方式：学校培养、岗位培养、自我培养等，这些都是培养主持人重要的渠道，多种方式互相补充，共同帮助其建立良好的传播能力以适应主持人工作的要求。

学校培养是一种重要的方式。学校培养是按照传媒对主持人话语的要求，从内在素养和外在表现两个方面向学生的语言施加有目的、有系统、有计划、有组织的影响，维持和改善学生话语质量，以适应传媒变化和革新的需要。从内在素养上，弥漫着科学、文化和道德规范气息的学校，是滋养人精神力量生长的重要渠道，学校培养帮助未来的主持人建构完善的今后工作所需的知识体系，树立正确的人生观、世界观。从外在表现层面，精心设计大量模拟实战的演练，特别针对组词成句、组句成篇等话语能力进行系统训练，打通内在素养和外在话语习惯的通道，使学生的话语品质从无意识的流露变为一种有意识、有目的的主动获取。

传媒是一个实践性非常强的行业，一直和社会的前进紧紧联系在一起，它是踏着时代的脉搏发展起来的，岗位对传播能力的培养提供了无可替代的实践平台。作为传媒人，工作中每天都要面对采访和节目，要接触各个领域的人和物，每次采访都是一次知识储备的过程，是自我学习、自我补充的过程，和学校培养一样，这也是在不断地获取营养。只有在搜集详细的资料进行各方面的充分准备，透彻地了解事物的相关背景、所有链接出来的东西之后，才可能比较有把握地进行传播，才能说出切题、切景、干净、流畅、精准、信息量大、样态丰富、趣味性与知识性兼具的话语，才能知道课堂上、书本上理论的意义和价值。

在这多种培养方式中，自我培养是起决定因素的，是至关重要的。首先，不论是学校培养还是岗位培养，最终都要落实、转化为自我培养中，学校的培养方案再科学，岗位提供的条件再便利，如果传播者不能把这些有利的外部条件化为己有，那么这些外因——学校、岗位都无法对内因——自我产生决定性的影响。其次，一个访谈节目主持人良好的传播能力并不单单是几年主持人专业教育能够提供的。那么多优秀的而非科班出身的访谈节目主持人的出现，就对学校培养提出了挑战。这是因为传播能力的养成不是单从学校教育得到的，社会、家庭是更广阔的话语习惯培养的天地，传播能力是有意无意之间的学习，读书、跟人聊天、听人谈话、听评书、看相声，这都对传播能力的养成起着潜移默化的作用，关键就看有心无心。

（2）主动培养是使传播能力可持续发展的必要条件

访谈节目主持人在传播能力培养过程中的动机有主动和被动之分，它们对传播能力的形成具有不同的影响，驱动着传播行为的发生，并决定着传播能力的形成及品质。虽然动机是无法看到的，但是访谈节目主持人的言谈举止会使人们感知到其投入程度。主动一般是出于对任务本身的兴趣，是非功利性的；而被动则常常是出于对外部激励的需求，如工作、学业的要求；主动培养是对人生、对生命的补充，是为了提升自己的素养和品位，被动培养主要涉及自己的业务工作，在工作中、学习中积累知识，储备知识；主动培养是为了圆满人生，完善人性，被动培养是为了使自己的工作做得更好，使自己获得成功，事业有成；主动培养的实质是认识自己，通过思考与净化提升个人的素质，追求一种人文价值的回归，被动培养的实质是认识事物规律，思考怎样才能把节目做好。主动的、享受的心态对良好传播能力的养成有促进作用，相反，如果被迫地或是非情所愿地进行传播能力的培养，充其量也就是完成任务式的表演，话语发出者多会敷衍了事，难以养成良好的传播能力。

同时，主动培养和被动培养有相结合的一面。很多时候，我们的学习目标是被动的，但它是一种推动力，促进我们成长、进步，所以我们要以主动的心理状态进行自我培养，并且在被动学习中找到一种主动的乐趣，主动要求自己在被动学习中学得好。比如，我们要进行访谈，所以要看一些相关的资料，这是被动的；但是主动又告诉我们必须认真地看这些东西，因为要让我们的工作、采访变得更有效。在这个过程中，主动培养是一种内驱力，渗透在学校培养、岗位培养——被动的培养过程中，使被动培养更高效。

访谈节目主持人谈话的方式、遣词造句作为外化行为，易于观察，易于总结规律，常常成为我们关注的重点，而支撑外在表现的内在的思想、智慧、品质、学识、思维、心理和情感等由于培养耗时长、见效慢，不易显现，容易被忽视。但只抓表象的训练方法治标不治本，很难从根本上提升主持人的传播能力。只有正视问题的根源并努力解决，才能培养出适应媒体需要、社会发展的访谈节目主持人才。

第九章　伦理学视野下我国电视节目主持人文化的影响力

第一节　电视节目主持人文化影响力的发生机制

一、来自受众的梯级效果——主持人文化影响力之必备条件

社会心理学在分析受众在传播过程中的心理活动时，得出这样一个结论，受众不同层次的心理活动作用于传播过程时呈阶梯模式：在电视文化传播的过程中，受众首先是对电视所发出的信息进行接收，形成认识，带来感受，最终产生动机。这当中，节目主持人作为一个特别的信息符号进入受众的视野，在经历了接触、持续和弥漫三个环节之后，受众的"注意力资源"便有了选择性的投放。

（一）接触——以节目为中介的注意力吸引

传播是信息的流通，传播是信息符号的分享。既然是发生在"两个人（或两个以上的人）"之间并"由于一些他们共同感兴趣的信息符号"而导致的"含义共享"，接触便成为不可避免的行为方式。

节目是主持人的生态环境，或者称为生长空间的微观层面，从受众对主持人认知过程的角度，他们正是通过电视节目在屏幕上与主持人认识的。在这里，节目成为主持人展示的平台，通过节目这个中介，主持人与受众之间建立起一种关系。

"躺在沙发椅上，嚼着土豆片，在无穷无尽的电视节目中进行频道冲浪"，这样的情景现在已经司空见惯。与传统的生活方式相比，现代的人们每天有更多的时间是在电视机前度过的，而不是读书或其他的生活方式。那么，超长时间地看电视，与电视节目的"亲密接触"就一定意味着与电视节目主持人"亲密接触"了吗？

接触是一种需要。从电视受众的角度来说，有两方面的原因导致了这种需要，一是受众总是需要从大众传播媒介或是其他信息渠道获得生存需要和维持心理平衡的信息，二是受众总有对名人明星的崇拜意识。过去，完全靠经验而生存的中国乡

土社会是主张"人怕出名猪怕壮"的。现在，科技的发展早已带来了人与人之间关系的变化，也带来人的观念的变化。羡慕"出名"，渴望"出名"，对名人明星充满好奇的心理，使他们对电视上出现的包括电视节目主持人在内的名人明星投以关注。

传播学理论告诉我们，受众在接收信息的过程中，自始至终都是带有选择性的：选择性注意—选择性理解—选择性记忆。在信息接收的初始阶段，他们会选择性地接触一个媒介，选择性地接触一个节目，自然也会选择性地接触一位主持人。

接触就意味着"注意力资源"的投放。一旦选择确立，便意味着"注意力资源"在时间分配上的投放，接触成为注意力指向的前锋与路探。在同类主持人繁多、同质栏目"鼠类繁衍"的今天，社会"注意力资源"已经成为一种稀缺资源，成为各路人马竞争的对象。因而，能够占有"注意力资源"的多寡，便成为主持人文化影响力的前提和基础。

接触的程度取决于接触的频次，拥有最大数量的受众和最大数量的受众接触频次，是主持人产生文化影响力的首要条件。换言之，不仅仅要吸引受众的一次性注意，更要让受众的注意力相对保持一个持续的状态；不仅要有一定的收视率、关注率，更要拥有对传播内容的复述率、回忆率、解读率，以赢得"注意力资源"的真正占有，在与受众频繁接触的进程中，建构起主持人文化影响力的施展平台。

（二）持续——以认同为前提的注意力保持

媒介接触并不简单等同于到达率，也并不与满意度直接画上等号，但持续的接触，便为赢取受众的满意度指数带来了可能。

电视屏幕上主持人的话语、眼神、表情、手势乃至服饰、发型，都是以一种瞬间信号的方式输入受众的大脑，在选择性接触之后，受众跟随主持人在节目中巡游：忽而在印尼的活火山喷发现场，忽而来到巴西圣保罗，这里刚刚发生了严重的袭警事件，有23名警察不幸丧生；刚刚报道了中央电视台青年歌手大奖赛的昨晚成绩，接着又是建设部新闻发言人表示，社会上流传的各地房源不足的消息不属实……电视里的世界是零散的、碎片式的，也是瞬间的，但这一切，在电视节目主持人的引领下，都成了类似真实的"媒介现实"。另一方面，这种瞬间的表现，在电视上却是以重复播放的形式不断出现的，整点新闻、固定栏目、专业频道、对象性节目等，都使节目主持人得以"准时"出现在节目中、屏幕上。

这种瞬间与重复的电视特性，不仅强化了主持人的个人形象，也强化了电视节目、电视频道的形象。而对于受众来说，在瞬间与重复中，选择那些与自己固有的观点、态度、行为接近的或相一致的，并且是自己需要的、感兴趣的信息，这既是一种认知和谐的心理因素，又是一种文化期待现象，也是"选择性理解"的具体表现。

对人的心理个性或是意志、观念的影响，往往不会是一朝一夕的事。一次节目、一次声像，仅仅几次的"接触"尚不能施展影响力，只有在"量"的基础上，在受众与媒介接触的频次达到了一定的程度时，媒介的影响力才能够显示出来。同理，一次节目的接触、频次过少的接触也难以形成主持人的文化影响。只有持续保持受众的注意力，并让这种稀缺资源在时间的序列上不断累加，同时找寻更多的共鸣、共振，才可能让受众在心理上形成更多的"和谐心理"，在欣赏指数提高的前提下开始接受主持人的文化信息传播并产生一定的影响力度。

（三）弥漫——以忠诚为条件的注意力渗透

弥漫是一种状态。当受众的接触频次和接触的稳定性都达到一定"量"的时候，这种具有排他性的"注意力资源"就呈弥漫状态显现。

"媒介的独特之处在于，虽然它指导着我们看待和了解事物的方式，但它的这种介入往往不为人所注意。我们读书、看电视或看手表的时候，对于自己的大脑如何被这些行为所左右并不感兴趣，更别说思考一下书、电视或手表对于我们认识世界有怎样的影响力了。"——这种感觉不到媒介存在的状态就是一种"弥漫"。来自电视屏幕上主持人的文化影响力，使受众在生活模式、思维方式以及认识观点的形成上，开始难以察觉主持人的介入与影响。

"如果三大电视网播报同一题材的新闻节目，那么是什么因素促使观众选择收看其中一家的节目呢？假设三家电视台的规模相等，报道的准确性和广度又相同，那么就要取决于主持人的知名度和与观众的'和睦关系'如何了。如果观众认为主持人是值得信赖的、真诚的、热情的、温和的等，那么观众就不大可能会选择另一个节目。"这种具有强烈排他性的选择就是一种"弥漫"。对于主持人满意度的累加，使受众在节目的选择上认定这种选择的记忆，也使受众对于自己喜爱的主持人、认可的主持人、值得信任的主持人产生了忠诚。这种忠诚度会导致爱屋及乌：受众不仅在电视屏幕上关注"这一个"或是"那一个"主持人，也会在报纸、杂志、网络等其他媒体上投注一定的关注；不仅关注主持人的这一期节目，也跟踪主持人的下一次节目，以及在别的频道的节目、在别的栏目的节目甚至在别的场合的出现等。在图书大厦的签名售书活动中，主持人以作者或是朋友身份的出席，总能吸引众多读者（观众）到场；网站上，关于主持人的"贴吧"点击率飙升，民间自发地选举"谁是目前内地娱乐主持的No.1""你们喜欢的主持人是谁""最差主持人投票""谁是你们心中最理想的主持人，进来说说"等论坛，也总是一呼百应，好不热闹。

由是观之，弥漫的状态包含两个方向，一是来自主持人给予受众的影响，可能是多方位的辐射；一是来自受众给予主持人的关注，可能是多场合的追随。正是这种扩散的弥漫状态，给了主持人文化影响力发生与呈现的根本可能。

二、来自主持人的力量呈现——主持人文化影响力之本质特征

作为有声语言传播主体的节目主持人如何能够成为在令众家中受人满意甚至喜欢的朋友，又如何能够成为电视自己的"名流明星"，从而散发出主持人的文化影响力？在上一章节中，我们说到，不是每一位主持人都具有主持人的文化影响力，它应该是多种能力的叠加，多种品质的聚合。我们认为，在电视多元化的背景下，吸引力、感染力、渗透力、支配力是主持人文化影响力的根本特征。

（一）吸引力——与受众"接触"的第一要素

电视节目主持人是以屏幕出现为方式与受众进行接触与交流的，屏幕成了检验主持人的最终尺度。具备了在屏幕上吸引受众注意力的能力，我们说，就拥有了主持人的吸引力。简言之，主持人吸引力就是唤起受众注意的能力。

主持人吸引力既是主持人综合形象在屏幕上的直观展示，又是受众与主持人"接触"的首要条件。

1. 吸引力是主持人综合屏幕形象的直观展示

每一位电视节目主持人都必须在屏幕上接受观众的检阅，或认可接受甚至喜爱，或反感排斥乃至拒绝。具有"放大"功能的电视屏幕，往往显得有些苛刻无情：也许你生活中形象姣好或是英俊帅气，但就是不上镜；也许你有文化有知识，但拙于表达，或是口音浓重嗓音难听，观众就是不买账。而期冀吸引受众的注意力，能够占有受众的目光，应该是所有主持人的本能愿望。

吸引注意力可以是某一种具体的元素，如外貌、嗓音、表达方式、说话内容、风度气质等，也可以是多种元素的组合。不过，对于每天与主持人要进行屏幕"约会"的受众来说，仔细评点、逐一分析主持人的屏幕元素并不是一件容易的事。对于那些难以仔细区分、边界不清甚至"只可意会不可言传"的东西，人们习惯冠以"形象魅力"一词进行概述。而主持人内在气质与外在形象的综合屏幕形象，正是能否产生"形象魅力"、能否产生吸引力的关键所在。

其实，从审美层面上看，受众对主持人屏幕形象魅力的感受、体验和品评，就是一种对主持人从形式到表现的审美认知。

关于形式与表现的问题，宗白华在《美学散步》中有专门的论述，他提道："艺术家往往倾向以'形式'为艺术的基本，因为他们的使命是将生命表现于形式之

中。而哲学家则往往静观领略艺术品里心灵的启示，以精神与生命的表现为艺术的价值。"尽管希腊的艺术家和哲学家曾经分为两派进行过辩论，但事实上，"希腊的哲学家未尝没有以艺术家的观点来看这宇宙的。宇宙这个名词在希腊语就包含着'和谐、数量、秩序'等意义。毕达哥拉斯以'数'为宇宙的原理。当他发现音之高度与弦之长度或为整齐的比例时，他将何等地惊奇感动，觉着宇宙的秘密已在他面前呈露：一面是'数'的永久定律，一面即是至美和谐的音乐。弦上的节奏即是那横贯全部宇宙之和谐的象征！"宗白华强调说："但音乐不只是数的形式的构造，同时深深地表现了人类心灵最深处的情调与律动。"从中我们受到启发，电视节目主持人的屏幕形象，也并不是一个简单的外貌长相或是发型服饰的概念，它应该是形式与表现的结合，是主持人文化内涵的外化表现，是主持人综合素质在时间流动中的展示。过于强调主持人的外貌长相而忽略内在表现，无异于"花瓶摆设""话筒架子"；片面要求主持人的文化素质而淡化形象气质，势必偏离了电视文化传播对主持人形象和语言上的职业要求。只有相对平衡两方面的因素，坚持"形式"为艺术的基本，"表现"为艺术的价值，让内在气质与外在形象有机结合，才能建立"横贯"荧屏的"和谐的象征"，也才足以构筑主持人吸引力的真正内核。

2. 吸引力是受众与主持人"接触"的首要条件

从语义上讲，"触"是无意间的遭逢与碰撞。多频道多选择，手中遥控器的随心所欲，均使受众与主持人在屏幕上的接触带有一定的"无意"，而在这短时间的"遭逢"中，究竟有哪些因素导致了"碰撞"，从而产生出对主持人的审美认知？

众所周知，出镜是电视节目主持人的工作，声音＋图像以及有声语言＋副语言的屏幕表现形式都使其在吸引受众注意力方面，有着不同于单纯的电视画面或电视字幕的特点，同时与社会背景、时代风尚、民族文化有着密不可分的关联。作为直观、直接显现的主持人吸引力，具有以下两个特点。

第一，视知觉冲击上的审美接近。主持人的综合屏幕形象通过受众的视觉活动，除了给受众带来生理上的"视像滞留"之外，同时会在受众的脑海里产生视像滞留也叫视觉滞留，是指光刺激物对眼的作用停止以后，视感觉并不立刻消失的现象。它分为正后像和负后像两种：正后像在于保持效应刺激物所具有同一品质的光刺激痕迹；如果看到的颜色是被注视颜色的补色，就是负后像。

一系列感知、情感、想象、联想等多种心理活动，形成一定的审美心理。这种审美心理是个体内心的体验，有着鲜明的个人色彩。然而，在电视文化当中，作为审美主体的受众，既是个体的存在，又是社会成员的组成，对屏幕上主持人的综合形象的评判，在视知觉冲击上的审美活动，总是会融合着社会的情感、传统文化、民族心理以及时代的风尚。因此，视知觉的直接感知积淀着理性的因素，个体性中必定有着社会性的影响。

在主持人吸引力调查问卷中，关于"不同性别主持人受欢迎的原因"，女主持人各选项的前五项是有亲和力、有气质、形象端庄大方、服装搭配得体、自然不做作。男主持人各选项的前五项是自然不做作、语言有独特个性、有才气、反应快、情绪饱满有感染力。可见，对于女性主持人，受众的关注点更多地放在外表直观视觉上；对于男性主持人，受众更强调内在气质的呈现。这个特点正是与整个社会的审美心理以及民族文化心理不谋而合的。

找寻每个时代、每个时段最具吸引力的电视节目主持人，我们发现，那些受到社会上大多数受众喜爱、欢迎以及追捧的人，他们往往也是在视知觉冲击上最接近多数受众审美心理的人。比如，20世纪80年代有着"中国第一位电视播音员、中国第一代节目主持人"之称的沈力，她的端庄雅淑的仪表、诚恳真挚的声音。在他们的身上，折射出不同年代不同受众的社会心理、审美心理和民族文化心理，观照出特定时代和特定社会的文化精神。

第二，情感意识上的内心共鸣。综观在受众中知名度较高、享誉度较好的电视节目主持人，不难发现，他们或是因为长相外貌与传统审美价值取向接近、吻合，或是因为语言表达方式具有鲜明的个性色彩，或是在某一个时期的文化热点、新闻事件中表现突出，或是在节目的进程中表现机敏、善解人意等，使受众在与他们"接触"的第一时间中激起了情感意识上的共鸣，在获取到不俗的第一印象后，受众才产生"注意力资源"的再度投放及至多次投放。

在审美心理活动中，由感知、注意引起的联想与想象的情感意识，是一个复杂又微妙的活动过程，其中理解是必不可少的基本要素，参与则是达到内心共鸣的最佳途径，缺少了参与的联想与想象是难以成立的。较之单向传播的媒介来说，电视是具有一定参与性的媒介。主持人节目的出现，使电视的双向性与互动性得到了实现的可能。信息时代的受众群体，在注重视觉、听觉的生理享受之外，还有着情感意识上的参与和介入的欲望与要求。一般说来，观众的参与方式有现场参与以及内心参与两种渠道。因此，作为"面对面"传播的主持人，不仅要完成自身工作的主题，更应该挖掘与调动受众积极参与的热情，不断激发受众内心的共鸣，让那些无论是现场参与还是场外荧屏前内心参与的受众，都能够得到介入之后的满足。

让人介入就必须留有空间，满足参与就应该点到为止。从这个角度看，真正具有吸引力的主持人总是不会将话说满，更不会将自己的观点强加于人，他应该在尊重受众的基础上，体察受众参与心理的渴望，既在文化信息的传导上保有预先设计的指向性，同时预留出一定的空间，以满足受众的参与性，唤起受众的共鸣。所以，新闻节目主持人略高一筹、点到为止的评论，综艺节目主持人眼观六路耳听八方的控场能力，科技、服务类节目主持人对内容化繁为简、深入浅出的表述方式，等等，都可以视为调动受众参与的有效途径。

只有当受众真正介入到节目中，情感意识开始产生共鸣活动之后，主持人的吸引力才真正有了目标受众，影响的作用也开始拉开序幕。在关于"主持人对观众的影响"问题上，我们设计的问卷中因为喜欢某一位电视节目主持人而"开始关注原来不关注的领域"的占97%，"他（她）的话影响我的观点"占87%，"会模仿他（她）"占23%，"其他"占30%，"没有影响"的只占24%。尽管这种"便利抽样"的问卷在代表性上尚有欠缺，还有待在今后进一步深入调研，但数据分析的结果告诉我们，只有具备吸引力的主持人，才可能吸引观众收看他（她）主持的电视节目，受众也才可能在主持人魅力的影响下，"开始关注原来不关注的领域""影响观点"甚至"模仿他（她）"等。

（二）感染力——令受众"持续"的个性因子

感染力，实质上是主持人在电视的"拟态环境"中情绪、情感的交流传递，它可以使相同的情绪、情感在不同的个体受众之间传播、"传染"，并在受众的持续注意下，使这种情绪、情感得以进一步深化，从而产生令传播者备感珍贵的感染作用。

感染力当然也是一种能力，是一种能够将受众的眼球持续锁定在电视节目主持人身上的能力。它是受众在审美心理上对主持人的进一步认知，是在吸引力前提下对主持人文化信息传递由知晓到理解的进一步认同。

对受众而言，感染力是在选择性心理的支配下，对主持人情绪、情感的进一步认知，并在持续的接触中，在注意力保持的状况下，对主持人传播内容的理解与把握。对主持人来说，能够在多大程度上凝聚起受众的注意力，是构筑受众对主持人忠诚度的基础，也是树立个人品牌、建立影响力的根本。我们认为，感染力取决于以下三个方面。

1. 贴近受众的传播姿态

贴近受众的传播姿态是感染力的基本前提。在信息传播的过程中，作为信息接收者的受众具有是否"解码"的主动权，在选择什么节目、不选择什么节目、喜爱什么主持人、拒绝什么主持人方面，遥控器代表了他们的意愿。面对当今主体意识越来越强的受众，主持人只有持有贴近受众的传播姿态，真正具有服务意识，才可能激发受众的收看欲望，才会有产生沟通、接收信息的可能。

因此，在节目的整个流程中，"贴近实际、贴近生活、贴近群众"的"三贴近"

应当成为主持人基本的原则，在选题、策划上，关注的应该是受众的兴奋点；在采访、对话中，要自觉意识到受众不知、欲知和应知的部分；在节目的构思上，还应该考虑到受众的心理与习惯，针对不同的节目对象给予不同的信息传导方式。深受大家喜爱和尊重的主持人沈力，坚持以平等之心对待观众，仅仅在修改稿件方面，便显示出她独有的细心与亲和。例如，在《膳食与营养》节目中，有一次谈到炒豆腐如果加上些肉或鸡蛋就可以使豆腐中的营养得到充分发挥，原稿件是这样写的："请您以后记住，再吃豆腐的时候最好用肉炒"，这里虽然用了"请"字，但整个句式带有明显的命令式语气。做节目时，沈力把它改成了："您以后再做豆腐的时候，可别忘了放点肉或鸡蛋"，完全是一种友好的提醒或嘱咐，态度上也是平等的。还有一次，在《选字帖》节目中也出现过类似的问题："前一段时间，我们收到不少书法爱好者特别是一些青年学生的来信。他们问，现在出版的书法字帖种类很多，但不知哪些字帖比较适合初学者临摹。的确，对一个初学书法的人来说，字帖的选用是很重要的。为了帮助大家能够选择到一本合适的字帖，我们带着这个问题，走访了著名画家和书法家董寿平先生。"沈力认为这里又用了高高在上的姿态和语气，于是，她将这段话说成："我常有这样一种心情，每当看到别人写字写得很漂亮的时候，就很羡慕。我觉得字写得好，不仅自己看着舒服，别人看着也是一种享受。在我收到的青年朋友们的来信中，很多人也表达了这种心情。他们说很想练字，却不知道怎么选帖。为了能使您练出一笔漂亮的字，我们特地来到了著名画家和书法家董寿平先生的家里，请董老先生来给我们指导。"这种换个说法、融入了"我"的个人感受的表述方式，不仅避免了"救世主"似的身份，摆脱了命令式的语气，也在主持姿态上真正做到了贴近生活、贴近受众。

2. 鲜明独特的主持个性

鲜明独特的主持个性是主持人感染力的本质核心。电视屏幕上的主持人，在着装上、造型上、语言上都有着相应的职业要求，这使他们在总体形象上并没有大相径庭的区别，再加上愈来愈多的频道设置、愈来愈多的人员加盟，如若没有鲜明的主持个性，极有可能"淹没"在屏幕中，成为观众耳/眼熟却不能详的人物，遑论频道之间、栏目之间、主持人之间竞争力的形成。另外，强调主持个性，凸现主持魅力，是因为它在受众注意力的保持上起着至关重要的作用，因为个性给予受众的刺激越大，受众卷入的程度就会越高，也就越容易全神贯注。

美国 20 世纪最成功的日间谈话节目主持人奥普拉·温弗瑞，身材肥胖，皮肤黝黑，其貌不扬，但是她历年来共获得七次艾美奖杰出脱口秀杰出主持人奖，获得过最受广播电视界尊敬的乔治·皮博迪个人成就奖，获得过全美电视艺术与科学研究院颁发的终身成就奖。《时代》杂志评选 20 世纪最有影响力的 100 人，她也名列其中。到底是什么因素使奥普拉·温弗瑞在美国电视传播领域创造了一个又一个神话？有学者以《〈奥普拉·温弗瑞节目〉：19 年不倒之谜》为题进行了专门的分析，分析发现，鲜明的主持个性、浓郁的个人魅力是这位其貌不扬、家境贫寒主持人的制胜法宝。这种个性魅力表现在对节目话题的准确选择和巧妙切入上，表现在对节目形式的随机应变上。自我评价、社会问题、人际关系、家庭关系，从国家大事到家长里短，无所不包，她采取"以小见大，从生活的横截面纵向延伸"的方式，让"那些话题的展开全部基于一个一个小而具体的点，可以是一个故事，也可以是一段复杂的感情经历，然后再从这些个体经验向社会问题上升，最终落脚到一个比较严肃的、具有普遍适用性的抽象概念之上"。温弗瑞有一句名言："我必须用自己的声音向世界说话。""自己的声音"便是温弗瑞向世界展示的一个极具个性魅力的形象。她吸引并感染了每一位收看她节目的观众，同时影响了美国整整一个时代，成为全世界范围内主持人研究领域的典型案例。

在本雅明称为"机械复制时代"的今天，那些可以复制的艺术品开始发生根本性的变化，如即时即地的存在，如独一无二的个性。在电视节目同质化、大多数主持人表现也乏善可陈的当下，部分主持人具有的个性魅力便显得弥足珍贵。此外，在观众与电视接触时，在他们的注意力呈分散、零散、易受干扰的状态下，要使他们投入较大的注意力从而完成对主持人的审美观照，如果没有具有典型意义的形象特征，缺乏个性特点，是断然做不到的。

以平民视角讲述老百姓身边家长里短的新闻评述节目北京电视台的《第 7 日》之所以成功，与首位主持人元元干练、果断、精明甚至有些厉害的个性风格密不可分。这位由妈妈取名寓意是"永争第一，做到最好"的主持人，无论是造型上的那头短发和短发上的花卡，还是干脆利索、有话直说、不絮叨、不拖沓的表述方式，在当今的主持人群体中无疑是独树一帜的。从外形条件上看，元元不属于漂亮一类，但是她站在百姓的视角、评论百姓身边关注的事情，并且力图在每一个选题上彰显自己的语言特色；不是随意拿一个轶闻趣事来做节目，而是注重这件事有没有主持人评论的空间，能不能通过这件事告诉给受众一个道理，用元元自己的话说就是"能不能触动人的心灵，给人一种思想上的引导"。这些都成为元元和她的团队与众不同的鲜明个性。正是因为这份独特，主持人连同栏目一起获得了观众的喜爱，他们想听《第 7 日》讲故事，他们更想听元元在节目中如何评价、评点。人们常说"喜新厌旧"，似乎人对于新鲜的东西更为喜爱，而对熟悉的东西则感觉厌倦。可见，个性不仅是主持人感染力的本质核心，也是主持人职业生涯保持长久的重要因素。

3.生动新颖的语言表达

生动新颖的语言表达是主持人感染力外化的彰显。文化的传播需要渠道，电视节目主持人的文化信息传递离不开有声语言的表达。作为以"说话"为职业的有声语言传播主体，善于表达是其独有的"专业技能"。因此，对新闻的独特解读，对社会的深入分析，对人性的透彻挖掘，都必须经由"形之于声"方能"及于受众"。而作为语言功力核心内容的表达能力，又是与观察能力、理解能力、思辨能力、感受能力等紧密相连的。这里，对世间事物是否具备"发现"的眼光是衡量主持人观察能力、理解能力、思辨能力、感受能力之标杆，也是形成主持人生动新颖的语言表达之关键所在。

发现往往与"惊奇"相连，"在惊奇中，本来是片段的、零碎的感受都被接通为一个整体，观赏者的心灵受到了强烈的撼动，而作为审美对象的作品里潜藏着、幽闭着的意蕴，突然被敞亮了出来"。从审美观照上看，没有惊奇就没有发现，也就没有美的属性的呈现。

我们不能不正视，在信息纷杂的时代，受众需要的是独特的声音；在多种文化形态相互较量竞争的格局之中，受众跟从的是具有"发现"的眼光和具有审美价值的形式表现。

（三）渗透力——令受众"弥漫"的有力保证

按照传播学家克劳斯对受众的划分，那些不但接触了媒介内容而且在态度或行动上实际接受了媒介影响的人为有效受众。渗透力便是经由主持人所传递的文化内容逐渐进入有效受众的精神生活环境并予以渗透和影响的力量。

当受众的选择性接触和选择性理解成为一种习惯，注意力资源的投放便开始成为一种定式，并可能出现一种"弥漫"状态，这时主持人文化影响力的渗透作用也就有了实施对象。在聚合受众注意力的过程中，在主持人情绪的感染、文化氛围的营造之下，渗透力意味着受众从态度到行动对传播内容的开始交换。

从传播效果研究的角度看，渗透力具有以下几种特点。

1."润物细无声"的渐入过程

"文化如水，滋润万物，悄然无声"。与政治影响力、经济影响力的决策控制、制约控制不同，主持人文化影响力往往显得不那么直接，甚至不那么立竿见影，它对于受众的影响多是间接的、深远的，是一种"润物细无声"的渐入过程。

受众，从古代观看体育比赛的观众以及早期欣赏公共戏剧与音乐表演的观众，到印刷品的"阅读公众"，再到电子媒介的"大众受众"，媒介经验越来越私人化，媒介使用本身也越来越成为日常生活的一个重要组成部分。看电视，早已不再是仪式化、集体化的行为方式，它变得如同吃饭、睡觉一样寻常。而就在这寻常之中，媒介对人在社会化过程中的重大作用开始悄无声息地进行着。

传播学者德弗勒提出了"模仿"的观点："丰富的文献显示出，儿童和大人都从各种媒介，特别是从电影和电视，学到态度、情绪反应和新的行为风格。"莫尔根和西格诺里利提出的是"培养论"，他们认为："由于经常观看电视受到涵化而培养出一种主流效果，其表现是不知不觉地消弭了平常受到其他影响而养成的观念和行为歧义性。"显然，社会化和间接影响理论所要说明的是，大众传播媒介尤其是电视媒介，在社会行为规范和思想准则方面，对受众的影响是潜移默化的，也是一个长期、缓慢的过程。进入市场经济以后，社会生活中，"男声女气，女声嗲气"的说话方式，就与电视娱乐节目主持人的荧幕表现不无关联。一段时间以来，从南到北，一些主持人操着半生不熟的港台腔，故作姿态地活跃在节目中，以时髦当借口，用前卫做幌子，不能不说给受众尤其是青少年，带来了语言样态上极大的负面影响。这种潜移默化的结果是明显的，也很难在短时间内彻底改变，近几年播音主持专业的考试中，很多考生的现场表现就是实例。

我们知道，电视文化是带有文化指向性的，主持人文化影响力也势必带有既具主持人个人品位更兼媒介意旨的文化指向。阿尔杜塞说："意识形态对人的控制并不是公开的，而是隐蔽的，我们内化了意识形态，因此不能意识到它的存在和效果。"电视文化的意识形态同样是"隐蔽"的，只不过因为视听合一的电视媒介所具有的形象感、现场感、过程感，往往又会使这种隐蔽的文化指向带有直观化的特点。因此，模仿主持人的某一个字音，学做某一个动作，仿效某一个发型或是服装款式等，这样的影响往往是直接的、立竿见影的。然而，主持人有声语言传播背后所带来的文化内涵、文化指向，却依旧以隐蔽的方式，日渐渗透给电视机前的众多受众。

2. "相看两不厌"的渗透方式

大千世界，每个人都有属于自己的特有个性，在接受他人意见或劝说时，有的人爽快干脆，有的人则固执己见，这种带有明显个性倾向的两种方式就是个体的"可说服性"。来自不同个体的"可说服性"对于信息传播效果无疑会有一定的影响。所以，对于传播者而言，运用同一种方式传达同一种内容，在不同的对象那里引起的反应肯定是不同的。因此，要达到预期的传播效果，就应该针对不同对象的不同个性倾向，进行有的放矢的"说服"影响。当然，并不是说面对十几亿的观众，电视节目主持人必须拿出与之相对应数量的传播方式。众所周知，每个人都生活在一定的社会网络当中，作为社会成员的个人行为，总是以"群体规范"作为自己的精神依托的，看似完全出于个人决定的行为方式，实际上在很大程度上受到所属群体观念、价值以及行为准则的影响，也受着"舆论领袖"的言行影响。所以，要以目标受众为前提预设，以社会群体为诉求单位，在信息的筛选组织、话题的选择、诉求形式的判断、语言表达方式的认定上，努力为不同栏目、不同时段、不同区域的不同对象策划出与之相对应的"可说服性"方案，以"相看两不厌"的方式赢得不同受众群体的信任感。而能够集合起不同群体不同受众对主持人的信任感，便是主持人文化影响力之渗透力的最大化实现。

沈力在《夕阳红》里亲切平和的姿态、端庄大方的仪表以及精心修改稿件的表达方式，赢得了老年观众对她"真诚、真心、真挚"品格的信任；鞠萍在少儿节目二十几年的主持岁月，赢得了小观众们对她"爱心、童心、耐心"职业品德的信任。由是观之，这种"相看两不厌"的渗透方式带来的是受众满意度指数的不断攀升，继而在此基础上建立起对主持人的信任。需要强调的是，受众对主持人的信任感绝不是短时间内便可以形成的，它同样需要日积月累的双向沟通与交流，在受众与主持人共同构成的虚拟的人际关系的基础上，逐步赢取一份"遥远的亲近"。

3. "千营共一呼"的团队效应

"组织是人们为了高效率地完成分散的个人或松散的群体所不能承担的生产或社会活动而结成的协作体"，在进行信息的生产和传播的活动中，电视媒介总是要相对集中人力与物力，制订出明确的行动目标和统一指挥的管理方案，以形成高度的凝聚力和战斗力。我们认为，单靠一两位主持人的渗透力是难以形成规模效益、难成气候的。面对中国十几亿电视观众，唯有依靠专业化媒介组织的平台，建立起"千营共一呼"的团队模式，齐心协力才可能让渗透的力量更大更强，让渗透的区域更为广阔。

中央电视台《新闻调查》栏目创办于1996年5月，从"纪实""深度"的理念，到"探寻真相"的理念再到"真正调查性"的理念，以"探寻事实真相"为口号、以"促进社会公正和谐为目标"的《新闻调查》成为目前中国最具深度的调查类电视栏目，其所承担的意义和责任也早已远远超出了电视新闻媒介的范畴。其中，带有标志性意味的是，在"十年磨一剑"的漫长岁月中，是一连串响当当的名字引领着受众从一个个不同的角度了解中国社会。

可以说，这是一个阵容坚挺的主持人团队，几乎每一期有影响的节目都与其中一位主持人的名字连在一起。有影响的节目连同有影响的主持人，带给受众的不是即时的震撼，更可能产生长时间的思考与渗透。《新闻调查》栏目自创办至今，主持人和栏目一起成熟，与受众共同成长。是他们一点点在受众眼前开启了一个又一个门，一扇又一扇窗，使受众明白"看到的未必是真实的，单独一方的陈词也绝对不是事情真相的全部"；依旧是他们一步步将新闻人关注民生的热情以及记者理性的质疑，呈现在受众的面前。每一个主持人都有自己鲜明的风格标志，满足了不同层次的观众期待，但整个主持人团队的影响已经初步形成"航空母舰"的集约效应。

这就是主持人文化影响力之渗透力，不求立竿见影的变化，但求日积月累的影响；在隐蔽中蕴涵文化的指向，在直观中播撒文化的精彩。不仅注重传统文化的传承与发展，同样在意外来文化的大千世界。因为文化是需要传播的，也是需要有人孜孜不倦地进行渗透影响的。

当然，渗透力不是事无巨细、良莠不齐的"播撒"，而是有主题、有重点，既有突出也有弱化、既有强调也有扬弃的一种力量铺陈。

（四）支配力——令受众"忠诚"的权威状态

首先需要廓清的是，支配力不是"魔弹论""皮下注射论"的代名词，也不是对文化影响力的肆意夸大，而是基于电视媒介在舆论导向上的功能而言。

法国历史学家丹纳说过这样一段话："大众像个人一样有时会有错误的判断、错误的理解，但也像个人一样，分歧的见解互相纠正，摇摆的观点互相抵消以后，会逐渐趋于固定。"舆论学告诉我们，大众的判断、理解逐渐趋于固定的过程就是舆论产生的过程。尽管大众有时会有错误的判断错误的理解，舆论的形成却可能集中社会的态度和社会的意见，因而舆论是应当得到尊重的。世界上任何一种新闻媒介，包括广播电视，其基本功能就是反映舆论，并在一定程度上引导舆论。因为在自发的、混杂着理智和非理智成分以及舆论形成中可能的"媚俗"现象，都是需要理智加以引导的。所以，引导舆论朝着有利于自己目标实现的方向发展，是所有执政党和权力机构的共同愿望。而要引导舆论，就必须具有能够构成一种有方向的社会有序结构的权威力量。由于历史的原因，在中国舆论场，具有影响公众观念的有组织的力量、具有最大权威力量的媒介组织当数电视。

从电视媒介的特质出发，电视的权威性是建立在受众对电视人信任感基础上的。作为既是电视媒介显性符号又是电视工作终端显示的节目主持人，受众对他们的信任度直接决定了受众对电视媒介权威性的认同。

因此，支配力就是在受众对主持人信任度基础上，主持人生发出来的一种权威性力量，它经由主持人在节目中对文化内容的传导，起着对受众精神层面予以满足、调控、引导、改变、影响的作用，尤其在社会舆论的导向上有着指引方向的重要作用。这种由权威性带来的非强制力的影响，与带有一定强制力的行政命令的权威性相比，意义更深远，需要培养的时间也更长。

总之，笔者认为，吸引力、感染力是主持人引起受众认同的重要元素，渗透力、支配力则是受众主动追踪主持人的行为标识。如若没有吸引力、感染力浅层传播效果的前期营造，渗透力与支配力这深层的传播效果便好比空中楼阁；而拥有了一定的吸引力和感染力，或许可以与出名、成名并列，但并不代表文化影响力的成功生成，因为缺少了渗透力与支配力的文化内核，注定逃不过只见树木不见森林的窠臼，也可能陷入浮光掠影的形式主义。

文化是国家和民族的灵魂，是一个民族千百年世代相传的重要基因。"五千年悠久灿烂的中华文化，为人类文明进步做出了巨大贡献，是中华民族生生不息、国脉传承的精神纽带，是中华民族面临严峻挑战以及各种复杂环境屹立不倒、历经劫难而百折不挠的力量源泉"。党中央强调指出，文化是综合国力的重要组成部分，"面对科学技术迅猛发展和综合国力竞争，面对世界范围各种思想文化相互激荡，面对小康社会人民群众日益增长的文化需求，全党必须从社会主义事业兴旺发达和民族振兴的高度，充分认识文化建设的重要性和紧迫性"。当前，如何解决经济一体化与中华文化、高科技与古老文化这些看似矛盾的双方之间的关系，如何搭建沟通的桥梁，如何坚持继承和弘扬优秀民族文化传统、吸收和借鉴世界各国优秀文化成果，是摆在我们面前的重大课题。我们不敢奢望主持人文化影响力能独自负载起文化传承与文化传播这样一个重大使命，但是让中华传统文化为更多受众所了解、所热爱，让更多的中国观众对世界先进文化逐步熟悉、学习掌握，"繁荣发展社会主义先进文化、树立民族自信、振奋民族精神"，构建和谐文化，应该是主持人文化影响力的重要任务。

三、来自环境的多重制约——主持人文化影响力之存在空间

西尔弗斯特提出过一个著名的观点"传播是条鲤鱼"，用的是画鲤鱼的方法："要画一条鲤鱼，画家会提醒你，光是知道鲤鱼的形态、研究它的形态或是理解它的生理结构是不够的。他们告诉我们，也有必要考虑到鲤鱼每天早上寻找食物时穿过的芦苇，它隐藏自己的长方形石头，或是它游到水面时产生的波纹。这些因素并不仅仅是鲤鱼的环境，也不仅仅是它的生长空间，也不是仅供作画取景之用的天然背景。它们属于鲤鱼本身……我们必须这样理解，鲤鱼具有某种力量，影响了世界也被世界影响。"对主持人文化影响力的研究，既离不开对其生态环境的研究，也离不开对置身于这个环境中的各类关系进行分析。

"环境事实上成为产生社会关系的一种介质，以维持一种接触或一种关系。环境永远是和社会主体产生关系的，在人们所能找到的每个例证中，环境无一例外地对主体进行着补充。没有环境，主体就不能进行自我解释，甚至没有存在的机会。"与社会和受众密切接触以及与媒介组织紧密相连的关系，使主持人处于多重环境之中，这种多重环境对他们产生着作用，他们也对多重环境有着程度不一的影响，这种形

式成就了主持人与这多重环境的一种共生关系。

主持人文化影响力的多重环境，是它的存在空间，可以分为宏观、中观、微观三个层面：宏观的环境是指社会现实，中观的环境是指电视空间，微观的环境则是指节目主持人自身的个体平台。三个层面、三个环境看似独立，实则相互交叉、重叠。主持人文化影响力便是作为主体的主持人在这三重生存环境中的能量呈现。

（一）社会环境——对文化身份的制约

人是社会的人，社会是人的生活环境。脱离开社会的环境，人的活动便失去了依托，没有了着落；而没有了人的各种各类活动，社会也就徒有虚名，失去了存在的理由。德国法兰克福学派传人哈贝马斯将这个社会环境中的一个领域称为"公共领域"，他设想，无数个市民们可以在这个空间中自由言论，自由交往。而当公众"达到较大规模时，这种交往需要一定的传播和影响的手段"。于是，媒介就充当了公共领域传播和影响的手段。

媒介"medium"源自拉丁文，意思是"中间"，具有"中介机构"或是"中间物"的含义。20世纪初期，这个词已经变得很普遍了，开始被广泛使用，既指"中介机构"，也专指技术层面，如将声音、视觉、印刷视为不同的媒介。可见，媒介本身就是一种中介，一座桥梁。

作为介于国家和社会之间进行调节的一个领域，媒介本应该是独立、客观、中立的"信息代理人"，因为它"一方面鼓励和保障大众参与公众生活与民主进程，另一方面对国家机器和民主进程行使批判和监督功能。但是，现在人们发现传媒并不仅仅是一个观察家，它也是参与者。它在监督和批判的同时行使参与权，并且扮演一个重要的角色"。媒介成了社会公器，承担起社会守望者、瞭望者的职责与责任，起着引导舆论、监督舆论的作用。尤其在市场经济体制刚刚建立不久的中国当下，媒介本身就是意识形态的有机组成。

关于中国特色的媒介空间，北京大学戴锦华将其定义为"共用空间"，她认为："许多学者试图用'公共空间'这个概念来概括商业社会的兴起和市民文化的浮现，并且认为，据此可以形成一个相对独立的、相对自主的话语空间或者文化空间，乃至最后成为一种社会空间。这种描述在当代中国有一定的想象性与预设性，但在中国大部分的社会领域、文化领域当中，类似的空间——比如一个纯商业文化的空间，并未真正成型。在我看来，至少传统权力（如政治权力）几乎仍是无处不在的，具有极大的制约性，但是这种权力又不断经历着一种转移与多元化的进程，商品、市民文化、抗衡性的声音、媒体获取自身权力的努力、知识分子以多重身份对于这一进程的参与、跨国公司的介入……这一切构成了一种非常繁复的空间共用的状态。"

　　其实，从电视诞生的那天起，它就担负着宣传教化的功能。在中国，"由于中国执政党和政府具有很大的政治权威，大众传播媒介也具有较强的政治性质"。

　　作为电视语言显性符号的电视节目主持人，一旦进入了电视，势必超越个体本身，成为传媒话语生产中的有声语言传播主体，成为在"共用空间"进行话语对话的重要中介。根据福柯的话语理论，有声语言传播主体的话语受到三方面的控制，即内在控制、外在控制以及主体控制。外在控制当中就包括政治因素和社会因素。所以，在很多时候，播音员主持人是以政策发言人的身份出现在屏幕上的，将国家的大政方针诉之于众，也将人民的普遍愿望呈现出来，因而有了"喉舌""工具"之说。

　　一言以蔽之，电视是有政治身份的。美国政治家阿尔蒙德·鲍威尔也说，政治体系不仅包括政府机构，如立法机关、法院和行政部门，也包括所有结构中与政治有关的方面，如大众传播工具之类的非政府组织等。2005 年，美国哥伦比亚广播公司（CBS）著名晚间新闻主持人丹·拉瑟从已经坐了近 24 年的新闻主播的位子上退下来，有报道说原因是一次美国总统大选期间，倾向民主党的主持人丹·拉瑟在自己的节目里公布了 4 份据称是 20 世纪 70 年代布什服役时一位上司撰写的备忘录文件。文件指责布什在国民警卫队服役时成绩没有达到要求。事发之后，哥伦比亚公司不得不向公众道歉，称拉瑟在有关布什总统服兵役记录的报道中做了"错误判断"，受到虚假资料的误导。不久，丹·拉瑟也被迫辞去了主持人的职位。

　　从这个角度看，将播音员、主持人称为"喉舌""工具"也应该是恰当确切、合适的。在执政党和政府的"上情下达"、民众意愿和民生疾苦的"下情上传"的过程中，在社会舆论导向指引方面，播音员主持人都有着不可替代的职责与功能。

　　尽管在各种传播媒介中，还没有哪一个从业人员像电视节目主持人这样受到万众瞩目、影响力如此之大，高频次的曝光量容易使受众将他们与艺人演员混淆，但置身于整个社会系统这个大环境中，必须认清与坚守的是，主持人媒介角色的根本属性是新闻工作者。"任何时候，我们都不能忘记自己的'公职身份'。我们出现在话筒前和屏幕上，不是一种个人行为，我们肩负着阶级的、历史的使命，是国家机器上的一个齿轮和螺丝钉。"这样一种媒体角色意识决定了当主持人出现在屏幕上时，不是代表个人，而是代表他所属的电视台、他所属的频道、他所属的栏目以及他背后庞大的创作集体。在面对镜头面对观众时，要"把他个人的生活跟外套一起挂起来，当他完成工作准备回家时再摘下来。除了自己的麻烦，还要把他们自己的倾向性、背景、政治观点和偏见一同挂起来"。这既是马克思主义新闻观的生动写照，也是社会环境给主持人的角色定位。

（二）媒介环境——对文化到达的制约

电子视像技术支持的现代大众文化媒介，在传播方式上具有古典传播媒介遥不可及的优势，在传播到达率上也具有以往媒介难以企及的效果，因而其影响力自然也不是传统媒介所能够想象的。然而，传播的到达率并不等于文化影响力的到达，更不意味着文化影响力的深入渗透，相反，恰恰是由于电子媒介的特性使然，主持人文化影响力在电视的生存空间既有有利的一面，也有不利的一面。

在这个由漫画、图书、电影、电视、网络等大众视像传媒构成的世界中，"目前居'统治'地位的是视觉观念。声音和景象，尤其是后者，组织了美学，统率了观众"。这种历史性的变化不仅给技术层面带来更新，不仅成为人体个别器官的延伸，甚至是"人的中枢神经系统的延伸"，更在传统文化、意识形态以及人们对世界的态度和行为方式等方面，带来一波又一波的冲击和影响，甚至是颠覆性的变化。不止一位学者惊呼：当代文化正变成一种影像文化、视觉文化，而不是印刷文化或书写文化。

在视觉文化中充当重要角色的电视，因其媒介特征而给主持人文化影响力带来的制约体现在以下两个方面。

第一，电视的画面造成了"眼睛的思维"。当"打开电视"早已成为人人具有的基本权利，当"观众把他自己的视野交给了电视台"，由光、线、色组合而成的电视画面便攫取着观众的眼球，改变着人们的思维习惯，因为视觉是具有感知的优先权的。尽管介入电视媒介的"门槛"不高，并没有文化水平上的过高要求，但画面的直观性带来的是受众普遍的无暇深入思考，习惯全盘接受；而电视由画面语言、有声语言、造型语言、镜头语言、编辑语言、特技语言、符号语言、文字语言等相互叠加的特定语言系统也使能指到所指的转换变得不再需要大脑思维的过程。马尔库塞就将那些在电视机前长大的"用眼睛思维的一代人"称为"单面人"，指的就是思想的单质性。

第二，电视的编排造成了感受的零散性、浅薄性。电视的编排是由电视文本的非连续性决定的。众所周知，抽象的"电视"在屏幕上的具体显现就是一个又一个电视节目的连续播放。根据受众的需求和市场的变化，节目编排早已成为一门专门的研究学科，它是一个永无止境的动态的过程，"这种动态性意味着，节目编排要随着观众和电视市场的变化而不断调整更新——或者是在评估前一段播出效果的基础上改进编排，或者是为推出一档新节目建构起新的排期。无论是改进还是新建，节目编排都需要考虑各种影响因素，都需要遵循观众收视的一般规律"。

尽管节目编排遵循着观众收视的一般规律，也遵循着专门的科学路径，但随意查看任何一家电视台或是某个电视频道的节目时间表，我们还是能很轻易地感受到这样一种现象：在全天候 24 小时的播出中，节目类型往往要包括新闻、访谈、电视剧、动画片、纪实片、体育节目、综艺节目、法制节目、少儿节目等；而在节目内容上，既有最新的新闻消息报道，也提供娱乐消遣、科普法普、生活常识等。可见，在时间线性的流程中，电视里的节目内容总是以碎片化、零散化的编排方式呈现于人们的视野，受众在不同的节目与频道间来回切换，也在不同的世界中穿梭体验，根本无暇让思维进入深度思考的层面。就这样，那些"不断闪过的画面使人们忽略了图像背后更为深沉的意义指向，许多高品位的文化既被世俗化了，也被庸俗化了。电视之所以在西方被一些人称为'魔影'，正是由于它对理性思维的破坏和冲击"。

因此，在这种由画面带来的"眼睛的思维"以及由节目编排造成的感受上的零散、浅薄之中，主持人经由节目所进行的文化传播活动，也必然受到信息到达上的限制：内容的连续与深厚受到节目长度的限制，表达的完整与准确受到画面的限制，感受与思考在节目的转换中时断时续；受众观看电视时随时可能发生的中断，再加上有声语言表达与画面直观性的抗衡与冲突，都可能使这种限制更显突出，结果是受众很可能只在意画面给予的视觉冲击而忽略声音的信息传达，思维的浅薄便在所难免。

媒介环境对主持人文化影响力的制约，除了电视媒介自身特质产生的因素之外，还包括媒介组织所构成的环境影响。主持人所处媒介的级别、媒介的定位、媒介的目标、媒介的专业氛围，尤其是媒介组织对主持人的任用空间以及主持人与其周围团队的配合等，这些因素对于主持人文化影响力也都起着至关重要的影响与制约。

（三）个体环境——对文化表现的制约

不得不传播，这是社会发展的逻辑；不得不说话，这是主持人媒介角色的职责范畴。但是，说什么话，怎么说话，为什么有的主持人说话绵软无力缺少分量，有的主持人说话却能够掷地有声发人深省；为什么有的主持人能够做到屏幕内外言行一致，而有的主持人尽管在屏幕上光鲜靓丽在生活当中的表现却多遭人诟病。我们认为，主持人个人素质对于主持人文化影响力有着直接的显性影响。

传播学上将大众传媒具有的能创造深入传播对象心目中人物的特殊能力称为大众传媒"授予地位"的功能，这种功能是指"大众媒介能够授予个人、团体、社会问题以及社会运动以地位，使其在一定时间内成为大众关注的焦点和尊崇的典型、膜拜的偶像，从而出现明星效应"。电视节目主持人是最享有这种"授予地位"的受益人，他们在屏幕上拥有话语权，他们是信息传播的导引者，他们成为电视传播中的重要角色。

角色是什么？词典中的解释是：一是指戏剧或电影、电视中，演员扮演的剧中人物；一是比喻生活中某种类型的人物。而社会学的解释则是"配合职位的一组行为形态"，职位是社会组织赋予组织成员的，而行为形态则是组织成员自身应该具有的。如果说，职位是社会组织赋予组织成员的"先决条件"，行为形态就应该含有组织成员的"后天努力"。然而，由于个体的不同，不是每位组织成员都能够努力到位，从而具备符合职位的行为形态。因此，职位并不等同于地位，职位不排除个体条件与工作性质的基本相符，但更多的是组织机构的赋予与任命，而地位则是职位与个人声望的高度融合，它蕴涵着比职位更为深广的意义，需要的是个体在"先决条件"下持续不懈的积极努力。

打开电视，纵观屏幕，主持人面孔不计其数，但有些人只是对职位的占有，享受着自身与组织天然具有的"先决条件"，真正与主持人定义相符合、真正将职位与声望相融合从而拥有一定"地位"的人数，远不如人意，也与受众的期待相去甚远。

可见，电视媒介给予主持人的"授予地位"功能在电子科技的保障下，只能领先一时，究竟"能走多远"，是否可以在职位上获取声望和受人尊敬以取得地位，从而拥有信任度、权威感，从而营造属于自己的话语空间，则要看主持人个人的素质如何。换言之，每一位主持人的人生经历、文化水平、个人修养、知识结构、气质秉性等组合而成的"个体环境"，都会制约他对信息文本的解读和阐释，也会在他的话语方式中直接显现。因此，我们说每一次节目里，每一段表述中，都带有主持人"这一个"极具个性化的文化体现。因为"从本质上说来，人不是物理实体和生物实体，而应是文化实体、道德实体、精神实体。……文化就是人的精神性的显示"。

第二节　电视节目主持人文化影响力的作用空间

一、先导与提升——对受众审美心理的影响

电视是一种审美文化形态，这早已是不争的事实。融合了电影的五种基本元素——影像、文字、声音、音乐、音效以及频道、栏目、主持人等多种符号形式的电视媒介，比以往其他媒介都更加迅速并更加深入地传达着具有时代气息的文化，对现代审美思潮以及受众审美心理有着直接又强大的影响。无论是新闻类节目、文艺类节目、娱乐类节目、生活类节目、体育类节目，还是电视剧、电视纪录片等，都在由受众视听感觉加盟的审美阅读活动中产生出一定的意义，从而改变着受众的审美心理。

在主持人文化影响力的领域内，电视屏幕上主持人的一言一行都将给受众带来

更为直观、更为显性的审美阅读。日积月累、潜移默化，在受众或专注或随意的阅读活动中，主持人在有声语言及屏幕形象上传导出来的多元文化意义必然会反作用于社会，起着一种不容忽视的影响受众审美心理的作用。在受众对包括主持人在内的电视作品的审美阅读中，如若主持人没有强烈的吸引力，没有独特的感染力，缺少了一种可以仿效和认同的对象，这种审美阅读活动的进行难免是要打折扣的。因而可以说，在吸引力和感染力的作用之下，主持人的语言及形象对于受众的审美情趣和审美心理起着一种先导与提升的作用。

（一）语言方面标准的建立

"语言是人类极为独特和珍贵的工具，可以说是我们人类起源、发展和进化的看家宝。因为有了语言，人类就能把他们进化过程的知识一代一代传下来；因为有了语言，人类的智慧就能通过信息的广泛交流不断发展。"因为有了电视，人类的知识得以瞬间传播。于是，以有声语言为职业特征的电视节目主持人，在电视文化的传播中，不仅肩负着信息的传播，同时担负着语言的传播。与其他媒介相比，电视拥有范围最广、数量最多和层次最为丰富的受众群体；与其他职业相比，电视节目主持人具有最为直观、也最为直接的语言示范效应。在社会语言的生活空间，主持人有声语言的影响力也成为主持人文化影响力之凸现。

首先是标识作用。"对于一个普通公民来说，他要使自己的语言向普通话这方面接近，很重要的是要通过大众传媒。我们的广播，我们的电视，我们的电影，一方面给人民以娱乐，以教育，以启迪，以陶冶，还有一个很重要的方面，告诉他们什么是我们国家通用的、标准的语言，这是非常重要的。……所以，广播电视的播音员、主持人在推广普通话当中肩负着非常重要的责任。"事实也是如此，长期以来，人们一直把广播电视当中的有声语言作为全民族共同语的标准和标识，尤其是把播音员和节目主持人的有声语言看作是标准语形式的代表，是整个国家语言运用的标杆。有人以为这也许带有中国特色，其实不然。英国"BBC 的播音十分规范，采用的是全英国人都能听懂的标准英语"。BBC 还多次采取措施，对播音专业人员和记者提出明确的要求，力图清除其中的美国腔和修辞、语法上有失规范的问题。德国柏林的《德国之声》也要求他们的电视播音员必须说标准的汉诺威德语。一个不争的事实是，标准语是国家的形象代表，标准语的正确使用，也是国家"软实力"的文化体现。

其次是规范作用。规范是对标准实施过程的监控与度量，规范是对能指与所指关系的认定与考核。国家标准语的实施需要相关职能部门的监督与指导，更需要有专门、专业人士的"现身说法"。这个任务责无旁贷地落在了播音员、主持人的肩上，因为相对于其他职业而言，他们是有声语言使用的"专业户"，甚至堪称是"专家"。因此，对包括语音、词汇、语法在内的普通话执以规范标准的度量，既是主持人媒介角色必备的职业素质要求，也是主持人社会角色应尽的职业责任要求。国家语委、国家教委、广播电影电视部早在 1994 年就联合作出了《关于开展普通话水平测试工作的决定》，决定中将普通话等级划分为三级六等，又规定播音员、主持人必须达到一级乙等以上。这一制度的实施，在很大程度上保证了有声语言传播规范性的落实。

语言学研究结果表明：人类 80% 的语言行为都属于信息接收性质，即听他人说话或是阅读；只有 20% 的语言行为具有发出的性质，即对别人说或写。由是观之，人类的信息接收能力要远远大于发出信息的能力。这个结论似乎对于进行大众传播的媒介人来说是个福音，对于电视节目主持人的有声语言标识与规范作用的实施应该更为有利。然而，媒介的语言影响力是与媒介使用语言的状况密不可分的，屏幕上主持人使用语言的每一个细节都可能带来社会语言生活的变化，导致审美认识观念上的转变。

"'烧'（稍）胜一筹"是燃具灶的广告词，"快'治'（脸灸）人口""'肠'（长）治久安"成了药品药效的说服力；当"终身无'汗'（憾）的选择""默默无'蚊'（闻）的奉献""得'芯'（心）应手""'译'（意）气风发"出现在学生们的作文中时，老师们哭笑不得。语言学家们则大声疾呼，这种缺乏责任意识的"成语新编"是一种篡改，它贻误的可能是一代人对传统文化宝藏的曲解。而电视屏幕上的语言污染似乎更加严重："怪腔怪调"是追求个性的表现，"嗲声嗲气"则自以为就是亲和力的显露。天气预报时，主持人亭亭玉立，配合手势说着"明天将会有雨"，将英语中的时态乱用在汉语里；而在多人主持的节目中，只用"开心""好好"的夸张表现，完全封杀了"高兴""快乐""愉快""激动"等词汇的情感差异以及"很""十分""非常"等词汇的比较层次。坐在普通话水平测试的考场上，可以轻松考出一级甲等的成绩，但站在镜头前主持节目时，竟然也可以"轻松"说着可能刚刚够上二级甲等的话语："各位观众盆（朋）友，那其实今天怎（真）的蛮高兴看到大家的，那其实我汗（和）大家之间的距离都蛮近的，那今天我要缩（说）我一直都爱你们的！"更有甚者，某电视台招聘主持人的广告上特别注明"普通话带南方腔者可以优先考虑"的字样，已经影响了为数不少的受众。

我们知道，大众媒介具有塑造媒介人物的功能，电视更是在"创造深入公众心目中的人物"方面有着得天独厚的条件，因而主持人在社会生活语言的规范使用上，在什么是真正的语言美的舆论形成上起着至关重要的作用。倘若电视节目主持人素质不高，语言标准缺失，语言规范不当，再加上价值观流俗，势必带来直接甚至是可怕的影响。我们来看看学者专家们是怎么评判电视屏幕上主持人的有声语言表现，又是怎样解释语言规范的。

吴为章在《新编普通语言学教程》中说："能指一经选择确定，所指（观念）就得同它捆绑在一起，任何人就都不能随意改变它，它是一张'强制的牌'。这也就是说，人们必须遵守社会的共同规约——语言规范，拒绝一切任意的代替，只有这样，言语活动、思想交流才得以进行。"这是从语言本体的角度阐明了语言规范之必须。

陈章太在《语言规划研究》中指出："几千年来，我国只重视书面语言的规范，讲究作诗写文章，而忽视口头语言的规范，不注重说话。即使五四运动时极力反对文言文，提倡白话文，主张言文一致，但忽视口语的倾向仍然没有得到根本的解决。中华人民共和国成立之后，对现代汉语的规范是十分重视的，确定了具体的标准，开展了许多工作，取得了很大的成绩，但这种规范仍有偏重书面语言的倾向，一般人还是不大注意讲究说话。然而在现实生活中，口语的作用越来越大。在这种情况下，强调口语的规范，加强对口语的研究，提高口语表达水平，就显得很有必要了。"这是从历史的发展上强调规范之重要。

针对广播电视节目中，主持人语言拖沓、重复以及"这个""那么"过多、"嗯""啊"不断的现象，李佐丰强调简洁含蓄，并同时提出在规范、简洁的基础上，还应力求优美："明代王骥德在《曲律》中说，'句子长短平仄，须调停得好，令情义婉转，音调铿锵，虽不是曲，却要美听。'清曾国藩在《日记》中说，'读韩（韩愈）文《柳州罗池庙碑》，觉情韵不匮，声调铿锵，乃文章中第一妙境。情以文生，文亦以生情；文以引声，声亦以引文。'古人是很重视汉语语音美的。……为了语音美，应该花些时间了解一下我国的诗歌，尤其是格律诗、戏剧、曲艺等的语言艺术。在这些艺术形式中有大量可借鉴、学习的规律和技巧。认真了解这些艺术形式中的语言比模仿港台腔、夹带外文字费劲，但值得一做，也是语言工作者的一项基本功。"

关于语言规范问题，张颂写过多篇文章，不止一次大声疾呼，在《试论广播播音的规范性与艺术性》中他说："在语言规范问题上，最怕'各吹各的号，各唱各的调'。'听不懂''听不清'，甚至'听岔了'，不应责怪听众水平不高，而应追究传播者的责任。语言不规范，正说明播音员、主持人对广大听众缺乏责任感。"在《语言启蒙行动宣言》中他指出："领导重视是关键。在那些处于'语言圈'的单位里，领导应该充分认识语言的重要性，树立正确的语言观，并且率先垂范，狠抓措施，坚决落实；规范语言是主体。社会交往、学校教育、媒体传播、军事训练……必须雷厉风行地、循序渐进地实施语言规范，立即纳入法规，对违法者绝不宽容。"

其实，主持人有声语言的不规范、不标准，不仅没有起到标识与示范的作用，而且偏离了主持人媒介角色的责任，同时也是民族精神软弱化的表现。把朋友在学习普通话的过程中尚不到位的表现奉为至宝，以为这就是时髦、这就是文明，这样的价值判断实质上是对民族自尊的轻视甚至蔑视；消解汉语词汇的丰富多彩，只选用含义化简的词语，以为这就可以"装嫩"、这就显得"妩媚""前卫"，这样的语言贫乏化现象实际上也是对民族智慧的怠慢。也许，主持人的这些表现会在与受众的第一次接触中、第一时间里吸引部分注意力，有着一时的轰动效应，但这只能说是主持人文化影响力之吸引力、感染力的一种负面效应，我们绝不能够任其泛滥、蔓延，我们应该坚守的不仅是主持人的自身职责，更有民族精神的发扬光大。

此外，我们承认，语言是变化的，这是语言发展的必然规律，正如德国哲学家、语言学家洪堡特 1836 年所说的："在语言中从来都没有真正静止的片刻，就好像人类思想之火永远不停一样。"瑞士语言学家索绪尔说："时间改变一切，没有理由要求语言能逃过这一宇宙的法则。"然而，语言的变化不是狂飙突进式的变化，"语言的变化是一种连续不断的、非常缓慢的过程，就像地球的转动、脸上皱纹的延展或者花朵的开放"。它反对语言使用上随心所欲的任意与盲从。我们也承认，"任何一种语言都不可能是自给自足的"，语言从来就存在相互接触和相互借鉴，这种语言接触的背后其实就是文化的接触，任何对他者文化的过度崇拜与迷恋，其本身便是一种"文化群体自信力弱"的表现。

由是观之，电视节目主持人的语言不仅是社会语言的标识，也是社会语言的规范，而且是"最高层次的规范"，在整个社会成员对语言的审美认识上意义深远。

（二）形象方面品位的提升

处于分散、匿名状态下的受众，他们的媒介使用行为早已成为日常生活的一种习惯，因而对于媒介的依赖程度也显得越来越高。对某种现象的分析，对某个事件的判断，对某种行为的态度，对某个人物的评价等，很多人会从媒介上去寻求和印证自己的立场和观点。施拉姆说："所有电视都是教育的电视，唯一的差别是它在教什么。"从舆论学的角度，说什么意味着不说什么；从传播学的角度，"接受一个肯定信息就是减少一个否定信息"。因而，在电视文化当中，主持人在文化品位上的影响可以具体到每一期节目、每一段独白、每一次与嘉宾的交流，每一回在公众场合的亮相；可以是语言背后蕴含的意义，可以是语言表达的方式技巧，可以是着装发型、化妆首饰，可以是形体动作、面部表情……总之，主持人在电视屏幕上的形象对于受众来说，无疑是最具视觉冲击力，且最具美学意义的直接影响力。

主持人的形象包括两个层面，一是指主持人在电视屏幕上给受众的直观感受，包括相貌、身材、音色以及面部表情、形体动作等；二是指主持人经由节目内容而展示出来的综合素质，如思想内涵、文化底蕴、审美情趣等。可以说，主持人的形象既是一种文化的选择，也是一种带有个人与媒介双重身份的文化审美姿态，直接影响着受众在文化品位上的认识。

相对于过去而言，屏幕上主持人的形象开始有了较大的变化，在直观的感受上不再仅仅讲求靓丽俊美，在"怎么说"偏重于"说什么"的收视心理引导下，主持人面孔开始呈多元化趋势，换言之，在主持人综合素质上有了与时俱进的期待与要求。但不得不承认的是，在目前整个中国媒体的大环境尤其是电视媒体生态处于失衡和错位的情形下，电视屏幕上有些主持人的形象也开始发生扭曲，在文化品位的追求上出现严重偏差。一位省级卫视副台长分析指出："长期以来，媒体总是以俯视的姿态面对观众，我们说是无视了'沉默的大多数'，观众总是扮演受教育的角色。而如今像飓风一样的娱乐狂潮就是对媒体高高在上教训大众做法的一种惩戒和一种反动，于是电视人也主动放下身价，甚至不惜自我作践、媚俗、恶俗、恶搞成风，以求取悦观众、其实是取悦广告商和隐藏在广告商背后的资本的力量。"就是在这样一种背景之下，主持人受到栏目定位和自身素质的双重限制，也会表现出或品位低俗或自觉抵制低俗的言行。

在访谈节目中，主持人对现场话语的控制是必须的，为的是达到对节目的整体控制。一般说来，主持人控制话语的方式有三种：提问、打断、总结。然而，在这段会话当中，主持人并没有在"可能的过渡点"上进行话语的延伸或是转换，而是一而再再而三生硬地打断被访人的会话，朝着也许是自己事先设计的"可计划性节点"进行。其结果只能是原本几次可以接着被访人的话"顺势而下"，或重复，或点评，或换种说法，点出"境由心生""随遇而安""保持心情愉快就是最好的保养秘诀"之类，但令人扼腕叹息的是这位主持人竟自以为是地以控制话语的方式，失去了机会，走向低级趣味的边缘。

对于这种电视主持人在文化品位上显露出来的低俗化现象，有人说"都是收视率惹的祸，收视率是万恶之源"，也有人说"过去电视上的说教太多了，现在市场经济了，所以这种逃避崇高的欢乐有什么不好？"还有人认为，这些都是电视文化格局中大众文化与精英文化、主流文化角逐较量的结果。这里，我们拟从格式塔心理学的角度，看看大众文化和精英文化给予受众心理上的不同反应所导致的主持人认识误区。

诞生于1912年的格式塔心理学，创始人是德国心理学家韦特海默、考夫卡和苟勒。"格式塔"是德文Gestalt的音译，意思是"完形"或"整体"。"完形"在格式塔审美心理学中具有特殊的含义，"形"是指在人的知觉经验中形成的一种意象组织和结构，"完形"是指心理活动中"形"的整体性，这"形"的整体性不是客观事物本身原有的，而是由知觉活动组成的经验中的整体，是视觉思维过程之后组织或构建的结果。

格式塔研究的主要课题是有关人的知觉过程，同时受到物理学中"场论"的影响，认为人脑中也有一个"场"，它决定了人看外界东西的状况，总是按照"场"的规律把客观的东西组成一定的完形，也就是"格式塔"。

在人们的生活中，格式塔不计其数，不同的格式塔来自不同的组织水平，不同的组织水平又会产生不同的格式塔，这一切都伴随着人的不同的知觉活动。一个熟悉的格式塔，亦可称之为旧格式塔，会给人平常、随和、无压力的感觉；而一个陌生的格式塔，亦可称之为新格式塔，则给人带来一种"完形压强"，憋闷、紧张。一般来说，这种时候，认知主体往往会有两种选择，一是重新建构知觉场，以取得新的"完形"；二是以拒绝接受的方式逃避眼前新的不熟悉的格式塔。

大众文化带给大众的通常是一种简单又熟悉的格式塔，直观、刺激，不但能够迅速满足大众对于几何完形的视觉追求，而且给予人们愉悦感、放松感。电视文化作为大众文化的一种，也具有这一特点。这种简单省力的知觉活动，对于现代大众来说有着极其重要的调节作用，至少让已经肩负着工作压力、生活压力、精神压力于一身的受众在下班之后收看电视的行为不再那么紧张。同时，这种简单又熟悉的格式塔往往是人们熟悉的日常生活，在意义完形的视觉追求中，便也无须进行复杂的知觉活动和意义重建，而只需在连续不断的画面与声音的组合中，轻松建立一种整体认知。精英文化则不然，由于它的独创性、个性化、真挚的情感、恒久的价值、高雅的审美旨趣、深刻的精神内涵，令受众在认知"完形"的过程中不那么轻松、不那么从容不迫，换句话说，在信息的接受与认知的"完形"上，受众需要花费气力、花费时间、花费思想。

按照格式塔学习理论的基本观点，如若完成格式塔的转换，顿悟是最好的迁移途径。顿悟有赖于人的智慧，有赖于思维者集中注意力在事物的最关键部位产生的创造性思维。不幸的是，集中注意力的创造性思维是当下受众最难以做到的。而大众文化拒绝深度开掘、策划情感、无景深、表层化、以复制替代独创、以平庸的类型化替代倾注灵感的个性展示，用一种"令人眩晕的视听时空"为在物质上已经与从前大不一样的人们营造着一个五彩斑斓的"拟态世界"，却正好符合这个阶段受众的审美取向。

也许这就是身为媒介的主持人曲解大众文化，倾向低俗化，不惜以自身形象的扭曲来屈就受众视知觉"完形"的理论依据？

于是，包括主持人在内的很多电视人，一味"顺从"受众简单、熟悉、本能的收视习惯，放弃了引导受众学习建立深刻、复杂"完形"的创造性思维。这种认识上的误区直接导致的便是主持人屏幕形象从情感表现到内在意义的严重偏颇，不仅在自身形象上大打折扣，更带来整个媒体文化品位乃至国家形象的损伤。

我们要说，大众文化立于现代工业生产的机制之上，是一种历史的选择，从某种意义上来讲，电视大众文化的利润诉求是文化对市场经济的一种回应。大众文化以舒缓、轻松、温情以及充满亲和力的方式抚慰了受众渴望宣泄的心灵，某种程度上满足了大众不同层次的文化需求，这既是对过去形式主义、教条主义的修正，同时也产生出极大的经济效益。

我们要说，通常人在饥饿时，只有一种烦恼，温饱解决之后，便很有可能生出无数种烦恼。有资料表明，一个国家的国民生产总值从人均 1000 美元到 3000 美元的阶段，是经济发展的关键时期，也是社会矛盾的凸显期。在这个时期，社会利益关系处于调整之中，人们的心理也会发生微妙而复杂的变化。当下的中国正好处于这个阶段，在物质生活有了极大改观的情况下，人们的精神生活必定会有多种多样的追求，精神需求的短缺也会渐次显露，现代化所带来的一些负面效应开始使得我们的社会矛盾重重，人们的焦虑不安、抑郁狂躁等一些特殊情感也滋生蔓延。伴随着人们物质要求逐一满足的是人们因各种问题各种矛盾而产生的心理疾患与精神需求。因而，面对生活意义的思索与生存意义的追问，大众文化显然是无能为力的，只有精英文化才能对此做出有建设性的探索和解答。

我们还想说，大众文化并不等于低俗、媚俗，更不等于恶俗，娱乐节目如果只是考虑它的轰动性、娱乐性、刺激性，只讲求收视率，而舍弃它的教育性、引导力和公益性，势必走向没落的边缘。娱乐没有错，健康积极而不失生动活泼本来就应该是中国电视节目的鲜明特色，但是娱乐要有底线，如新闻节目娱乐化便肯定是定位上出现了偏差；亲和更没有错，亲和是拉近与受众之间距离切实有用的元素，也是使信息良性交流的前提，但是亲和不是低声下气，也不是无原则地迎合。比如，张越对谢霆锋做的综艺访谈，没有说"你这么年纪轻轻的，就有了那么大的成就，我真是很佩服你"。她的开场白是这样的："我没听过你的歌曲，对于你我只听说过一些不好的新闻。我和你的年纪差得比较多，当我听到你的那些消息时，我只觉得，这孩子真可惜。"言辞恳切，感情真挚，令受惯了拥捧的谢霆锋很是意外，脸上也显露出很是震撼的神情，接下来的交流顺畅、深入。交谈中，平日总有些桀骜不驯、性格中有着过强自我保护意识的谢霆锋几次由衷地感慨，说张越与他有共鸣，给他留下了良好的印象。

当然，依据格式塔心理学"相近、相似、简单"的"完形"法则，主持人有责任在大众文化与精英文化之间找寻到一个恰当确切的点，引领受众从几何完形与意义完形两方面去适应新情境、解决新问题，挑战日常视觉模式，结构新的格式塔，从而领略精英文化所营造的深邃的世界。不过，最为关键的依旧是主持人对自身形象建立与爱护的自觉意识。既然受众对电视的依赖程度越来越高，既然电视是"教育的电视"，电视节目主持人便有责任以自我形象为平台，同样在大众文化与精英文化的相互渗透中，既引导受众通过创造性思维取得一个又一个新的格式塔，同时又不断完善自身屏幕形象的文化品位，真正做到在文化品位上对受众的先导与提升。

二、继承与求索——对受众思维方式的影响

思维方式是人们大脑活动的内在程式，体现出一定的思想内容和思考方法，对人们的言行起着决定性作用，也是决定某一个个体生存状况的重要因素。尽管思维方式无色无形难以触摸，但它的普遍性和广泛性使得它渗透在各个领域、各行各业。政治的、经济的、文化的、艺术的、人际关系等，无一不折射出我们观察世界的思维方式。

文化的熏陶和教育的影响是人们思维方式形成与变化的关键。在收视行为早已成为当代人日常行为方式的今天，电视不仅改变了人们的生活习惯，同时也改变着人们的思维习惯。"如果说，视听是其思维的主要构成部分，那么数字式（点式）思维、以'语言'方式积淀在人脑中的'原型思维'，就是电视文化创造与接受过程中无法离析但又与视听思维同在的模糊思维构成。"电视文化宣告了一种全能思维方式的出现。

在由电视形成的媒介环境中，受众的思维习惯往往与电视节目、电视节目主持人的言行密不可分。在受众的选择性接触与选择性理解成为一种定势并开始主动追踪主持人时，我们说，主持人文化影响力的渗透作用就有了实施的对象，以节目为中介的对受众思维方式的影响与作用也就有了可能。在文化传统的继承与发展上，在相对稳定的民族思维方式上，在面临现状调适心理的问题上等，这些都成为主持人文化影响力之渗透力作用的空间。

（一）"推进式思维"对文化传统的继承与发展

现在的中学，只有在语文课本里有着数量不很多的古典诗文篇章，而没有其他相关中国文化课程的设置；现在的大学校园里能够提供的人文教育似乎也支离破碎，不成系统。现在的年轻人喜欢过洋节，情人节的玫瑰、圣诞节的贺卡、愚人节的玩

笑，都在提前计划的议程中安排得有声有色。然而，端午节的由来，为什么吃粽子划龙船；重阳节又为什么要登高，他们当中知道的并不多。他们知道电脑游戏文化、啤酒文化、汽车文化，却不知道自己先辈留下的"经、史、子、集"是什么。追求物质刺激的外来文化正一步步改变着我们年轻一代的思维习惯，引导着他们过起了西方式的生活。

思维方式是文化的最高境界，它决定着人们的生活方式与看待世界对待传统的眼光。作为文化影响力之本质特征的渗透力，对于受众来说，是线性积累量与质的叠加，于无声处对人的思维能力与思维方式起着影响及改变的作用；对于主持人来说，需要责任心与使命感的综合，在每一次出镜，在每一期节目，在锲而不舍精神的坚持下，为文化传承铺垫求索之途。面对当下文化传统出现断层、文化传承呈现脆弱的局面，我们的电视人包括活跃在电视屏幕上的主持人，似乎难逃其责。

在全国性的电视舞蹈大赛的直播现场，选手进行文化知识的考核。主持人口述试题，将《汉宫秋》读作"汉官秋"，将《送元二使安西》句读成"送 / 元二使 / 安西"。主持人播报新闻时竟然说出"预知后事如何，请听下次分解"的句子。至于错字、别字，更是频繁出现在主持人口中。

采访嘉宾时，主持人常常因为案头准备工作不够细致，更因为文化内涵的欠缺，往往与嘉宾的话语南辕北辙；因为主持人选拔赛脱颖而出不过几年的主持新人，在接受采访时，都愿意把自己摆放在高级轿车、豪华居室的背景之下，对着镜头的夸张表情，显露的也只能是文化根基的浅薄与浮躁。

那么，获取了社会文化传播主流媒体的"主导地位"和文化流传过程"优势地位"双重优待的主持人们，在有声语言传播中，如何扭转这种文化"缺席"和"失声"的情态，如何坚守传统文化的继承重任，在更大范围内影响社会文化的流行，并使自身的创造活动成为时代文化的重要组成部分，同时也无愧于"天赋"的优势？

中国文化是一个复杂又庞大的文化体系，精华与糟粕并存，既反映了封建统治阶级的利益与意志，同时也蕴含着中华民族特有的善良、正义，是中华民族心路历程的创造和结晶。我们强调的文化传承当然是对糟粕的扬弃对精华的留存。

科技的进步与物质的丰富是社会发展的必然，也是文化的一种表现，但我们千万别忘了，文化的终极目标是人类精神素质与精神品位的提升。如若没有高尚的理想与道德的准绳，有些所谓的现代文明也许就会成为人类毁灭自身的"核武器"。此外，众所周知，文化传统是一个民族的生命与灵魂，"是一个民族千百年世代相传的基因，是一个民族区别于另一个民族的本质特征和符号"。全世界没有哪个民族会主动地、自觉地、全方位地批判、摒弃自己的文化，作为炎黄子孙的我们自然也没有理由对自己的民族文化全盘否定，或任其断裂、流失。

考察过去，研究现状，然后在其延长线上描绘未来的"推进式思维"，被人认为是有碍于社会发展的，他们的观点是"未来不存在于过去的延长线"上。我们认为，"传统犹如血脉，应该更新，但不可以割断"。在对待文化传统的继承与发展问题上，与过去一刀两断、对历史全盘否定的做法才是最为可怕，也是最不可取的。面对道德层面的文化失根、文化传统的断层现象，"推进式思维"方式是符合文化传承的辩证规律的，主持人文化影响力之渗透力就应该是社会责任感驱使下的执着与坚守，理应担当起修补与填补的责任。

不以收视率马首是瞻，多开辟一些形式多样的读书栏目，呼唤人们读书习惯的建立。电视技术以图像符号代替文字符号的出现，使得众多的受众不再需要像文字那样通过接受教育才能理解接受，这无疑培养了人们对于电视的习惯性依赖，习惯依赖电视上播出的外来信息，习惯依赖荧屏上直观的图像世界。这种"快餐式"的接受方式，不仅使得人们不再习惯进行文字的阅读与思辨，也使得人们的抽象思维能力日渐退化。在这种影像思维、视觉思维对语言思维的入侵颠覆并占有极大比重的境况下，我们希冀通过读书节目，通过主持人在读书节目中的适当引导，使得他人引导、自我引导、媒介引导三种引导类型共时存在，让越来越趋向于图像文化、娱乐文化和平面文化的审美文化得以拨乱反正，既唤起受众对民族文化恢复记忆、连接传统、重建传统的修复工程，又能够在一定程度上抑制电视的负面影响。

不断加强自身的文化修养，不断明晰自己的媒介责任，主持人应该在文化底蕴上做足文章。在主持人吸引力问卷调查表中，白岩松在学历为"大专或本科"层次的观众中名列第一。提起他，我们会想到《中国周刊》《东方时空》，想到很多重要的现场直播。

当然，文化本身就是一种思维方式，就如同全能思维的电视摒弃单一思维方式一样，在文化传统的传承与求索中，我们同样提倡创新思维与创造性思维的开掘与使用。因为传统和创新是一种互动关系，创新是对传统的创新，而非割断。

（二）"创新性思维"对情感疏通与印证的满足

中国人思维方式的形成与几千年特有的文化密不可分，与中华民族内敛、含蓄的民族性格有关。尽管人作为有意识的社会动物，必然有着与外部世界保持信息沟通与情感交流的需要，但"家丑不可外扬"的思维方式使得大多数中国人封闭内心，压抑情绪；而强调阶层归属、强调群体之间的文化特点，又使人们总是希望在公共领域寻求印证与认同。在宣泄的欲望难以得到满足的情况下，负面的情绪容易滋生与蔓延，情绪型舆论必定给社会带来极大的影响。在印证与归属感的寻求都难以实现的情况下，人们与社会的联络必将产生断裂，自我指认的需要也就难以满足。因此，电视媒介的出现，尤其是电视谈话节目的出现，不仅为受众情感宣泄提供了全新的舞台，也使受众在大众媒介的公共空间里找寻到一种印证与归属。这是经由电视带来的一种创新思维对传统思维的挑战与革命。

首先带来的是情感宣泄的疏通和情绪舆论的引导。当主持人以倾听者的身份出现在电视节目中时，可以说电视传播的一种新形式由是开始，受众和传播者之间的壁垒打破了，主持人的"话语霸权"消解了。经过挑选的现场观众可以和主持人一起聊国事、家事、天下事，也可以倾诉个人隐私；求助于媒介及其他"陌生人"的帮助，还可以在游戏娱乐中寻求快乐的分享。这种以受众话语权利得以解放为标识的传播观念的建立，不仅催生出《心理访谈》《生活广角》等一批心灵服务类栏目，《实话实说》《荧屏连着你我他》等一批谈话类栏目，《幸运52》《开心辞典》等一批益智娱乐类栏目，更使得人们在主持人的导引下，封闭的内心得以启封、压抑的情绪得以宣泄，尤其是对社会转型期的当下人群，这种努力寻求情感宣泄，敢于倾吐心声的方式，无疑对社会舆论的形成与走势起着积极的作用。

目前我国正处于重要的社会转型期，经济上打破旧的、单一的、封闭性计划模式，实现由封闭性转向开放性、由自然经济转向科技经济，由权威垄断型转向市场多元型的根本转变。在转型期内，包括阶层结构、城乡结构、职业结构、人口结构、就业结构等在内的社会结构均发生了深刻的变化，出现了许多新特点。而社会的急遽变革，也带给人们从未有过的紧张情绪与困惑焦虑。

市场经济带来的竞争充斥在现今社会的每一个领域，人们争抢岗位，争抢市场，争抢技术，争抢资源，争抢有限的市场份额。这种以利益争斗为特征的竞争机制，在打破传统社会重义轻利原则的同时，还给人们带来情结焦虑、心理失衡的心理，处于充满着危机感、风险感、失落感和无所归依的精神状态。伴随着烦躁失落和精神无所归依的是群体焦虑症候的日趋严重。不仅于此，科技的发展改变了时空的本来意味，但人们心理的空间距离却越来越远。当理想与现实产生了巨大的罅隙，宣泄便有了需求。这时，媒介使用成为受众对社会生活的一种补偿，甚至可以是对心里苦闷的一种慰藉。丹尼斯·麦奎尔在《受众分析》中说，作为一种有价值的、丰富多样的资源，"媒介有助于我们处理社会问题和个人问题。就后者而言，我们可以将媒介视为这样一种手段，它为我们营造某种心境，让自己振作起来，带我们走出自我，激发我们的感受，帮助我们记忆、反省和遗忘"。于是，我们看到，有那么多的人愿意来到主持节目现场，与主持人一起纵情话语的狂欢；有那么多人愿意坐在电视机前，与屏幕上的人一起分享宣泄的快乐。

"如果说 20 世纪 80 年代人们看电视最需要的是'解闷'，90 年代以后更多的则是'解气'和'解惑'。大家心里有气，需要'解气'，通过电视来泄气；大家有困惑，通过电视来'解惑'"，那么，《心理访谈》《实话实说》等这样一类谈话节目，便像是为受众提供的心灵栖息的家园，为人"解惑"，给人"解气"，满足人们日益增长的精神需求和渴望倾诉的迫切需要。

众所周知，社会是个有机系统，媒介是社会的重要组成部分，也是社会环境的重要影响因素，尤其在舆论引导方面，更有着无时不在，无处不在的功能。因此，在社会环境情绪型舆论勃发之时，媒介从业者沉着冷静的实时应对是首要的工作状态。其实，从某种角度来说，电视本来就是受众心理沟通与宣泄的渠道，主持人在很大程度上扮演着社会心理医生的角色。每当发生较大的社会变动或是突发事件时，电视要及时传达信息，解除受众的困惑；每当负面的情绪舆论生成发散之际，电视不可回避，应该采取正面报道的方式予以疏导与沟通。

以往，主持人尤其是央视的主持人在屏幕上出现一点失误便会引起受众的炮轰，这次例外，他们非但没有遭遇质疑，还赢得了表扬与支持。"主持人首先是一名男儿，是一名有血有肉的中国人，中国有句老话'无情未必真豪杰，怜子如何不丈夫'。""如果主持人以旁观者的态度，冷静地发表评论，这样的直播节目还用得着看下去吗？""这样的难以控制不是失误，相反他们更应该获得我们的理解，获得我们的尊重。"更多的报纸、网站也均以"播报灾情名嘴哽咽网友纷赞流泪也是坚强"为题进行报道，并将主持人镜头前哽咽看作是走出神秘走下神坛的风标。

带来社会群体的印证与新阶层的归属。每一个个体人从出生起就生活在一定的社会群体之中，其认识世界的态度、生活方式的选择以及自我评价和行为动机等，无一不是由其所属的那个社会群体塑造而成。因此，社会群体内部存在着巨大的相互影响因素。过去，乡土中国不流动、静止的特点，不仅使得社会群体窄小、局促，也使得相互影响总是在熟悉的人、熟悉的地方展开，祖先的经验"必然就是子孙们得到的经验"，前辈的思维方式也总成为晚辈们做什么与怎么做的最大参照系。电视的普及，完全打破了固有的状态，屏幕上出现的帮助各类社会群体塑造的"参考群体"，不仅达到了黏合社会群体内部成员不同个体的目的，也满足了每一个个体寻求群体印证与阶层归属的内心渴望。以成功人士身份出现的电视节目主持人，凭借着电视的力量，也顺理成章成为这种社会群体内部黏合与协调不同社会群体最直观、最感性的形象代表。

我们先来看看主持人是怎样通过节目起到黏合社会群体内部不同个体作用的。改革开放四十年后的今天，中国自古以来"顶层是锥形，上层很小，中下层很大的"

金字塔图形的社会结构开始发生了某种松动，它的结构构成与排列顺序开始有了新的变化。

社会阶层的变迁，导致了人群的重新划分，也必然带来价值观念的磨合碰撞、资源配置的优化组合以及利益格局的重新调整。更多的需求，更多的机会，更多的困惑，更多的风险，更大的两极分化和社会的不平等，更多的局部利益和社会价值的冲突等，这一切都成为媒介生存与发展的时代背景。"大众传媒要赢得受众，就要加强被传播的内容本身和受众现实之间的联系，如关注各种各样人的命运，关注人内心的不同感受以及他们的深层心理状态，关注与他们生活相联系的社会大背景的变迁。"主持人文化影响力要想在占有受众"注意力资源"的前提下施展文化传播的历史使命，就应该注重当下不同阶层、不同群体的不同心理，在不同的栏目定位中，给予不同的话语表达方式。在"窄播""小众化"观念的基础上加强"对象感"的建立，以便让不同阶层、不同群体的人群在电视媒介里更为便捷地既了解社会、了解这个社会中与自己同一个群体其他人的生活行为，同时也在认同自己与世界的相连中得到印证心理的满足。这是媒介对过去"广播""大众化"思维方式的一种突破，也是培养受众对主持人信任感的有效途径。

在当下浮躁又喧嚣的世界里，在忙碌又忙乱的生活节奏当中，一般人是难得花上几分钟时间为一个与自己不大相干的人去感动的。因此，对于受众来说，能够真正吸引他们、感染他们，并对他们有着逐渐"侵入—沁入"作用的主持人，一定会在讲述当中不仅停留在"同情""怜悯"的表层，一定会在人性的深处激起受众的共鸣，以赢得不同社会群体的感动，而这样的感动才可能是最具价值的。因为，"在一定程度上，媒介的说服实际上是提供一种象征性的心理满足，但这种满足不少情况下是潜在的，需要媒介唤起才能转化为一种态度或行为"。

一个一个普通人的故事，一个一个颠簸的命运，首先唤起的是主持人内心的波澜与改变，而经由主持人展现在屏幕上的每一幅场景、每一段对话，也同样唤起更多受众态度或行为的变化，这就是戴安娜·克兰说的，"电视使不同社会地位的所有观众都能理解他的信息，从而打破了社会群体之间的界限"，而主持人话语的黏合功能不仅让受众通过屏幕视听，在了解他人生活的同时感觉到自己与社会和世界的相联，同时也让受众感觉到与周围环境和生活方式有了一定程度的亲近与附属。

三、引导与建立——对受众价值观念的影响

多年前诗人顾城写过这样一首诗："你/一会儿看我/一会儿看云/我觉得/你看我时很远/你看云时很近"，拿这首诗来比喻现在电子时代人与人之间的心理空间与

物理空间的反差也许再合适不过，技术上的无限可接近性与心灵上的渐行渐远成为这个时代的一个悖论。当人们越来越少地受到社会群体的羁绊，当人们越来越多地通过电视来了解我们生活的这个世界，为了弥补媒介社会功能上的不足，电视便承担起将受众控制在意识形态力量所能控制的范围之内这样一个责任。在主持人文化影响力呈层级关系的吸引力、感染力、渗透力、支配力中，支配力便是主持人文化影响力在意识形态方面给予受众调控、引导、改变并施以影响的力量呈现。在文化传播的空间里，建立在一定权威性基础之上的握有支配力的主持人，往往能够起到引导舆论、控制舆论的作用，进而影响社会的价值观。

（一）社会道德的聚合与唤起

尽管大众媒介的言论包括电视节目主持人的言论并不等于舆论，但"较大范围内舆论的产生和消失往往是大众媒介信息传播和引导公众的结果"这一论述已得到理论界的认可；尽管"沉默的螺旋"理论在理论提出者自己那里进行了修正，人们开始思考反沉默螺旋模式时，电视塑造着现实，并影响着人们长期认知的效果这一推论还是得到大多数人的肯定。由此，作为大众媒介的电视，在舆论形成过程中的地位与作用是显而易见的。

"除了少数几个话题可能会形成全球舆论外，绝大多数舆论是在一定的文化圈、民族圈或宗教圈的范围内形成的，不可避免地带有文化与道德传统的印记。"陈力丹在《舆论学》一书中，还援引了几位大师的看法。"在卢梭看来，'所谓舆论，就是社会成员不自觉地道德状态'；李普曼讲得较为准确：'舆论基本上就是对一些事实从道德上加以解释和经过整理的一些看法。'"电视节目主持人的双重身份使得他们在对客观事实进行评价的时候，也应该具有"从道德上加以解释和经过整理的一些看法"，换言之，应该在社会道德、价值观念上予以聚合与唤起。

老子的《道德经》，不过五千言，其中蕴涵的哲理却被后世广为赞颂。有人说，"道德二字很简单，道是一种选择，德是一种结果，选择正确，出现了好的结果，就是有道，有德。选择错误，出现了坏的结果，就是失道，无德"。也有人说，"道德是人们心灵的契约，是一种内在的、软性约束机制，它是通过舆论来实现其力量的。道德涉及人类生产和生活的各个方面，具有最广泛的涵盖性"。何怀宏教授在《良心论——传统良知的社会转化》中指出："完整意义上的道德包括主观的、在每个人心里内在地发生的，只能为他自己通过反省觉察的道德心理现象；客观的、可为他人从外部观察到的，个体或群体的道德行为现象；作为一种精神的客观凝结物的，以戒律、警句、格言、理论、学说等形式表现出来的道德知识现象。"如果说道德含有自律和他律两个方面，那么，主持人文化影响力应该是道德文本建设构成他律的因素之一，在有关道德舆论的形成中，起着认定、聚合的作用。

公益献爱心活动中，有著名主持人的现场主持，也有他们捐出的钱物；通过热线，对已有悔过之心的潜逃罪犯，动之以情晓之以理，最终使得潜逃者主动自首……在评论节目、谈话节目、辩论节目中，主持人对时政或某种具体的社会现象做出的点评或层层分析深入，或点到为止，发人深省。

可以说，在电视荧屏上，这些主持人是令人钦佩的，也堪称公众人物之典范。受众也在电视打开的"窗户"面前，在主持人发出的言行中不断找寻"镜子"，进行自我观照。

这一切似乎真是值得欢呼了。但欢呼是容易的，呼唤却是需要勇气和胆识的。当下中国的社会现实所呈现出来的道德失范已经成为不容忽视的事实，而社会成员的每一个人包括节目主持人的道德观、价值观，都在大环境的包围下接受着现实残酷的考量。

（二）民族文化的坚守与输出

多年前，"地球村"这个名词令人感觉气势恢宏，充满浪漫诗意。然而现在，人们不怎么说"地球村"改说"全球化"了，目之所及的文章，无不充满了对这个新名词的猜测、担忧，有欢呼，也有恐慌。有人说，全球经济一体化势必带来全球文化一体化；有人认为，将来的世界文化会形成一种文化，媒介也会形为一种媒介；有学者忧心忡忡，"'全球化'是一个充满矛盾的复杂的过程，尽管它在经济领域取得了不可置疑的成功，而在文化领域它的正确性是有限的，对它必然会产生的负面作用，我们一定要高度警惕"。学者的担心不无道理，美国梦工厂制作的动画片《功夫熊猫》在我国上映，一时间，争议不断。有人说好看、好玩儿、轻松幽默，有人坚持抵制，高声抗议；眼尖的观众发现，故事的框架是抄周星驰的，镜头细节很多是克隆成龙的。换言之，在很多重要的中国符号中悄悄地注入了美国文化的基因。

当我们的节目形态越来越多地克隆、模仿，脱胎于外国电视的版本，当我们的节目主持人已经习惯了耸肩、摊手、"嗯哼"不断，我们是否意识到，"全球化"不仅是好莱坞大片、Discovery（探索）专题片在屏幕上的出现，它更以一种潜移默化的方式开始渗透在电视节目制作的环节和细节当中。方式的变化势必带来思想的转变以及观念的变革，作为民族文化形象代表的电视节目主持人，如何理解"全球化"在电视文化中的真实含义，如何引领受众在西方文化的霸权地位迅速攀高的当下坚守中华文化的家园，是我们必须面对的新课题。

王岳川曾经让他的博士生做了一个调查，让他们在海外主要大学的图书馆去检索中国20世纪翻译出去的专著，结果是不到一百本！而在国内，20世纪翻译的西方文论将近十万册！在对历史与现状的观照中，王岳川发出了"发现东方"的呼唤："中国文化在现代性初期很长时间内，对整个西方文化具有滋养作用，这种滋养作用是非常明显的。"可以这样说，欧洲文明的来源是东方——古希腊人继承了埃及、巴比伦和东地中海沿岸的文明，成功地使他们达到了奴隶社会的高峰。同时，西方也吸收了很多中国文明的滋养……如孟德斯鸠、伏尔泰、莱布尼兹这样的大思想家对中国文化都做了诸多吸收，甚至有一些传教士把中国渲染得美轮美奂。中国的文明在很多方面对西方是种文化资源和精神滋养。著名学者季羡林提出过"东学西渐"乃至"东化"的理论："我一向特别重视文化交流的问题，既主张拿来主义，也主张送去主义。"在这场具有历史意义的文化输出的"东学西渐"中，在素有国家形象窗口之称的电视媒介中，主持人应该"用最现代的艺术语言来体现最传统的中国文化"，努力做好民族文化形象的代表。

中央电视台国际频道的《中华医药》栏目从 1998 年 6 月建立至今，在中国电视领域实属不易。可以说，执着于民族文化坚守与输出的电视栏目生产理念，是《中华医药》的制胜法宝。

众所周知，中医学是我们祖先在长期与疾病做斗争的过程中积累起来的一门经验医学。中医治病提倡望、闻、问、切，辨标本、别表里、参四时而随症定方以及辨证论治的临床应用等，无一不是中华民族大智慧的结晶，更是中华文明的瑰宝，理应成为全球人类的宝贵文化。

基于这样的立足点，《中华医药》在每一期节目的制作上，从不故弄玄虚，也不故作高深，而是贴近海内外观众的实际需要，精心选取节目内容，"在冷静中寻找定位，在运行中寻求突破，在追求完善中赢得观众"。节目播出的内容既有涉及重大疾病和疑难杂症的，也有日常生活中的保健技巧；既有名人抗病养生的故事叙述，也有传统医学的经典传播，尤其是对祖国古老的中华医药文化进行的当代阐述，涵盖了健康与生命的方方面面，质朴、实用、亲切、大气的节目风格显示出作为身兼主持人与制片人于一身的洪涛的气魄与执着。

具有文化影响力的主持人在民族文化上的坚守，是既保持民族文化特色，又博采世界文化之长的举措，在继承性与超越性的交织中，在民族性与世界性的统一中，必定会体现出中华民族特有的文化价值与审美价值。

四、品牌与品格——对主持人及媒体自身的影响

有学者针对中国电视节目过于媚俗欠缺高雅的现象撰文指出："从中国文艺创作的历史上看，文学艺术的繁荣昌盛离不开文化精英的积极参与和全身心的投入。唐、宋

以诗词取士，带来了唐、宋诗词空前绝后的昌盛。在元代废科举的几十年，知识阶层断绝了传统的科举进身、求取功名利禄的道路，转而把文化知识投向世俗文化活动，他们积极参与杂剧艺术的创作和欣赏活动，最终使元杂剧走向了繁荣昌盛。……鉴于历史的经验，中国电视要想最终走向繁荣，离开大量文化精英的积极参与是无法想象的。"主持人文化影响力的提出与建立，就是要吸纳电视创作的文化精英，凝聚智慧，团结力量，以品牌的树立来塑造电视节目主持人的文化形象，以群体的精英形象来提升电视媒体自身的品格。主持人文化影响力本质特征的吸引力、感染力、渗透力、支配力，就是为保证主持人品牌和电视媒体品格建立的有效手段。

（一）品牌的建立——对电视节目主持人自身的影响

广告学理论中，品牌是用来识别特定商品或劳务的名称、术语、符号、图案以及它们的组合。对企业而言，品牌就是消费者对企业及其产品产生的一种信任、喜好，是一种深厚情感的表现。实际操作时，品牌形象的完成一是要依赖于商品本身的实际价值，二是要依赖于个性化的建立。个性化是有别于其他的重要标识，也是扩大知名度的最佳手段。比如，著名品牌"可口可乐"，提及它的个性化就很容易联想到它的独特口感、独特商标以及它瓶身上那独特的波纹等。

我们认为，主持人文化影响力是与品牌主持人相辅相成的。吸引力、感染力的生成是主持人品牌生成之发端，而主持人的品牌效应，亦将使渗透力、支配力得以扩张，带来可持续发展的必要保证。这当中，品牌形象个性化的建立是至关重要的一步。

众所周知，在主持人传播行为中，主持人除了要完成把板块中各个栏目配置得当、调度灵活、串联流畅，要将栏目所要阐发的观念、论点融汇在节目的各个环节之外，更需要鲜明的个性展示。只有凝结了鲜明个性的主持才能产生强有力的人格魅力，才能迅速、顺畅、高效地完成从传者到受者的信息传导，也才能在树立品牌主持人个人形象的同时为主持人文化影响力的扩张奠定基础。

作为"主持人生命力"的个性特征其实就是"LOGO（标识）"的特征，包括不可替代的独特性以及区分识别的标识性。

首先是不可替代的独特性。古语有"言为心声，文如其人"之说。主持人的个性风格作为一种表现形态，有如人的总体风貌一样，它是主持人个人特点与节目特征高度融合统一的整体面貌，是主持人在节目流程中显露出来的具有代表意义的独特面目，所以我们又有了"风格即人"的说法。每一位主持人由于其性格、气质、脾气秉性以及生活经历、审美追求都带有"这一个"的特性。因而，他们都有着只属于个体本身的发现美和创造美的方法和手段，并且是在长期的实践中逐步形成。

拉里·金的吊带裤、黑框眼镜，加上他理直气壮、从不卑躬屈膝的提问方式，成为美国 CNN《拉里·金直播》的"LOGO"。

陈晓楠在节目中时时闪现的人文关怀与她的谦和、善良成为女主持人群落中具有标志性的代表。

美籍华人著名电视节目主持人钟康妮认为，她不能使任何一个节目主持人像她一样主持节目；反过来，她也不能像任何一个主持人。所以在她主持的新闻节目中，她不像有些同行那样显得咄咄逼人、言辞尖刻，她采取的是全神贯注、诚实稳重、用事实说话的个性风格。作为电视传媒有机组成部分的节目主持人，在电视事业化模式向产业化转型的过程中，理所当然地被赋予品牌标志的色彩。这样一批极富个性魅力、可以堪称某些栏目或某家电视台"LOGO"的主持人，他们是不可复制的，也是不可替代的。

其次是区分识别的标识性。我们生活在一个"鼠系繁衍"时代，同类商品多，商品品牌多，而能够真正使消费者记住并且可以接受的品牌，总是很有限的。我们生活在一个媒体多元化的时代，上星频道多，品牌栏目多，主持人更多。要想在"茫茫人海中"脱颖而出，亮出自己的旗帜，具备有别于其他的个性化标识就显得格外珍贵。

其实，作为电视节目与观众之间的中介、桥梁，主持人本身就是节目的一种标识。主持人以个体的形象出面主持节目，他的外在容貌、言谈举止、举手投足等都与节目融为一体，成为这个栏目这个节目的最显著的标识，可以说，主持人与栏目是不可分割的一个整体。然而，并不是所有主持人的个性都可以成为"LOGO"，也不是主持人的所有个性都可以成为"LOGO"，唯有让个性与栏目定位密切贴合、让个性与节目内容有机融合的主持人才能够担当栏目的"旗帜"，也才能够让个性化的"LOGO"成为打造自身品牌价值的重要元素。

（二）品格的提升——对电视媒体自身的影响

波德里亚在《消费社会》中说："在电视和当代大众传媒的情形中，被接受、吸收、消费的，与其说是某个场景，不如说是所有场景的潜在性。"伴随着商业化与工业化的繁荣昌盛，电视大众文化开始在"所有场景"中显露出它的"潜在性"，精英文化的理想主义开始在坚硬的市场经济逻辑下显露出式微的迹象。有学者分析指出："经过长期的计划经济和思想专制对人的'利'与'欲'的禁锢和压抑之后，作为一种矫枉过正的反弹，是人们对于'利'的急切追求及其感性的过度释放。……仅仅经过十年的发展，电视作为'资讯和娱乐工具'已经是人们普遍接受的观念，已经用不着有任何思想上的'利'与'义'的斗争。指挥着这一切的，是市场法则，或者说是商业原则。商业原则是市场环境下媒体的第一原则，它已经远远不只是一只'看不见的手'。媒介从业人员或主动迎合或被动接受，都无法不把这条原则当作行动和评价的最终标准之一。"不过，事实判断与价值判断从来都应该泾渭分明，认清现实和接受现实并不代表我们认同和赞美的态度，作为电视文化的创造者，需要的依然是具有海德格尔所讲的"第三只眼"，从而对文化品位尺度和审美尺度予以理性掌控。

主持人文化影响力命题的提出，正是对电视媒体自身品格的一种理性思考，在当下中国电视的生态环境中，不仅具有理论意义更具实践意义。如果说在主持人品牌建立的过程中，主持人文化影响力的"四力"表现多以个体形式出现，那么，在电视媒体品格提升的步骤里，主持人文化影响力的"四力"表现则群体形式呈现，这是一群优秀主持人在文化品位、审美尺度上的理性掌控，是集合了一批电视媒介精英之后的效果展示。

品格于人，是人性的最高表现形式，是一个人最宝贵的财富。好的品格有：勇敢、正直、真诚、善良、坚强、独立，富有洞察力、责任感、同情之心、侧隐之心等。品格于企业，是企业形象的标识，是企业无形资产聚合的源泉，它能激起消费者对企业及其产品的好感、认同直至接受，在社会效益的基础上带动经济效益的良性循环。品格于社会，首先，有利于推动人类共同价值准则的建立。其次，有利于推动不同社会之间、社会内部各阶层之间的沟通、交流，进而达到社会进步的目标；最后，有助于个体的、个人的成长与发展。品格于电视，"品格"的提升既有利于电视媒介在公众面前塑造出良好的媒介形象，进而获得充足的无形资产和可持续性发展的动力，也有利于电视媒介在各种复杂社会关系的协调。同时，还有利于电视组织内部生产与传播良好秩序与氛围的建立与营造。总之，品格于电视，是关乎电视媒体自身生存与发展的重要保障。

作为电视传播艺术创造过程的主创人员，在以上陈述的各个方面，主持人都留有属于自己的一份"汗马功劳"。作为来源于传播主体的主持人文化影响力，则在电视品牌栏目、品牌化频道的生成与发展中，有着一份独特的贡献。

电视是文化的载体，文化的品位自然是有分别的。既然是品牌栏目、品牌化频道，就必定应该在节目输出的内容上远离低俗、拒绝低劣、排斥低级趣味。我们知道，审美是一个令人精神愉悦又感觉不断上升的过程，搭建新的"格式塔"的过程就如同爬坡，它需要气力也需要时间，而娱乐则是顺应人的感官本能的冲动与下滑，来得轻松简便。因此，品牌栏目的建立充满了艰辛与抗衡，更不能缺少电视精英们的坚守与执着，毕竟这是一个令人"审美精神愉悦并上升的过程"。此外，品牌化不是目的，它只是手段与方式，品牌化的真正目的是受众"注意力资源"吸引的最大化，为的是通过"唤起行为的能力"来建立受众对主持人的信任感和权威感，并以此扩张主持人的文化影响力。

第三节　电视节目主持人文化影响力的多维视域

一、多重身份的角色冲突

人是社会的人，个人与社会的结合产生了角色这个概念。一个人的角色反映的是他在社会系统中的地位以及相应的权利和权力、责任与义务。最早使用角色这个概念的是人类学家拉尔夫·林顿，他认为，地位是权利和义务的一种直接的集合，而角色则是地位动态方面的直接体现，即角色是围绕地位而产生的权利义务和行为规范、行为模式，是人们对处在一定地位上的人的行为期待。社会学还告诉我们，个人是角色的主体，社会上的每一个人都是处在特定的职业位置，并且同时承担多个角色，这使得每一个人又都是一个角色集。比如，一个人可能既是老师，又是女儿、妻子、母亲，还是某个学术团体的会员等，这些不同称号的总和就是这个人的角色集。

当一个人在社会上同时扮演了几个角色，而这些角色对其要求又不尽相同时，也就是人们对同一个角色有着几种不相容的期待时，便产生了角色冲突。作为主要兼具个人角色、媒介角色、社会角色等多个角色的电视节目主持人，在电视和社会的平台上，由于受众对其角色期待或是角色认识上的矛盾、对立甚至抵触，在完成主持人角色定位、形象确立以及角色任务完成等方面，往往会遭遇尴尬局面，角色集中的不同"称号"总是会形成不可回避的角色冲突。

（一）个人角色与媒介角色的角色冲突

人—文化人—电视人—主持人，这样的层级基础支撑起主持人这个角色。在大众传播的过程中，主持人首先是以个人形象出现在受众视野之中。其外貌、嗓音、表情、动作等都强烈地带有"这一个"的个性色彩；其思维、语言、沟通方式、交流技巧也都有着有别他人的特征显示；而以人际传播的方式达到大众传播之目的的行为指向，更使主持人的个人角色在节目进行中以个性的张扬为终显符号。正是因为主持人个人体验与个人感受的多样性，每一个传播主体都具有鲜活的生命力，主持人节目也由此有了拉近与受众距离的亲和力以及个性上的色彩斑斓。在前面的章节里，我们有关"主持人吸引力调查问卷"，在最受欢迎的主持人中，"有亲和力"和"语言有独特个性"均成为他们最吸引受众的原因。

然而，主持人的"公职身份"有着特定的约束与限制。

第一，它要求主持人作为个人的喜怒哀乐既要符合社会公共价值标准所认同的人格，也要服从节目播出的当下需求。学会情绪的控制而不是为情绪所控制，而情绪滋生的不可预知更使得主持人必须具备一定的心理素质，否则可能中断节目进程或是在节目质量上大打折扣，更有甚者还可能引起外交纠纷。我们说，体育解说员当然需要激情，但更应该以体育精神的法则作为观照。对某一支球队有所偏爱也可以理解，"但是在现场直播中注入如此强烈的个人情感是值得商榷的，毕竟还有那么多黯然神伤的澳大利亚球迷，对于他们我们也应该给予精神上的安慰，所以冷静是必须的。电视解说中个性值得张扬，但热情应该是有所限制，我们必须拿捏好适当的温度，这样才能让所有电视机前的观众都不会被灼伤"。令人欣慰的是，在第二天晚上的节目中，这位体育解说员便对全国的观众和球迷公开道歉："在昨晚世界杯足球赛意大利队同澳大利亚队比赛的最后几分钟，我的现场解说评论夹带了过多的个人情绪，不恰当地把个人对球队的热爱和自己的岗位角色相混淆了。所说的话引起了观众的不满、意见和批评，给大家造成了不适和伤害，在此我向观众郑重道歉！……今后，在工作中我将总结经验，时刻提醒自己把握好自己的岗位角色，处理好情感和理智之间的平衡。我们转播的时候总希望裁判公平公正，作为评论员，我也一定会做到公平公正，做好 CCTV 体育评论员工作。"

第二，它要求主持人在特定的职业位置上，个性的释放与张扬永远是置于媒介之后的第二位。主持人只有首先达到了媒介的要求，与频道、栏目、节目的定位相一致，才能够在一定的空间内允许个性的点染。比如，以主持人为中心的谈话节目，由于主持人是谈话现场的组织者和掌控者，因而适当地透露一些自己的"个人资料"，不仅可以拉近与受众间的距离，也不失为活跃气氛增加现场色彩的一种手段。英达曾经做过一个比喻："《夫妻剧场》的很多谈话内容涉及私生活，作为主持人，我如果总是安然地站在岸边把嘉宾推下水去让嘉宾单方面地自曝隐私，肯定是不对的，人家也不干；我的做法是：自己先跳下水去说说自己的"糗事"，再把别人拉下水，这就成了，不但人家肯说，而且节目气氛也才坦诚、生动。当然，这种"个人资料"在节目中的透露，不具有普遍性，更应遵守适宜、适时、适度的原则。

然而，目前有不少的主持人在媒介化的过程中，伴随鲜花和掌声轻易获取显赫声名的背后是媒介个人化的日益突出，表现在当主持人个人角色与媒介角色发生冲突时，不是以媒介角色战胜个人角色，恰恰相反，总是让个人角色占了上风，导致个人情绪对节目的随意污染，导致个性的无限量扩张，成了"个人化"的恶性膨胀。有人在节目中以自己的好恶对歌手妄加评点，过于偏激；有人在与嘉宾的对话中经常使用带有话语霸权的"判语"句式，过于武断。甚至还有人四处走穴，漫天要价，或者在公众场合随意胡来，完全忘却了主持人是以传播者的身份对受众进行传播活动的媒介人形象。

可以说，这种"专业忠诚与外在利益间的冲突"不仅是对主持人媒介化程度的一种考核，更是对主持人人品指数的考量。因此，反躬自省，时常追问一声："我们能走多远？""是不是背靠了大树，自己就变成了大树？"但愿白岩松的话不仅是他个人的箴言，因为人性和良知、为民奉献和媒介责任，是每一位主持人必须恪守的职业原则。

（二）媒介角色与社会角色的角色冲突

"电视人"是对从事电视传播工作者的统称。包括主持人在内的电视人，他们在传播的领域里是媒介人；在社会的网络中，他们是社会人。应该说，这种角色上的定位所带来的角色形象和角色职责都是清晰明确的。然而，因为这两个领域的交叉渗透，因为个人身兼多种社会角色，不同角色所要求的行为规范又有所不同，所以电视人遭遇最多的往往是身为媒介人与社会人的角色冲突，并且往往不是以节目播出结束而完结。

主持人张越说起她曾经做过一期名为《王国柱寻亲记》的节目，说的是一个被抛弃的孩子要找他亲生父母的故事。起初，张越只是认为孩子的想法是对的，而养父母不愿意寻找、甚至故意不说出孩子亲生父母线索的行为是自私的。随着采访的深入，张越有了角度不同的体会和看法："两位老人七十多岁了，都有病，干不动活儿了，可还在地里干着最重的活儿。农村老人，指着养儿防老呢。也许养儿防老是很自私的概念，但对于农村（老人）来说，他们没有别的办法。看到这些就让你觉得你在伤害这两位老人，但是你又必须伤害他们，因为找亲生父母这件事一点儿错都没有。"这种被迫置于两难境地的事很多主持人遇到过。发现一个题材，知晓一个人物，在节目制作的过程中就知道肯定会有不俗的收视率，在节目播出之后也肯定收获不错的反响。然而，节目本身注定要伤害事件的主体，还可能影响他们未来的生活。那么，做还是不做？怎么做？做到什么程度？对话是否继续？节目是否播出？这些都可能在职业的角度和社会的角度得出两种截然不同的答案。

这是角色冲突中，以全局利益为重的典型。身为社会的瞭望者、舆论引导主力军的电视人，追求信息的轰动效应不是我们的终极目标，让社会更加光明与和谐才是我们最大的愿景。因而，从这个角度看，"朝自己开枪"的行为正是一种社会责任的显示，也反映出媒介理智与成熟的心态。

一位二十多岁的乡村女教师，在电视台给她做了一个专题片之后，得到了来自四面八方的经济支援。她在还清欠账的同时，也开始受到来自乡亲及同事的非议和妒忌。于是，她选择了"逃离"，离开了山区教师的岗位。然而，半年后，她又结束了在北京打工的日子，重返大山，重拾教鞭。基于这反反复复的"变化"，《东方时空》做了一期特别节目《山里山外》。节目中，主持人敬一丹在与被访人王向英的对话时，没有涉及当初王向英出走的具体原因，也没有提及王向英借钱到县教委送礼的事情，只是对她再次回到山里后的工作与生活倾注真诚的关心。

这是角色冲突中，以人为本的显现。也许，专题片播出之后各方的汇款单和由此而生的非议会增添对话的故事性，有趣；说到借钱送礼还能够"顺便"抨击一下社会的不正之风，解气。也许，直播少女落水的新闻极具感官刺激，有轰动效应，也有收视率。但是，对于尚未真正恢复平静和稳定生活的王向英来说，这样的"有趣"和"解气"只会给她造成新的麻烦与困扰，而"好看"的收视率带给受众的只能是一条违反人伦底线也毫无人情味的新闻。在这种畸形的新闻观中，被报道者只是新闻中的一个"道具"而已，尽管新闻吸引"眼球"，有"卖点"，主持人失去的却是作为人的良知。

针对角色冲突，社会心理学家往往强调：避免不同角色冲突的最好办法就是避免挑选有冲突的两个角色，或是当两个角色真的发生冲突时，不要被封死在"A"或"B"的强迫选择上，不应该被角色局限。我们认为，当市场竞争主体角色和"社会公器"角色同时作用在主持人身上时，在相异的行为期待中，在个人利益、经济利益、媒介利益和社会利益的较量冲突中，主持人遵循的永远应该是个人利益从属于媒介利益，经济利益让位于社会利益，社会利益高于媒介利益这样的准则。换言之，就是为大多数的人谋取最大的利益，并且努力寻求把对公众利益的损害减少到最低限度，是电视人包括电视节目主持人在内的媒介从业者必须坚持的职业操守。

"在人类传播史上，几乎所有的公共媒介都曾经历今天电视所面临的境况，以及随之而来的'媒介道德'的成长过程。……有人就曾指着普利策的肖像画说：'半边脸是温文尔雅的学者，半边脸是肌肉抽搐的魔鬼。'这句话也许是大众报刊道德尴尬最为生动的注脚。"与西方媒介相比较而言，现在的中国电视组织仍然处于收视率至上的误区，市场经济利益的诱惑和社会责任沉重的使命同时摆在了电视媒介的面前。理性的行为选择、冷静的道德内容，应该成为主持人坚守的规制，并让这种道德的自律意识贯穿在信息来源的互动中、决定对话的对象时、采取提问的方式，必要的时候学会大声说："不"！

二、双重视域的考察与质疑

电视改变着人们的生活方式、话语方式以及思维方式的事实早已毋庸置疑，麦克卢汉说，不知道谁最早发现了水，但可以肯定不会是鱼。美国一位传播学学者对这段话做了延伸："媒介像水，当代人就像水中的鱼。如果水被污染了，鱼是不会知道的，鱼只会在有害的水中生病死去。"这话应该不是危言耸听，主持人文化影响力在整个电视文化的生态环境中，同样面临避免污染、去伪存真之辨析。因为"电视人也是人，人贵在有灵性，贵在有道义、负责任，贵在生活在'水'中还能发现'水'。任何一种文化的健康发展，都离不开这样自觉且经常的内省与批评。批评并不意味着指责和否定，而是在认识前提下的一种积极的文化建构行为。"因此，我们有必要在电视文化的双重视域及传播空间领域进行一番理性的思考。

（一）电视放大了什么——双重视域中的理性考察

在舆论形成、发展与消退的各个时期，作为大众传播媒介的电视，均扮演着极为重要的角色。它的影响，它的引导，它的或支持或反对或暗示的种种"干预"，都会在社会舆论的形成与走势上，起着重要与直接的作用。"大众媒介通常不是最初的信息源，但作为重要的信息渠道，它们可以放大正面的情绪（诸如爱戴、敬慕、愉快、兴奋等），当然也有不少情况是以许多非代表性材料印证、强化着某些负面的情绪（诸如焦躁、恐惧、冷漠、郁悒等）。"据此，我们可以说，电视在放大了它的正面影响的同时，也放大了它的负面影响。因而，关于电视文化影响力，关于主持人文化影响力，我们必须置于电视生态环境的双重视域去考察。

电视的双重视域指的是电视的诞生既给我们"带来了一种解放，又制造了一种控制；既预示了一种潜在的民主，又剥夺了某些自由；既展开了一个新的地平线，又限定了新的活动区域——双重视域的意义在于，人们的考察既包含了肯定，又提出了批判；既充当伯明翰学派的弟子，又扮演法兰克福学派的传人"。在当下中国电视发展的环境中，令学界的研究者们最为担心、也令业界的实践者们最为困惑的，则是电视放大了的负面影响已经呈越来越严重的趋势，在污染着"水"，也侵害着"鱼"。

时统宇从电视运作的制度出发，提出他的担忧："电视运作制度决定了电视传播的价值取向、节目构成和盈利模式，电视的商业化、庸俗化倾向有其制度缘由……如果说电视传播中的某一个时期、某一个节目品种表现出商业化、庸俗化、同质化、贵族化、游戏化等倾向是个别现象的话，那么当电视传播在文化品位、精品标准、艺术质量上出现大面积堕落时，我们就有理由进行更深刻的制度追问。因为，'经是好的，只是有的和尚把好经念歪了'，但如果所有和尚都把经念歪了，那么人们就有理由对'经'本身产生怀疑。"

作为中国播音学理论大师的张颂，则在对商品经济的价值观进行客观审视之后，对传媒语言文化身份的急遽弱化忧心忡忡："大众传播媒体的某种产业属性，开拓了获得社会效益和经济效益的广阔空间，在精神上、物质上都带来了丰硕的成果，这是有目共睹的事实。但是，市场经济的价值观作为无形的指挥棒，牵动着人们的思绪，搅动着人们的生活……大众传播媒体正处于两难境地，坚持社会效益，也许两袖清风；注重经济效益，也许一本万利；如果两者兼顾，反倒两败俱伤。……这种政治身份和文化身份的弱化，是在不知不觉中进行的，却是在传媒语言政治身份的规避、文化身份的隐退和经营身份的显现中，逐渐暴露的。"

施拉姆认为大众传媒的"每一个组成部分事实上都在起着这个单一的传播者的某个部分的作用，因此它们都对产品施加影响。有关内容的业务人员——作家、编辑、演员、节目监制人等，所起的作用当然是最基本的"。从这个角度来说，电视文化的影响，说到底并不是媒介的影响，而是"人"的影响，在电视节目制作流程各个环节上人的文化素养，从根本上决定着电视文化的品位和水准。置身于两难境地的电视节目主持人，是放弃对文化的追求和向往，还是坚守文化阵地的苦心经营；是随波逐流、同流合污，还是出淤泥而不染，这些都是衡量主持人文化影响力正负效应之关键所在。

（二）收视率究竟是什么——传播领域的几点质疑

文化是"人化"，它相对于"自然"，是人的主体性或本质力量的对象化；文化又是"化人"，它有着教化人、陶冶人、塑造人的功能。从这个角度看，主持人既是电视文化的创造物，又是电视文化的创造者。能够生成主持人文化影响力，以电视为平台去影响他人、影响社会，应该是每一位主持人在文化身份上的最高追求。然而，一如上面文字所说，在电视的双重视域中，在目前中国电视把收视率抬高到决策与检验一切工作出发点的境遇下，每一位主持人的个体行为都将受到其媒介组织的制约，再加上每一位主持人的个体差异，因而在文化影响力的表现上，总会带来一些困惑，一些误区。我们的质疑有以下几点。

质疑一：高收视率就等于有文化影响力吗？

收视率在中国的兴起不过几年，这种"西化"来的衡量标准几乎在一夜之间遍地开花，甚至成为决断一切的根本标准。这种方式原本所具有的科学性应该是不必怀疑的，但与中国社会结构的不对等接口以及"移植"过来后操作上尚不完善也不很科学等因素的叠加，都使得我们在应用的时候应该采取慎重的态度。然而现在大多数电视台均以它作为调控电视节目内容的首选，更作为评价主持人优劣与否的重要依据。"有高收视率必然带来丰厚的广告利润和商业资助，而追求高收视率则必然导致电视从 50 年代注重文化品位向 90 年代的媚俗倾向的转变"，布尔迪厄这种警言式的描述似乎并没有引起中国电视的足够重视，短短几年间，媒介惯有的操守在商业利润的追求中逐渐沦丧，媒介角色的职责也在经济大潮的冲击中面目全非。有些电视台这些年对优秀栏目以及优秀播音员主持人的评选及奖励，往往都有着明确的硬指标，与收视率不无关联，因此很多受众喜爱的著名节目主持人与奖励无缘。

"就每个媒体说它都有范围，我们也可以把它叫作一种审美尺度。在尺度的这一头，严肃的艺术家和制作者关心他们技艺的完整无损，他们也坚持他们的劳动带给观众一种对有意义的人类生活的更好的体察。在另一头，作者和制片人想提供尽可能流行的作品。他们几乎不怎么关心崇高的艺术想象力是不是他们工作的组成部分；他们的工作就是要完成这样的任务，吸引尽可能多的观众的参与——因为如果他们不这样做，他们的竞争者会这么做。"竞争是市场经济的必然趋势，但令人担忧的事实却是力求"带给观众一种对有意义的人类生活的更好的体察"越来越少，更多的是"在另一头"。究其原因，还是收视率这只无形的手，它统治着这个领域，掌控着电视台与电视台之间、主持人与主持人之间为抢占市场份额而引起的竞争格局。由是观之，我们可以旗帜鲜明地表示，这种给主持人明码标价的排行榜，是商业价值在主持人身上的现实体现，它也许可以带来一定的影响，也许可以造成一时的吸引力，但难以对绝大多数受众构成渗透与支配的力量，也绝对不等同于主持人文化影响力。因为，文化是不能单纯以市场价值作为衡量标准，文化含量中最核心的是它的社会价值。

质疑二：名人明星主持就有文化影响力吗？

大众传播效果的形成受到多种因素和条件的制约，其中，作为传播主体的传播者是最具优越地位的。传播学理论中告诉我们，"传播者决定着信息的内容，但从宣传或说服的角度而言，即便是同一内容的信息，如果出于不同的传播者，人们对它的接受程度是不一样的。这是因为，人们首先要根据传播者本身的可信性对信息的真伪和价值做出判断"。难怪我们的电视开始吸纳名人、明星坐在主持的位子上，希望以名人效应、明星效应来吸引受众的眼球。

不可否认，在电视节目竞争激烈的今天，利用双方的品牌效应以达到互利双赢的目的，这是符合媒体运行规律的。上述有些节目也确实在社会效益和经济效益上都表现不俗。但是与任何行当一样，主持人这一职业也有门槛。尽管有人说"主持不是谁的专利"，但个人条件不一样，一味追求名人效应、轰动效应而忽略了主持人的根本属性，忽略了有声语言传播对传播主体的职业要求，这种做法是不可取的。

有文化、有名气的确是主持人文化影响力之重要基石，但并不等于主持人文化影响力便可以顺理成章地手到擒来。重视主持人的文化内涵是一种进步，但若是以偏颇来替代行业自身规律并以此作为代价，就只能说是一种矫枉过正的愚蠢。大众传播毕竟不同于人际传播，只是短暂的眼球吸引而难以保持注意力的延续、长久，无异于节目生命的扼杀与中止。更何况，语言表达是主持人信息传递的预设前提，也是主持人专业素质的必备条件，表达功力上的欠缺势必带来传播效果上的损耗，名人效应也会大打折扣。

至于请出演艺明星担当主持人，我们认为，更应该持一种慎重的态度，而不能哗众取宠，一味追求商业利润。在启用之前，应当对他们进行全方位的考察，包括是否具备主持人基本素质，是否与节目定位相吻合，是否符合大众的审美价值取向，是否在渗透力以及支配力上有可持续发展之潜能，是否有过不当社会影响等。因为传播主体的可信性是受众对信息真伪和价值做出判断的重要依据，可信性当中首要一点就是传播者的信誉，包括是否诚实、客观、公正等品格条件。

质疑三：知名度与文化影响力成正比吗？

美国社会心理学家霍夫兰从控制性实验中总结出的信息源的可靠性有三点，一是信息传播者的权威程度，二是信息传播者的专业程度，三是信息传播者的知名度。那么，电视节目主持人的知名度与文化影响力也可以构成正比例关系吗？

电视节目主持人因为工作的地点——电视屏幕，因为工作的频率——出镜率高，还因为电视传媒的特性——公开亮相，因而容易成为受众关注的对象、议论的焦点。另外，"主持人排行榜"现在早已不是什么新鲜事，网络媒介上网民们自发设置的各种名目的"最……主持人"的投票"选举"也层出不穷。而打开报纸杂志，关于主持人的文章、报道也琳琅满目。于是，主持人知名度的大幅度提高总是较之常人要容易得多，也便利得多。

我们认为，知名度并不一定与文化影响力成正比。信息源的可靠性与传播者的知名度的确有关，但根据霍夫兰的说服模式，一个成功的传播要满足三个条件，首要的一点就是说服者的条件影响说服效果。什么是说服者的条件？那就是一个好的形象，一个能够受到被说服者欢迎的形象。主持人文化影响力的正面影响当然是成功传播的效果反应，主持人在受众心理的接受程度、受欢迎程度往往来源于主持人自身的个人品格。此外，主持人文化影响力最为重要的是有关文化信息的传播，而"文化是一个包括某种提炼和提高因素的概念，是每个社会保存被人们了解和认为是最好的东西的宝库……"电视文化不仅是一种现实的艺术活动，更是一种审美文化。作为文化影响力创造主体的电视节目主持人，剔除文化的糟粕，远离庸俗、媚俗，摒弃低级趣味的文化信息，努力将人类文化宝库中最好的东西奉献给受众，这才是主持人文化影响力的真正指涉，也是我们认为并不是每一位主持人都拥有文化影响力的理论依据。

三、生命活力的责任权限

被誉为"横跨自然科学和社会科学的两栖学者和思想家"的卡尔·波普尔把我们的日常世界划分为三个领域，物质状态为"世界1"，精神心理状态为"世界2"，人类精神产物构成"世界3"。其中，"世界3"就是我们通常所说的"文化产品"或"符号系统"。波普尔强调："我的主要论点之一是世界3的对象可以是实在的……他们有一定程度的自主性。人们可以说，世界3只是在它的起源上是人造的，而它一旦存在，就开始有一个它们自己的生命：它们会产生以前不能预见到的结果，它们会产生新的问题。"作为"文化产品"和"符号系统"的电视，从它诞生的那天起，便自成一套属于自己的"语法体系"。它不以人的主观意志为转移地发展壮大成熟，开始"从'工具客体'的本质中挣脱出来，变成了一个具有独立行为能力的'责任主体'。一言以蔽之，媒介获得了生命。"立足于具有生命象征的电视空间里的主持人，因而也更具传播主体的自主性，更具鲜活明朗的生命活力。如果说电视是一个有生命、会思想、能行动的媒介主体，作为终端显示的主持人则更应该显示出其强大、鲜明的主体活力。那么，这个生命活力需要什么样的生命特征，并借以完成主持人文化影响力的责任权限呢？

（一）信息导航：文化之旅的必备

信息时代，我们生活在被传播媒介包围的空间，即便如此，经由电视所能传递的信息也不过是这个可以称为"海洋世界"的一部分。因为，电视摄像机不是这个客观世界的复印机，电视编辑也不是对这个世界的无意图编码，经过了电视人再度创作的电视作品其实是一种选择化、价值化的文化产品。由是观之，信息"导航"便顺理成章地成为主持人文化影响力的责任范畴。

传播是信息的传递，节目是主持人生存的环境。对于拥有着上千个频道、上万个栏目可供选择的电视观众，他们到底依据什么来选择需要，手中的遥控器又凭借什么去控制呢？我们认为，在多元信息的环境中，要想超越目前相对静态、平面的信息生态圈，传播者对信息到位的解读、合理的评价以及良好的传达，是对信息传播产生"质"的飞跃的关键。换言之，对信息分析和处理能力的强弱是受众对主持人节目选择的重要砝码。因此，选择与判断、归纳与提炼、灌输与引导，是主持人文化影响力生命活力的特征显示，也成为主持人文化影响力责任的首要环节。

1. 选择与判断

萨特在《萨特论艺术》中说："对于千篇一律的混乱的现实，如果不进行艺术的剪裁，就无法传达艺术家感受到的大千世界的复杂结构。"艺术的创作如此，传播的过程也是如此。随着高科技技术水平和技术手段的不断提高，人们传递信息的成本与查找所需信息的成本正朝着两极发展。为了省下受众查找知识的时间，为了降低查找的成本，称职的主持人必须具有"剪裁"的能力，必须具有"发现"的眼光，在将已知信息与新信息进行"嫁接"的程序中，让思维的结果显现于信息的筛选。

2. 归纳与提炼

筛选之后一旦信息明确，就需要下大气力去表现。选取的角度越是独特，背景资料掌握得越是扎实，其表现力和感染力就越强。这当中，归纳与提炼便成为"表现"的手段与方式。归纳与提炼包含两个方面，一是对选定信息的归纳与提炼，一是对受众需求进行的归纳与提炼。

传播学告诉我们，生活在媒介环境的人们，"需要寻找一种认识框架来界定人与人之间的关系，传播关系成为社会关系，成为人们思考社会问题的组织方式，甚至成为社会制度的一部分。"因而，在传送者与接收者之间建立一种接触或是一种关系，总是信息传递的首要任务与职责。主持人的归纳与提炼，就是为完成这首要任务而必须具备的一种能力，它将与受众建立起"最佳关联"。作为有声语言表达的目标——在知晓受众需求、接受心理的基础上对信息进行筛选与组合；在形式的表达上力求说"普通话"，明确提升与渗透的指向。西方新闻界总结出三个"I"原则，指的是 Information（信息）、Interest（利益）、Impact（影响），可以说，这三个"I"正是主持人在信息提供时与受众建立良好关系的必备条件，因为它是受众的利益所在。

3. 灌输与引导

有必要对"灌输"一词予以解释，以正视听。灌输是列宁关于马克思主义宣传的一种理论。"这一理论认识最早是由德国马克思主义理论家卡尔·考茨基阐述的，经过列宁在他的著作《怎么办？》（写于1901—1902年）的再阐述，得以在共产主义运动中传播开来。"列宁在《怎么办？》中先是认为考茨基的话"十分正确而重要"，接着指出："阶级政治意识只能从外面灌输给工人，即只能从经济斗争外面灌输给工人。只有从一切阶级和阶层同国家和政府的关系方面，只有从一切阶级的相互关系方面，才能汲取到这种知识。……为了向工人灌输政治知识，社会民主党人应当到居民的一切阶层中去，应当派出自己的队伍分赴各个方面。"

传播学的奠基人施拉姆认为："所有的电视都是教育的电视，唯一的差别是它在教什么"，从特定的角度而言，"教"就是一种"灌输"。也许是电视本身常常作为制度性的象征和代言人的缘故，灌输一词的使用似乎总是与教条、刻板、套话、空话相联系。其实，传播过程中的灌输是信息传递的"线性"表现形式，它不是"'满堂灌''填鸭式'的、强人所难的'接受'"，而是针对受众需求，有意识地、提供多元选择的文化信息的输出。

引导则来源于传播学理论。麦考姆斯和韦弗在1973年提出了"需要引导的需求"观点，从社会心理学的角度分析，大多数普通人是存有这种需要的，那就是需要有人来帮助他们认识生存环境，需要有人来引导他们平衡各种压力。在信息翻飞的环境中，在受众不可能接触到所有媒介提供的信息或是不可能消化媒介所有表现的内容时，决定信息传递的"等级序列"就成为把关人的工作职责。

在主持人有声语言传播中，灌输需要具体的感性材料，需要表达方式的多样与通俗易懂；引导不是领导，需要的是"把那句话高声喊出来"的做法，以及对事实的准确判断和及时放大，这也是"经常而深刻影响舆论"的马克思主义新闻观。

尽管目前中国电视节目主持人的话语空间限制颇多，但"传媒内部存在着一系列把关环节，把关是一种有组织的活动"的传播学理论告诉我们，在整个电视文化传播活动的操作流程中，作为终端出现的主持人，同样负有把关人的权力与职责。

央视新闻频道的《中国周刊》是一档周播的新闻杂志节目，在对一周发生在国内的政治、经济、社会以及人们生活方方面面的重要新闻事件进行梳理加工的过程中，我们总能看到主持人白岩松的痕迹，在6个子栏目的串联中，"白氏风格"更是显得突出鲜明。

（二）超越期待：与未来的对话

有人问杰伯斯："伟大产品的来源是什么？"他回答道："它们来自两种观点的融合——科技的观点和顾客的观点。你不能只是问顾客需要什么，然后就给他们什么。因为在你做好那件东西之前，顾客又开始要另外一样东西了……顾客不会要求他们认为不可能的东西，科技却可能走在他们的前面。"福特雷鸟车的设计者迈休强调："如果你只是卑屈地服从顾客意见，你可能只能制造出今日可用的车子，但无法设计出明日之车。"由此，片面地理解"受众为中心"忽略的是媒介自身的力量；仅仅满足受众的当下需求，不过是电视人疏于创造的借口。媒介应该具有超越受众期待的气魄与能力。

"文化地图"是指受众头脑中为每一条外来信息进行价值"释义"的意义定位系统。它的客观有效性来自受众的阅历、直接和间接经验。当外来信息在受众的经验范围之内时，受众对这些信息的"释义"质量就比较高；反之，当外来信息在相当大的程度上超出了受众的经验范围，受众对这类信息的"释义"质量就比较低，从而产生困惑。

我们认为，满足期待，是大众传播媒介的功能定义；超越期待，则是决定主持人文化影响力能走多远的风向标，更是展示主持人文化影响力之生命活力的鲜活特征。超越期待指什么？超越期待包含两个方面的先决条件，一是超越受众的审美期待，在信息的提供上注重附加值的提升；二是超越自身一般的文化身份，努力担负起电视文化知识分子的使命与责任。

1. 超越受众的审美期待，在信息的提供上注重附加值的提升

受众对主持人的审美期待，既有对主持人外在形象的期待，也有对主持人言语表达方式和表达内容的期待；既有对某一位主持人在不同时期的历时期待，也有对某一个时期主持人群落的共时期待；既可以是对一期节目主持人的期待，也可以是对主持人在不同节目的不同期待。我们认为，在信息传播活动中，对主持人信息传递的期待是受众作为审美主体对审美客体主持人的首要选择。

经由主持人有声语言表达的信息传递，往往有着三个层级显示，那就是"对不对，准不准，美不美"。如果说第一、第二个层级是信息传递的职业要求，第三个层级则是主持人文化影响力在美学意义上的追求。超越受众的审美期待，就是要遵循美学理论大师伊塞尔高度重视的本文的"召唤结构"，在表达中有意留出一些"空白"，邀请受众去把"空白"填上；从传播学的理论来看，则是让信息的传递处于一个可以继续扩大"再生产""可链接"的最佳状态。

将"留白"的手法"移植"到主持人的有声语言表达上，就是要在及时、准确传递信息的同时，在时空的"留白"处调动起受众的想象与联想，引领他们去"象外追维""小叩而发大鸣"，不仅在信息的附加值上有所提升，更期待在语言传播的三重空间之审美层面上，与受众一起去丰富它、建构它、完善它。

现在有不少主持人认为，做节目时让话语将节目时间填充得满满的，把话题说得满满当当，才算对得起受众，也才能够表现出主持人的语言才能。于是，东一榔头西一棒子，节目中废话太多；与嘉宾对话时，主持人的个人表现偏多；一味追求快捷的语速，一口气说上三四分钟不停歇，导致了信息冗余过多。这样的语言表现既影响了信息传播的接收效果，也增加了主持人自身的身心疲劳，更遑论有声语言审美空间的营造。殊不知，要追寻信息的最大效益，就只有让信息简化、简单。

主持人语言上的"留白"就是要在内容安排上摒弃满满当当，不必滔滔不绝。遵循"少则得，多则惑"的原则，留出足够的空间，以激发受众的思维活动，使他们在传授过程中不是一味地消极、被动，而是"身临其境""感同身受"。令人玩赏，

游目骋怀，必如是方得深景真意"。

主持人语言上的"留白"就是要在时间安排上，放弃满打满算，减少分秒必说。在现代生活节奏日趋快捷的今天，尽量减轻受众的感官疲劳，使他们的大脑处于间歇性兴奋的应激状态。在轻重缓急的节奏中，在时空转换和节律的停顿中，让信息流、意识流经由主持人的语言"流"向受众；并在类似交响乐乐章之间的"间歇"里，令受众感悟到那"超以象外"的"言外之味，弦外之响"。如著名绘画大师李可染所说："空白是为了'多'，为了'够'，为了满足，空白才能给人以无尽的感觉，才含蓄，才能使观察者以想象力去丰富它。"

从操作层面上看，以声音为介质的主持人有声语言的"留白"方式是多样的，点到为止的议论是在节目内容上的"留白"，不温不火的情感是在表现态度上的"留白"；张弛有度的节奏"留白"尽显人的"灵""神"，而恰到好处停顿的"留白"则使时空得以转换，更让传者与受者的感受相互渗透交融。

当然，主持人语言中的"留白"只是主持艺术中"润色"、给信息"增值"的一种手段。辩证地来看，没有"留白"，呆板生硬，有喋喋说教之嫌疑；而"留白"过多，易生凌乱，让信息有支离破碎之可能。因此，"留白"之法不能乱用，更不能滥用，掌握"度"的分寸，以防偏差，控纵有节，点染得当，当是主持人语言"留白"的可取之法。

2. 超越自身一般的文化身份，努力担负起电视文化知识分子的使命与责任

在拉斯维尔提出的"谁—说什么—通过什么渠道—向谁说—获得什么效果"的线性图谱中，我们看到，传播行动的第一步是传播者"谁"的身份定位。在电视文化的传播活动中，主持人的身份又是什么呢？毫无疑问，是传播者，是文化人。在主持人文化影响力的命题下，主持人还应该超越自身一般的文化身份，担负起电视文化知识分子的使命与责任。

"知识分子尤其是人文知识分子，是对世界进程和人类前景的思考者，也是用心灵去对当代网络般复杂问题进行真诚探索的写作者。"他们是任何一个时代最有学识最有远见的群体，他们的天职就是追求真理，因而他们理应成为社会良知的灯塔。毫无疑问，没有现代意义上的知识分子，就没有现代社会。然而，有着几千年自我身份和精神坐标的中国知识分子，在全球化的语境中，在市场经济的大潮中，有些人缺乏反思的能力和超越性思考的高度，有些人丧失了对社会责任的承担，这些都意味着文化精神身份的意义放逐。

堪称媒介精英、具有文化影响力的主持人，可以称之为电视文化知识分子，因为能够在文化思想的传播上影响他人的主持人应该是有学识的，也许他不具备某些

专业学术背景，但广博的知识面、较强的专业素质都应该是不可或缺的。此外，凭借电视传媒的平台，依靠主持人特有的话语权力，在以言论与行动"进言社会并参与公共事务"方面，主持人无疑有着"近水楼台"之便利。具有社会良知和社会责任感的主持人，一定是具有批判精神和道义担当的。所以，那些真正有着文化影响力的主持人，必是超越了一般文化身份、越出经济基础和职业的眼界，敢于担当社会的良心和监督者的电视文化知识分子。

在社会责任感驱使下的"拍案而起"，在良心带动下的"当然要说"，无一不跳动着电视文化知识分子的精神火花。可以说，这两位是中国电视节目主持人的代表，也是主持人步入电视文化知识分子行列的开端。

孟子说："无恒产而有恒心者，惟士为能。"这是知识分子的品格；孟子还说："天下为己任，不为重乎；死而后已，不亦远乎。"这是知识分子的气魄；范仲淹说："先天下之忧而忧，后天下之乐而乐。"这是知识分子的胸怀。在中国前所未有的转型期面临着很多问题，是最需要知识分子在场和发出声音的时期，我们有理由呼吁，每一位敢于担当社会责任的主持人，应该秉承为中华民族的伟大复兴殚精竭虑、鞠躬尽瘁的爱国情操，在国家的发展、中华文明的复兴，以及大众的幸福与疾苦问题上，肩挑一份不容推卸的责任。我们有理由期待新一代电视文化知识分子的拔地而起。

第四节　电视节目主持人文化影响力最大化实现 途径与战略思考

一、"品"级设置——主持人策划对主持人文化影响力的打造

"品藻者，定其差品及文质"。"'差品'指事物的区别，特别是等级之高下；'文、质'指事物的形式和内容。'定其差品及文质'，即指论定审美对象的差别及高下，并指明其品性与优劣。它包括设置品级与显示优劣两方面的要求。"主持人生长的空间离不开电视屏幕，更离不开电视组织对其的职业生涯规划。对于不同品级参差不齐的主持人而言，对他们进行遴选、培养、提升，是打造主持人文化影响力之首要关卡。

（一）电视节目主持人策划的内涵与生成背景

策划一词，《辞源》上解释为筹谋、谋略、计策；《辞海》上解释为计划、打算。美国哈佛企业管理丛书认为，策划是一种程序，它在本质上是一种运用脑力的理性行为。其实，现代意义的策划可以说是一门集政治、经济、历史、文化艺术和科学

技术为一体的"软科学"。简言之，策划既是一项创造性的思维活动，又是多学科多专业知识的综合运用。

电视策划，顾名思义，就是对电视节目的策划。它是一种传播策略上的规划，是指在媒体生态环境和媒体资源条分缕析基础上，围绕电视媒体整体的战略目标、战略方向，对节目结构、节目内容、节目生产流程、节目投放时机与规模以及节目品牌效应而做出的一系列对应性策划。

电视节目主持人策划，是针对电视节目主持人进行的策划，指的是以专业化频道的整体定位为基准，以栏目的内容、样式、对象等为依据，以受众可能的审美期待为参照，对电视节目主持人进行当下形象设计和未来形象规划的一种活动。

电视节目主持人策划是电视策划当中的一部分，它与节目策划、栏目策划、频道策划、媒体整体形象策划等共同构成电视策划的外延，它们之间也呈多重交叉、密不可分的关系。如果说策划的核心内容就是出谋划策，就是在考虑现有资源的情况下激发创意，制定出有目标的、可能实现的、能够解决问题的一套策略与规划，那么，我们认为电视节目主持人策划就是根据每一位主持人的现有条件，发挥优势，挖掘潜能，为个体量身定做出一套有目标的、可能实现的职业生涯规划。

有别于其他电视节目策划最为关键的一点是，电视节目主持人策划是以人为审美对象和研究对象、也是以人为设计对象和策划对象的一项工作，换言之，它是针对人的一个活动，是为了实现主持人最大价值体现的一种创意、一种思路方略。比之频道的策划，它更多的是微观层面的操作；比之栏目的策划，它更强调主持人作为主体智慧的显现。

作为一种动态的谋划过程，电视节目主持人策划既要为当下的节目寻找出最合适的主持形象，又要为主持人未来的形象走势制定规划；它既要考虑主持人个体的自身条件和基本素质，又要在形象包装、宣传推广以及营销策略方面进行总体设计。因此，电视节目主持人策划不是孤立的运作，它往往不是一个策划人就能够完成的，它是一系列集思广益的步骤，是一连串同心协力的服务付出。它所产生的效果，也同样是多方面的，既能改变栏目本身、频道本身的传播效果，也能提升电视节目主持人乃至电视媒体自身的审美价值。

然而，我们时常面临这样的困惑：第一，主持人与栏目的不匹配、不和谐现象时有发生。阿忆接任《实话实说》，导致他主持生涯"滑铁卢"的事实便是例证。其实，一个节目的成功除了良好的策划方案与恰当的观众定位，不可或缺的是主持人与栏目的契合。因为，不可不遵循的客观规律是，一个人有一个人的风格，只有当这种风格和栏目的定位两相契合时，才可能迸发出璀璨的火花，才可能既照亮了栏目又照亮了观众也照亮了主持人自己。硬要让一个原本有着自己个性风格的主持人去做一档与他个性风格不相符合的栏目，只能说明在栏目的整体策划中遗忘了最不该遗忘的一个环节，那就是对电视节目主持人的策划。忘记了主持人的独特气质是构成整个节目灵魂这一原则，结果便只能是遗憾居多。

第二，主持人个体的"差别及高下""品性与优劣"的分别确实存在。目前，全国共有播音员主持人 2.2 万人，这是一支庞大的队伍。作为电视台工作的最后终端、各个环节的"最后一棒"，电视节目主持人真正起到了连接传者与受者之间桥梁的作用，并且涌现出一大批优秀的电视节目主持人。不可否认的是，随着受众欣赏水平的不断提高以及选择多元化发展的趋势：一方面人们对主持人的审美评价标准发生了很大的变化，他们不再仅仅满足于外表形象的靓丽、潇洒，更看重主持人的内涵与文化。另一方面在主持人队伍中也确有不如人意的地方，如有的主持人综合素质特别是文化素质难以胜任岗位的要求，有的主持人心浮气躁，追求时髦和"越位"，还有的主持人"做着做着就不是人了"，自我膨胀、自我吹嘘、把握不住自己。

第三，主持人的主持权与主动权台上台下落差较大。有人说，中国的主持人有着两重身份：在观众当中享受着巨大的知名度，并被广泛尊敬，而在电视圈的同事中却并不被看重，甚至被看低。这话很尖锐，但很真实。在电视台内部似乎总是存在这样的现象：理论上似乎大家都承认主持人在电视节目流程中的中心角色，是表现节目主题、完成节目构思、综合集体智慧也彰显个人魅力并出现在电视屏幕上的具体操作者。然而在实际的运作过程中，担负着这种种重任的主持人却往往被排除在节目起始和中间环节之外，不能参与节目的选题和采编等工作，难以将自己的理解和想法与编导沟通。于是，在距离播出时间最短也是最为紧张的时候，主持人的现场录像就只能是对解说词、串联词的死记硬背，最低限度地保证不出差错，也难免出现背稿等机械生硬的主持方式。这些都是主持人在电视生产的过程中难以在必需的环节里发挥主导作用甚至无作用可言产生的直接后果。

第四，主持人被动地处于机械、死板的用人机制中。目前对主持人人才的引进大都是"急就章"，用一个，来一个；走一个，补一个。电视台对主持人的聘用、管理和交流大多缺乏经验，更缺乏长远的眼光，有的思想观念较陈旧，有的规章制度不健全等，这些都反映出一种弊端，那就是现存机制尚不能适应主持人的职业特点，更缺少调动主持人积极性的激励机制。

第一个提出"软力量"概念的美国学者约瑟夫·奈说："将资源转化为力量以取得所期望的结果，需要运筹帷幄，并领导有方。"由此我们认为，要让我国庞大的主持人资源焕发出巨大的主持人文化影响力，就不得不高度重视对主持人的延揽、培养、使用、包装、营销、管理等问题，这既是我们通往所期望结果的必由之路，也是我们面对竞争、不断提升主持人品级与品质的决胜关键。

（二）电视节目主持人策划的基本原则

作为科学有序的策划活动，电视节目主持人策划应该遵循以下基本原则。

1.统一性原则

统一性原则指的是与栏目定位的统一。电视节目的种类繁多，有新闻类节目、体育类节目、财经类节目、生活服务类节目、知识类节目、综艺娱乐类节目等。每一种类型都会开设多个栏目，导致电视栏目的难以计数。节目类型不同，栏目定位不同，对主持人的要求自然也有所不同。

统一性原则就是要求策划活动的各个环节在内在本质上协调一致，无论是对主持人的遴选、语言样态的确定，还是体态语的设计、服饰配件的搭配等一系列形象包装的各个环节，都应该统筹兼顾，服从于节目定位的要求，服从于统一的栏目形象甚至频道形象。

2.契合性原则

契合性原则指的是要与受众的审美期待相契合。审美期待源于审美注意，"审美注意的出现，取决于主客体两方面的条件。客体方面的条件主要指客体的结构形态的新颖程度，客体的风格和意蕴。……主体方面的条件主要指主体的趣味、价值观念、审美理想等等。……伴随着审美注意，主体对行将到来的审美有一种预期和憧憬，并由此产生一种朦胧的兴奋情绪。"这种心理状态就是审美期待。

兼引导受众并展示个性于一身的电视节目主持人是电视美的核心创造者，观众对他们也有着自己的审美期待。在电视审美活动中，正如黑格尔所说，"如果没有主体的情感活动，不与主体的心情有一种契合，虽然美还存在，然而却不会有主体的美感发生。只有当审美对象能唤起相应的情绪体验时，主体才会感到审美的愉快"。可见，既要服从于电视媒介的功能要求，又要满足受众的审美需求，这是主持人策划中首先要考虑的问题，也直接影响到主持人文化影响力能否生成。另外，不同的节目拥有不同的受众群，不同的受众群对于主持人的要求与期待也是不同的，并且随着社会环境多种因素的制约，随着时代的更迭时空的变迁，受众的这种要求与期待是会发生变化，增长出新的审美标准与审美期待。因此，密切了解受众的审美期待，掌握契合性原则，是电视节目主持人策划的关键。

3.协调性原则

协调性原则指的是要与主持人本身的基本条件相协调。因为文化背景、人生阅历、气质性格等因素的影响，每一位主持人都会带上自己的色彩烙印，或端庄大气，或典雅含蓄，或言语活泼，或幽默风趣。在为栏目确定主持人时，一定要考虑被选主持人的个性形象与栏目形象是否相对契合，相对贴近。如果主持人的个性形象与栏目反差过大，那么即使被选主持人水平高、名气大，也是难以达到较好的传播效果的。只有让主持人与栏目相辅相成，才能达到最后的相映成辉。

4.贴近性原则

贴近性原则指的是要与主持人的职业生涯规划相贴近。职业生涯规划，主要是根据个体的不同特点并结合工作需要，对某一个体提供最为合适的职业发展通道，以求得最大限度的个体能力的发挥。电视节目主持人策划，同样也是对主持人个体价值的开发与运用，只是它既重视对某一个体的职业规划，也强调对群体队伍的蓝图设计；既要着力挖掘主持人潜在的能力资源，也要建立包括受众在内的关于主持人的评价体系。因此，电视节目主持人策划与主持人的职业生涯规划二者之间既有交叉又有重合。只有当电视节目主持人策划与主持人职业生涯规划在最大程度上有机结合，规划合理，策划到位，二者才能够在激烈的市场竞争中把握先机，建立起良性的循环发展机制。

5.有效性原则

有效性原则指的是要与策划的最终目标相吻合，达到预期的效果。电视节目主持人策划实质上是对主持人人力资源的拓展和品牌资源的补强。对主持人个体的策划、群体的策划、当下的策划、长远的策划等，都应该提出明确的目标与预期的效应，既注重主持人自身潜在能力的发掘，又与栏目品牌、频道品牌的形成以及维护紧密相连。

在媒体产业化经营的大背景下，主持人策划绝对不是为策划而策划，也不是头脑一时发热的突发奇想，应当让主持人策划科学有序地落实在每一个具体的栏目上，每一个具体的主持人身上，以求得主持人群落最大化效益的发挥，这个最大化效益既包括社会效益又包括经济效益。

（三）主持人策划的目标是核心竞争力——品牌主持人的建立

在电视媒体之间的竞争风生水起的今天，竞争靠什么？靠资源。资源包括的内容很多，硬件的、软件的，先天具有的优惠条件、长期积累下来的经验、声誉、观众缘，以及知名的栏目、知名的主持人、编导等。然而，资源当中什么是最为重要的，哪些资源才最具竞争力呢？

1990年，美国著名管理专家普拉哈拉德（C.K.Prahalad）和加里·哈默（Gary Hamel）共同在《哈佛商业评论》上发表了题为《公司的核心竞争力》的文章。在文中他们首次提出了"核心竞争力"的概念。他们指出，企业"好比一棵大树，树干和几个主要枝杈是核心产品，较纤细的树枝则是业务单元，叶、花与果实则属于最终产品。为大树提供养分和起支撑固定作用的根系就是公司的核心竞争力。"

电视媒体的核心竞争力是传媒在长期经营中通过整合各方资源所形成的一种动态的能力资源，以保证媒体本身得以可持续性发展与竞争。这种动态的能力资源具有难以替代的独特性，往往与人才和品牌直接相连。可以说，人才和品牌，就是核心竞争力的基础与源泉。有了属于自己的品牌型人才，便有了为媒体"提供养分和起支撑固定作用的根系"，也就有了可以立于不败之地的有力武器。

不容忽略的是，一个频道若是没有几个品牌栏目做支撑，这几个品牌栏目若是没有具有品牌意义的电视节目主持人作为形象代表，就不可能成为品牌频道。因为电视媒体品牌的一个重要特点就是，它是由人与节目共同组成的。这里的人可以是节目主持人，也可以是出镜记者，还可以统称为电视人，他们"既是电视产品的制造者，又是电视产品的传播者，同时还是电视产品的一部分"。

由此可见，主持人与栏目是相辅相成的共生关系，从某种角度而言，具有了品牌效应的主持人，既称得上是媒体核心竞争力的资源，又可当作核心竞争力本身。可以毫不夸张地说，名主持人是栏目的标志，是频道的象征，乃至于是整个电视台的形象代言。要想提高电视媒体的品牌价值，要想在受众注意力资源上的最大化占有，就必须注重主持人有形价值与无形价值的打造，就必须既考虑品牌当下的经济效益、社会效益，又为品牌的可持续发展奠定基础，以实现媒体核心竞争力的建构与完善。这是构建品牌栏目最为关键的环节，也是电视节目主持人策划的目标所在。

（四）电视节目主持人策划的环节与步骤

国外的主持人一般从记者、编辑、社会知名人士中选取出来，当他们成为著名主持人时都已经岁数不小了。比如，美国哥伦比亚广播公司的节目主持人沃尔特·克朗凯特（Walter Cronkite）、丹·拉瑟（Dan Rather）、麦克.华莱士（Mike Wallace）。这些著名的主持人不仅岁数偏大，而且从业经历也很丰富，基本是先做后说。比如，克朗凯特，战地记者的经历养成了他机敏和果敢的性格以及善于"现场描述"的能力；美国 ABC 的新闻节目主持人詹宁斯也有过多年记者的从业经历，那是因为在他初次担任主持人时，由于缺乏知识和经验，常常将美国的历史地名读错。于是，他主动辞职，投身记者工作，坚持不懈地夯实了通往名主持岗位的基础，最终成为经验丰富、学识渊博并备受大众青睐的著名主持人。

相比较而言，中国的电视节目主持人整体显现出年轻化的特点，并且一般是先说后做，这些与选择主持人的标准与路径有关。

1.人文精神是主持人文化自觉的"魂"之显现

文化自觉本质上是一种主体自觉，即文化主体对"道"的自觉。"形而上者谓之道"，"道"是本质的精神与灵魂。考察我们传统文化的基本精神，几千年来一以贯之的应该是人文精神。从历史上看，孔子的仁学可以是人文精神的代表。孔子认为"仁"是最高的道德品质，"先难而后获"，是仁；"己所不欲，勿施于人"，是仁；"己欲立而立人，己欲达而达人。能近取譬，可谓仁之方也已"，是实践仁之途径与方法。这种以"仁"为核心的重民、重人道的思想，后来发展成为孟子的"仁政""民本"思想。肩负着塑造时代精神、传播文化信息重任的主持人，作为大众传播媒介最贴近受众的公众形象，这种以"仁"为灵魂的人文精神是立足之根本，也是做人之根本。它包含强烈的社会责任感、温润的人文关怀以及对受众平等、同情的爱心，只有在这种"魂"的统摄之下，主持人才可能真正迈向主持人文化影响力构建本质的空间，因为态度决定一切。

丹·拉瑟有句名言："若让人们相信新闻，首先要让人们相信告诉他们新闻的人"，无疑，忘记诚信为本，在真诚、真挚、真情、真心上的任一缺失，都会使得传播者的信誉大打折扣，直接导致主持人在发言权和发言资格上可信性的坍塌。

人文精神是主持人精神品格的凸显，也是节目高雅审美情怀的支撑点。它不仅贯穿于节目内容的筛选、节目导向的把握，更体现在主持人于节目中表现出来的对人的关注：关注人与人之间的关系、关注人与环境的关系、关注不同人群不同的生存状态、关注人的过去与未来……也许就是一句话，也许就是一个眼神、一个动作，都可以让自身的人文关怀直接抵达现场对象以及电视机前更多受众的心间，引起审美享受。

梁漱溟从对孔子《论语》的解读中得出结论："儒家没有什么教条给人；有之，便是叫人反省自求一条而已。"当我们的主持人在故作从容的仪表下流露出轻慢待人的态度时；身着盛装站立在田埂、矿区进行现场报道时；以为提问是另辟蹊径实际显露的却是自以为是的故作深沉时；当一说到"人文"就肯定自己是天生的道德完美主义者时；当贵族化、优越感的表情日积月累爬满了整个面部以及体态成为一种副语言时；当程式化、纯技术操作的方式替代了真情实感的自然流露时，请记住，内心的自觉自律永远不能停止拷问的机制。不管传播的技术如何发展，如何发达，主持人文化影响力生成的重要条件不会改变，这就是在节目中乃至生活中，主持人所表现出来的人文情怀，对民众的关心和关切，对民族乃至人类命运的关注与关怀。

2.语言表达是主持人文化自觉的"韵"之展示

文化自觉既是文化主体对"道"的自觉，也是一种对文化品质的不懈追求，为文化的审美空间建立提供了实践途径。主持人是电视媒体和栏目的代表者，也是表达者，其中有声语言表达成为最主要的表达途径。不开口说话的主持人我们尚未见过，开口说不好话或是不好好说话的主持人必定与文化影响力无缘。语言表达的恰当、准确、生动、形象自会有其独特的审美张力，而语言表达的审美属性是与其表达的欲望和表达的自信密切相关的。

首先是主持人语言表达的欲望，这种欲望的直接显现便是"我要说""我想说"。

打开电视，我们看到太多的主持人仅仅是临场作秀似的"说说而已"，对着提词器机械地照本宣科，走出演播室便已经想不起刚才说的话；不主动要求参与节目，也不情愿去那些自然条件不好的地方采访等。这种为职业性质所迫使的被动行为，当然够不上审美空间的建立。我们认为，只有在专业主义激情驱使下产生的"非说不可"的欲望，才可能带来渗透力与支配力的强烈指向。

爱因斯坦在庆祝德国伟大的物理哲学家普朗克60岁生日时语出惊人，他说，促使普朗克不顾一切地献身科学事业的动机并不能归因于他的非凡的意志力和修养，"去做这种工作的精神状态是同信仰宗教的人或谈恋爱的人相类似的"，这种献身精神直接来源于激情，执着于事业的专业主义激情。

专业主义激情是人生的一种态度，是内心的一种力量，这种态度和力量足以将职业转化为专业，将对职业的真情投入转化为对事业的执着追求，导致创造力和创新能力的迸发。当年，央视新闻评论部的一帮年轻人，满怀理想与激情聚在了一起，尽管创业的过程充满了艰辛，但他们"用自己年轻的感受、独特的视角、开放的理念、全新阐释着属于这个时代的精神追求，宣扬着他们对生命意义和人文精神的理解"，展示在全国受众面前的便是他们用激情与意志搭建起来的一个个精品，一个个品牌栏目：《东方时空》《新闻调查》《实话实说》《面对面》。

有专家说："所谓专业主义，是包括一套关于知识分子的社会功能的信念，是一系列规范知识分子工作的职业伦理，是一种服从于政治和经济权力之外的更高权威的精神，是一种服务公众的自觉态度。"对一位身为新闻工作者的主持人而言，采访、访谈、镜头前说话，不仅是一种职业，更是一项事业，它要求任何一个希望卓越且具有影响力的从业者有一种为之献身的勇气与决心。

其次是主持人语言表达的自信，这种自信的直接显现便是"我能说""我会说"。

大前研一在《专业主义》一书中预言，专家的时代已经到来。专家不同于常人的价值其实就是面对困难时独立思考的能力和最佳解决问题的能力。专家应该具备先见能力、构思能力、讨论能力、适应矛盾的能力。这些都是建立在专业领域基本知识与技能之上的能力。唯有始终不渝的专业修炼，才可能在敬业和激情的昂扬中出类拔萃，成就专家的称号。

身为主持人的"出类拔萃"就应该表现在语言表达的专业领域，不断在"我能说""我会说"上下功夫。光凭激情而欠缺理性，只有冲动而缺乏技巧，有声语言的传播效果必定会损耗太多，给受众带来的也可能是语焉不详、一团乱码的堆砌。因为人的听觉"是个特别娇气的东西"，从医学实验证明："在进行听觉感知时，外耳和内耳同大脑听觉中枢神经的联系是眼睛同大脑视觉中枢神经的三倍。……从临床诊断可知，听觉困难或耳聋比眼睛失明更难承受心理压力。同视觉感知相比，听觉感知从发展史上看更接近于人的天性。"这一方面说明了有声语言在电视传播中的重要地位，同时也告诉我们，讲究表达的方式与技巧，不仅是信息传播的需要，也是给予受众以听觉美感享受的需要。因此，"我能说""我会说"便是凝聚了主持人语言功力的表达方式与表达内容的选择，也是有声语言传播审美张力的直接呈示。

语言功力是语言功底与语言能力的结合，它指的是语言的"观察力、理解力、思辨力、感受力、表现力、调控力、鉴赏力。语言主体的创作觉悟、语言主体的创作态度、科学的创作观念、正确的创作道路、用气发声、吐字归音、思想感情的运动状态、思想感情的表现方法、语言表达的基本规律、艺术个性的风格特点……都汇聚其中，概莫能外。不重视声音弹性，不重视词语辨析，同不重视思想深度、不重视感情分量一样，不过是'门外谈禅'"。我们知道，语言是人文精神的音声化，音声化当中，既有着人声的自然属性——声音，也有着人声的社会属性——意义。因而，真正落实"我能说"与"我会说"就应该在"说"的技巧层面与"说"的内容层面下功夫，因为这是两个不可分割的整体。

翻开《中国播音学》，有声语言的表达是与备稿、感受、情感的引发、想象的运用、内在语的揭示、与受众关系的认知、话筒前状态的控制与调整等紧密联系的，也是与停连、重音、语气、节奏等紧密联系的。有声语言的魅力正是在时间的流程中，音声化所表现出来的多姿多彩的变化：那轻重缓急、高低快慢、抑扬顿挫、虚实明暗的对比，那正确的停连、明确的重音、鲜明的语气、张弛的节奏，无一不彰显着有声语言表达艺术的风采与汉语的魅力。然而，时下有人轻视语言功力，主张主持人"自然"地"像生活中说话"，就此张颂指出："主持人语言功力如何，直接影响节目质量和主持水平。声音不悦耳，口齿不清楚，语言不规范，言不及义，语无伦次，言不由衷，是连起码要求都没有达到的。竟有人美其名曰'自然'。歌德说：'艺术之所以是艺术，就因为它不是自然'。美学意义上的自然，是'不工者，工之极也'，绝非生活的照搬。"我们很难想象，缺少变化、机械呆板、语焉不详的语言能够产生吸引与感染，如同心电图显示器上的波形图，缺少了起伏变化的直线只能预示着生命的完结，而脱离了生命规律的肆意变化也同样意味着可能的病症。

纵观中国播音主持的历史轨迹，我们忘不了夏青的大气、齐越的深情、方明的磅礴、林如的细腻，他们气盛言宜、珠圆玉润的声音，他们刚柔相济、余音绕梁的气势，早已成为一种经典范式。我们在沈力的老年节目中，听到的是娓娓道来的体贴；在倪萍的晚会主持中，听到的是情真意切的话语；在刘纯燕的少儿节目中，听到的是童声稚气的俏皮；在敬一丹的访谈中，我们感受到她语气里渗透的人文关怀；在张越与嘉宾的对话中，我们从她快捷的节奏里捕捉到的是她敏锐的发现；白岩松的小言论，语词犀利，铿锵有力；董倩的话语，总显得温润似水，但有时适度的停顿总含有只可意会不可言传的内在语。时光荏苒，岁月如梭，也许电视节目的更新是个常态，栏目形式的变化也属正常，但优秀节目主持人在有声语言领域锻造出来的这样一种风格美、韵律美却是能够长久生活在人们的记忆中，留存在时间的长河里。

罗丹说："美丽的风景所以使人感动，不是由于它给人或多或少的舒适的感觉，而是由于它引起人的思想。……艺术的整个美，来自思想、来自意图、来自作者在宇宙中得到的启发的思想和意图。"声音外在的技巧是为了内在的内容服务的，没有了思想感情的运动，没有了情真意切的具体感受，没有了作为新闻人的责任感与使命感，再多的变化也只会是一个美丽的空壳。

二、"品"评衡量——受众的多维解读对主持人文化影响力的完善

"品""评论""衡量""'品，品量也'（《增韵·寝韵》）；'品，品评也''品评，谓即其品第而评论之也'（《中文大辞典》）"。如果说，从自我表现论观点出发，也许存在这样的情形："一个画家只是单单为了取悦自己而绘画，一个雕塑家也只是单单为了取悦自己而雕塑，一个抒情诗人更是只单单为了取悦自己而吟咏而歌唱。"那么，我们可以肯定地说，大众传播媒介的特性绝不可能使电视节目主持人仅仅为了取悦自己而在屏幕上作为。事实上，没有一位主持人不希望拥有受众，不渴望得到受众的品评。在大众传播活动中，没有受众就意味着信息分享失去了对象；忽略了传播效果的传播，更是毫无意义的"沙漠之旅"。在接受美学的研究中，作为审美客体的主持人，如若没有了读者的"第二文本"，缺失了审美主体的主动参与与能动解读，主持人便是那"水中月"，只剩下没有应和的顾影自怜。因此，来自受众的参与与解读，是主持人得以生存的必备条件，更是主持人得以成功继而形成文化影响力的重要参数。

（一）主动参与，期待视野

传播学家克劳斯认为，受众按其规模可以分成三个不同的层次：第一个层次是特

定国家或地区内能够接触到传媒信息的总人口；第二个层次是对特定传媒或特定信息内容保持着定期接触的人；第三个层次是不但接触了媒介内容而且也在态度或行动上实际接受了媒介影响的人，对传媒而言，这部分人属于有效受众，在他们身上体现了实质性的传播效果。与主持人文化影响力有关的便是这第三个层次的有效受众，因为能力与力量可以是主持人与电视组织的合力相加，但文化影响力的生成往往由接收者决定。此外，接受主体在成为传播过程终端的同时，也成为传播效果的评定主体。

20世纪六七十年代从德国起源的美学接受理论，强调读者的能动作用、阅读的创造性并重视接受主体性的建立。其实，无论是文学审美中的读者，还是电视审美中的观众，在美的创造过程中，都具有不可或缺的重要地位，他们是美的创造的最后完成。"正是由于电视观众的参与，才使电视节目在时空与视听的综合性方面，显示出了自己独一无二的特质，它使得电视节目中'即时性''现场感'以及多重不同性质的时空变换与符号交错呈现成了可能。"在主持人文化影响力的命题范围内，主持人与经由主持人发出的信息文本，作为审美客体的存在，正是由于有了有效受众的审美认知，才有了生存的意义，也才有了主持人文化影响力生成之可能。

有效受众对主持人的审美认知是在主动参与行为方式下进行的。阿伯克龙比说："观众不是可供媒体书写信息的空白纸，观众事先已具有看法和信仰，这些看法和信仰将会决定媒体信息的效力。"不过，由于"品评之风格、方法、水平，则因审美主体的'才胆识力'而异"，即便是有效受众，对于主持人的解读与接受，也会因为各自不同的文化背景以及不同的审美能力从而产生差异。因此，我们认为，同一位受众对不同的主持人会产生不同的审美认知，不同的受众对同一位主持人会产生不同的审美认知，同一位受众不同时期不同心境对同一位主持人也会产生不同的审美认知，但无论何种情形，主动参与是审美主体受众的共性特征。

接受美学理论学者姚斯认为，仅仅从作者角度研究作品的意义，是一种"作品拜物教"，这种研究越深，作品的意义便越混乱。因此，他特别重视读者的能动作用。他说，作品只是作家创作的文艺制品，即第一文本；而被读者映入脑中，经过领悟、解释、融化后再生的艺术情感和形象，才是真正的审美对象，即第二文本。符号学大师巴特强调，应该把所有的传播内容作为一种文本来对待。他认为有两种文本即"读者性文本"和"作者性文本"，"前者往往让读者被动地、单纯接受式阅读，使读者单向地从文本接受意义，这是一种封闭性文本；而'作者性文本不断要求读者积极介入，像作者一样或者和作者一起建构文本的意义。这种文本将其意义结构展示在读者的面前，要求读者对文本进行再创作。"

有时候也会出现受众对主持人评价与实际收视行为的分离现象。有一档反映社会人生百态、报道民生疾苦的栏目，题材内容丰富，片子制作也较为精良，只是串场的主持人字音含混不清，说话摇头晃脑，整个出镜的形象很是令人难受。然而这档节目的收视率却不低，很多观众说不是因为主持人而是被片子内容所吸引，甚至有的观众只要一到主持人出现就立刻换台，稍后再回来看片子。当然，大多数情况下，受众对主持人及其节目的审美认同是一致的，"爱屋及乌"的心理可以反映在对节目或是对主持人的两个方面。

在多元文化、雅俗分化的社会背景下，主持人文化影响力不单是依靠主持人自身的努力和电视机构的策划包装，也依赖受众的期待与需求。所谓"期待视野"，指的是受众在接受的过程中，在以往"阅读"记忆的基础上，在与文本作者进行心灵"对话"的交流中，结合特定的体验所激发出来的一种定向期待。事实上，电视机前的观众总是从他的生活阅历、审美取向、性格志趣以及他的世界观、价值观出发去观看每一期电视节目，去接受每一位电视节目主持人，也就产生了林林总总千差万别的期待视野。受众的期待视野不同，又衍生出不同的收视需求，引起对同一文本意义和内容接受的差异出现。我们认为，也许大众文化中躲避崇高、远离神圣、迎合、媚俗的思潮是部分受众的期待与想法，但人对真善美的肯定、渴望自我心灵境界的提升，应该是人类永恒的追求。从这个角度看，主持人自身文化内涵的充盈、文化品位的审美范式是应对受众期待视野的重要因素。

当然，强调主持人的文化内涵与文化品位，并不意味着只做"阳春白雪"式的讲解，也不是精英文化的简单图解，因为对于受众而言，阅读文本略高一筹的超越有可能调动起真正的阅读兴趣，但若是过高地超越了受众的期待视野，是难以激起人们的阅读兴趣的。这种"美学距离"概念，不仅对电视受众，对主持人同样有着重要的提示，那就是，要使"读者性文本"和"作者性文本"的作用达到最大值，最应该掌控的是适中的距离。

（二）对话沟通，解读接受

美国的杰·威廉斯在谈到戏剧艺术时说："对于搞戏剧的人来说，'舞台的神秘诱惑'并不是在背景之后，那里只有灰尘和失望。美丽是在于舞台前方。"

同样，对于电视节目主持人来说，能与屏幕前方那些看不见但想象得到也感觉得到的目标受众进行心理上、精神上、情感上的交流、沟通，以"对话"的形式搭建传播的平台，便是一种神秘诱惑之所在。

对话一词来自希腊语词"dialogos"，"logos"的含义是"语词"或"语词的含义"，"dia"的意思是"通过"或"经由"。对话，意味着"意义的溪流在我们之中，通过我们和在我们之间流动"。关于对话，苏格拉底认为"是真理的敞亮和思想本身的实现""在对话中，可以发现所思之物的逻辑及存在的意义"；"巴赫金也认为人的本性就在于对话，彼此相异的事物之间，'无论是在自我与自我之间、自我与其他自我之间，还是在自我与世界之间'，都构造形成交流与对话的关系。"

对话，意味着受众对主持人存在必要的认可。萨姆塞特·毛姆就戏剧曾经说过这样一段话："观众在演剧中并非是最不重要的角色，如果观众不愿尽分配给他们的那一份责任，那演出就会成为碎片。这样，剧作家就处在一个网球运动员的地位上，球被丢在球场上，无人同他对打。"在受众的审美活动中，主持人是作为审美客体出现的，因此他们对于主持人所进行的审美认知就成为对审美客体认可的活动形式，换言之，"认可"成为二者之间进行对话的前提。的确，主持人的出现带来了电视的变革，也影响了受众的生活，然而，受众给予主持人的大大小小、各种各样的反馈，也带来主持人不断地调整与完善，并在受众的参与、交流和对话中实现自身的价值。于是，审美主体与审美客体之间的对话是显而易见的，这种对话也许是现场的，也许是场下的，也许通过书信、网络、电话、短信等现代通信设备，也许只是一种意念上、精神上、心灵上的沟通。"作品的公众越多，意义越多，审美对象就越是丰富。"无论是来自哪一个方面的对话与沟通，都是对主持人存在的一种认可，同时对主持人传播内容以及传播方式都将产生建设性意见。

对话，意味着受众与主持人之间平等的主体间性的关系。哈贝马斯说："纯粹的主体间性是由我和你（我们和你们），我和他（我们和他们）之间的对称关系决定的。对话角色的无限可互换性，要求这些角色操演时在任何一方都不可能拥有特权。"在哈贝马斯看来，主体间性也就是自我和他人的对话关系，这种对话之所以可能，是基于这样几个条件：首先是平等的，不存在任何人的特权和优势；其次是可互换性，言者和闻者的角色是不断互换的。对话的平等，体现在相互的协调，这是建立在对自身处于传播过程中地位和作用清晰认识基础上的，也是双方进行对话的基础。对话的可互换性，表现在网络经济媒体如火如荼的当下，"传者为中心"的特权传播方式早已终结，在主持人节目中，在短信平台，在网络博客，主持人与受众的传播者与接受者的身份往往相互模糊，消解权威、互相平等的交流已成为时下主持人与受众对话的常态形式。节目进行中，谭盾因为意见不合愤而离席；面对艺人李亚鹏不要拍摄即将出世孩子照片的再三恳请，当着主持人的面，娱乐记者坚定地说，不行，我有我的职业精神；即便是在名牌节目当着名牌主持人的提问，也不再像过去那样"言听计从"，可以"拒不回答"，可以反问"你怎么看"……过去人云亦云、对自己的意念缺乏坚定的观众，开始固守信念，尊重自我；过去由编导、由主持人人为安排的"对话程序"，开始置身在一种自由、平等的对话语境。

对话，意味着不同声音的交织与论争。"单一的声音，什么也结束不了，什么也解决不了。两个声音才是生命的最低条件、生存的最低条件。"在巴赫金对话主义理论当中，与他人有所区别的差异性是一项重要的原则。在他看来，这种可称为"离心力"的差异是构成真正对话关系的必要条件。谭盾的离席退出，正是与卞祖善存在差异的结果行为，行为本身就形成了对话。

对话，意味着主持人与受众是"作者性文本"的共同"作者"。"艺术作品是一番协商后的产物，协商的一方是一个或一群创作者，他们掌握了一套复杂的、人们所公认的创作成规，另一方则是社会机制和实践。"在经由主持人进行的电视传播的过程中，不可或缺的便是受众与主持人的"协商"。这种协商，既可看作一个过程，又可当作一个结果。因此，策划会上的方案、形成文字的脚本、已成腹稿的解说、刚刚完成的化妆造型，即便是已经编辑制作好了的节目，只要是尚未在电视屏幕上播出，缺少了与受众"对话""协商"的环节，都还称不上是一种"存在"，也不可能构成真正意义上的"传播"。只有在节目播出之后，有了受众的评判与认可，有了与受众的协商与对话，在传授双方"同谋"下共同创造的"作者性文本"当中，才可能真正获得"艺术审美对象所具有的充分现实性"。

在受众参与的主持人的审美知觉活动中，拥有受众是主持人成为审美对象的主要特征，但仅仅是拥有尚不能与影响力画上等号。收视率也只是一种到达率，尚不是解读率、精读率，也不等同于满意度，只有加入了主持人与受众的真诚对话，才是配合与合作、解读与接受的开始。

（三）媒介素养，审美素养

传播绩效，并不是媒介传播者的"一意孤行"，主持人文化影响力的社会效果也不会是主持人经由电视媒体的单方面传播所致，受众接受过程中媒介使用的创造程度占有不小的比例。换言之，信息内容的意义不在于传播者的传递，而是产生于接收者解读与接受的过程。从这个角度而言，意识形态的被传送并不等同于被接受，阅读文本实质上是传播者与被传播者之间进行配合与合作的一种社会活动。这里便牵涉到受众的媒介素养和审美素养问题。

媒介素养是指人们对各种媒介元素、媒介信息进行获取、分析、评价和解读的能力，以及使用各种媒介信息为个人生活、社会发展所用的能力。媒介素养理论认为，所有的媒介信息均可分解为两个层面，第一层面为表层意义，第二层面为深层意义。当受众的文化水平较低，又缺乏对媒介本质的正确、科学的认识，那么他们对信息的理解只能停留在其表层意义上，他们分辨不清新闻事实与真实世界的关系，他们也抵御不了媒介所带来的负面影响，更容易受控于媒介麦克卢汉在《理解媒介》

中指出："媒介文化已经把传播和文化凝聚成一个动力学的过程，将每一个人都裹挟其中。生活在媒介文化所制造的仪式和景观之中，我们必须'学会生存'。"在传播主体多元化导致的信息传播复杂化的今天，人们识别信息的难度日益加剧，到底什么媒介是可选择的、什么信息是准确的、什么主持人是值得信赖的，什么是负面影响应该规避的等，都有待于受众的合理选择与判断。因此，受众必须学会了解媒介，使用媒介、而不是被媒介的信息所控制。

作为电视传媒的老大，央视一直以来备受各界的关注，央视主持人每天面对着全国亿万观众，同时也在接受着他们审视的目光。令人欣慰的是，对于这些失误，大多数观众不是一刀切，而是给予了恰如其分地点评：针对"白字门"之类的失误，有观众说，这表现出主持人是否敬业的职业道德问题，应该深刻反省，针对"补妆门""打呵欠门"，已经略微知晓一些电视播出程序的观众们说，这样的事故完全是因为导播与主持人配合失误造成的，与主持人没有直接关系，板子不应该打在主持人的身上。主持人补粉也是考虑到出镜形象问题，恰恰是其敬业精神的表现。有网友甚至认为，从这些"失误"的主持人身上，让人看到更多的是他们真实的一面，真诚的一面，鲜活的一面，别具一格的一面，这正是社会进步的表现。当然，针对有些主持人偏离主持人职业道德规范的言行，观众还是持批评的态度，认为"央视"这个词就代表着高要求的电视节目，作为公众人物，主持人的形象很重要，要懂得自我珍惜。

"所谓被动的收听者、消费者、接受者或目标对象，这些典型的受众角色将会终止，取而代之的将是下列各种角色中的任何一个：搜寻者、咨询者、浏览者、反馈者、对话者、交谈者。"很显然，随着媒介新技术的不断涌现，受众的概念发生了变化，受众的媒介素养更应该"水涨船高"，每一个受众都应该具有思考的能力。在中国，媒介素养的教育才刚刚起步，尤其是在媒介素养教育实践方面，我们还有很多的空白。

无论是媒介素养还是审美素养，都是针对受众而言，应该被视为理所当然的一种本领，而"这种本领和其他本领一样也是可以提高的"。因此，我们认为，在主持人文化影响力命题中，有意识增加受众与主持人接触、对话、沟通、交流的机会，不断培养受众对主持人及其节目文化品位的鉴赏与品评，尽量减少受众对主持人文化信息传递的漏读或误读，努力使得我们的受众对主持人的性质、功能、作用、社会责任以及品位标准，具有科学的、全面的认识，这些都可作为受众媒介素养和审美素养教育的一种有效方式。

第十章　我国电视节目主持人伦理失范现象和发展对策

第一节　伦理学学科对电视节目主持人行为研究的内容

一、专业和人文素养

在传媒领域的伦理学交叉学科中，对电视媒体播音主持人员有专业素养、人文素养方面的要求。其中的专业素养是对播音主持活动中是否有违社会道德、传统观念等传播行为进行分析，然后站在政治、经济、历史、文化等角度来寻找原因，根据社会的道德规范以及人类的精神意识进行传播行为本质的分析，最后提出制约这些行为的措施。我国很多电视娱乐节目就存在一些低俗的现象，削减了公众传递的威信。伦理学视野下对这类不良传播现象进行研究，有助于对游走在法律之外的大众传播的不良行为和现象进行研究、分析和约束。伦理学中所分析的播音主持人员的专业素养有很多内容，涉及播音主持人才培养模式、素质、舆论引导、伦理素养等方面。其中进行观众伦理素养的研究，有助于通过优秀的播音主持人员的节目主持提高观众对主持节目信息进行选择性接受和免疫，对节目质量和主持人综合素养的提升均有益处，使得媒体环境得以进化。

伦理学视野下的播音主持人员的人文素养，主要指人文科学水平和研究能力，其所体现出的人的内在品质，是否以人为中心，对个人的思想、道德、理想等起着决定性作用。此外，还涉及了主持人工作水平的提升、对社会公众的影响，直接关系到播音主持人员是否能制作出有质量的电视节目和对观众价值观念的影响程度。播音主持人员进行伦理学的研究，有助于自身有计划有目的地提升知识结构、规划自我和制作节目，为观众带来优秀的电视节目。

二、语言行为和个人行为

当前很多电视节目均在推陈出新，然而所用的语言传播形态均在四种基本样式以内，即"朗读式""宣读式""讲解式""谈话式"。

面对激烈的传媒竞争，一些电视节目为了创下较高的收视率而采用地方土语、方言、低俗语言来主持节目，为观众带来猎奇感受；有的播音主持节目受制于电视媒体的局限性，让受众认为播音主持就是进行整治宣传的"传声筒"或者是念稿员，有的观众认为主持人就是代表自己在说话，只是个人观点，未能站在观众立场和需求进行节目的播音主持。由此，有必要从社会伦理学角度进行播音主持语言行为的分析。

电视媒体从业人员的个人行为关系到节目制作的最终表现形式，涉及采访、编导、制作以及管理等节目制作到表现的全过程，每一个从业者的个人行为均会影响到节目的展现。由此，用伦理学对电视媒体从业人员个人行为进行研究，能够提高电视节目制作的水平和质量。

三、电视节目内容

国家有关部门多次强调要抵制低俗的电视节目、伦理道德失范的新闻节目。近年来，播音主持人员、电视节目为了创新，迎合部分低级趣味，出现了大量的低俗节目，国家广电总局不断进行整治低俗之风的专项行动，对各类广播影视节目的低俗内容进行清理，从而影响到了播音主持人员的行为，伦理学中有必要对该内容进行研究。

四、社会公众的传媒需求

传播模式是传者和受者之间相互影响的过程，若观众受者有节目内容的需求，如低俗趣味心理需求，那么就会影响到电视节目的制作和播音主持人员的语言风格，从而通过制作低俗的电视节目内容迎合观众需求；若观众和传媒从业者对这些负面信息和低级趣味有较强的法律观念、免疫能力，受者就能自觉过滤掉这样的负面、低级的信息内容，传者也会自动制作高质量、抵制有失伦理失范的播音主持行为。由此，有必要从伦理学角度进行该内容的研究。

五、制度与社会文化传统

伦理学视野下的播音主持行为，是在一定的制度和社会文化传统的环境下开展的。有的民族宣扬优等或泛民族主义，这势必影响到电视节目的制作和播音主持行为，从而消极影响观众。由此，需要站在伦理学角度，对其他民族中良好的伦理内容与规范进行借鉴和吸收，从而发现和分析本民族中伦理道德的不足，并进行纠正。

从学科性质的角度来说，播音主持专业应该是一门综合性的学科，不仅与语言学、文学、新闻学、传播学关系密切，而且与媒体、信息技术等学科也具有密不可分的关系。我国播音主持专业自建立之后，其研究方法和研究理论很多是从其他学科借鉴过来的，从而在极短的时间内推动了播音主持专业学科体系的建立和理论内容的创新与发展。

将伦理学与其他学科门类结合起来进行交叉式研究，是当前我国学界研究的一个热点现象，如新闻伦理学、传播伦理学、媒体信息伦理学等，很多具有较长时间的发展历史和完整的理论体系。事实上，这就为当前我国伦理学视野下电视媒体播音主持人员行为研究提供了坚实的理论基础，我们可以从中借鉴一些研究成果、研究经验及其应当注意的问题等。比如，当前新闻伦理学将研究内容从新闻工作者的职业素养提升到职业素养和新闻媒体的道德功能两个领域；传播伦理学以批判式研究为主，揭示社会传播现象中的各种伦理失范行为并提出一些具体的应对措施等，其研究内容和研究方法都是非常值得伦理学视野下的电视媒体播音主持人员行为研究学习和借鉴的。因此，我们在进行该课题研究的过程中一定要注重对相关学科优秀理论的借鉴。

总体来说，伦理学是一门关于社会道德、社会规范和人类精神意识的学科，具有悠久的发展历史。播音主持专业与伦理学具有密切的联系，在吸收、借鉴其研究成果和研究经验的基础上，伦理学视野下的电视媒体播音主持人员行为研究内容包括播音主持工作人员的专业素养研究、语言行为研究、人文素养研究、节目内容研究、相关工作人员个人行为研究以及播音主持规章制度和传统社会文化的研究等，内容丰富而全面。在此过程中，我们一方面要注意明确其研究目的，注重批判性的研究方法，同时还要结合我国播音主持活动的发展实际，注重对相关学科优秀理论的借鉴，以此推动该学科研究的顺利进行。

第二节　电视节目主持人存在的伦理失范和道德责任缺失现象

播音与主持活动是一种信息传播渠道，它可以是人们对已经发生事件的一种文字或音像的再现；同时也可以是一种创造信息和传播信息的过程，在一些娱乐节目、谈话类节目等体现的比较明显。在此过程中，必然或多或少地包含着个人的态度倾向性或者无法注意到的细节，从而造成伦理失范现象的产生。另外，在当前社会节目样式极其丰富，节目内容同质化现象非常严重的情况下，出于生存竞争和提升收视率的需要，各媒介对播音主持活动形式与内容的直观性、生动性、新奇性等表现形式的探索与尝试可以说是挖空心思。因此，在具体的播音主持过程中难免会出现许多伦理失范现象，从而给社会带来极大的负面影响。

一、播音主持工作人员存在的伦理失范问题

（一）暴露对象隐私而导致的侵权行为

人都有好奇心，这种好奇心尤其体现在人们对一些知名人士或者是明星或者是自己感兴趣的人的生活、工作以及家庭等各个方面的了解渴望上。当前，电视节目为了提高收视率，在播音与主持活动发生的暴露活动对象目标的个人隐私的现象十分常见，这不仅给活动参与者的个人以及家庭带来了很大的困扰和伤害，也会对电视节目以及节目主持人造成很大的负面影响，受到广大的电视观众的批评和抵制，造成社会恶劣影响的还会被国家广电总局处理。这种例子比比皆是，如观众对《第一次心动》的选秀节目的评价如下：剧目设计粗糙且评委语言失态，主持人没有很好地协调评委和表演者之间的关系，而且有时候还会故意挑拨，使表演者和评委之间的关系变得紧张，故意制造矛盾。节目艺术水平低下，对选手和节目都造成了很大的负面影响。在类似的选秀节目中，节目编辑者为了收视率可谓无所不用其极，使节目越来越趋向于恶俗化。总体来看，涉及目标对象隐私暴露的方面包括未经允许公开报道对象的肖像、姓名和电话号码或者是地址等；非法报道他人财产的状况；调查公布他人的社会关系；公布其不愿意向社会公布的个人情况等。

事实上，目前我国对"隐私权"的定义比较模糊，在"媒介侵犯隐私权"方面的法律法规也尚待完善。因此，这就更加助长了"媒介侵犯隐私权"之风的盛行。另外，社会大众及其受害者维权意识淡漠，对这种侵犯隐私的现象也只能采取听之任之的态度，即使有那么一两次明星人物或者普通大众维权行为的曝光，也只能是媒体为提高自身知名度而进行的炒作。

总体来说，在播音主持活动过程中，暴露目标对象的隐私导致侵权行为的发生主要体现在以下几个方面。

（1）未经被报道对象许可，公开其肖像、姓名、电话号码及家庭住址等。

（2）非法报道他人财产状况，或者未经本人允许公布其财产状况等相关信息。

（3）调查、刺探他人社会关系并非法公之于众。

（4）未经被报道对象的允许，公开其不愿向社会公开的纯属个人的情况。

（5）未经被报道对象的允许，泄露其个人材料，或公之于众或扩大公开范围。

（二）不适当的言论和评论产生错误的舆论导向

对于新闻的报道，最基本的要求就是保证报道事实的真实性、具体性、全面性，要将所要表现的观点实事求是地表述。由于播音与主持在社会舆论引导中的重要作用，播音与主持人的言论会直接对大众的心理产生影响，尤其是面对一些较为敏感的事件，媒体是大众获取信息唯一的官方性和权威性的途径，如果播音与主持在报道会相关信息或者突发事件的过程中，存在不适当的言论或者是不真实的报道那么可能造成较为严重的后果。从观众的角度来看，观众有权获悉事实的真相，通过对周围所发生事件的了解，有目的地安排自己的生活、工作和学习。但是，毕竟播音与主持是一个鲜活的有生命、有思想和有个人见解的个人，在对新闻进行报道的过程中难免会受到个人思想倾向的影响，有时会通过语言下意识地传播一些言论。这些观点有积极的也有消极的，而不当和消极的言论存在一定的数量，且这种不当的社会言论已造成较为恶劣的社会影响。

首先，新闻报道的最大特点是真实、具体、全面，要用事实说话，来不得半点虚假。其次，播音主持人员是社会舆论的引导者，其观点、建议和看法在潜移默化地影响着普通大众的心理。尤其在一些突发事件中，大众媒体是普通大众获取信息的唯一具有权威性的渠道，如果播音主持人员对新闻信息或者突发事件稍有不良评论或者不实报道，便有可能造成极其严重的后果。最后，从电视观众的角度来说，他们有权获取正确、全面的电视节目信息，从而扩大对周围世界的认识，以便更好地安排自己的学习、生活、工作以及其他各种活动。

然而，播音主持人员毕竟是一个有文化、有思想、有情感、有见解的个体，在节目主持和新闻播报过程中难免会受到个人主观偏向性因素、社会经济因素、政治因素的制约，从而通过自己的语言、表情传递出一定的观点和看法，这对于普通大众的负面影响非常有限。然而，在一些对报道内容妄加评论的电视节目中，播音主持人员可能是直接的表达个人的观点，也可能是对新闻素材进行的取舍，从而极具偏向性的观点和信息内容，这种情况大部分是为了社会的稳定、经济的发展和国家的团结等，具有积极向上的倾向意义。但也有一部分是错误的，以炒作或者提升节目的感官刺激来提升收视率，这便对社会、报道对象造成极大的不良影响。特别是在还未弄清事实真相的情况下进行的报道和评论，其负面意义更为明显，不仅不利于事情的解决，甚至会导致事件恶化。

（三）有偿新闻和有偿不闻

有偿新闻是指新闻工作者利用故意隐匿、扣押新闻、软广告等不正当手段向被采访报道对象索取物质报酬的活动。它主要分为两类：一类是利用故意隐匿、扣押不良新闻的方式，向事件当事人索取报酬；另一类是采用软广告的方式，在新闻节目中帮助一些企业家、商人宣传自己的产品或品牌。其实质就是新闻记者、编辑人员、播音主持人员将国家和社会赋予的新闻传播权利和大众媒体宣传与管理权利，作为个人和团体谋取利益的手段，不仅破坏了真实性、客观性、公正性的原则，而且降低了新闻报道的质量，腐蚀了新闻工作队伍。

目前，我国大部分电视媒体频道都是"自主经营、自负盈亏"的独立经济实体，它们的收入来源主要是依靠广告。而广告者对于媒体广告传播效果的评估主要看其发行量、收视率等。在此情况下，部分媒体为了单位的经济效益和广告量，往往采用默许甚至鼓励记者、编辑、播音主持人员拉广告、赞助等。这种方式难免会使媒体管理人员受制于广告者，采用新闻的方式投放广告。

有偿新闻现象的存在对于新闻的客观性、公正性以及媒体的公信力具有较大的负面影响，需要采取措施予以避免。

有偿不闻是指，新闻从业者利用自身的舆论监督职责收受被监督方的贿赂，从而改变或中止应该进行的行为。例如，繁峙矿难中记者受贿事件。

（四）低俗的语言和行为

在播音主持活动过程中，使用标准的普通话是一种优良的传统。随着我国媒体事业的不断发展，电视节目形态和语言样式呈现出多样化的趋势，使用标准普通话的传统曾一度被忽视。主持人一定要"张扬个性"、语言表达要"贴近观众，越自然越好"的观念，使一部分主持人抛弃了语言表达的基本功，似乎只要能够绘声绘色的说话就能当好主持人。他们走上了"口语至上"的邪路，囫囵吞枣、词不达意的现象比比皆是，方言、土语、角色扮演等时有出现，尤其是当前民生新闻、说新闻、讲故事等节目形式的发展，使播音主持人员的语言样式和行为方式形成泛滥之势。这不仅影响到最终的传播效果，而且会导致侵犯隐私、妄加评论、语言低俗、有偿新闻泛滥等一系列伦理失范现象的产生。

主持人行为方式低俗、越位的现象也非常多，尤其是在部分生活服务、家庭纠纷类节目中，当事人往往是言辞激烈、表情尴尬，甚至是痛哭流涕，主持人不但不开导、劝解，而且故意煽风点火，制造矛盾。他们往往是以争吵打骂为噱头，吸引观众的眼球，提高收视率，其低俗性倾向显而易见。

众所周知，播音主持工作人员虽然是专业人才，但工作性质迫使他们首先必须是一位优秀的知识分子，具有广泛而丰富的社会、人文、自然知识。经过文化熏陶的主持人能够形成自身独特的气质魅力，俗话说"腹有诗书气自华"，他们更容易为观众所接受，进而影响到受众对其整体气质和综合素质的评判。对于播音主持人员来说，文化素质是其内涵底蕴的基础。没有文化素质的积淀，再好条件的播音主持人员也只不过是经营一栋空中楼阁而已，在节目中只能是插诨打科、胡聊乱侃。正如中央电视台资深人士杨伟光所说："节目主持人天天做文章，涉及面非常广，不仅需要广博的知识内涵，更需要多种广播电视的工作能力，而这些都需要文化素质的铺垫。"因此，具有较高的文化素养是播音员与观众之间进行顺畅沟通的关键。

当前由于各方面的原因，我国播音主持人员文化素养呈现出整体低下降的趋势。《吉林日报》曾采用专题方式批评部分节目主持人文化素质不高。刊文中称：在社会上，曾用这样的顺口溜来形容某些主持人：什么场合都要"笑"，有话没话都要"聊"，不论男女都要"闹"，什么年龄都要"俏"。这种情况正反映了主持人文化素质不高，肚里没货，想通过"无聊"的调侃造成幽默气氛，反而弄巧成拙，使人十分厌恶、反感。

由此可见，广播电视节目播音主持人员文化素质的高低直接影响着节目的质量，以及观众对节目和播音主持人员的评价。

（五）错误的人生观、价值观和社会观的传播

媒体作为引导大众正确的人生观、价值观和社会观的一种重要媒介和手段具有十分重要的地位和作用。一些著名的播音员和主持人往往是大众崇拜和模仿的对象，是人们的榜样，要防止向大众传递出一种错误的人生观、价值观和社会观。

总之，各媒体播音与主持节目和主持人的水平良莠不齐，差异较大。由于主持人的社会名人效应和公众人物效应，一旦其语言或行为伦理失范，轻者会对节目、个人造成一定程度的负面影响，较为严重的会误导大众的社会观、人生观和价值观，因而必须要采取措施予以避免。

二、新闻相关工作人员存在的伦理失范现象

（一）新闻记者的伦理失范现象

新闻记者是指新闻传播机构专职采访报道的相关工作人员。他们应该具备的素质主要包括不断学习的习惯、客观公正的态度、追求真相的执着、准确朴实的文风、丰富广博的学识、甘于吃苦的精神、尚俭守德的品格、宽容善良的情怀等。

当前，在以提升收视率为主要目标的情况下，我国新闻记者作为播音主持人员新闻素材提供者，其不当行为也必然影响到播音主持人员的行为方式和节目质量。总体来说，新闻记者的伦理失范现象主要体现在以下几个方面。

首先是有偿新闻，即把"新闻"这种精神产品完全商品化，从而进行以金钱为中介的新闻买卖行为。

其次是收受礼金。记者心安理得地接受被采访对象提供的红包、礼品等各种好处。一些意志薄弱、私欲膨胀的记者在尝到"甜头"之后往往无法自拔，从而在业界形成一个不良的潜规则行为。

第三是缺乏吃苦耐劳和服务民众的心理，经常热衷于赶"场子"、泡"会议"采访"请柬新闻""产品鉴定会"等比较轻松的活动，不愿去基层了解民情。

第四是报道失实。部分新闻记者受到利益的驱动，一味追求刺激、轰动、煽情的语言文字效果，屡屡在报道中夸大其词，无中生有，从而造成极其恶劣的影响。

第五是错误的导向。很多新闻记者为了追求新闻作品的轰动效应，忽视其舆论导向，在作品中宣扬不健康的生活方式和价值取向，以红色秘密、金色诱惑、黄色刺激、黑色恐怖为主的"四色报道"频频见诸报端。

事实上，我国新闻记者之所以会出现如此之多的伦理失范现象，既是受经济利益的驱使，也是缺乏有效的监督机制，这是我国新闻事业发展过程中应当注意的问题。

（二）电视节目编辑的伦理失范现象

电视节目编辑人员是电视传播工作中的一个重要组成部分，其不仅服从于电视台的根本任务，而且作为特定节目的编辑，还担负着特定的任务，在整个节目制作过程中发挥着极其重要的作用。首先，要对记者采访到的新闻素材进行整理、删减和取舍，经过修补、串联和加工，从而使其成为一个完整的新闻材料；其次，还必须对已经拍摄好的视频进行加工和修改，才能进行播放；最后，新闻编辑还充当着"把关人"的角色，包括政治关、文字关、事实关、形式关等，在决定节目质量方面起着至关重要的作用。因此，他们既要具备一定的政治思想素质、业务素质，也必须具有一定的文学修养和美学素质。电视节目编辑的伦理失范行为主要表现在业务素质低下、文学水平匮乏和美学修养欠缺三个方面。

总体来说，伦理学视野下我国播音主持活动存在诸多问题，究其根源既有媒体组织对于收视率的无限追求以及我国监管制度的缺失等原因，也有广大社会公众不正当思想的误导、国外开放性节目内容的冲击等现象。明确这些内容才能更好地提出有效的应对措施，从根本上改变播音主持行业不良风气。

三、电视节目主持人的道德责任现状

随着播音主持专业的提升，节目品质要求的提升，主持人的综合素质已经有了很大进步，不再是以往刻板传播的印象，而是更加活泼生动地与节目融为一体。但是，随着市场经济的发展，利益竞争的加剧，主持行业的拓展，不可避免出现一些道德责任缺失现象。笔者将简要概述当前中国电视节目主持人道德责任缺失的具体表现。

（一）自我道德责任缺失

第一，自我定位不明。随着主持人行业的发展，主持人这一职业越来越明星化、娱乐化。这就使众多节目主持人对自我定位失当，放弃了自己本职的责任，转而追逐明星效应。当然，这并不是说主持人没有个人选择、个人规划的自由，只能被限定在主持领域。笔者并不是单纯地指责某一个节目主持人的选择问题，而是对整个主持行业的时尚化、明星化这一趋势存有异议。整个行业的明星化、娱乐化，致使主持人的自我期待更像明星，丧失了主持人推进节目的重要作用。这一自我定位与自我期待的转变，直接导致主持人对自身专业素质提升的惰性，并且也会使主持人缺乏公信力。

第二，综合素质不高。主持人对自身重要的道德责任在于提升自身的业务素质，塑造良好形象，培养自身的个性风格。而现实中主持人行业综合素质不高、具体表现在以下几个方面：

其一，业务素质缺失。业务素质包括在节目录制过程中的"语言、行为、心理、控场"等推进节目进行的能力。语言素质是主持人的核心素质之一，而目前主持人的语言素质令人担忧。一方面，自身的语言表达水平不足。在浙江卫视中国好声音决赛的现场中，主持人依依就多次出现语言失误而影响了节目的进行与观赏程度。而与之形成鲜明对比的则是《中国好声音》主持人华少，众多观众都对其语言熟练程度表示欣赏和敬佩。另一方面，主持人语言的媚俗化。这种媚俗化表现在主持人语言的"混搭"上。虽然主持人的方言能够增加与当地受众的亲切度，主持人掌握众多方言也是其重要能力之一，但是很多主持人在节目中刻意加入过多的方言成分，以此作为噱头来吸引观众。在很多娱乐节目中，主持人甚至掺杂了发音不纯正的外语。虽然娱乐节目的主要责任是娱乐功能，但是这种"娱乐至死"的表现方式，总是令人不满的。

其二，文化素质不高。作为一名主持人要想形成自身独特的风格和气质，就必须有坚实的文化底蕴，丰富而广泛的知识储备。缺少文化底蕴，主持人很难表现出自身的优势与特长。目前我国主持人的形象基本比较单一，多以青春靓丽的年轻人为主，缺少特点与创造性，导致主持人难以形成自己独特的风格。很多主持人还只是报幕员、串联人，或是对知名主持人的模仿，因为缺少自身必备的文化修养，因而很难带给观众求真求善求美的需求。细心的观众会发现，电视荧幕上众多的主持人面孔甚至难以区分，这正是主持人个性缺乏的重要体现。

其三，道德修养不够。道德责任缺失的重要表现还在于主持人的道德修养不足。

所谓道德修养是指"一种道德素质方面的自我改造和自我完善，是人类所能从事的最高级的活动"。这里需要明确的是，笔者在这里说的主持人的道德修养问题不仅是主持人作为一个社会中存在的个体应当具备的道德素质的提升和完善的问题，更包括了作为主持人这一特殊的社会角色和职业所应具备的道德问题。主持人道德修养不足的问题突出表现在主持语言低俗化上。很多节目主持人为了追求收视率而开低俗的玩笑。

（二）他者道德责任缺失

主持人对所处关系各方的道德责任缺失主要表现在以下两个方面。

第一，侵犯他人隐私。对他人隐私的侵犯可以分为两种，一种是暴露他人信息。我们对社会公众人物和自己喜欢的人的生活、工作全方面的了解是一种正常的需求。当前激烈的市场竞争中，为了满足受众的这一需求，很多节目主持人在主持活动中暴露他人的隐私，泄露他人的信息。另一种侵犯隐私的行为则是对到场嘉宾的追问与访谈。尤其是一些电视真情类节目或者谈话类节目，主持人以安慰者、关心者调解者的形象介入到被访对象的生活中。被访者不得已说出自己的个人隐私和不幸遭遇。主持人在不经意间可能侵犯了他人的隐私，没有真正地尊重别人。

第二，误导受众。主持人在传播过程中，很可能对受众形成误导，这种误导包括误导受众的审美情趣和价值取向。主持人忽略了自身对引导受众的审美价值等方面的道德责任，一味地满足受众的需求，媚俗化严重。更有甚者，为了吸引观众的眼球，在节目中摆出各异的形象造型，这对审美价值观念形成时期的青少年造成严重误导。其二，对报道内容妄加评论而误导受众判断。对于新闻节目而言，其最大的特点在于实事求是，对所发生事件予以真实的报道。现在的电视节目主持人已经不仅是对事件的简单还原，往往还要在节目最后增加几句个人观点性的评述。但是，主持人必须保证自己的评述角度是公正而客观的，不加私人情感的评述。否则，可能误导观众，使观众对事件本身的真相难以有确切认识。

（三）社会道德责任缺失

主持人对社会具有两个层面的道德责任：其一，作为公众人数的道德责任；其二，作为传播者应负的道德责任。对于社会道德责任失范的现状，笔者将从以下两个方面展开。

第一，主持人行为失当，传播错误的价值观、人生观，造成恶劣社会影响。作为一名知名电视节目主持人，其所代表的不仅是自己的一言一行，更代表电视台和电视节目。作为公众人物，其行为对社会的影响是重大的。知名的优秀节目主持人往往成为人们模仿的对象，其在节目中，或公开场合中的行为失当，传播了错误的价值观和人生观会造成恶劣的社会影响。湖南卫视某娱乐节目主持人在节目中对节目嘉宾下跪的行为引起了社会的轩然大波。人们谴责这一主持人忽视了自己公众人物的形象，造成了恶劣影响。类似的事例还有很多，很多主持人在节目中注重自己的言行，而在生活中忽视了自己公众人物的角色，给大众树立了不良的榜样，对社会风气造成了消极的影响。

第二，娱乐功能过度，忽略其他传播功能。传媒具有四重功能，即信息传播功能、引导功能、环境监视功能和娱乐功能。主持人作为传播过程中的重要参与者，要使媒体的传播功能得以实现。近年来，主持人越来越娱乐化，越来越注重媒体的娱乐功能，而忽视了其他功能的发挥。面对日益娱乐化的电视节目，国家不得不多次颁布了"限娱令"。

第三节　伦理学视野下对电视节目主持人的发展建议

当前存在的我国播音主持人员行为的伦理规范的缺失现象是一种局部的、暂时的伦理道德失范，但是不能任其发展，否则可能会扰乱整个社会秩序。因此必须要采取一定的伦理约束措施进行防治，提升电视媒体播音主持人员的社会责任感，树立正确的价值取向，从而纠正播音主持人员伦理失范行为。具体要从构建电视媒体工作人员的伦理规范体系着手，从"自律"和"他律"的角度进行构建。

一、加强电视媒体播音主持人员的道德自律

电视媒体播音主持人员行为的伦理缺失现象是人为因素造成的，由此可以从加强媒体播音主持人员的道德自律方面着手。电视媒体播音主持人员行为属于媒体道德范畴，包括节目内容的筛选、采编、加工过程，这些环节都会对电视节目的传播效果产生极大的影响，这就要求电视媒体工作人员能够制作优质的电视媒体节目，促进电视媒体的良性发展。电视媒体节目的播音主持人员必须要加强其道德自律，在相对自主性的基础上进行的信息传播活动需要对自我行为进行限制和约束。这个约束的依据来自媒体法律法规和媒体播音主持工作者的自我道德约束，即他律和自律。

（一）加强法律法规的学习

播音主持人员必须要学习法律法规，特别是应了解和掌握国家新闻出版广电总局所颁布的相关媒体规制，了解其所处理的媒体伦理失范的通报案例，并加强学习，

提升播音主持人员的法律意识，强化法制观念。电视媒体是公众获取外界信息的主要渠道之一，对社会的影响力巨大，其播音主持人员必须要强化自身法制观念，提升自身法律意识，懂得尊重他人的合法权益，才能使其播音主持行为符合律法规范，不至于造成不良社会影响。各级部门对于电视媒体节目制作人员，特别是播音主持人员要加强其法律法规知识的培训学习，使其在法律规范内从事播音主持活动，规范播音主持行为。例如，少数播音主持人员缺乏法律常识，为了求得节目的轰动效应而进行节目炒作，在主持中因侵犯他人隐私权和名誉权等引发官司。

（二）不断加强道德修养和自律

国家新闻出版广电总局每年都会对电视节目中的播音主持人员道德失范行为进行通报，如某地方卫视商业广告播出超时受到停播处罚。对于电视媒体中的播音主持人员道德失范行为，有的可以通过规制手段进行处罚，有的需要播音主持人员通过加强自身的道德修养和社会责任感对自身的播音主持行为进行自律约束，从而促进电视媒体业的健康发展。对于播音主持人员的道德自律，需要通过其个人信念、社会舆论、社会习俗等来评价其播音主持行为的善恶，以达到对电视媒体节目播音主持行为的调节和规范。一名优秀的播音主持人员必须要在工作学习中不断强化和提升自身的思想道德素质，树立正确的价值取向，坚定职业信念，能够在节目主持中掌控复杂局面和明辨是非的能力，这样才能更好地胜任播音主持工作。作为电视媒体，必须要坚持求实求真的原则，坚持采用客观的视角来对当前的社会环境与事实进行客观的描述，坚持向人民大众提供最为真实的、全面的、快速的和准确的信息。这是电视媒体最为宝贵的品质。播音主持人员要经常对自身的行为进行反思、自我批评教育，加强自身人格的完善，提升职业道德素质。

（三）树立正确的播音主持观念

作为一名合格的电视媒体播音主持人员，必须要树立正确的播音主持观念。首先，要坚持正确的舆论导向。《中国新闻工作者职业道德准则》第二条规定，新闻传播工作者要坚持正确的舆论导向。电视媒体播音主持人员在节目中的播音会出现立场，会对是非、善恶、爱憎进行适当的评价和评论，此时必须要从正面进行宣传，把握播音主持全局。对于新闻播报，必须要依据事实进行客观公正的报道，忌"媒介审判"、夸大事实、过分追求节目的趣味性。所有播音主持节目必须坚持正确的舆论导向进行宣传引导，促进受众正面、积极、理性的行为方式。正面宣传能够巩固和加强健康的社会舆论的发展。其次，树立和加强社会责任意识。电视媒体肩负了社会责任，在各大电视节目争取收视率的创利活动中，必须要以其肩负的社会责任为己任，在其播音主持行为中要发扬理性的精神，不得违反职业道德和法律，在享有自由权利的同时应履行对社会、公众的责任义务，对自身的播音主持行为负责，维护国家安全、社会安定和受众的精神健康。在进行播音主持时，摆正自身的位置和立场，不做越位、越权的举动，减少播音主持中伦理失范现象的发生。

二、建立健全监管制度和法律规范道德

通过建立健全相关法律能够对预防和惩戒播音与主持活动中的不当行为提供一定的威慑并发挥强制的监督和管理措施。相对于道德而言，法律法规制定、完善与有效实施是预防播音主持活动中各种伦理失范现象产生的又一重要手段。

（一）加强对电视媒体节目的监督和管理

我国处于社会转型时期，各大电视媒体均为了各自利益而展开激烈的竞争，其电视节目的播音主持活动往往存在一些伦理失范的现象。必须加强对电视节目的监管，为社会公众营造健康积极的舆论氛围。

电视节目主管部门、新闻主管部门必须要对其电视节目加强道德监管，发挥其道德监管的作用。一些电视新闻节目为引起"眼球效应"或"轰动效应"，追求节目收视率，会出现"大特写""大曝光"等伦理失范现象，导致新闻节目不能如实、理性地报道。国家新闻出版广电总局需要颁布和制定适应各类电视节目的媒体道德规范，从而规制电视媒体播音主持行为失范的现象。各新闻、电视节目等监管部门需要加强对播音主持人员及其幕后媒体工作人员的监管，针对有关行为失范问题进行惩戒，有效防止电视媒体播音主持行为伦理失范的现象。

目前，我国各级广播电视节目监管部门主要采用的是国家广播电影电视总局制定的《广播电视节目监管细则》。它既作为评判节目内容和质量，处罚节目播出机构违规行为的依据；也作为节目制作播出机构审查、自查节目的重要指标。

然而，电视节目作为一种文化、精神产品，在具体内容上关于"好"与"坏"没有明确的界限，如针对"低俗"的概念，不同的人有不同的看法。中央电视台著名主持人刘仪伟针对国家广电总局对自己节目的点名批评，他曾经发表过这样的看法："我希望有关部门在批评低俗的时候，能够给什么是低俗下一个具体的定义。我个人觉得，我的节目都不低俗。"因此，电视节目的特质决定了其监管过程难度较大。

从另一个角度来说，我国广播电视节目监管体系建立的时间还比较短，很多条例的制定都是在违规案例的后面。因此，要想减少、控制电视节目中播音主持活动伦理失范现象的产生就必须完善各方面的监管机构，加强节目内容审查。这种审查不仅局限在各级政府监管部门，更重要的是提升媒体单位中的记者、编辑人员、媒

体技术人员、节目播放人员的专业素养和职业道德，强化节目审查观念，充分做好自身"把关人"的角色。在当前推进"直播分离"、发展数字技术、媒体数量急剧膨胀、节目内容竞争日益激烈的社会环境下，法律法规的制定与完善是必不可少的，但毕竟政府的力量非常有限，这就必须提高媒体单位工作人员的责任感和社会道德。2011年，我国广电总局下发的《关于进一步加强电视上星综合频道节目管理的意见》中明确提出"分层管理""谁主管谁负责"的原则，强化各级广播电视行政管理部门监管责任和播出机构的把关责任，从而提高广播电视节目的管理水平，杜绝伦理失范现象的产生。

（二）充分发挥公众的监督作用

社会公众对电视节目中播音与主持活动的监督发挥着巨大作用，随着自媒体技术的不断发展，人人都能够成为信息的发布者，因而能够通过自媒体的信息发布作用为电视节目中的播音与主持活动提供社会监督作用，通过舆论的作用为播音活动的参与者提供巨大的威慑。但是从当前现状来看，我国观众十分缺乏对电视节目监督和维权的意识，对于一些低俗的节目往往采取袖手旁观的态度，没有充分行使自身的监督权。从电视节目中播音与主持活动的性质来看，这是一种单向的传播方式，观众只是被动地接受信息而无法有效地对节目进行反馈，相关职能部门也无法通过一定的渠道找到一种搜集公众意见的有效方式。这在很大程度上弱化了公众监督的作用，所以应该通过当前各种新媒体技术广泛地为观众提供反馈意见的途径，充分发挥公众的监督作用。

从某种程度上说，社会公众是电视节目中播音主持活动监管的又一重要主体。他们既是诸多优秀电视节目的直接受益者，也是部分低俗节目的直接受害者，因此，他们有责任对于各种电视节目进行监管。

当前，随着网络媒体的快速普及，一方面，网民可以在各种各样的论坛中对低俗节目、播音主持人员进行抨击，从而形成舆论压力，迫使其改变节目内容和节目形式。另一方面，各个电视台和政府监管部门提供了有效的信息反馈渠道，加强与观众的沟通，听取他们的意见。

（三）相关法律法规的建立和健全

法律法规相对于社会道德规范具有强制约束性，当前我国关于播音与主持相关的监管条例主要有《国家广播电影电视剧关于进一步强化播音员、主持人管理问题的通知》《中华人民共和国播音主持人证》《中国广播电视播音员主持人职业道德准则》等法律法规。对于建立健全播音与主持相关人员管理的机构以及岗位管理、考核的办法、人才的培养和选拔以及理论建设和播音与主持工作人员的工作与生活等诸多方面进行系统详细的规定。但是，上述法律法规并没有对很多文化产品进行概念上的明确界定，对于管理的措施和细节没有具体的规定，这极大地增加了监督的难度。此外，我国在法律法规方面相对于违规行为存在严重滞后的情况，很多都是案例出现之后才对相关的法律法规进行完善，因而在很多方面亟待进行健全和完善。例如，2009年修订的《中国新闻工作者职业道德准则》中明确定义了新闻播报的违规违法行为，其中对传统的新闻伦理失范现象进行了明确规定，明确了新闻报道不歪曲事实、不摆布采访报道对象、有偿新闻和有偿不闻行为。然而，对于其他电视节目中播音主持活动的伦理失范行为未进行明确规定。

三、完善组织自律机制

电视媒体节目自律是电视媒体工作人员对自身行为的约束和规范。法国社会学家涂尔干对于纪律的大致看法是个体自律往往存在局限性，有时候无法意识到社会利益的存在，此时就需要一种组织体系将社会利益传达给个体，从而促使个体去尊重。由此，电视媒体行业应该完善自身的行业自律机制，加强电视媒体工作者的自律。我国电视媒体的行业自律机制分为有影响力的业界人士或相关部门组成自律组织和制定行业规制。而行业自律机制对规范电视媒体传播活动、规避电视媒体传播失范具有重要的作用。

电视媒体行业的有序运转必须要有职业道德规范的约束。我国1991年制定并经历三次修订的《中国新闻工作者职业道德准则》对新闻界媒体的职业道德规范普遍适用。各地方卫视也应制定出相关的自律制度，对各类电视播音主持节目进行行为失范的约束与规范，避免准则制度中出现宏大而空洞的条款，其自律制度的制定应详细而具体，这样才能对实际的播音主持工作的指导具有实际效用。例如，广东省就制定了《广东省新闻工作者自律公约》，这是对广东地区的新闻媒体工作者所制定的道德规范。

一直以来，媒体都被誉为社会监测者。然而，当前一些媒体为了经济利益不断迎合少数人的低级趣味，蜕变成地地道道的"媚俗者"，不仅公信力大打折扣，而且对社会精神文明建设也带来了极大的负面影响。尤其是网络媒体低俗之风蔓延、虚假信息层出不穷、网络侵权事件屡屡发生，一个个发生在我们身边的触目惊心的事例，让我们深刻感受到大众媒体低俗之风对未成年人造成的不良影响。因此，提升媒体组织的社会责任感和价值取向成为我国电视媒体管理首先面对的一个问题。

首先，要能够坚持真实性原则，公正、理智、客观而真实地描绘社会环境，向观众提供快速、真实、全面、准确的信息。伦纳德·塞勒斯曾经说过："可信度是媒体的商品,它决定媒体的价值和存在意义,因此,它也是最宝贵、最难实现的媒体品质。"其次,要不断地提升媒体组织内部工作人员的职业素养和道德品质,加强传统媒体与网络新媒体之间的互动力度,从而正确引导社会舆论。最后,各个媒体还要承担传播科学文化知识,提供积极健康文化活动,提高社会公众文化水平和伦理道德的责任。

有低俗的电视节目内容和播音主持人员的存在,也就必然有热衷于接受低俗内容的电视节目观众。因此,我们在责备电视节目和播音主持人员传播低俗内容的同时,要考虑到社会公众的责任。如果他们能够具有较高的媒介素养和文化水平,可以抵制各种电视节目的伦理失范行为,那么,这些电视节目和主持人便失去了制作和传播低俗信息的动力。同时,会自觉地进行媒体监督,使各种媒体节目和播音主持人员置于广大群众的监督之下。因此,对于公众不正当思想的纠正和正确思想的引导也是应对当前播音主持人员中伦理失范现象的一个重要手段。

总而言之,当前播音主持人员伦理失范现象的产生是多方面因素共同作用的结果。要想对这种不良现象有一个彻底的纠正,一方面需要提高高校人才培养质量,注重学生播音主持专业素养和综合素质的提升,强化学生的社会责任感和个人自尊心;另一方面要不断地完善我国的监管制度与法律法规,为公众提供顺畅、便利的监督渠道,同时提升媒体组织的社会责任感和价值取向,对社会公众不正当思想进行纠正,以此来改善我国的媒体环境。

参 考 文 献

[1] 俞虹.节目主持人通论，[M].北京：广播电视出版社，2004.

[2] 罗国杰.伦理学[M].北京：人民出版社，1989.

[3] 唐凯麟.伦理学[M].北京：高等教育出版社，1999.

[4] 朱贻庭.伦理学大辞典[M].上海：上海辞书出版社，2002.

[5] 吴郁.电视节目主持人的综合素质研究[M].北京：中国广播电视出版社，2007.

[6] 马克思恩格斯全集（第1卷）[M].北京：人民出版社，1956.

[7] 应天常.节目主持语用学[M].北京：北京广播学院出版社，2011.

[8] 应天常.节目主持人通论[M].武汉：武汉大学出版社，2007.

[9] 张俊德.当代广播电视新闻学[M].上海：复旦大学出版社，2011.

[10] 蔡捆芬.明星主持与名牌节目[M].北京：北京广播学院出版社，2009.

[11] 张国良.传播学原理[M].上海：复旦大学出版社，2008.

[12] 陆锡初.主持人节目学教程（修订本）[M].北京：中国广播电视出版社，2009.

[13] （美）詹姆斯.凯瑞.作为文化的传播[M].丁未，译.北京：华夏出版社，2012.

[14] （美）哈罗德·拉斯韦尔，社会传播的结构与功能[M].北京：中国传媒大学出版社，2013.

[15] （美）斯坦利.巴兰.大众传播理论：基础、争鸣和未来[M].曹书乐，译.北京：清华大学出版社，2010.

[16] （英）吉登斯.社会学（第4版）[M].北京：北京大学出版社，2013.

[17] 陈汝东，论传播伦理学的理论建设[J].伦理学研究2004（5）：45-50.

[18] 郑富兴，从习俗道德责任到道德责任——西方责任伦理思想的现代性变迁[J].伦理学研究，2011（5）：47-51.

[19] 马平.播音员主持人应有的思想道德修养[J].广电传媒，2009（01）：126.

[20] 姚必鲜，王绍嗔.谈话节目主持人的角色模式研究[J].电影评介，2009（16）：33-35.

[21] 倪琼瑶.访谈类节目主持人角色定位分析[J].新闻世界，2009（5）：65-66.

[22] 雪汗青.访谈节目主持人的特质和技巧[J].中国广播电视学刊，2009（1）：89-126.

[23] 道德修是电视新闻节目主持人素质的重要内涵[J].贵阳学院学报，2009（3）：103-105.

[24] 武华.浅议播音员播音风格的形成与思考[J].数字传媒研究，2016（12）19-21.

[25] 王红旭.新闻报道过程中伦理失范现象分析[J].今传媒，2011（08,106-109.

[26] 施玲，侯玉梦.表演技巧的掌握对主持能力的优化[J].新闻界，2010（01,61-65.

[27] 王树兴.灾难新闻中电视播音主持的人文关怀体现——以汶川地震为个案[J].东南传播，2009（12）38-41.

[28] 向玉乔.后现代西方伦理学导论[J].伦理学研究.2009（02）15-19.

[29] 张颂.回眸播音主持专业30年[J].现代传播—中国传媒大学学报，2009（01,35-37.

[30] 徐曼.论西方伦理学在中国早期传播的特点及影响[J].河南大学学报（社会科学版），2008（05）55-58.